清华大学亚洲研究中心
2007年 度 重 点项 目

The Key Project of Asia Research Center in Tsinghua University

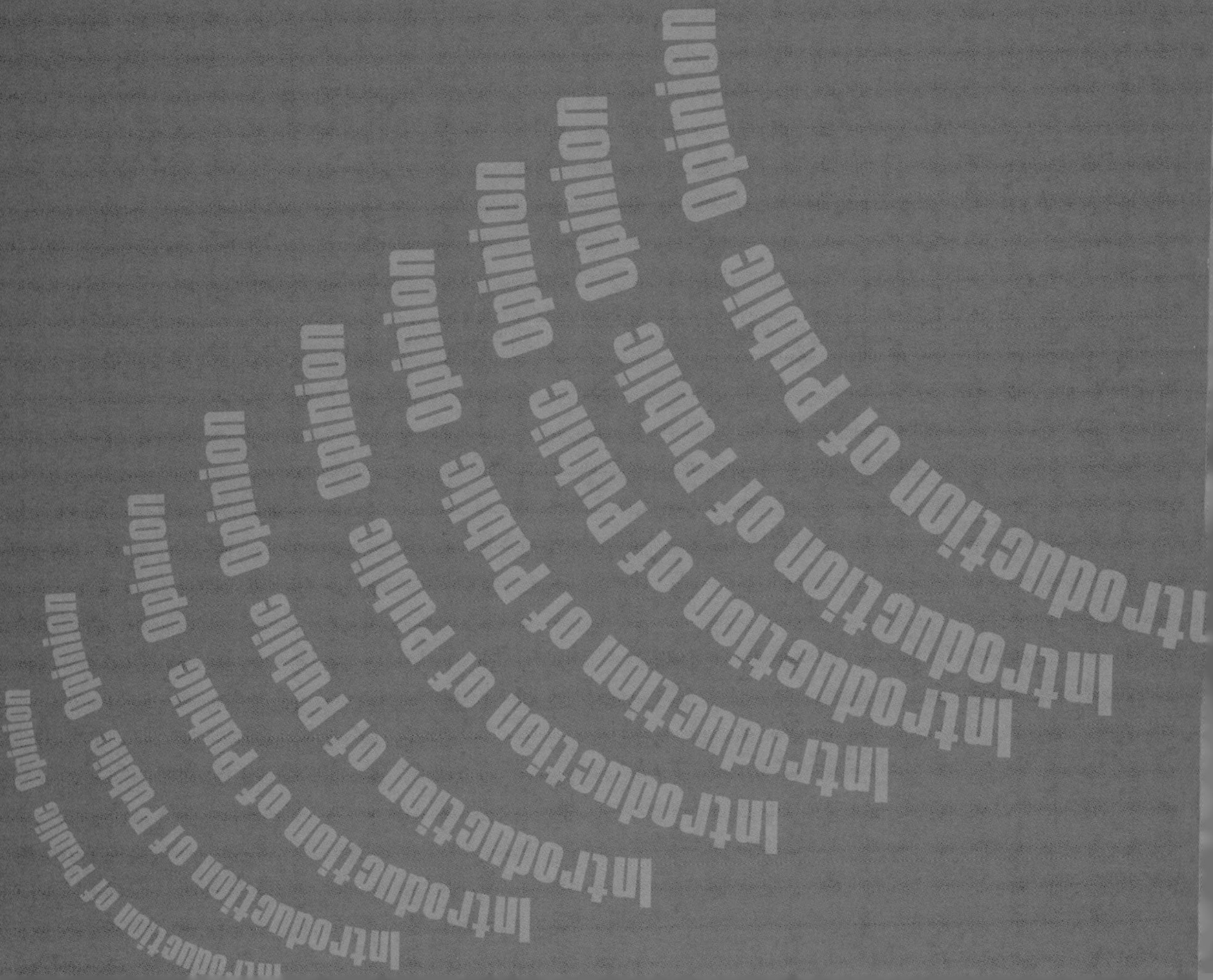

Introduction of Public Opinion

21世纪新闻传播学精品教材

舆论学概论

刘建明
纪忠慧
王莉丽 著

中国传媒大学出版社
·北京·

目　录

前 言

公众舆论弥漫在社会各个领域，作为民众意见的集群状态，常常呈现社会意识的刚毅和波动，揭示出各阶层、各阶级的思想指向。整个社会，包括政治、经济和日常生活充满公共讨论，不断批评、预测、要求或建议解决重大的社会问题。舆论的活跃将其同深层意识——科学、政治、法律、哲学等思潮区别开来，构成人类实践的“前意识”。作为探索大众表意、政府行政和企业管理的实用科学，舆论学对从事新闻传播、政治事务、行政与企业管理、社会学与社会心理学等专业的人，都是必修的科目。

今天的各国政府、跨国集团和大的社会机构，每做一件事都先铺天盖地地宣传，动用媒体频繁地塑造形象，说服民众，以期左右社会舆论。民众对他们的宣传是否相信，能否赞成和支持，舆论法则发挥潜在的作用。一项决策一旦受到舆论或民意的支持，它的贯彻落实就不存在什么障碍，反之则困扰重重。在权力运筹中，不管发生何种挫折，民意是决定一切的；一个人无论有多大才干，如果丧失舆论信誉，很难有施展的机会，因为民众的认同是成败的关键。

没有公共舆论就没有社会进步，人民赞成、拥护的事情一定无往不胜，人民呼声的实现决定社会的和谐和兴旺。正确的意见被堵塞，民意没有活动空间，任何管理都将陷入怠惰，也不会有社会安全。官员依靠民意执政，依据少数服从多数的原则提炼最好的政见，再由高层领导者制订基本理论和完善的决策，整个社会才能健康地发展。具体部门的管理，也都沿着这条规则达到理想的目标。舆论作为执政资源、预警资源、智力资源、凝聚力资源和净化社会的资源，具有修正、发展和健全意识形态的功能，在提高政府的执政能力、推动社会变革方面发挥“谁主沉浮”的作用。

如何认识和把握舆论？舆论有何种特性？水能载舟、也能覆舟是什么道理？为什么自古人们就警告执政者要尊重民意？“多数人暴政”的说法正确吗？如何识破冒充民意、制造舆论危机的阴谋？舆论学探索的正是这类根本性问题，引导管理者、新闻记者运用人际传播和大众传媒扩大舆论声势，了解、反映和尊重民意，预防少数人利用负向舆论制造混乱。

很多管理者缺乏舆论学知识，把舆论和宣传混为一谈，甚至认为民意不过是一伙人的叫喊。当他们能够驾驭这类叫喊时，自认为受到民意的支持；当他们遇到强烈反对时，首先想压制它，由此产生了一系列悲剧。悲剧是能够避免的，但要遵循舆论规律，对正向舆论抱有虔诚和尊重的理性。为此，读一读本书是必要的。

作为新闻传播学、政治学、行政管理和企业管理学的教材，本书面向21世纪学科前沿，以最新理念研究舆论的演变、性质、形态和功能，对舆论形成的模式、舆论与权力的关系、第一和第二舆论机构的作用及舆论制度等提出许多新的观点。全书借鉴了西方舆论学100多年的研究成果，依据现阶段我国社会转型的新趋势，对西方舆论学和民意测验的基本理论和方法作了引介和分析。

本书原为清华大学亚洲研究中心2007年度重点项目，作者为清华大学教授刘建明、国际关系学院副教授纪忠慧和清华大学博士、美国布鲁金斯学会访问研究员王莉丽。

第一章　中外社会舆论简史

如果把社会意识划分类别，首先闯入人们视阈的是日常意见，这是除经济现象外最活跃的社会因素，即社会舆论。舆论不仅是社会意识的某种成分，而且是社会意识固有的、因而也是整个社会思潮的征候。作为社会的泛意识，社会舆论伴随人类生活不断发生，时时反映人们的呼唤，成为感受社会冷暖的"皮肤"①。

第一节　中国社会舆论的演进

在远古时代，初民的智慧极其有限，多数人意见的正确程度一般高于个人，受到部落首领的重视。正如管子所说："夫民，别而听之则愚，合而听之则圣。虽有汤武之德，复合于市人之言。"(《管子·君臣上》)②据传说，尧舜以"民"的意见衡量是非，无事不谋及庶人。《尚书·泰誓》中所说的"天视自我民视，天听自我民听"，正是对那个时代舆论活动的概括。

一、原始社会的民意观

原始社会既没有国家，又没有正常的管理机构，仅仅依靠舆论便能从事共同劳动。马克思谈到古代"小的地区"和"小的天然集团"时指出："它所依赖的惩罚性制裁部分是舆论，部分是迷信。"③恩格斯进一步强调，氏族制度"除了舆论以外，它没有任何强制手段。"④原始人采集野果和狩猎，战胜天灾病魔与野兽袭击，需要统一思想、统一行动，初民的生产和生存无一不需要舆论的协调。

---

① 德国舆论学家伊丽莎白·纽曼把社会舆论称为社会的皮肤。

② 这里意指，对老百姓而言，分别听取个人的意见则会愚昧，全面听取他们的共同意见则无所不通。

③ 《马克思恩格斯全集》第45卷，人民出版社1985年版，第657页。

④ 《马克思恩格斯全集》第21卷，人民出版社1965年版，第192页。

我国自有文字记载，就记录了古代帝王遵从民意、带领部落成员同自然斗争的历史。成书于西周的《洪范》一书曾有“凡厥庶民，极之敷言，是训是行，以重天子之光”，“汝则有大疑，谋及乃心，谋及卿士，谋及庶人”的描述。当时，天子遇到疑虑的事情，征求卿士和庶人的意见，庶民的话是天子决策的重要依据。在氏族社会末期，老百姓的意见更受氏族首领的青睐。舜治天下，“询于四岳，辟四门，明四目，达四聪”，使上下左右对其臣服。禹对舜说：“惟帝时举，敷纳以言”，舜禹尊重民的意旨，在氏族管理中发挥了重要作用。

尧舜为了正确制定政令，总是严格考察民情，谦恭地听取反对意见。《淮南子·主术》篇中有“尧置敢谏之鼓，舜立诽谤之木”的记载，是说尧舜怕政令有误，鼓励人们击鼓进言，把意见刻在木柱上，用一套巧妙的办法让人民评论政事。依据庶民的意见辨别是非、惩恶扬善，是维护氏族内部安定团结的大计。正如《尚书》中说：“天聪明自我民聪明，天明威自我民明威，达于上下，敬哉有土”。

原始舆论使个体有机地结合成整体，使劳动和征战顺利进行，大规模的原始生产得以进行。原始舆论的传播有两种方向：一是人与人之间的意见交流，达到意愿一致；二是在氏族首领和庶民之间传播，为首领提供参考意见。后一种舆论是氏族社会赖以建立的基础。据记载，唐虞盛世，“士传言谏过，庶人谤于道，商旅议于市”，氏族舆论非常发达。

原始人崇尚英雄，赞美带领他们战胜自然的智者，把颂扬的意见寓于有情节的故事，一代一代地流传下来，形成古老的传说。神农氏培植五谷，有巢氏教会先民盖房子，大禹治水，这些故事的盛行，不仅起源于先民对首领人物的爱戴和期望，也起源于人类早期的形象思维强于抽象思维。人们无法更多地抽象地表达意见，就通过生动的故事称颂英雄，使舆论以传说形态表达出来。世界任何一个民族最初的历史，都用“口耳相传”的故事传授给后代。这个舆论赞美的时代，史家称为“传说时代”，起源于原始社会中后期。

原始社会没有阶级，没有压迫，酋长遵循多数人的主张制定各种行动方案，约束部落成员的离心倾向。当事人取得一致意见意味着部落对某一事务可以着手实施，下一步是大家一齐动手去做。正如恩格斯所描述的：“这种十分单纯质朴的氏族制度是一种多么美妙的制度啊！没有军队、宪兵和警察，没有贵族、国王、总督、地方官和法庭，没有监狱，没有诉讼，而一切都是有条理的。”“一切问题都由当事人自己解决，在大多数情况下，历来的习俗就把一切调整好了。”① 所谓依靠习俗，主要是指酋长广泛地听取人民的意见，按照民意处理公共事务。

中国原始社会末期和奴隶制初期，考察民意、征求民心已广泛应用于社会管

---

① 《马克思恩格斯全集》第21卷，人民出版社1965年版，第111页。

理。《吕氏春秋·不苟论》描述那个时代时也强调:“尧有欲谏之鼓,舜有诽谤之木,汤有司过之士,武王有戒慎之革召。”《史记集解》中说,“诽谤之木”是桥梁柱头(有人说是桥梁边板),供人书写批评意见。“谏鼓”大约是供谏者敲击之鼓,犹如后世的登闻鼓,“戒慎之革召”是供谏者摇响的小鼓,当时的“总街之庭”、“灵台之覆”似乎也是纳谏的场所。

二、奴隶制社会中的游说

奴隶制社会初期,有些天子继承了氏族酋长的遗风,决定一件事既征求卿士、筮仕的意见,又征求庶民的意见。当时民众喜好议论成为一种风气,庶民的意见表现出高度的权威性,对社会管理有决定性的意义。

到春秋初、中期,帝王的思想由“敬天”向“重民”转化,国君纷纷重视臣民的建议,征询臣民的意见成为惯例,多把下层的意见称为“民之所欲”、“庶人之谤”、“庶人之议”。到春秋末期“舆”字出现了,含义是指“车子”,后来“舆”字和“人”字连用意为造车的人,称为“舆人”。《周礼·考工记·舆人》中说:“舆人为车。”即舆人制造车子。后来舆人指“驾驶车辆的人”,逐渐有了“下等人”的含义。当时人分十等,舆人为第六等。《左传·昭公七年》中记载:“天有十日,人有十等,下所以事上,上所以共神也。故王臣公,大夫臣士,士臣皂,皂臣舆,舆臣隶,隶臣僚,僚臣仆,仆臣台,马有圉,牛有牧,以待百事。”凡与车有关的各种人通称舆人,如车夫、随车师卒和差役。用今天的话说,舆人就是众人,“舆者,众也”①。

“舆人”这个词出现不久,在表达下层意见的概念中产生了“舆人诵之”、“舆人之谤”、“舆人之谋”这些词,并逐渐广泛使用。《国语·晋语三》中有:“惠公入,而背外内之赂,舆人诵之。”《左传》曾记载,子产执政郑国,“舆人诵之曰:我有子弟,子产诲之:我有田畴,子产殖(繁殖)之。”到战国时期,舆人的含义进一步扩大,带有老百姓的意思,包括国人(城里人)和庶人(乡下人)。

在奴隶制社会,传播舆论成为一种职业,从物质生产中分离出来,出现了专职的舆人。用今天的话说,就是**舆论人**,即积极从事舆论活动,主动发表见解的人。他们代表某个阶层利益的观点,鼓吹一套思想说教。在原始社会,没有专门的舆人,每个人都可能介入舆论,提出见解,但都不是思想家。奴隶制社会中的舆论已从原始舆论的自发状态走出来,渐渐成为国家统治的精神,舆论的制造者是职业士人,充当奴隶主的卫道士。他们用心研究“意见”,用极其精辟的见解指导奴隶主如何“治国”和镇压不同意见。正如《礼记·王制》中所说:“析言,破律,乱名,改作,

① 童书业:《春秋左传研究》,上海人民出版社1980年版,第144页。

执左道以乱政，杀。……行伪而坚，言伪而辩，学而非博，顺非而泽，以疑众，杀。”这不仅是治民的酷策，也是奴隶主治国的专制手段。

孔子是研究舆论的第一人，在游说和讲学中提出许多舆论规律。他说：“道听而途说，德之弃也。”（《论语·阳货》）子曰：“众恶之，必察焉；众好之，必察焉。”（《论语·卫灵公》）判断人的好坏，不能依据群体议论，要亲自调查研究。“民言不危行，行不危言矣”。（《礼记·缁衣第三十三》）他对社会好坏的评价，则根据“天下有道，则庶人不议”《论语·季氏》这一舆论现象，见地十分深刻、敏锐。

在春秋战国时代，国君和地方豪杰都有养士之风，豢养舆人成为一种风气。把多名说客汇集门下，游说各方，强词夺理，巧取豪夺，实现个人野心。养士的多少、游说规模的大小，决定豪门制造舆论效果的好坏。齐国的孟尝君田文、赵国的平原君赵胜、魏国的信陵君魏无忌、楚国的春申君黄歇、秦国的文信侯吕不韦都养食客达3000多人，集各学派于一室，成为制造舆论的大本营。他们认为“坐而论道”的作用不大，四处奔波，周游列国，“上说下教”才能有效地传播意见。有的“裂掌裹足，日夜不休”。孔子把“大树之下”、“杏坛之上”作为宣讲的场所；孟子“后车数十乘，从者数百人”（《孟子·滕文公下》），带领众徒到处摇唇鼓舌。《淮南子·泰族训》说：“墨子服役者百八十人，皆可使赴火蹈刃，死不还踵，化之所致也。”“化之所致”从一个侧面反映了墨子是有异常感染力的舆论活动家。

在残酷的诸侯斗争中，有些国君不得不礼贤下士，笑纳百家之言，实施政治改革。一时，尊听舆人之言成为奴隶主的时髦，正如《左传·僖公二十八年》中记载：“晋侯患之，听舆人之谋，晋侯患之，听舆人之诵。”士兵车夫之类的下等人表达的意见，引起国君的重视，在当时不乏其例。秦国、吴国和魏国的变法，都是广采民间意见的结果。在各种舆论的推动下，春秋战国时期出现了百家争鸣的局面，各种思潮交错纷争，孕育出伟大的历史变革。

三、封建制的城镇舆论

私有制的进一步变迁，出现了地主阶级，大一统皇权统治的建立，改变了奴隶制原有的经济关系，舆论活动也以崭新的形态形成了。由于手工业的发展、封建集权统治机构的扩大，逐渐出现大规模的城镇，产生了城镇舆论。这时，代表封建皇室利益、占据统治地位的贵族舆论和庶族地主阶级的舆论，不断发生冲突，加上农民起义的舆论高涨，弹压反皇言论充满封建社会的整个过程。

封建社会初期，劳役制、地租制的剥削代替了奴隶制血腥的统治，农民获得了人身自由。手工业工人和商人由于摆脱了土地的控制，在城镇中获得更多的经济权利。在新的社会关系中，除了宗教和皇权思想的禁锢，士大夫、地主和市民的思想获得相对独立,批评皇室的舆论开始出现。正如秦相李斯所言:“人闻令下,则各以其学议之;入则心非,出则巷议;夸主以为名,异取以为高;率群下以造谤。如此弗禁,则主势降乎上,党与成乎下。”①议论朝政、批评皇权似乎在封建社会持续不断,士大夫结党聚议,在市镇交游集会,使城镇舆论偶有骚动。

城镇是天然的舆论场,大规模的舆论产生于市井。从战国中期起,中原国家的人口密度有显著提高,国君居于“国”,卿士、大夫居于“大邑”,出现了星罗棋布的市镇。邻邑相望,车马之多,日夜可见。当时,国君、吏臣的住宅都设有招待宾客的馆舍,大小贵族、文人墨客经常集结一起评议政治,谈论诸子学说,舆论气氛十分浓烈。到汉魏,许多城镇建有规模更大的宫殿与馆舍,儒士说客在这些地方议论朝野大事,谈天论道,出现清议的风气。魏文帝借助清议制度制定九品中正之法,依据朝野人士的评议确定官吏任免和人才的升迁。周谷城在《中国政治史》一书中认为:“九品中正之利,在乎保存了清议的遗意,换言之即尊重了舆论。凡中正品评得很高的人,据说都是舆论赞扬的人;凡中正品评得很低的人,甚或压制不许选用的人,据说都是舆论所诋诽的人。中正的品评恰与清议或舆论相符合。”②

人口集中、市井繁华、显贵与巨富云集的城镇,成为人们交换消息、公议时政的场所,许多社会舆论在这些地方形成。这同 16～17 世纪的西欧十分相似:私人社团、学术协会、阅读小组、共济会、宗教社团“自发聚集在一起,剧院、博物馆、音乐厅,以及咖啡馆、茶室、沙龙等等对娱乐和对话提供了一种公共空间”③,这种早期公共领域决定了公众舆论形成的可能性。

东汉末年,宦官、外戚擅权造成政治腐败,遭到农民起义的反抗,统治阶级内部也出现了反对派。反对外戚宦官专权的官吏自命为“清流”,斥责“幸奸佞之人”为“浊流”。“清流”派包括官僚、士大夫和太学生等社会势力,以知识分子聚集之所——太学为主要基地抨击外戚宦官控制权力,其手段主要是“清议”。史书记载当时的情况说:“匹夫抗愤,处士横议,遂乃激扬名声,互相题拂,品核公卿,裁量执政,(狠)直之风,于斯行矣。”(《后汉书·党锢列传》)当时的学者和读书人常在乡校或亭台聚议,品评时政,趋之若鹜,私学顿盛,著名学者招收弟子往往数百人,走到哪里,哪里门庭若市。一大批讲气节、守道义的士人互相推重,形成一股与宦官集团对抗的舆论势力。学者之间为了争名,门户角立,互不相让,各树朋党,“党人”非议如潮。

豪族势力“诽讪朝廷”终于遭到皇族的反击,“清议”导致“党锢”(对清议人

---

① 转引自《史记选注》,人民出版社 1956 年版,第 11 页。

② 周谷成:《中国政治史》,中华书局 1982 年版,第 151 页。

③ [德]哈贝马斯:《关于公共领域问题的答问》,梁光严译,《社会学研究》1999 年第 3 期。

物的禁锢)之祸。"天子震怒,班下郡国,逮捕党人",许多倡导清议的著名人物,或死于狱中,或受到管制。第一次党锢之祸发生在桓帝延熹九年(166 年),第二次党锢之祸发生在灵帝建宁二年(169 年),直到 184 年黄巾起义,党锢才告撤销。

清议引发党锢之祸的教训,使清议转向清谈。魏晋士族地主势力的发展再次出现不同集团之间的斗争,使清谈蔚然成风,一时玄学崛起。清谈家多出于士族,经济上有世传的丰厚祖产,政治上靠祖上资荫可坐至公卿。由于农民起义失败,农民在短期内还没有力量组织起义打击皇权,统治阶级的内部矛盾上升到主要地位,门阀士族间明争暗斗,争权夺利,不断挑起舆论倾轧。他们的招法是明哲保身,整日谈说玄理,走向坐而论道。尽管他们极少涉及敏感的政治话题,热中辩论一些空虚的理论,但时常以玩世不恭的言论嘲讽现实,形成中国历史上独具特色的清谈飙风。

在清议、清谈盛行的时代,舆论这一概念出现了。从我们读到的典籍看,"舆论"一词最早产生于三国时期。曹魏谏臣王朗在上书文帝的奏疏中写道:"往者闻权有遣子之言而未至。今六军戒严,臣恐舆人未畅圣旨,当谓国家愠于登之逋留,是以为兴师。设师行而登乃至,则为所动者之大,所致者至细,犹未足以为庆。设其傲狠,殊无入志,惧彼舆论之未畅也,并怀伊邑。臣愚以为宜敕别征诸将,各奉禁令,以慎守所部。"(《三国志 · 魏书 · 王朗传》)在这段话里,王朗认为不宜轻率动兵伐吴的理由是"惧彼舆论之未畅也"。他解释说,既然孙权已答应派其子来做人质,就不能因其子未至而兴兵讨伐,否则,舆人对圣旨不解而议论纷纷。即使孙权高傲凶狠,死不称臣,也不宜出兵,不然舆论不但不支持圣上旨意,反而会同情孙权。王朗对舆论形势的分析说服了曹丕,就此罢兵息战。《梁书 · 武帝纪》中也使用了"舆论"一词——"行能臧否,或素定怀抱,或得之舆论"。舆论是帝王言行的重要根据,人们的议论是帝王能否成就大业的关键。

但在历朝历代,皇权没有停止对舆论的镇压,最残酷的手段就是文字狱。自秦始皇"焚书坑儒",到明清文网密织,劓墨大狱不断。为维护君主专制,民间稍有犯上言论,文字犯讳,被认为"亵渎帝王"。明代徐一夔作贺表,因有"生"、"光"、"则"等字句,被疑为讥讽朱元璋当过和尚,而被处死。雍正朝的查嗣庭案,只是取《诗经》上的"维民所止"为试题,被指控"维"、"止"是要杀雍正的头,以"大不敬"罪下狱,死在狱中,亲属也被杀或流放。

封建皇权镇压舆论最为典型的事件发生在明朝。明万历八年(1580 年),顾宪成中了进士,在北京组织"三元会","日评骘时事"。十四年(1586 年)顾宪成在无锡泮宫讲学,"绅士听者云集"。万历二十六年(1598 年)顾宪成与南浙同仁讲学于惠泉,提出"联络天下之善士"成立"会",成为中国历史上要求建立政党的最早主张。以顾宪成为首成立的东林党以组织舆论、传播舆论和变革社会为己任,成为现代政党的雏形。东林派不是放逸山林的隐者,也不是闭门读书的士人,他们的讲学是一种结社。为了推销观点,造成舆论,顾宪成等重建东林书院,组织群士发表时论。他们谴责朝政的腐败,反对矿税勒索,要求减轻人民的负担。东林党人的舆论活动引起朝廷的憎忌,天启年间,魏忠贤捏造罪名,诬陷东林党人左光斗、杨涟、周起元、周顺昌、缪昌期等有贪赃之罪,到各地大肆搜捕,许多人被迫自杀或冤死狱中。

第二节　西方社会舆论的勃兴

古代的西方社会就像中国封建社会之前一样,也没有舆论(“public opinion”)这个词,“舆论”这一概念直到 18 世纪才在欧洲出现。今天西方人习惯于民意测验,通过阅读民意测验数据了解政治走向、社会问题和国家的变化,尊重或利用民意成为企业家和政治家活动的手段。然而在中世纪,大众话语中的舆论不是民众讨论和意见交锋的结果,而是人们表达自我观念的形式。此后,市民革命旋即啸起,社会讨论遍及整个欧美,舆论伴随此起彼伏的社会思潮日益勃兴,其历史过程同样是十分漫长的。

一、从围立制到票决

在古代易洛魁人和印第安人的部落中,盛行议事会制度,一切成年男女享有平等的讨论权和表决权。议事会开会时,四周围站着部落成员,就公共事务发表各自的意见,最后形成决议,史家称为“围立制”(Umstand)。议事会选举、罢免酋长和酋帅及“信仰守护人”,被杀害的氏族成员接受赎罪献礼(杀人赔偿金)或实行复仇决定,收养外人加入氏族等,也都由全体部落成员讨论表决。议事会是氏族的最高权力机关,酋长决定任何大事都要召集民众共议大计,广泛听取意见。

在部落中,每个成年男子都是战士,脱离人民或有可能和人民对抗的权力还不存在,判断议事会或酋长的作用,都以民众议事权利的多少为出发点。可是,这种“围立制”后来成为常设的机关,只由各氏族酋长参加,加强了酋长的权力。狄奥尼修斯所描述的英雄时代的议事会正是由寡头们(kratistoi)组成的。在古希腊随着国家的设立,这种议事会就变为元老院。在欧洲,“围立”一词最先是古代德意志人的法庭用语,在荷马所描写的希腊人中间,已经发展成为一种真正的人民大会。人民大会由议事会召集,以解决各项重要事务。每个参加者都可以发言,最后的决定是用举手或欢呼通过。围立制是西方原始社会普遍的舆论形态,部落成员在议事会上发表意见的热烈场面,反映了西方氏族社会舆论的活跃。

西方原始社会末期有一种"Roacal tells"的传说习惯,对本民族大智大勇的人物和逸事代代相传,最有口碑的事件转化为民间舆论。这些被称为"当地逸事"、"乡土纪事"的意见并非都是真实的故事,只是一种传说的变体。① 传说必有纪念物,无论是楼台塔碑,寺社庵观,也无论陵丘墓冢,宅门户院,总有个灵光的圣址。有了这些历史遗迹,人们就把传说当作真事,眼前的实物唤起追忆,而追忆又联系着古代英豪,英雄崇拜似乎有了巨大的传播动力。古希腊、古罗马的神话故事传至当代,经久不衰,实际已经转化为稳固的历史舆论。

在古希腊,奴隶主阶级为了制造舆论,大兴论辩演说之风,知名学者和政治家常站在市场的高处或公共剧场的舞台上,发表富有辩才的见解,宣传奴隶主统治的"光明正道"。每当演讲出现高潮,听众中爆发出山呼海啸般的欢呼声和掌声。一天,普罗塔戈拉(公元前 481—公元前 411 年,古希腊著名哲学家)来到了雅典,成了雅典的一大新闻,很多人尤其是年轻人纷纷去听他的讲学。雅典实行城邦民主制,重大的经济、政治和军事问题都在公民大会上表决通过。一个人有辩才,在演说中能够左右公民的情绪,在政治上也能飞黄腾达。当时有钱人的子弟都很注重学习雄辩的技巧。普罗塔戈拉为了培养能说会道的舆论人,从一个城邦到另一个城邦传授雄辩术,在雅典各地名声大噪。

在柏拉图、亚里士多德以及其他学者的著作里没有使用舆论(public opinion)的概念,但他们经常提及民众意见和它的重要意义。有关民众意见的相关概念始于柏拉图(Plato),他认为意见是流行的信念,没有被哲学家精确地确定,因而是变化无常且短暂飞逝的。亚里士多德源于他本人对于政治是某种实践活动的理解,给予意见更积极的解读。正如汉斯·乔治·伽德玛(Hans – Goerg Gadamer)记录的内容:希腊人在集会中使用意见作出集体决定,意见包含多数人的观点或者共同观点的含义②。罗马人把 doxa 翻译为 opinio 和 episteme,从此英语和其他欧洲语言把意见视为"不充分的某种判断"(牛津英语字典)。伊恩·海科英(Ian Hacking)指出,"意见"长久以来具有偏见、可能性和权威成分的含义,这些都和"科学"相反③。

经过悠久的历史,古希腊和罗马建立了初级的票决制度,斯巴达长老会议通过

---

① [日]柳田国南:《传说论》,中国民间文艺出版社 1985 年版,第 11 页。

② Harwood L. Childs, Public opinion: Nature, formation, and role, D. Van Nostand Company, Inc, 1965, p. 348.

③ Hacking, I. (1975). The emergence of probability: A philosophical study of early ideas about probability, induction, and statistical inference, Cambridge, England: Cambridge University Press, p. 20.

喊声选举领导者和代表。据记载,斯巴达人民大会1个月举行1次,会议在欧洛托斯河流域的田野上举行。这里既没有富丽的房舍,也没有游廊,甚至连神像也没有。监察委员中年纪较大的一位成员宣布开会,提议选出评定选举结果的委员会,马上有一个监察委员宣读候选人名单。接着,人群中响起一阵轻微的喧哗,未听到高声的反对,主持会议的那位监察委员就宣布委员会已经选出。斯巴达的人民大会通常只有国王、监察委员和长老们可以在会上发言,人民只能用喊声表示赞成或反对。

"无记名投票"一词出自意大利语"球",是古时表达意见的一种舆论手段。公元5世纪,古罗马在选举时人们用"球"代替选票,投票时选民们将小球投入一个特制的箱内。球分两色,白色表示同意,黑色表示反对。直到1884年,美国有些地方仍采用这种投票方法,但并不限于这一种,有时也用蚕豆或玉米粒代替选票。随着社会进步和纸张文字的应用,后来逐渐演变成现在的纸票。

半个多世纪后,希腊某些城邦不再用呼声决定公共事务,为便于精确统计赞成或反对意见的人数,而是以某物代表意愿的方式进行表决。市厘广场是古代雅典的中心,城市的政治生活都在这里进行,召开人民大会时,凡雅典的公民都必须在这里出席。如发现对城邦不忠的人,立即把他们从雅典放逐出境。公民大会的目的是要决定究竟谁该被放逐。决定的方法是:发给每个出席大会的人一块瓦片(实际是牡壳),把认为是危害国家的人的名字写在瓦片上。然后把瓦片收集起来统计,如果投票人的总数少于6000,这次投票就被认为无效。投票人超过了这个数目,就把瓦片按名字分开来,获得多数票的那个人就被判放逐10年。这种碎片希腊文叫做"Ostrakon",这个制度就叫做Ostracism,译称贝壳放逐法。

在西欧封建时代,君主共和制国家中选举官吏有两种方法,即选定与抽签。每一种方法都曾在不同国家里使用过。在选举威尼斯大公时,这两种方法曾混合使用。孟德斯鸠说:"用抽签的方式进行选举是属于民主政治的性质。""抽签是不使任何人感到苦恼的选举方式。它给每个公民都能有一种为祖国而服务的合理愿望。"[①]孟德斯鸠认为,在一切真正的君主共和制那里,官位并不是一种便宜而是一种沉重的负担,不能把它加给一个人而不加给另一个人,唯有法律才能把这种负担加给中签的人。因为抽签时,人人的条件都是相等的,而且选择也并不取决于任何人的意志,决不会有任何个人的作用能改变法律的普遍性。

到了中世纪,罗马有些思想家和作家开始强调类似"公众舆论"的东西,"公众的声音就是上帝的声音"(Vox popub - lic, vox dei)开始流行起来。这种说法在西欧一直延续了几百年,因为人们已经认识到众人的呼声和意志是多么强大的力量。

---

① [法]孟德斯鸠:《论法的精神》(上)第1卷,商务印书馆1961年版,第2章第11页。

统治者尊重大众的意见，既是其合法存在的前提，又符合正确管理的需要。

二、公众与公共领域的出现

公众（Public）与个人之间的较量也是从古希腊和古罗马开始的。贵族或富有的平民在竞赛场、集会、剧场或其他公共场所参与多彩的城镇生活，女人与奴隶则保障前者的自由和快乐。贵族和平民追求名誉，对出头露面、参与集体活动甚感荣耀，是由当时公共生活的特征造成的。作为公共场所的特殊人士，贵族和富有的平民成为最早的公众，享有这种公民权的都是男人。

Public 这个词是从拉丁语 populus（人）来的，又受到 pubes（男的大人）的影响，意味着经常有很多人出没在一个活动场所里，带有公共的意思[①]。"公共就是指整个社会或者属于整个社会的，能够使社会成为一个行动整体的设备、组织和场地等"[②]。其含义是：A. 经常共同地使用一个场所；B. 公开露面、公开交谈；C. 站在共同的立场上表示态度[③]。亚里士多德曾经说过，"只有野兽或者神者"才会脱离群体生活，这句话强调了私人领域的扩大[④]。人类是一种政治性动物，在群体中生活并对管理者表达意见，是人的本性。对早期的雅典人而言，在公共场所中发言，正是把一个人推入极高赞誉或极为严厉的斥责声中。"公共"涉及人的共同体，需要共同展示空间，今天的某些民主思想者关于"公共领域"的想象力仍然局限在古希腊的市民大会和古罗马广场的集会。

到了中世纪，公众只限于封建领主阶层，代表全体国家并以自己的爵位充当"公人"。他们不仅有武器，而且有特殊的衣服、发型、礼节和修辞方式，并在竞技场里拥有固定位置（坐在普通人前方），从而表现出他们的地位和身份。欧洲历史上这期间的公共领域不是公民讨论的场所，而是展示贵族和贵妇人的显要和特权的舞台，剧场是当时公共领域的另一个主要场所里。专制王权主导下的剧场的建筑结构突出王的形象，在权威与权力方面认为夸耀是需要的，国王与高级官吏，包括一般学者都珍惜展示权力的重要性。公众的夸耀表现为名誉，也表明权威是合法的，剧的内容大都是把公共事务跟王权联系在一起，观看时的掌声回荡在剧院这一公共场所里。"公共"一直以来持续成为一个重要概念，特别是中世纪日耳曼法典

---

① H lscher, L. (1979). ffentlichkeit und Geheimnis: Eine begriffsgeschichtliche Untersuchung zur Entstehung der ffentlichkeit in der frühen Neuzeit [Publicity and secrecy: A conceptual – historical study of the genesis of the public sphere in the early modern period]. Stuttgart: Klett – Cotta. ,pp. 14 ~ 30.

② Taylor, C. (1990). Modes of civil society. Public Culture 3(1), p. 108.

③ Glare, P. G. W. (Ed.) (1982). Oxford Latin dictionary. Oxford: Clarendon Press.

④ Aristotle. (1952). Politics. In R. M. Hutchins (Ed.), Great books of the Western world (vol. 9, pp. 437 ~ 548). Chicago: Encyclopedia Britannica.

中规定,只有在公开场合和白天才可以进行审判。圣经的措辞中要求忏悔罪行要"公开给全世界",婚姻也只有公开宣布和见证才能合法化。尽管如此,从整体上讲,那时的公民对公共领域界限并不清晰。

然而,15 世纪的发展对公众所扮演的角色产生了深刻的影响,虽然有时候它的整体效能只是被模糊地认识到。大约 15 世纪中叶,活字印刷术的应用为阅读书刊向大众扩展提供了手段。新教改革打破了罗马天主教会对教义传播的垄断,成为多种宗教信仰竞争的开端。与此同时,文艺复兴对经济、政治以及社会生活起到了解放作用。正在发生的经济变革促进了新思想的传播和新出版物的引进。在这个令人兴奋的世纪里,新大陆的发现和远程探险扩大了人们的欲望,印刷厂、书籍、报刊的增加,相互竞争的新思想以及公众舆论在更广阔的领域逐步觉醒。

那些有教养、有经验和有信念的人常常卷入社会公共领域。以色列人对救世主的狂热情绪就是最好的例子。1666 年,一名叫沙巴塔·赞威的以色列人公开声称自己是以色列人盼望已久的救世主。随即,以色列人的心理被狂喜所支配,男女老少都陷入一种歇斯底里的状态。商人放弃了生意,工人离开了生产岗位,他们专心致志地祷告和忏悔。犹太教堂日夜回荡着叹息、叫喊和哭嚎声,而那些对狂热持反对态度的犹太教士被迫外逃谋生。沙巴塔的名声传遍了西方,在波兰、德国、荷兰和英国,交易所的业务受到干扰,神情严肃的犹太商人们都停下来讨论着这个伟大的事件。在阿姆斯特丹,犹太人在大街上游行,呼喊沙巴塔的名字,男男女女的预言家随处可见。

18 世纪英国、法国、德国的公共领域不仅是正式的集会场所,而且无论什么地方,只要有讨论就变成公共领域。跟参加古希腊或罗马广场集会的人不一样,18 世纪的公众是有知识、有公民权的大众,在开放空间交流意见,咖啡店、酒吧、讨论会、帮会等不再被国家与教会干涉。公众作为社会群体分布在各地,通过追求共同利益而聚集起来,产生了公共图书馆、演奏会、剧院、沙龙等公共活动。公共领域中最得力的是出版物,它帮助公众扩大了公民交流的范围,报刊的启蒙和大众化增强了公众的力量。公众开始和国家秘密较量,要求国家开放政务,让所有国民知道和讨论。

三、舆论概念的流行

在 17 世纪流行的"意见是我们世界的女王",到了 18 世纪变为"统治权是在意见上取得的"、"统治权是'被支配者的同意'",这样的口号影响到后来"公众意见"(public opinion)概念的出现。"公众意见"通常在汉语中译成"舆论",有时也译为"民意","公众意见"不是对舆论的解释,而是同一个名词中西互译的概念。

法国启蒙思想家卢梭在1762年出版了他的《社会契约论》一书,这是我们至今看到的首次在书面语中将拉丁文“公众”和“意见”两个词联结起来,创造了一个新词“Opinion Publique”(法语)。他把意见从个人思想拓展为社会公众的集体思想,提出舆论就是人们心中的法律,“没有什么比公共的判断是更加独立于至高无上的权力之外的了”[①]。从此,欧洲思想家开始意识到,反映和协调社会利益的舆论是有理性和价值的,有助于维护社会的整体利益和共同意志,不久它就在西方广泛流行起来。

贝克(Baker)通过对比百科全书(Encyclopedie)(1765)和百科全书大系(Encyclop edie methodique)(1784~1787)清晰地描述了当时的舆论意识如何急剧变化。在第一本书中,着重强调“意见”是单独的哲学问题,并重复过去意见和科学之间的对比;第二本书则在哲学条目下未单独解释“意见”,而是给出了“公众意见”(Opinion publique)这样一个宏大的政治问题。贝克解释道:“尽管先前它的主要特征表现为变迁性、主观性和不确定性,但现在却是普适性、客观性和合理性的。在一代人的间隔中,忽明忽暗的‘意见’之灯逐步变为一束永不熄灭的‘公众意见’之光,而在这普适的判断原则建立之初,公民和政府一定早已以同样的方式出现了。”[②]显然,至18世纪中后期,“意见”一词已从“偏见”的主要来源(目的在于对多数思考者的教化)转向“偏见”的消除材料。正如哈贝马斯所说,“从18世纪,人生活的特征在他们的文学、艺术、政治理论、追求的教育中可以看得出来,人本主义的欧洲中产阶层含有理性的行动与互相了解的倾向,以及在政治上的行动与相互了解,可以称‘公众意见’”[③]。

公众意见(public opinion)的汉语准确翻译是舆论或社会舆论,包括以下内容:1.公众和公民的出现;2.代表一定阶层或利益集团的立场;3.参与公众的公开讨论;4.得到政府支持的公众自由;5.讨论内容涉及全社会的公众事务;6.争论的核心不是为了施压、划分等级或得到特权,而是沿袭哈贝马斯所言的获取“更好的争论的力量”来辨别真理。一个意见如果能够被公开的普及和讨论,那么就可以被称为是公众意见,即便实际上可能涉及的范围并不广大,正如泰勒(Taylor)所理解的,“公众意见,如我们先前所想,不是个人意见的集合,尽管其中一些内容是我们本能认同的。它是经过争论和讨论之后得出的意见,并且被

---

① [法]卢梭:《社会契约论》,商务印书馆1980年版,第169页。

② Baker, K. M. (1990). Inventing the French Revolution: Essays on French political culture in the eighteenth century. Cambridge, England: Cambridge University Press, pp. 167~168.

③ Habermas, J. (1989). The structural transformation of the public sphere: An inquiry into a category of bourgeois society (T. Burger & F. Lawrence, Trans.). Cambridge: MIT Press. (Original work published in 1962), p. 167.

我们接受为某种常识。”①

在法国大革命前夕，路易十四的财政部长奈克尔（Jacques Nicker）说：“公共舆论是一种看不见的力量，无法度量，无法监管，城市、法庭甚至国王宫殿都无法抵御舆论的威力。”社会舆论是政治知识的最高形式，是“社会知识的全部总和……一个国家的问题提交舆论的判断综合，在今天，是值得颂扬的最强大的动机。”②

19 世纪，通过自愿的民间团体的努力，公共教育广泛普及，对于形成信息灵通而审慎的公民群体是一个关键因素。另一方面，图书馆在民间力量的努力下纷纷建立，被誉为“民主的火药库”。在这个世纪，西方大城市的街头巷尾到处都有人在进行政治讨论，各式大众辩论的俱乐部和民运组织相继出现，政治判断和市民社会已不是抽象理论的范畴，而是充满了各种利益与观点的角逐。在当今的民主政治中，关于公共事务的正式决策，是由议员们讨价还价后作出的，而非由全部民众亲自参与。在许多国家，公众意见可能不是民众集体的意见，许多人不可避免地成为一个旁观者。

第三节　西方的舆论研究

思想启蒙时代为“公众”指出了一个新的含义：理性公民的主体。1693 年利克雷（richelet）所编写的《法国字典》中就预见这种新含义的出现：“没有比公众更加清廉的判断方式，迟早它会实行公正。”“公众”对于受过良好教育的资产阶级而言，越来越被看做是对专制国家批判的一种声音。这也许是除了卢梭外，法国另一个思想家对舆论做出的深刻结论。

一、18 世纪对舆论的赞誉

到 18 世纪中叶，人们对舆论的重要性有了普遍的认识。或许，18 世纪公众意见领域最重要的思想家要数卢梭和法国财长奈克尔。奈克尔则可能是第一个从细节上讨论舆论治国的人，他在与公众信誉有关的舆论的重要性方面提出过一些精辟的见解。他认为资产阶级的舆论是一种无形的力量，舆论的天性和力量会随着政府的形式和种类发生变化，并且会在一个有限的君主政权里有非常积极和健康的效果，运用舆论是一种防范职权乱用的好措施。

---

① Taylor, C. (1990), Modes of civil society, Public Culture 3(1), p.109.

② Baker, K. M. (1987), Inventing the French Revolution: Essays on French political culture in the eighteenth century. Cambridge, England: Cambridge University Press. p.240.

对于现代民主思想家而言，公民集会规模的天然限制就像他们身上的刺儿一般。希腊人的民主制已经说明了政治组织必须要小，全体公民集会能够听到发表意见人的话音。让·雅克·卢梭，作为最先使用"公众意见"(public opinion)一词的人之一和最后坚持政治活动小规模的人之一，在《社会契约论》中写道："就像自然赋予构造完美的人类的身体结构限制一样，这种限制的外在表现为巨人或者侏儒。一个国家的构造也是这样，也存在一定的限制，以使其大到不至于影响良好的管理，小到不至于难以维持其存在。对于国家来说，也有一个不可超越的力量极限。"①卢梭将他的"公共意志永远正确"的理论应用于他的国家，极为赞美舆论，甚至认为即便专制也要取决于民意。他坚持认为，所有的行政法规、民法、刑法都应当建立在公众意见之上。虽然他的"公众意志"与舆论理念很接近，但他从未明确指出二者的联系或对法律的影响。他强调舆论不可强行控制，政府可以通过舆论间接地影响道德。

卢梭在《社会契约论》中认为"公意永远公正"。他的推理是：如果说个别利益的对立使社会的建立成为必要，那么，正是个别利益的一致才使社会的建立成为可能。正是这些不同的利益的共同之点才形成了社会的联系；如果所有这些利益根本没有某些一致的话，那么就没有社会可以存在了。因而治理社会就应当完全根据这种共同利益。可见公意永远是公正的，而且永远以公共利益为依归；但是并不能由此推论说，人民的考虑也永远有着同样的正确性。人们总是愿意自己幸福，但并不是人们总是能看清楚幸福。人民是决不会被腐蚀的，但人民却往往会受欺骗，而且唯有这种时候才好像人民会愿意要不好的东西。他还指出，众意与公意之间经常总有巨大的差别；公意只考虑公共利益，而众意则考虑个人的利益，众意只是个别意志的总和。但是，除掉这些个别意志和正负相抵消的部分外，则其余的部分就是公意②。

塔尔德(Gabriel de Tarde)将公众界定为一种散播在空间中相互间隔的社会集群，但由于某种共同的信号而集合在一起；它是一种去除完全面对面的接触之外的社会形式。③ 在18世纪的法国和英国，基于陌生人集会下的新文化形式的出现，诞生了很多新事物：公共图书馆、音乐会、大型豪华剧院。在这些新语汇中，核心词却是向公众开放的开架阅览。

洛克提出一个舆论定律，即人与人之间影响的第三重关联，挑战了教会与国家

---

① Rousseau, J-J. (1968). *The social contract* (M. Cranston, Trans.). London: Penguin. (Original work published in 1762), p. 90.

② [法]卢梭：《社会契约论》，商务印书馆1980年版，第21~37页。

③ Tarde, G. (1969). Opinion and conversation. In T. Clark (Ed), Gabriel Tarde: On communication and social influence. Chicago: University of Chicago Press. (Original work published 1898), p. 87.

在道德与法律领域的唯一权威。如果说公开谴责仅仅是社会中的人单独完成的话，那一定会引起大多数人的反感。洛克发现了一个既尊重个人意见又兼顾社会道德标准的动力，“对隐秘的道德的执行者来说不是某个人，而是一个小社会，经由一种思想家对于道德与法的研究而形成某种规制。”①特权以外的公共意见不会制约意见与意见之间的碰撞，反而形成一种同政府的强制规定以及教会隐秘习俗相悖的道德权威，即舆论制约权力的定律。洛克关于意见的法则并不是关于一般意见形成过程的描述，而是在特殊历史时刻对新兴社会力量的肯定。正如纽曼认为，个人谴责或者公众意见无时无刻不是一种社会力量，经过文艺复兴后的私人与公众被赋予了特殊政治含义。对于洛克来说，讨论有一个重要的公共功能：当政府机关充满夸大和独裁的声音时，人间的理性议论会保持潜在的质疑，中产阶级抛开固有的陋习后，公共讨论得到了越来越多的政治力量。“公众意见是中产阶级文明的表现”，公众意见是洛克寻来的新的政治力量②。

在文艺复兴的对话中，公众意见有时被形容为奇妙无比的力量，因为从大众那里已经可以听到议论了，暴君在他的宝座上瑟瑟发抖。多变的危机已经降临，至高无上的公众意见已经宣布必须建立自由。一段时间后幻觉就会解除，似曾威严且宏大的君主权威即将同魔幻般的城堡一起永远消失。斯密特（Schmitt）说道：“公众的光亮就是文艺复兴的光亮，一种从迷途、幻影和野心诡计中走出的解放。在文艺复兴的专制中，公众意见扮演了纯粹的矫正物。”③

休谟最早将“舆论法则”引申到国家理论方面。他在1739年指出：“没有其他力量比舆论更能够支撑统治者。政府仅依赖民意而得以成立。在最专制独裁的政体是如此，在最自由、最孚众望的政府也是如此。”④卢梭在《社会契约论》中进一步将公众舆论视为国家的真正法律，“它既不是铭刻在大理石上，也不是铭刻在铜表上，而是刻在公民的内心里；它每天都在获得新的力量；当其他的法律衰老或消亡的时候，它可以复活那些法律或代替那些法律，它可以保持一个民族的创制精神，而且不知不觉地以习惯的力量代替权威的力量。”⑤从洛克到欧洲启蒙思想家的自然理性学说，已经广泛注意到舆论对公共权力的规制，正如哈贝马斯所指出的：“资产阶级公共领域当中形成了一种政治意识，针对专制统治，它提出了普遍而抽象的

---

① Koselleck, R. (1988). Critique and crisis: Enlightenment and the pathogenesis of modern society. Oxford: Berg. (Original work published in 1959), p.55.

② Speier, H. (1950). ,Historical development of public opinion. ,American Journal of Sociology, p.152.

③ Schmitt, C. (1985). *The crisis of parliamentary democracy* (E. Kennedy, Trans.). Cambridge, MA: MIT Press. (Original work published in 1926), p.38.

④ 转引自[德]伊丽莎白·诺尔·纽曼：《民意——沉默螺旋的发现之旅》，台湾远流出版公司1994年版，第102页。

⑤ [法]卢梭《社会契约论》，商务印书馆2003年版，第70页。

法律概念和要求,最终还认识到应当将公众舆论当作这种法律的唯一合法源泉。在整个 18 世纪,公众舆论都被当作是那些建立在争论——理性主义概念之上的规范的潜在立法资源。"①

在欧洲思想家华丽的言语中,我们能够清楚地感受到公众意见时常并不被作为一种概念加以研究,而是一种带有严肃的政治法律事务。贝克(Baker)对 18 世纪晚期的法国作了这样的评述:"比起某种发散的社会学的指示物,'公众意见'更像是一种政治或意识形态的建构物。"②在英国,"公众意见"同样被更多地作为议会之外的某种真实或假想的力量表现,而"人民"在 18 世纪晚期也只是平民的一个片断。在 18 世纪晚期的欧洲政治中,"公众意见"的力量展现为一种真实的社会生活,同时也被视为一种说服的符号③。

二、19 世纪对舆论的辨析

法国大革命突然加速了对舆论讨论的扩展,尤其是在德国和英格兰。在德国,威兰德(C. M. Wieland)断定说作为法国大革命的结果,如果政府无视舆论的话,那么它将不会长存。心理学家加尔夫(Christian Garve)专门写了一篇完整的关于大众舆论的文章,谨慎地定义了这个术语,并对其一般原理的功能大加肯定。到了 19 世纪 30 年代末期,公众意见的概念已经进入政治学原理,但在舆论的道德和权限方面并没有达成共识。关于大众舆论问题最详细的分析要算是哥斯道夫(Carl Von Gersdorf)的《关注舆论的概念和天性》(1846)和赫尔珍道夫(Franz von Holtzendorff)的《大众舆论的天性和价值》(1879)两本著作。这两个学者研究了大众舆论的权限,哥斯道夫还探索了公众舆论演化的历史,并且定义了它和法律以及主权国家的关系。可见,世界上舆论学的专著首先出现在德国。

公众对革命的期望和对皇权的失望,为 19 世纪的解放运动带来浓郁的氛围,公众的觉醒及其力量往往被认为是 18 世纪 90 年代的现象,但是从法国大革命起就已经对其产生了些许疑虑,认为公众意见绝对正确的信念"很容易就被每日接触到的无知、歧视和对权力和传统的奴性等粗鲁的冲突所打破"④。曾任英国首相的罗伯特·皮尔(Robert Peer)1820 年所写的一封书信中,表现出对于"公众意见简直成为愚蠢、孱弱、成见、错误的感受以及正确的感受和固执的新闻纸堕落"的担

---

① [德]哈贝马斯《公共领域的结构转型》,学林出版社 1999 年版,第 57 页。

② Baker, K. M. (1990). Inventing the French Revolution: Essays on French political culture in the eighteenth century. Cambridge, England: Camridge University Press, p. 167.

③④ Gunn, J. A. W. (1983). Beyond liberty and property: The process of self - recognition in eighteenth - century political thought. Kingston & Montreal: McGill - Queen's University Press, pp. 20 ~ 27.

忧[①]。一年后,黑格尔写了同样的话:“公众意见既应得到尊重,也应得到轻视”。黑格尔对公众舆论表示了格外的关注,认为公众意见在本质上是与自然相抵触的,部分值得褒奖而部分令人厌弃,其中错误与真理混杂在一起。伟大人物的任务就是为他的同辈人找到公众意见中的真理[②]。

法国社会学家阿列克斯·德·托克维尔(Alexis de Tocqueville)在《论美国的民主》一书中认为,作为启蒙运动的解放者,公众意见一旦形成,就会成为人们无法想象的强大力量。反过来它以全体精神压服个人智力,将公众的意见强加于和渗透于人们的头脑,从而“把个人的理性限制在与人类的伟大和幸福很不相称的极小范围。”[③]托克维尔把报刊作为一种社会交往的替代品,用以补充在一个广大的共和国中不同地区的微弱联系。他把新闻出版视为协调分散的公民行动的手段,否则他们从来不曾完全一致地行动。“一张报纸不仅仅可以给许多人提出一个共同的计划;它同时提供给他们实现这一他们出于自己考虑的共同计划的种种途径。”[④]更进一步,报刊能把人们聚合在一起,但是这种集合不必是物理上的接触,就像在一个非常大的城镇广场上所作的那样。在阅读报刊的过程中,公众在阅读他们自己,因此找到了行动的途径。

杰罗米·本赞姆(Jeremy Bentham)是第一个用英语来详细研究社会舆论的人。他强调公众意见作为社会控制的措施,也是对抗专政的主要手段,他把它称作道德上的制裁,并且强调立法者不能忽视大众舆论。作为一种防范滥用职权的措施,他要求所有官方的行为都要有公开性。他详细解释了他称作的公众意见的法庭,他发现,在大众舆论形成和表达的过程中最重要的因素是新闻界。

19 世纪以来,现代民主主义者用代议制(representation)回应了这一论断,最著名的论述是《联邦党人文集》(The Federalist Papers)。约翰·斯图亚特·密尔(John Stuart Mill)沿用卢梭关于舆论的政治内涵,写道:“在古代,尽管可能,或者经常具有伟大的个体或者某个地区的独立,但是没有超越单一城邦形式的管理良好的大众政府,因为不存在契合舆论及其传播的各种物质条件。除了能够在同一个集合地讨论公共事务的人以外,这一限制已经随着代议制体系的广泛采纳而克服。但是为了完全克服这一障碍,我们还需要出版业(the press),尤其是新闻出版业。尽管它与希腊的普尼克斯山(Pnyx)和古罗马广场(Forum)不完全一样,但其实它

---

① Gunn, J. A. W. (1983). Beyond liberty and property: The process of self - recognition in eighteenth - century political thought. Kingston & Montreal: McGill - Queen's University Press, p. 298.

② Hegel, G. W. F. (1970). Grundlinien der Philosophie des Rechts[Elements of the philosophy of law]. Frankfurt: Suhrkamp. (Original work published in 1821), p. 485.

③ [法]托克维尔:《论美国的民主》,商务印书馆 1996 年版,第 527 页。

④ Tocqueville, A. de. (1969). Democracy in America (A. Lawrence, Trans., J. P. Mayer, Ed.), p. 518.

们是真正的等价物。”[①]

关于在地理疆界扩大的社会如何实现民主政治，密尔开启了两种代议制：政治的（全体人民选举官员）和思想符号的（新闻出版，代表人民的公共事务），二者都是社会舆论的表达形式。密尔在《论自由》一书中甚至比托克维尔更加明确地指出，公众意见带来了一种令人窒息的统一，他甚至沮丧地把公众称为“一群平庸之才的集合”[②]。

在企图用大众舆论解决社会问题中最卓有建树的一个人是英国人詹姆斯·布赖斯（James Bryce）。1880 年他出版的《美国的共和政体》一书[③]有多个章节专门讨论舆论的主体及其功能，直至今日还有着不同寻常的价值。他揭示了大众舆论的本性和形成过程，介绍了大众舆论对社会的管理功能，发现了舆论由默许、冲突、流行到控制的发展阶段。民意测验专家经常引用他关于连续关注并测量公众舆论波动的结论。此外，他讨论了公众舆论的机构，表明民权在一个国家中越彻底，观念机构也越应该与它的表达方式相匹配。他还详尽地考察了传媒、公众会议、选举和各种特殊组织的角色，这些因素如何推动美国大众舆论的形成。他提到，美国在很大范围内缺乏对榜样的崇敬，民众持久的忙碌和对政治兴趣的淡漠，常常表现出善变和保守倾向。关于大众舆论在美国形成的规则，他做出了有意义的解答，他认为在这个国家中观念的分歧是纵向的而不是横向的。

Bryce 的书讨论了“大众的暴政”和“群众的宿命论”问题。他分析了美国的舆论曾经成功过，也曾经失败过的原因。之所以失败，他认为是因为确定和证实舆论有很大的困难，很难抓住实际中的大问题，它给人们以不适当的信心。而在另一方面，它之所以成功，是因为舆论倾向于带给邪恶以光明，以一种很有力度的方式表达，并且能教育人。更重要的是，他发现公众舆论使民众对政府和法律的需求最小化，是阻碍有害事物的有效尺度。在 20 世纪之前关于舆论的诠释，没有超出布赖斯这本关于美国联邦的书籍所具有的价值，他的舆论学观点远远超过 19 世纪任何一个研究舆论的人。

三、20 世纪的舆论观

20 世纪的舆论研究一开始就充满了直率的攻击。比如李普曼（1922）和奥尔波特（Allport），以倾向明显的概念攻击前一代学人对舆论的观点。这些观点认为

---

① Mill, J. S. (1861). Considerations on representative government. In R. M. Hutchins (Ed) great books of the west word. Chicago, 1952, p. 330.

② Mill, J. S. (1859). On Liberty, In R. M. Hutchins (Ed), great books of the west word. Chicago, 1952, p. 302.

③ Bryce, James. The American Commonwealth. Vol. 2, part IV. New ed.; New York: Macmillan, 1924.

公众舆论是在共同体讨论中形成的有机产物。奥尔波特宣称人民的精神、民族的意愿、群体的共同意见等等,是值得怀疑的。在他的眼里,社会就是个体的协调行动,而不是其他任何东西。这一倾向在他的著作《制度化行为》(*Institutional Behavior*,1933)一书的标题上明显凸现出来,"社会"、"舆论"等等在他的眼中就是填字游戏。

奥尔波特攻击的主要目标是"公众"(the public)这个概念。例如,1937 年奥尔波特在《舆论学季刊》创刊号上的文章明确把"公众"从公众意见(the public opinion)中剥离出来,使公众舆论形成的语境被剔除。奥尔波特用一种使"公众"循环的方式定义"舆论":"一群具有一定看法的人,这些具有一定看法的人将被定义为属于公众。"①"公众"(public)这个词,如他所解释的,致使"研究目的过剩"。他认为,今天所谓的公众意见实际上不是公众的舆论,而是一些社会活动家的意见。公民们不再自己产生舆论了,而必须诉诸民意测验的机器。于是,构建公共空间的力量落到了专家的手里,而不是公众。

自从现代集会不再局限于物理空间而是在媒介中,公众只能作为一个虚构体而存在——被媒体塑造。李普曼的论点因此非常清楚,他把舆论仅仅看作是一种头脑发热的民主主义思想家的臆造物,体现出长久以来揭穿黑幕者们的传统。李普曼的《公众舆论》(Public Opinion,1922)②和《幻想的公众》(The Phantom Public,1925)就是这种观点最明显的展示。与他那个时代的许多看待社会的思想家不同,他认为舆论自 18 世纪起源至今,从来没有撇开代表物而存在,因此带有很重要的"文本的"(textual)或符号建构的成分。"公众意见"是一种社会生活的产儿,面对面的公民集会不再被认为是政治的唯一基础,市民实体不再直接对其自身行动,因此,这就需要有共同的虚构来代表它,例如"公众"(the public)、"人民的意志"(the people' will)等等。具有讽刺意味的是,社会科学的舆论研究开始废除社团主义者对公众符号的理解,仅仅用媒体的形式来介绍它们。李普曼有实证主义精神,想把社会这个词纯洁化,对公众有个更科学的创造空间,以此引向更有效率的公共事务管理。他和奥尔波特把公共生活的意见与观念的历史仅仅当作想象,公众舆论由于具有摇摆不定的天性,遭到他俩的轻视。

1933 年弗朗西斯 · G. 威尔逊(Francis G. Wilson)在《美国政治科学评论》杂志上发表的《舆论的概念》一文,将舆论这个术语分为"公众"和"意见"两部分,进而分析了"公众和意见的关系、公众和政府的关系以及意见和政府的关系"。这些关系以公民参与为特点。"公众"的含义受到"每个人自身都有权利参与到政府中

① Allport, F. H. Toward a Science of Public Opinion, Public Opinion Quarterly, Vol. 1 (Jan. 1937), p. 9.

② 中文又翻译成《舆论学》。

去”的限制，舆论的压力被看做是政府的负担[①]。

1962年德国法兰克福学派的著名学者哈贝马斯出版了影响深远的《公共领域的结构转型》一书，创立了公众舆论形成于公共领域的理论。事实上，哈贝马斯对自己提出的“资产阶级公共领域”的概念也经过了数次修正，它指的是公民参与公共事务的社会空间。公共领域，首先意指社会生活中的一个领域，某种接近于公众舆论的东西能够在其中形成，并向所有公民开放。在每一次私人聚会、形成公共团体的谈话中都有一部分公共领域生成。然后，他们既不像商人和专业人士那样处理私人事务，也不像某个合法的社会阶层的成员那样服从国家官僚机构的法律限制。当公民们以不受限制的方式进行协商时，他们作为一个公共团体行事——也就是说，对于涉及公众利益的事务有聚会、结社的自由和发表意见的自由。在一个大型公共团体中，这种交流需要特殊的手段来传递信息并影响信息接受者，报纸、杂志、广播和电视就是公共领域的媒介。当公共讨论涉及与国务活动相关的对象时，我们称之为政治的公共领域，以相对于文学的公共领域。[②]

哈贝马斯指出：“公共性本身表现为一个独立的领域，即公共领域，它和私人领域是相对的。有些时候，公共领域说到底就是公众舆论领域，它和公共权力机关直接相抗衡。”[③]公众舆论是政治公共领域的一种重要建制，随着资本主义民主制度的发展，公众舆论逐渐地从边缘走向了中心。在哈贝马斯的理论体系中，“国家”和“社会”作为一组相对的概念出现，前者意指公共权力机关，而后者则指私人或民间活动的范围。政治公共领域形成于公民的觉醒，使公民转变成为“公众”。“公众”不仅表达一种意见，而且还为了捍卫自我的权利，并由公共权力的统治对象变成公共权力的建构者。与此相应，公众舆论不再是对公共权力的简单评论，更成为公共权力的合法性基础。

德国的诺尔·纽曼(Noelle - Neumann)1973年提出“沉默螺旋”的理论假说，认为媒体可以使人们保持沉默，由于人们害怕成为少数而限于孤立，一种观点赞成的人越多，少数持有相反观点的人就会在沉默中以螺旋的方式变得越来越少。舆论是公开表达的意见，正是意见气候左右人的意见。她的理论的微妙之处在于，不是传统的媒体直接影响舆论，而是媒体作为公众舆论的代表怎么影响舆论。公众舆论作为一种舞台形象展现在人们的眼前，而不是作为一个潜在的社会和心理学意义上的整体。她没有抛弃把舆论当作最终落脚于人民的态度上的观点，而是把

---

① Wilson, F. G. (1933). Concepts of public opinion. American Political Science Review, 27, pp. 371 ~ 391.

② 哈贝马斯：《公共领域的结构转型》，学林出版社1999年版，第34、59页。

③ 哈贝马斯：《公共领域的结构转型》，学林出版社1999年版，第2页。

舆论看成符号描述引起意见变化的杠杆。[1]

30年之后，哈伍德·奇尔兹（Harwood Childs）在《舆论：本性，形成和角色》（*Public opinion: Nature, Formation, and Role*, 1965）第二章中分三部分来研究“公众”、“意见”和“一致的程度”。接着，他探索了“意见形成的过程”、“意见的质量”、“谁掌握意见”和“意见的主题”，勾勒出20世纪每个十年的舆论话题、影响舆论的技巧及其历史背景和特点。最后，他指出自20世纪30年代之后，用民意测验的方式测量一个常规时间段内的舆论，变得越来越可行和流行。在奇尔兹汇编的舆论定义中，大约有一半是强调舆论在民主国家中的显见功能。

一些研究者用民意测验的数据证实舆论的客观性和功能。拉扎斯菲尔德（Lazarsfeld）在《舆论和经典传统》一文中写道：“现在，我们有民意调查的事实，我们将毫不怀疑地坚持把舆论称作一个经过充分分析的态度分布。”在为《舆论季刊》（Public Opinion Quarterly）创刊50周年纪念日所写的一篇文章中，詹姆斯·本尼格（James Beniger）提到艾伯特·高林（Albert Gollin）的“现在普遍认同的舆论定义是民意测验者所收集到的个人意见的集合”[2]这一结论。这种个人意见的集合，表明社会舆论的强大，但也流露出舆论只是测验的结果这种错误观点。

早就对此持批判态度的研究者是赫伯特·布鲁默（Herbert Blumer），他发表于1948年的文章《舆论和民意测验》尖锐地批判道：“尽管进行了大量关于舆论的测验研究，但是具有普遍性的舆论如果不是完全缺乏，也是极少量的。”布鲁默继续写道：“给我留下印象的，是研究投票选举的学生转向确认他们想象的目标，明显地缺乏努力或者真诚的兴趣……他们不关注判断一方是不是符合原始情况，而应对舆论的原始状态作出独立分析。这里，通过某一途径，来自于任何一种对于这样的问题的考虑，是有意识地用来作为它本身托词的。我曾提到，狭隘的操作主义者认为，舆论由舆论测验的结果构成。令人好奇的是，这些发现得自于一个操作或者一个工具的使用，被看做组成研究对象而不是对研究对象提供的有建设性的知识。操作停下来成为一种受支配的程序来代替询问的对象；取而代之的是，操作在本质上决定它自己的目标……我想指出的只是狭义操作主义的结果，就像上面所提到的，局限于放弃或是提升结果意味着什么。”[3]

布鲁默转向对民主国家中舆论的内容、形式和功能的研究，用舆论在民主国家中为政客提供组织功能，专断地勾勒出一个合理的舆论的概念。他最初的关注焦

---

① Noelle - Neumann, E. (1984). The spiral of silence: Public opinion - Our social skin. Chicago: University of Chicago Press.

② Beniger, J. R. (1987). Toward an old new paradigm. The half - century flirtation with mass society. Public Opinion Quarterly, p. 54.

③ Blumer. H. (1948). Public opinion and public opinion polling. American Sociological Review 13, pp. 542 ~ 554.

点是利益集团——协会、商业组织、农委会和种族群体。布鲁默并没有讲为什么这些利益集团以及他们施加给政客的压力可能被称为“舆论”,他只是有说服力地描述了这些利益集团在政治意见形成中起到的作用,证明这些利益集团如何使政客必须注意到他们的压力。一个社会中不同个人对意见形成施加的影响不同,享有较高的社会地位和声望高的人,对其他很多人有很大的影响。也有一些人丝毫没有上述优势,他们没有相关信息,同时也没有意见的影响力。在舆论调查中,所有这些不同的人的判断和影响的分量并不相同,却被平等地对待。显然,布鲁默并不认为民意调查是最合适的探知舆论的方式。

30 年后,皮埃尔·鲍迪厄(Pierre Bourdieu)在他的文章《舆论并不存在》“Public Opinion Does Not Exist”(Bourdieu,1979;Herbst,1992)中,提出了同样的论断。正如后来在《国际舆论研究杂志》(International Journal of Public Opinion Research)发表的一系列文章所描绘的,1991 年在芝加哥举行的中东联盟的舆论研究(MAPOR)会议上,举行了一个以欧洲的舆论观念为话题的讨论。在讨论中,傅科特(Foucault)、哈贝马斯(Habermas)和鲍迪厄(Bourdieu)的演讲发展了舆论理论,都认为舆论的形成是一个合理的社会过程。

伴随政治科学对合理选择理论日益增长的兴趣,以及对心理认知过程日益增长的魅力,到 20 世纪末,舆论即合理性的观念似乎变得更加确定。例如詹姆斯·本尼格(James Beniger)在 1987 年谈到:“如果态度能够被允许依赖于认知(知识和意识)以及情感……并且可能也依赖于行为的敏感性,那么对态度的改变而言,改变认知的交流可能和改变情感方面的交流一样重要。当然,舆论研究有一个神圣的艺术化建议,这就是可信的信息可以比仅仅是劝说式的呼吁对舆论产生更有持久的影响。在后半个世纪中,为了对这种舆论信息及其更好的理解进一步苦心钻研,也许被期待在《舆论季刊》的栏目中扮演核心的角色。”[①]

本章内容重点:

1. 中西不同社会阶段的舆论形态。
2. 中西舆论概念的形成。
3. 西方舆论研究的主要成果。

---

① Beniger, J. R. (1987). Toward an old new paradigm. The half - century flirtation with mass society. Public Opinion Quarterly, pp. 58 ~ 59.

第二章　舆论的属性与结构

有的学者认为,舆论是不参与决策过程、在权力中心之外的大众的意见,表现为民间对政府事务的评价。也有人把人们对事物产生的争议称作舆论。还有人把宣传和舆论视为因果关系,使用“舆论宣传”的概念,认为舆论可以通过宣传制造出来。对舆论的性质缺乏周密的思考,不了解舆论同公众意志的关系,就会简单地认为舆论不过是群众的看法,把少数人向公众推销意见也看做是社会舆论。这种误解在许多人那里形成偏见,把社会舆论视为手中的泥团,可以随意捏来捏去。其实,舆论是公众的共同信念,一旦在全国范围内形成,任何外在力量都无法改变它。

第一节　舆论的定义及其核心

目前国内关于舆论的定义,都离不开语文词典的词语解释,远不是百科辞典的概念阐释,因而不具有科学含义。这些定义是外在的、表面的字面意义。本书认为,**舆论**的概念有狭义和广义之分。狭义概念是指某种舆论而言,即在一定社会范围内,消除个人意见差异、反映社会知觉的多数人对社会问题形成的共同意见。广义上的概念是指社会上同时存在的多种意见,各种意见的总和或纷争称作舆论。人们多在狭义上使用舆论的概念,因为人们谈论舆论的存在常常是指社会中某种具体意见,剖析某种意见是如何形成的、它的指向或量化怎么样,以及有何影响,并不过多地分析多种意见的纷争状态。[1] 理解舆论,首先要认识舆论是什么?西方文字大都把舆论表述为“公众意见”(Public opinion),公众的共同知觉和信念,构成一定社会范围内的优势意见,正是舆论的内涵。

---

① 该定义在本书第一作者的《基础舆论学》(1988)、《当代舆论学》(1990)、《舆论传播》(2001)和《社会舆论原理》(2002)中有过阐述,前后略有补充,但基本内容一致,该定义来自以上各书。

一、西方的舆论定义

"对于'舆论'定义的研究,如果只是解释它是'个体观点的集合',不仅过于简单,而且不能准确反映出'舆论'所具有的特别属性。"①所以本书把这个界定视作非严谨的广义定义。西方学者对"舆论"定义的讨论,不乏偏激的、难懂的结论,有些定义带有片面性,而且不同学科的专家有不同的"舆论"定义,他们自身的学术特点导致它们的侧重点不同。奇尔兹认为,"他们定义的'舆论'不再是全面、真正科学的'舆论',而是其研究的铺陈。"②不过,通过以下若干定义能找出人们共同关注的舆论的重要方面,正确地理解舆论的真正含义。

下面是美国舆论学著作中经常引用的定义:

1."如同我们构思的那样,舆论是一个由众多或多或少成熟的意见集合而来的特定合量。"

——R. H. Gault, Social Pshchology(New York:Henry Holt and Co, 1923), p. 177.

2.."舆论是建立在坚实的事实基础之上并且具备合理决断能力的观点。"

——A. W. Holcombe, The Foudations of the Modern Commonwealth (New York: Harpers, 1923), p. 36.

3.舆论是由那些构成了公众并与公众事件有关的因素所形成并保持的一种判断。公众事件是与人们有关的任何事情,公众则是那些受问题影响的所有的人。

—— John Dewey, The Public and Its Problems (New York: Henry Holt and Co., 1927), p. 18.

4."舆论是对于受普遍关注的问题的合适的解决方法的看法。"

——W. B. Graves, ed., Readings in Public Opinion (New York: Appleton, 1928), p. 101.

5."外部世界的那些特征,是与人类的行为相关联的。至于那些行为是发生在我们身上的,还是独立于我们而存在的,抑或是我们所感兴趣的,我们统称为'公众事件'。对于在这些人头脑中的描述,对于他们自己的描述、别人的描述、关于他们的需要、目的和人际关系的描述都是他们的舆论。那些描述无论是被一群人或是被个人以组织的名义实行,则都是我们所说的舆论(在英文中以大写字母开头)。"

——Walter Lippmann, Public Opinion (New York: The Macmillan Co., 1922), p. 29.

6."舆论,就是社会中具有同一知觉的全体公众在公开讨论之后,形成的对于

---

① ② Harwood L. Childs, Public opinion: Nature, formation, and role, D. Van Nostand Company, Inc, 1965, p. 14.

一个具有普遍重要性的问题的社会性判断"。

——James T. Young, The New American Government and Its Work (New York: The Macmillan Co., 1923), pp. 577 – 78.

7. "舆论是在面对一些重要的公众问题时,很大一部分群众的态度、感觉,或者观点。"

——D. W. Minar, "Public Opinion in the Perspective of Political Theory," Western Political Quarterly, Vol. 13, No. 1 (March, 1960), p. 33.

8. "公共舆论是一种占统治性优势的信念的表述,并且它是由一个意愿所支持并使其成立的。"

——J. W. Defoe, "Public Opinion as a Factor in Government," in Quincy Wright, ed., Public Opinion and World Politics (Chicago: University of Chicago Press, 1933), pp. 6 – 7.

以上定义大部分只强调各种舆论的某些因素,例如意见、一致性、影响或强烈程度。在许多情况下舆论内涵包括的要素不止一个,从而限定了舆论这个词的多重含义。奇尔兹认为,詹姆斯·扬的定义是比较恰当的一种,因为他强调了公众舆论的三个约束条件:(1)意见的持有者——"一个有相同知觉的团体";(2)主要议题——"某一具有普遍重要性的问题";(3)形成途径——"经过公开讨论。"但是其他方面如意见的一致程度和强烈程度被认为是无关紧要的。①

多数定义都试图把"舆论"的意义缩小为个人意见的集合,无论这样的集合多么重要,即使(个人意见)足够一致以至对公共政策产生影响,那么压制公众意见的行为无疑都是不太令人满意的。在许多西方的定义里,意见集合的程度是多种的,但大都包括如下这些词语所揭示的"大量"的含意:majority, apparent majority, unanimity, great bulk of the people, predominant, fairly uniform, reigning, sufficient uniformity, greater part, common agreement, large part, views held by the mass. 无论对舆论如何定义,西方学者都认为,舆论是人的精神与行为的一致公正的表达,为了确保舆论有一个统一的定义,必须强调意见的"充分一致"②。

但是,西方的舆论定义没有区分不同规模的舆论及其相差悬殊的作用,使许多人对定义持怀疑态度。实际上任何关于个人意见的集合,不能有效地用于限定"公众意见"这样一个概念,在不同群体间,个人意见集合的影响是不同的。例如,居住在纽约东边的家庭主妇的意见,或者其他政治影响力较弱的群体意见,是否可称为舆论,许多人的理解大不相同。就社会影响力而言,投票者的意见,劳动者的意见,商界的意见,立法者的意见,以及其他可能提及的组织的意见,常常能发挥巨大的

---

① Harwood L. Childs, Public opinion: Nature, formation, and role, D. Van Nostand Company, Inc, 1965, p. 17.

② L. L. 伯纳德:《社会心理学导论》(纽约,1926),第 559 页。

影响。言论只有发挥出强大的影响力,才能称为“舆论”的名号。为了解决定义中这个难题,本书著者在自己的定义中使用了“在一定范围内”这个表述,并在第三章以量化的规模划分了几种不同的舆论。

在理解舆论内涵时,西方学者的分歧还表现在,舆论见解的总和是指“一致的意见”还是“无数个人意见的相加”。许多学者都认为是后者,因而舆论并不是重要的东西。马克塞(C. C. Maxey,)指出:“一些人认为公众意见仅仅是人们政治观念与见解的总合。具有这种特征的公众意见是没有能力发挥真正的影响力的,也是不值得任何尊敬的。”他强调舆论是“所有的或者是绝大部分的人们,在相同的明确的结论或者结论基础上的理智和情感的统一。”①

作为舆论,能够对社会生活发挥真正的、值得注意的影响,是由某种意愿所支持并使其成立的、但绝不是唯一的意见种类。不要把自己的认识局限在值得尊敬的观点里,无论它们可能具有多么重大的意义。意见就是意见,无关乎它的可敬性。定义的问题,必须明确地与评价问题分离开来。

还有许多学者认为舆论是精英的观点,是一种智慧,而不是一般大众的观念。正如约丹(E. Jordan)所说:“也许听起来有一点苛刻,但是没有什么事物如舆论那样,而且只需要对人性的适度理解,就足以说明不可能存在如公众舆论一般智慧的事物了。”②梢椰温强调:“相当夸张地说,目前存在的舆论在智慧的意义上,是从精英意见中提炼出来的。”③在舆论研究中,西方普遍的一种惯例是试图将“舆论”一词的含义定义为重要的特定公众群体的意见,这些群体主要指“社会上最见多识广的,最智慧的并且最有道德的人们”。事实上,的确上述群体的声音有更多的机会在社会上传播,从而被其他公众了解并进一步影响大众的观点,但这并不代表社会底层人的呼声应被忽略。

由于舆论是在经过理性的公共讨论之后形成的,对一个问题的社会判断对于一般公众来说是重要的,它可能首先由精英人物提出或作出解释,但不可能把大众的意见和精英的意见隔离开来。如果有一些意见被隔离开来,就会有明确的界限:哪个意见是理性的和精英的,而另一个是非理性的和大众的。意见是以一种特殊的方式形成的,舆论研究者最重要的任务之一,就是找出在意见形成过程中大众和精英的互动,这就会发现,多数舆论恰恰来自普通大众,又在大众中形成声势。

---

① C. C. Maxey, The Problem of Government (New York: Alfred A. KNOPF, 1925), p. 352.

② E. Jordan, Theory of Legislation ,Indianapolis: Progress Publishing Company, 1930,p. 339.

③ J. A. Sauerwein, “The Moulders of Public Opinion” in Public Opinion and World Politics, ed. Quincy Wright (Chicago: University of Chicago Press),1933,p. 29.

二、舆论的核心问题

威廉·阿尔必格简洁地概括了个人意见如何转化为公众意见,他写道:“我们知道意见是个人的表达。当它在一个群体中受到群体成员交互作用的影响时,就成了群体意见或者公众意见。”①舆论由意见构成,而且最终表现为群体或公众意见,这是舆论内涵的第一个核心问题。

正是通过公众集体的意见调整社会的政治、经济和道德结构,以满足他们不断变化的需求,才会出现社会舆论。相当多的公众意见是通过交互作用的方式而形成的,尽管“思考过程即将结束时”的口头言谈什么时候到来,人们难以准确判断,但“有意识的理性的公共讨论”意味着舆论必须用意见来表达。在现实生活中,公众的观点经常不一致,理性的公共讨论使舆论的形成有一个相当大的扩展过程,而这个过程是神秘而复杂的,这正是舆论表现出来的特征。“实际上任何以其自身纯粹形式存在的观点可能都遭到置疑,出于这种考虑,许多研究者在谈到公众意见的时候试图排斥‘观点集合’的理论。”②“公众意见”是一个复合词,包含动态的意见走向统一的连续的阶段,不能把舆论的动态性视为它们不能融合。

显然,人们的意见质量有着相当大的差别,这些意见分为专业和非专业的,有确凿来源和没有的,成熟的和不成熟的,激进的和保守的,可用许多类型对它们进行区别并对比。每当做出这样的区分,都要对判断的标准做出或多或少的假定,舆论研究的一个复杂问题就是要适当地对个别意见的不同集合做出评估。那么,来自多数人的意见一定像少数人意见或是经由挑选的群体意见那样健全而可靠吗?在什么类型的问题上,多数人的意见特别容易构成公认的标准?民主形式的政府主要的问题之一就是提升舆论的质量,不能忽视多数人意见的质量,“多数人”的意见是舆论现象的第二个核心问题。

为了使社会舆论的水平到达一个较高的层次,一些学者们从定义的环节上将“舆论”概念限定在“很多人”、“众多”人的观点之上。民主政府能够有效地使大多数人的意见达到一定程度的出色水平,尽管这个程度却从未被精确地确定。对于意见质量的重要性的深刻认识,使一些研究者尝试着将“舆论”这一术语的意义限定为达到出色标准的个体观点的融合,舆论和那些个别意见融合的人数是无穷大的,只能用“多数”或“绝大多数”来体现。

在民主国家,多数原则总体来说是被认可的。国家政策表达大多数人的意愿,

---

① William Albig, Public Opinion, New York: McGraw - Hill Book Co., 1939, p. 210.

② Saul Forbes Rae, The Concept of Public Opinion and its Measurement, (Unpublished Ph. D. thesis: London School of Economics, December, 1938), p. 161.

大多数投票者对候选人赞成与否,是极为重要的。当然,多数原则并不总是被认可并且有效,选举或者投票的程序、通过典型人物引导绝大多数人观点的必要性,控制和平衡的策略,中央和地方政府权力的划分,以及长期表达和影响舆论的组织机构的缺乏,有时候可能会导致少数原则。但是多数原则最为理想,即便不总能实现,它却是舆论成立的基础。

舆论所发挥的影响或多或少都与它们自身所持有的强烈程度有关。与少数人强烈支持的意见相比,被众多人支持却冷淡处之的意见对于人类事物的进程常常影响较小。有活力、有组织的少数人往往比被动的、无组织的多数人更重要。要预测一个组织的行动、斗争的持久以及对事件与公共政策的反应,光知道他们的意见是不够的,还必须知道(该组织持有)那些意见的强烈程度。“要确定一个人群的意见并不能仅仅依靠数人头……意见的强烈程度是很重要的。”[①]舆论的强烈程度首先表现为意见的一致性,形成共同意见。“要想获取公众舆论,就必须在包含了足够数量的人的个人意见中存在一个一致性,如果他们中大多数人都持有这个意见,那么就是更合适的意见。然而,鉴于公众舆论不仅仅是人数问题,所以人群中的大多数(持有一致的意见)并非是一个必需的条件。持有意见的强烈程度同样相当重要。公众意见是一个数量与强烈程度的合成体。”[②]意见的强烈的一致性或共同意见,是舆论内涵的第三个核心问题。

在一个国家中,对公众事务的高度一致认同极为重要,这是国家存在和政府管理的前提。“在任何特定的时候都存在信仰、信服、情感、被接受的法则或者根深蒂固的成见,这些加起来就组成了一个特殊时代的舆论,或者我们该叫它主流观点;……意愿和观点被绝大多数国民持有,而这些国民在一个特定的时刻对公众生活起了积极有效的作用。”[③] C. W. 史密斯在《民主中的舆论》一书中明确强调:“除非有一大批人对政府根本的目标和条令达成共识,否则不可能有任何所谓的‘舆论’存在。……如果少数人的观点不能相似到会合在一起,舆论就不存在。”[④]

对舆论核心问题阐述最全面的是奥尔波特。他在自己的定义里说:“舆论是指在一个集合了许多个体的平台上,个人发表或被号召发表自己的意见,去赞成或支持(或不赞成或反对)某些特定的、具有普遍重要性的状况、人物和计划,并且这种意见要在数量、强度和坚决度上达到一定的程度,以致直接或间接地产生扭转局面

---

① C. W. Smith, Public Opinion in a Democracy, New York: Prentice - Hall, Inc., 1939, p. 18.

② W. B. Munro, The Government of American Cities (4th edition, New York: The Macmillan Co., 1931), p. 87.

③ Albert V. Dicey, Lectures on the Relation between Law and Public Opinion in England in the Nineteenth Century, New York: The Macmillan Co. 1905.

④ C. W. Smith, Public Opinion in a Democracy, New York: Prentice - Hall, 1939, pp. 3 ~ 20.

的影响。”①

在这一论述中，舆论一词的含义被下列几个因素所限定：(1)谁的意见，许多个体——“在一个集合许多个体的平台上”；(2)主要议题，“某些特定的、具有普遍重要性的状况、人物和计划”；(3)一致性，持有共同意见者达到多数共识；(4)强度，有一定的强烈程度；(5)影响，“能够产生扭转局面的影响。”我们还可补充一条：“有一定的坚决度。”这一条无疑是强度影响公共政策和社会进程的重要因素。“坚决度”是指特定舆论的持久性和坚定性。但是这一解释仍然没有包括由研究者所强调的所有要素。威尔逊(Francis Graham Wilson)在他的《公众意见理论》一书中虽然没有给“公众意见”下一个精确的定义，但他明确指出“公众意见状况”的几个基本条件：“统治者和被统治者之间一定存在一条分界线，它至少在宣布最高或最终决议的那群人之外……公众意见最终肯定是对政治事件或政策决议的意见集合体，或多或少地影响了最终的决议。”②他最关心的是持有意见的主体是政府之外的人群。

强调意见强度的观点是正确的，但认同度也很重要。对某种观点赞成的人数很多且态度坚定，则形成社会的优势意见，也是舆论产生影响力的前提。在定义里，意见的一致是不可缺少的，而意见的强度与优势则可有可无，因为它不是舆论内涵的核心问题。同样，谁持有这些意见，这些意见的中心内容、形成的途径以及它们的性质及影响，都写进定义，不仅造成混乱，而且被定义的内容由于过于繁杂，就不再是定义了。

第二节　舆论的构成与要素

舆论定义揭示出社会舆论的构成、本质和表现形式，但研究的结论必须有严密的论证。所有的舆论不外乎是赞成和反对的人数及其观点，由此产生了舆论传播状态的对立和变化。对舆论的构成和要素缺乏认识，舆论调查者的态度就可能支配他的立场，他们喜爱某些事物，对社会舆论的结论就会同他们的态度相近。值得注意的是，大众缺乏共识或者很大一部分人没有自己的观点，同样成为舆论迷蒙的根源，把握舆论的基本构成，成为认识舆论的首要方面。

---

① F. H. ALLport, “Toward a Science of Public Opinion,” Public Opinion Quarterly, Vol. 1 (Jan. 1937), PP. 7～23.

② F. Wilson, A Theory of Public Opinion, Chicago: Henry Regency Company, 1962, p. 278.

一、见解与意见的言说

说到舆论这一概念,主要是指见解体系,即意见。意见构成舆论的外在因素,可把它称作舆论的本体。任何意见都离不开见解,若干见解构成意见并使舆论变为人们看得到、听得见的一种实体。

舆论总是由若干见解形成意见,表达人们对社会问题的看法。在我国古代,"意见"一词的运用是和社会舆论联系在一起的,《魏书·任城王传》中写道:"高祖曰:'众人纷纭,意见不等,朕莫知所从'。"可见,意见是"众人纷纭"的表达内容,人们参与舆论活动主要是发表意见,而每条意见都显露出一定的见解体系。

见解作为精辟性的认识,以练达的词语表现说话者的思想,是阐明世界的言说。在古代,思想家们作为当时杰出的舆论领袖,总是以简短、深刻、精湛的见解表达对事物的看法。《论语》、《孟子》、《荀子》等经典著述,以及古希腊哲学家的经典言论都十分短小,充满深奥的哲理,都由若干精干的见解所构成。比如,老子在《道德经》第六十章中指出:"治大国,若烹小鲜",语言简练,哲理深刻,耐人寻味。这句话的意思是说:"治理一个大国,就像烹煎小鲜鱼一样",要讲究火候,因势利导;不能翻来翻去乱折腾,政策多变就"把鱼翻碎了"。美国前总统里根深知其味,在1987年国情咨文中引用过老子的这句话。可见,见解能表达最精华的东西,激起人们的热望和注意,容易形成人们的信念与态度。

弗尔森姆在《社会心理学》一书中提出:"一种态度用语言表达时,通常称为意见。"[①]但社会学家帕克认为:"态度不是意见,一个人说明他自己的态度就是他的意见。但意见毕竟是精神分析家所谓'使其合理化'的一种作用。"[②]就是说,态度可用意见表达,也可用其他方式表示,意见不过是叙述某种观点的一种言说链。在舆论活动中,应当承认,意见是表达态度的主要方式。

意见不是指单独的一两个观点,而是指对某一事物的见解集合体,凝结着言说者的全部主张。因此,我们给**意见**下的定义是:人们对事物表明若干观点,阐明其态度的语义手段。众人相互接受意见,并最终取得一致,才能形成舆论。意见是舆论的本体,又是舆论存在的基本标志,它对客观事物的评价或阐释,是舆论人表达意志的主要内容。

在很多情况下,人们的态度不用意见表达,而是用目光、沉默或某种动作显示。一定数量的公众在某种场合诉诸表意行动,流露出潜在的意见。多数人在一定场

---

① J. K. Folsom, Social Psychology ,New York: Harper & Bros, 1931, p. 446.

② Park, R. E. (1975). The crowd and the public and other essays (H. Elsner, Jr. , Ed. ; c. Elsner, Trans.). Heritage of sociology Series. Chicago: University of Chicago Press. (Original work prblished in 1972),p.43.

合的齐声欢笑或对某人的目光冷漠，也是人们内心言说的透露。因此，我们把古代国人“道路以目”这种敢怒不敢言的情状，同样视为舆论。意见的语言性和非语言性都是内心思想的凝聚，它的言说形式是多种多样的。

二、公众的集合意识与信念

公众和加入某一组织或活动的群体是有区别的。**公众**是不经组织而有一致意向的大众，多数人是不相识的，由于分布在社会不同角落却对社会问题产生共同见解，因而他们是结成一致思想的整体。这和一般意义上的群众和有组织的表意人群是不同的。当成千上万的人被政治寡头动员或胁迫而聚集在广场上，发出万众一声的口号声，但这并不是他们内心真实思想的表露，不能说这成千上万的人是公众。公众是具有公民权和独自表意愿望的群体，构成社会行动的主体。正如弗尔森姆所说：“当被卷入的群体是一个公共的或间接的组群，而不是一个初始的，面对面直接的群体时，我们就拥有了舆论。”①

在封建社会，还没有完全形成公众，因为群众没有言论自由，无法出现大规模的表现自我精神的整体。除农民起义外，在封建社会很难形成广泛的社会共同意见。由于封建社会缺少发达的大众传媒，经济和思想交往限制在自然属地范围，舆论一般只能在狭小的社会空间存在，这种分裂状态恰好适于皇权的统治。当资产阶级建立初步民主制度后，大众获得民主权利而主动发表社会见解，公众的实体才出现在人类历史上。

作为独立的集合人格，公众自立于社会，是人的社会属性的全面恢复。首先，公众有共同利益的目标，维护共同利益使他们对社会问题显示出强烈的关注，并用共同的见解表示这种关注。其次，公众有一定的价值观和相互认同，成为影响社会变革的力量。共同需要、价值观、利益追求和尊严使许多人加入公众的行列，运用舆论手段解决共同问题。有一定的价值观，才能对事物进行判断并作出评价。人的主体性发挥得充分，社会思潮活跃而清晰，社会就更富有生气。如果人人为自己，只关心自己的利益，把人的整体性、集合性抛在一边，就无法形成真正的公众，社会也不会有任何整体力量。没有这种力量，任何意见都十分微弱，只能变成少数人的行为，人类命运便陷入统治者的“设计圈套”。封建社会的农民起义，有时尽管形成大规模的反抗压迫的意见，但最终被起义领袖所利用，捍卫的不是农民的共同利益，而是另一个极权统治。

人们通过语言和情感的交流每天都在发生或多或少的联系，有时是直接的，有

---

① J. K. Folsom, Social Psychology ,New York: Harper&Bros. ,1931,p.446.

时是间接的,大众传媒是建立间接思想联系最有力的工具。同时,每个人又都力争以自己的态度去影响他人,根据个人和多数人的体验不断调整自己的观点。对于公众中的成员来说,个体意识总是服从环境中的社会意识,他日常说话的标准不知不觉地会以多数人的说法为参照,愿意和多数人有共同语言。个体意识活动的上述特征,成为舆论形成的天然条件。一旦面对社会的重要问题,人们总是按着多数人向他灌输的观念表达自己的观点,这样,许多人的看法和态度很容易接近或一致起来,这就形成了集合意识。**集合意识**是舆论的内核,无限地溶解了个体意识,是由公众的利益目标和价值观一致而铸成的。个人在修正了不相融的见解后,渐渐汇入集合意识的洪流,舆论便获得更大的强势。

我们强调舆论是一种消化了个体意识的集合意识,并不抹杀个体意识在构成集合意识中的作用和地位。集合意识不可能脱离个人意识孤立地存在,它不过是在个体意识相互影响、相互融汇的基础上形成的,从这种意义上说,没有人的个体意识,也就没有一定的社会集合意识。另外,在一定社会条件下,个人意识还强烈地制约或推动集合意识发生变化,造成舆论态势的演变。当社会问题引起人们的关注时,首先由若干个人产生新的见解,这些个体意识经过新的交融和互补,逐渐形成新的集合意识,推动人们产生新的一致意见。可见,舆论的集合意识是公众意识交互作用的结果。

公众的思想与命运的一致,使其舆论活动遥相呼应,迅速走向高潮。在这里,信念是集合意识的牢固基础。公众对客观事物的立场构成信念的一致,公众也就有了共同语言。在同一种信念的支配下,公众内心的感应总是表现出炽烈的情感;公众舆论的蔓延,舆论态势的扩大,都是公众信念支配的结果。任何舆论都在表达信念,即信任什么,遵从什么,不信任什么,反对什么,信念和信仰的总和是舆论的潜质。

三、舆论的公共话语

舆论是用话语表达的,而且必须是公众或群体共同使用的、反映公共事务的话语,即公共话语。公共话语是舆论的外化,意见寓于话语之中,构成舆论的物质外壳。公共话语所谈论的是公共生活的内容,成为舆论话题的符号。参与舆论活动的人具有公共话语的语境,展开平等和顺畅的意见交流,思想和言论自由不仅保障民众的话语权,而且能够培育舆论的公共话语体系。

舆论的公共话语基于公共生活和一定文化背景,正确的舆论话语建立在公共理性的基础上。这种普遍的理性,通过公共对话达成对社会与自然的共同理解。人的观点,无论是现实的、历史的还是过去的,都是而且也只能是从一个侧面反映主体的追求、情感和思想。公共话语集中反映多数舆论主体对公共事务的相近或一致的看法。

话语负载一定的意义,言语、动作、表情、文字和图像都是话语的表意手段。哈贝马斯认为,“言语”或“言说”则是在话语中使用句子的语言行为,其基本要素为“话语”或“言语行为”。[①] 话语是语言,但又不完全等同于语言,话语是表达主观意向和特定目的的语言,带有表达者的态度倾向,因而它是捍卫一定利益或表现某种意图的语言。所以,**公共话语**是表达公众或群体共同倾向的语言,民众通过它来评价和批评公共生活,建构公共制度和监督政府的权力。公共话语强烈地表现为民众对公共事务的关注,是主权在民的一种标志。培育大众的公共话语,从而使广泛的舆论活动体现其共同意志,是舆论顺畅传播的基本条件。

人的公共生活,由公共话语来维系,公众通过共同语言认识和言说面临的各种问题,从而形成各种舆论。怀特指出:“没有语言,我们就不会有政治、经济、宗教和军事的组织;没有礼仪和道德规范;没有法律;没有科学、神学和文学;除了猿猴水平的嬉戏外,不会有游戏和音乐。没有音节清晰的语言,礼仪和礼仪用品就毫无意义。实际上,没有音节清晰的语言,差不多等于丧失了使用工具的能力,我们就将像现在在高等类人猿中发现的情况那样,只是偶然地和无意义地动用一下工具。因为,正是音节清晰的语言,才使类人猿那种偶然动用工具的活动,转变为人类具有进步性和累加性的使用工具的活动。”[②]正是语言使生物的人成为真正意义上的社会人,也使舆论得以出现并能够表达。

公共话语中占主要地位的是大众话语。由于不同的文化品格,大众话语总是显露出粗糙、情绪化的倾向。广大公众对利益需求的不同理解,表现为对政治、经济、伦理等方面的不同设想,使大众话语最初以感性化、零碎化和欲望化的表达在民间广泛流传。但大众话语直接来源于人们的实际生活,更能反映社会的一般观念,最终在利益共同化、政治追求统一化和伦理传统化的发展中,被融化为对社会的整体认识,纳入公共话语的洪流,其多样化和异质化的倾向只能归于支流。这不仅是以理性为表征的精英话语影响的结果,也是现实矛盾和社会关系失调促使大众寻找正确认识的归宿。

精英话语显露出理性化、职业化,多数知识精英倡导公共话语,并以此维护大众利益,显露出舆论能手的才华。社会精英是掌握政治、经济和文化资源、对社会问题善于思考并有成熟见解的人,成为社会发展的直接主导者。他们也是舆论精英,因为他们通过发表真知灼见提出社会问题,提出解决社会问题的方案,推动社会发展,而不是靠体能或技术充当社会的“架子工”。他们不面向大众讲话就丧失

---

① 转引自艾四林:《哈贝马斯》,湖南教育出版社 1999 年版,第 60 ~ 61 页。

② [美]L·A. 怀特:《文化的科学》,山东人民出版社 1988 年版,第 34 页。

了精英的资格和作用，在他们那里，一刻也不应没有公共话语，一刻也不应脱离大众的愿望。

有时候，"公共舆论要能在一个群体中存在，必须是组成该群体的个体具有一种被称为那种观点(that sentiment)形成的必需的特质……而这些观点是由该群体中那些受过最佳训练，聪明绝顶，而且道德品行最好的人来提供。"[①]但如果他们脱离大众，就变成了精英对社会的统治，公共话语也成了他们敌视的、并随时准备排斥的话语。这种精英在世界各国都有，有的攫取了权力，成为公众舆论的对立面。无论政治精英、经济精英或知识精英都面临以上两条道路。要想发出受社会普遍欢迎的声音，精英们离不开公共话语，也离不开大众话语，尽管精英话语承担引导大众话语的责任。精英不断出现，成为民众的引路人，他们以大众为师，代表大众的利益，以公共话语阐释公共事务。

公共话语不可能由某个领袖强制民众屈从于他的观点而产生，也不可能由公民个人纯朴的语言而推广。公共话语的形成，只能通过公众面对公共问题相互自由言说而造就出来，最终被领袖人物采用并提炼到新的高度。每个意见表达者发表对公共事务的见解，进行平等的语言交流，最后消除意见差异而形成一致的态度，标志着他们选定了共同认可的话语。这一过程是公众参与公共生活并在信念上相互修正、相互承认的结果，因此，也是大众获取评价公共问题的权利的结果。

舆论的结构还揭示了舆论的要素，这是在横向层面展示舆论的成分，可把它归结为三点：1. 舆论主体，即多数公众或群体。这是舆论声音的发出者。2. 舆论是否存在，取决于民众的内心呼唤和要求，他们的思想和追求一致形成了共同意见。3. 有明确的一致议题。议题来自对公共事务的判断和理解，由见解体系再现舆论内容，通过话语体现为多数人的共同立场。4. 议题的见解具有一定的强度。舆论主体表达的意见带有权威性，在一定范围内表现出影响力，能够改变一些人的态度，表现为优势意见。

第三节　舆论的属性与本质

社会舆论是一种泛意识，即随处可见、随时可听到的一种言谈。人人都持有一定的舆论，因为他们每天都在想问题，或从别人那里了解情况和听到某种见解。舆论的产生和变化，是人们从事广泛社会实践的结果，成为人们生活和思想的一部分。随着公共生活的发展，人们的共同利益越来越紧密，也越来越离不开舆论。作

---

① W. A. Mackinnon, On Public Opinion in Great Britain and Other Parts of the World, London, Anon, 1828, p. 15.

为社会的整体知觉和集合意识，舆论具有公共事务、集群心理形成的公共意识和优势意见这三个基本属性，通过这些相关因素，人类随时可以调整社会关系和自我行为，并成为社会意识的基础。

一、公共事务与公共意识

公共事务是引发舆论的客体，舆论的内容和目标围绕公共事务展开，构成人们日常的意识活动。显然，公共事务是舆论行为的对象，一旦公开化就能引起人们的关注，产生各种各样的公共意识。

人类的社会活动是由两大事务组成的，首先是个人事务，其次是公共事务，个人事务又称私事，公共事务又称社会事务，或叫做公事。在日常生活中，人们通常讲公私分明，这里的"公"就是公事，而"私"就是私事。个人私事在很大程度上与他人或与社会相联系，离开了他人和社会，就很难有纯粹的个人私事。如果每个人的事都脱离别人的合作，不以社会为依托，就根本无法进行。显然公共事务与私人事务很难绝对的分开，二者的界限在于是否涉及多数人利益，引起了多数人的关注。凡是和多数人切身利益相关的事务，能够引起人们关注的都属于公共事务，而对于去商店买东西、在家休息或在家吸烟这类个人行为，由于没有牵扯到他人利益，就属于私事。但是如果我们在公共场所吸烟，就不再是私事了，立刻变成公共事务。在公共场所吸烟危害别人的健康，可能受到人们的干预，局部舆论就会随之而起，这个公共事务就成为舆论的客体，同时产生并形成公共意识。

"公共事务"这一概念产生于18世纪的英国，当时叫做"社会事务"，一般来自公共事业、公共设施、公共物品和公共管理。任何公共事业和公共设施从微观上看，又都属于公共物品。马斯格雷夫等人认为："一种纯粹的公共物品在生产或供给的关联性上具有不可分割性。一旦提供给社会的某些成员，在排斥其他成员的消费上显示出不可能或无效。"①所以所谓**公共事务**，是指关系到多数人生存的公共事业和公共生活秩序的事情，体现为维护公共物品正常发挥职能的活动，涉及全体公众整体生活质量，满足社会全体或大多数成员的需要，反映出他们的共同利益，让他们共同受益。在一个社会中，公共事务同企业、家庭和个人的正当利益既有矛盾也有一致的一面。一致的一面就是共同利益，矛盾的一面是本位利益同社会整体利益的冲突。能够全面代表和处理公共利益的主体，是具有公共权力性质的政府，因为公共事务具有公共性、秩序性、非营利性、非私利性和大众性，只有超出个人、家庭和某个民间机构之上、由民众选出的政府，才有可能公平解决公共事

① [美]丹尼斯·缪勒：《公共选择》，中国社会科学出版社1999年版，第15页。

务问题。

公共意识的核心是“公共”二字，处于人与人之间在工作或其他交往中不可分割的思想与心理状态。凡有关公众的，或为公众的、公用的或社会整体的事情，以及多人参与的活动，都伴随公共意识。公共领域是多数人交流意见的场所，带有公共活动的性质。公共领域的实质是人们对共同需要和公共利益展示公共意识，表达共同愿望和要求。公共意识是不确定的多数人的思想，多数受益人从公共事务获取实际利益是不等的，但他们都多少能获得一定的利益，因而他们能够形成共同的看法。公共事务包含每个人的一份利益，构成大多数人共同利益的源头，在本质上没有阶级和阶层的利害关系。公共利益被破坏或由于其他原因而丧失，就出现了社会问题，也称公共问题，人们总是要发表意见来解决它。公共物品如果没有给公众带来实际利益，人们也会发表意见要求政府促进它发挥效益，这是公共事务产生舆论的根本原因，也是公共意识的内容。显然，对于舆论主体而言，公共事务是舆论行为的客体，公共意识是社会舆论的潜在因素。

二、社会中的优势意见

舆论实际是公众的互动行为，如果没有人们的共同叙说，只能是个人意见。当舆论从一地推进到另一地，从一个单位传播到另一个单位，渐渐出现一种或几种意见。有的意见借助心理传染和模仿，加大了意见外延的动力；借助人的情绪感染，以循环刺激的方式推动人们的正常思考，确信他人的意见正确并传给另外的人，相继扩大了舆论影响力，构成优势意见。

优势意见是舆论的重要属性，表明社会舆论对许多人富有感染力和征服力。传染是社会心理的一种特殊形式，使意见容易转移到他人的头脑中。人们寻求对公共事务的认识，一旦有多数人发表见解，听到的人也随之有意附和。在众人集结和大型聚议的场合，个人受优势意见的左右，意见传播的速度就会加快。无论在什么场合，当发现许多人正集结在一起谈论一件事，一致意见的吸引使某人身不由己地加入谈话，这是舆论作为优势意见特有的表现。社会上许多议论都是在此类聚议中使少数人的意见向多数人扩散，使舆论像随波逐流的河水那样在社会中“流动”。

优势意见是在相互模仿中形成的。人们交流和传播意见，不仅需要理解，而且追求有声有色的表达，舆论传播充满互相模仿的机制。大多数人相互感知、相互反馈信息和见解，首先确定言行中的表达格式，即用什么词句和语态来表达，由此消除个人间理解意见的差距。人们面临突发事件，多数人的观点是粗俗而简单的，仅仅谈谈看法而已。但是过了不久，就会在社会上流传一种完整的意见，构成“典型”

的说法,用词遣句带有丰富的寓意。先前意见的粗俗不断在传播中被修正和添加新的因素,逐渐形成完美的见解,这样就变成了**优势意见**。人们本能地模仿它,力求与其他人发表的言论一致,凝聚的人数日益增加。公众的相互模仿使最有代表性的意见成为优势意见,从而流传得更遥远、更广阔,有更大的影响力和数量更多的从众。大众传媒是优势意见的塑造者,公众模仿大众传媒的见解,社会心理进一步产生深刻的互动,舆论传播也往往获得压倒的优势。

舆论往往借助人们的宣泄而变为优势意见,产生潜在的心理震撼,把许多人的注意力锁定在一个方向。宣泄不但是为了把意见传给他人,而且是共同抒发意志,吐露内心的要求和主张。宣泄心理变为舆论主体的自发行为,具有强烈的情绪因素,使舆论保持高昂的传播动力。越是众人的共同宣泄,越产生鼓励效应,使公众越有发表意见的勇气。

总之,舆论的优势意见具有以下个性:第一,它具有典型、准确的词语表达,意见完整深刻,反映多数人的意愿;第二,它具有权威性,能够吸引他人追随,在相当长的时间内传播强劲;第三,优势意见得到传播媒介的加工和引导,不断增长影响力,具有舆论扩散的动力。

三、舆论中的社会知觉

每种舆论都是集群心理的凝聚物,包括群体心理、公众心理和民心三种类型,构成舆论意识的基因。舆论的集群心理是同个人心理相对的概念。个人心理是个性心理,是一个人区别于他人的特性,包括能力、性格和气质,表现为对他人、集体和社会的态度,也表现为人的性格、修养和意志。舆论中的集群心理则表现为全民、公众和群体的共同社会知觉,是决定公众持有某种态度的内在因素。

集群心理成熟的标志,是社会整体知觉的形成,一群人具备社会整体知觉才有舆论意识。正如日本新闻学者长谷川说:"社会意识当其表现为集团的构成之具体的生活要求之时,这是舆论的表现的形成,但若此种要求,经由个性,而表现为想象的生活再现,则成为艺术的创作。所以舆论是社会意识之意志的表现,艺术是社会意识之感情的表现,而与此二者相对,为社会意识之知觉的表现的,那便是'新闻'。舆论表示社会是在怎样的知觉状态。社会的要求,由舆论的形式,始成为具有意义的力量。"①

舆论在本质上是社会知觉的反映。社会知觉是人们对社会生活的反应,区别于一般知觉。沙莲香教授在《社会心理学》一书中认为,社会知觉与感觉的区别,主

---

① [日]长谷川:《舆论与新闻》,载《新闻学论集》,汉文正楷印书局1933年版,第79页。

要有两点:一是规定社会知觉反应的条件是社会生活环境。社会知觉的形成不仅受感觉对象物理特性的影响,而且受它的社会品质的规定。对货币的知觉,除了它的大小等物理特性之外,还有货币价值等社会特点及其作用,把价值等社会品质考虑在内的货币知觉,是社会知觉。二是社会知觉内容区别于个人知觉。社会知觉的内容是多人对社会生活的共同反应,其中包括对他人的人格特点、要求、愿望和目标,对待社会生活的态度,以及他人与他人之间的各种关系,也包括群体的社会性格特点,自己在群体中的地位和作用,自己在群体中的角色形象等认识。"凡是对社会事实的知觉,都属于社会知觉"①,构成舆论的内核。

根据社会知觉原理,舆论学中的知觉概念有特殊的内涵,指的是许多人对社会事务外部和内在联系的共同心理因素,具有一定的理性成分。与反映事物的某些个别特性与特质的感觉比较起来,知觉的特点是反映整个事物,即反映事物特性的总和及其相互联系。社会舆论涉及的事件往往关系到整个人类、整个世界、整个国家、整个民族、整个阶级、整个团体和群体的利害,远远超出个人或少数人的视野和思想。一种舆论一旦形成,便容纳了许多人的共同见解,成为个体知觉的融合,构成了不可分割的意识整体。多数人知觉使集群意识从广度到深度超出个人认识的局限,克服了个人认识的肤浅和情感冲动。

社会知觉构成舆论的本质,所以在舆论的定义里必须揭示这一点,否则就没有深入到它的内涵。许多例子都生动地说明,舆论是多人的知觉状态。我们询问农村一位没有文化的老人对欧盟的看法,老人肯定张口结舌,说不出任何意见。当把同样的问题向一些关心国际时事的大学生提出时,他们说出了自己的观点。我们进一步调查,发现他们每天上网阅读国际新闻,坚持收看、收听广播电视新闻,从新闻报道中获得信息和意见,这些大学生对这个问题有了整体知觉。社会整体知觉是一定社会人群深层的共同意识,一个人一旦融入某种社会知觉中,就具有了表达相关意见的认知能力。

舆论知觉外化为集群心理,有非常鲜明的特征。凡是优势意见,无论是广大公众还是局部空间的小群体,不管是稳固的团体还是隐形部落,都表现出社会知觉的心理倾向。这主要是:1. 归属心理。无论何种公众或群体,其成员都有一种强烈的归属意识,对所属集群有强烈的依附性,除非这个集群对他实施攻击或伤害。依附性使成员获得一种意见耦合,自己的理念和信仰获得巨大的支持,减少了孤独,增强了自信。2. 认同心理。一个集群的成员,都有认同其群体的心理特征,面对许多事务,大都相信集群成员的意见是正确的,这就表现出意见的一致性。3. 凝聚心理。任何集群都对其成员有强烈的聚合力,舆论意识被裹胁到一个方向。因为知

① 沙莲香:《社会心理学》,中国人民大学出版社 1987 年版,第 83 ~ 85 页。

觉一致,利益或兴趣相同,集群成员相互产生强烈的吸引力和粘合力,意见一致越加趋于稳固。当一个集群的意见面临外界压力时,其信念坚定者的凝聚力最强,即使舆论观点错误也要大肆声张自己的立场。4. 怂动心理。多人的意见表达不仅有认同性,而且也有相互耸动性,互相诱导、鼓励、推动发表相同的意见。"一人高呼,百人接应",是常见的受他人言论影响或刺激而产生追随心理的表现。球场中的暴力事件就是因为一人带头,其他人呼啸而起,使舆论狂飙顿时弥漫整个球场。这种心理可以把很多人团结起来共同反对坏的势力,形成众志成城的气势,也可能被错误的言论利用,破坏公共秩序。

第四节　社会舆论的特征

舆论是意见传播的集群状态,外显与传动效应展示了它固有的特点。作为社会集合意识的舆论,呈现出社会意识最活跃的气氛,随时显露出坚定的思想指向。它的活跃性反映出它的一般特性——弥漫在社会各处,不断变动,相对稳定而不肯退缩,构成人类活动的"浮动意识"。由此看来,舆论在传播中是一种难以把握的"意识气团",在多数情况下,既处于有形的稳固状态,又表现为无形的分散状态。

一、社会表层意识的发散

舆论是一种表层意识,处于社会意识活动的表面部位,人们时时感受到它的存在。哲学、政治、法律、艺术这些深层意识居于社会意识的底部,是固化的思想成果,只有系统地理解它们的一系列原理或形象,人们才能捕捉到它们。

舆论是人们日常的意动现象,表现为公众经常性的言论与行为,能被社会上大多数人的感官所察觉。人们的意念通过交谈表现出来,每天的叙说具有频繁的传播频率,反映出舆论参与者的思想,构成感性认识的密集区。舆论这种表层意识是外在的、表面的,具有飘浮在社会空间的特征。

舆论主体多数是普通社会成员,多数人的共同声音呈现出广泛无名的意识现象,使舆论获得无处不在、无处不有的生命力。各种深层意识把人类经验意识提升为系统的理论,对客观世界的认识突破暂时的知觉、意欲和想象,按一定理论模式概括出客观规律。因此,深层意识不是再现实践的直接意识,而是对经验世界的系统反映,构成了同实践的直接意识不同的东西——意识形态。意识形态一出现,意识才摆脱现象的纠缠而去建构"纯粹的"理论。舆论却不同,从一开始它就是生活实践的直接反应,是人们对生活体验的感受。舆论成为社会主体的真实观点,而且一刻也不能脱离现实世界。这无疑表明,舆论的表层意识性不仅是指它在社会意识中所处的表面部位,而且也是说它所反映的内容又是现实社会直接作用于人们感官的反应,是精神世界最外在的东西。

由于舆论趋向外露化,公众运用视觉和听觉就可以获得它的全部内容。舆论在反映客观世界时,总是捕捉刚刚出现的利害问题和重要事件,把感觉器官伸向各个领域的最新动态,占据这些领域中人的意念活动,并使公众主动交流这种意念。随时间推移,许多人认为具有永恒意义的意见,便逐渐凝固为系统、深层的知识,积淀为意识形态。各种深层意识都起源于街谈巷议,最后形成稳固的理论体系。由此可以得出结论,许多舆论都是深层意识的"前意识",表现为思想成果的萌发。今天的舆论可能在几年后变成某种系统的哲理,而以往的活跃谲变的舆论则是今天许多意识形态的前身。

在通常情况下,舆论从一开始就以发散的方式向社会各空间延伸,迅速覆盖它能够达到的范围。各种问题只要涉及相当多数人的利益,就要产生舆论,同时在不同角落出现,又向不同角落传播。意识发散是舆论的基本特性,取决于舆论主体分布在四面八方。他们面对共同的社会问题发表意见,出现了社会外层的意识传动,呈现出发散形态。舆论的发散是指意见产生和传播的多向性和多方位的布局性,在这一点,舆论和道德意识具有共同之处。道德运用传统观念和行为规范解释人类的整体活动,以多数人共同接受的意见评价、制约人的行为,在整个社会范围指导人类活动。从另一个角度看,道德其实也是舆论积淀的结果。

大众舆论属于非系统化的意见,观点简略、零碎;而深层意识往往具有复杂、长篇的推理过程,凭简单的知觉不能把握它的全部内容。多数舆论人是普通群众,他们虽然赞成某一舆论,但让他们完整、深刻地表达意见却是很困难的。在多数场合下,人们用粗略的言辞把自己的态度陈述出来,大都以零星的见解形式出现。公众议论纷纷正是由无数片断性的、相近或相同的意见所构成。但正是这种意见,常常指出事务的方向和趋势,显露出人类意志的强烈追求。

舆论反映客观现实,是社会最新动态在人们意识中划下的第一道痕迹,因此,舆论意识总是反映各个领域的最新变化,构成意识形态领域中最新的线索,激发各类思想家、理论家、政治活动家依据这些表层意识,对深层意识进一步探索,不断充实深层意识的理论体系。正确的舆论一出现,就富有指导现实的生命力,而深层意识则是这种表层意识的积淀,使舆论获得理性色彩。表层意识向深层意识的不断转化,呈现二者若即若离地完美结合,不断构筑社会意识形态的最新视野,直至产生一个完整的、崭新的意识形态体系。

二、社会舆论的波动性

作为浮动意识的舆论，第二个突出特征，是经久不息的波动性。舆论层出不穷地叠起，周而复始地消减，总是或缓或急地在社会中传播。当舆论处于狂涛急泻之时，对整个社会便产生巨大的冲击力。

舆论的波动性首先表现为在社会中不断扩充或缩小，改变自己所处的空间状态。人们对事务的议论和评价，都由一地向另一地悄悄地流动，或骤然掀起旋风。一种议论昨天仅仅在天津市被人们作为热烈的谈资，今天却在北京市广泛地传播，从空间上看，这是一种横向扩展，从时间角度分析，又是纵向流动。

舆论的空间变动随着人流而推进或收缩。人走到哪里，就有可能把他持有的意见带到哪里。人类的交谈行为如果被共同兴趣吸引，交谈的范围就会以扇面形状迅速扩散，随着人流的蠕动滚滚向前。当然，不是一切事件或人物的意见都能产生舆论流动。纵向流动的意见必须涉及人类永恒的利益、永恒的观念。人类不仅受同时代人见解的推动，对同时代人的生活发生兴趣，还要从历史人物那里汲取智慧，解释今天的生活现象。今天许多有永久意义的事件和言行，除了对当代人有指导意义，吸引他们发表观点，又一代代不断延续这些意义，流向未来，成为后世议论的话题。

舆论的横向与纵向传播，是舆论扩散在时空延伸方面的体现。横向传播充填浮动意识的空间，而纵向传播表明舆论持续的时间。二者虽然并行发展，但时空含量却不完全一致，有时二者的差阈相当悬殊。一种舆论在几百年内一直呈现纵向传播，但在空间上可能缩小到有限的程度，只在一定范围内构成舆论。大多数舆论的纵向流动是短暂的，一般在一、两个月或半年左右。因为新的社会问题和事件不断产生，多数舆论的生命力终归要熄灭。舆论的空间范围取决于舆论议题的轻重，重大议题引起广大公众的关注，舆论的横向传播就更为广阔。可见，舆论的纵向和横向传播的生命力，都和舆论议题的价值密切相关。

舆论的动态性还表现为舆论主体的人数每时每刻都在变化，没有任何一种舆论是静态的，持有某种意见的人数永恒不变。舆论在形成与扩展中，传播意见的人数总是略增略减或激增激减，舆论主体的规模不断变化。舆论人数的增减，制约着舆论的发展，也标志舆论影响力的大小。

舆论的内容也具有波动性，人们议论的对象和目标不断转移，或不断发生详略的变化，使意见从不完整到完整，从平凡到精彩，一幕幕地在一定时空中展开。任何一种舆论作为见解体系，很难说具有明确的内容界限，难以确定把意见言说到哪一步才算完备。公众没有提出衡量舆论内容是否完整的标准，分散的议论更无法把握这种标准。因此，人们发表意见都根据自己的体会增加一些或减少一些内容，使舆论的指向始终处于变动之中。但是，作为一种稳定的舆论，它的内核——整体知觉一旦形成，主要观点在一定时空中是不会改变的，内容波动只是表述见解的多少和深浅。这种增减一旦大量出现，将会影响舆论性质的变化。

舆论的传动作为人流和声浪的组合，对客体反映存在的差异，使舆论在各地出现的时间和强度不一样，具有波浪式的传播态势。舆论随人流而传播，也随新闻媒介的报道远涉边远之处，凡人流和信息畅通的空间，舆论会以起伏的形式扩散。由于社会问题的存在，突发性和非突发性事件每时每刻都在出现，人们受到事件的刺激会产生惊异感，引起恐慌和思虑，激起众说纷纭，使许多人自觉或不自觉地卷入到事件中，甚至不断引起社会骚动。在社会问题没有恰当解决之前，不可避免地引起街谈巷议或"耳语运动"。

舆论通常以一浪高过一浪的冲击方式蔓延，在社会中不停地回旋，产生一种震荡力。意见沿着多方向滚动，议论强烈、嘈杂高涨的社会舆论打破了人们生活的宁静，形成意识热潮。舆论波强弱交替的结构，伴随舆论衍变的整个过程，不过，当舆论走向低落，波峰越来越小；当舆论走向高潮，波峰日渐推高，以致出现社会骚动。

舆论波包括意见波和行为波两种，表现为集合意识高涨的不同方式。在通常情况下，人们表达舆论运用语言，通过议论、讲演、游说、新闻媒介表达意见。当人们无法或不愿用语言表达意志，或由于强烈的愤恨或过度兴奋，便以各种行为表达强烈意向，出现行为波。行为波是舆论攀上波峰的显著标志，使公众意见具有更大的冲击力。

三、社会舆论的弹性

公众意见反映的各种指向，在舆论目标没有实现之前，会在不同社会环境中以显意识或潜意识的形式轮番出现。舆论在社会中公开、广泛地传播，人们大胆阐明自己的观点，是舆论的显意识状态。当人们害怕暴力，或在金钱或其他小恩小惠的收买下变得寂静无声，舆论转化为潜意识。这就给人们造成一种假象，似乎已经不存在什么舆论，其实这是舆论的潜伏状态。

《国语·召公谏弭谤》一文，描述了国人舆论遭到国君的镇压，暂时转为沉默。周厉王暴虐无道，使人"监谤者，以告，则杀之"，造成"国人莫敢言，道路以目"，愤怒的目光代替了疾言怒斥。可见，压制舆论并不能彻底消灭舆论，仅仅使某种公开的意见暂时转为无声的抗议。

舆论意识有很强的伸缩力，时而在社会中浮动，时而转为地下活动，或突然冒出来汇成激流，呈现时隐时现的弹性。民虑可以不宣于口，也可侃侃而议，如川流急泻，不可阻挡。弹压正确的舆论无法牵制舆论的冲击力，只能使其暂时转为暗流。一旦气候适宜，众议如雷，势如破竹，舆论便爆发更大的冲击力。舆论弹性随舆论目标的实现而隐现，也随舆论伸张的空间而变化，以高低起落的不断交替完成自我发展过程。

在强制力无法施加影响的地方，舆论向强力挑战更加高涨，舆论的正义性是其高涨的动力。舆论的弹力很类似气球，受不到挤压的地方就要膨胀起来，而压力加强，或稍微刺出一道空隙，舆论气团会迅速窜出。强力对正确舆论的压制只能暂时改变舆论的锋芒，当强力减弱或具备其他条件，舆论则会再度高涨，直至舆论目标完全实现。除外界强力放松（或宽松）之外，舆论不断高涨的其他条件是：第一，人们无法忍耐沉默的压抑，舆论就要突然爆发。第二，社会权力的核心人物发生更迭或改变策略，公开诱导舆论的增长，使其和权力机构的要求协调一致，此时它不再作为权力的冲击者出现，而是支持权力及其政策的活跃的力量。

如果意见被收买，舆论会出现局部变化，这种舆论弹性不可能发生在全局，因为任何强大的势力都不可能收买全体人民。收买舆论只能发生在某些群体内，仅能在有限的时间内起作用，但它确实能使舆论发生高涨（拥护、支持的声音）或减弱（原来反对的声音）。收买舆论的手段多种多样，主要有人情收买、金钱收买和封官许愿。当群众对某个公众人物表现出强烈的反对情绪，当事者略施诡计，分送红包、联络感情或以花言巧语许诺，都可能使反对者沉默下来。这种舆论阴谋带有普遍性，作为众所皆知的笼络民心的手段，在政治生活中发挥一些意想不到的作用，但这不是每个人都能做得来或做得严丝合缝的。

四、社会舆论的惯性

旧舆论在新的历史条件下顽强地表现否定现实的力量，把过去的印象、经验绝对化，以陈旧的观点评判现实事物，呈现舆论的惯性传播。**舆论惯性**，是指旧舆论在新的历史条件下的能量延续。

任何意见不过是一定历史条件和具体社会环境的产物，历史的发展或环境的变动，使先前的认识丧失了存在的前提，真理变成了谬误。可是，由集合意识形成的舆论有时却不受这条规律的制约，仍在新的现实中发挥滞后作用。这种舆论惯性有时并不表现为积极维护旧观念的动机，而是以保持旧观念的习惯反对新事物。旧的理念根深蒂固，新观念又难以接受，或暂时还没有树立起来，舆论的“落体动势”就同机械运动现象的惯性一样，无法避免。

舆论惯性一般来自刻板印象。部分公众对某一事物产生固定的看法,很难在短时间内改变,许多人甚至在一生中都不会放弃从前的立场。刻板印象(Stereotype)也称“固定成见”。李普曼在《舆论学》中认为,人们由于地理、经济、政治、文化等条件聚集在一起,对社会事务形成较为固定的看法,他们用这种看法判断、推测所有新的问题,就一定要出现偏差。

刻板印象或成见表现为形而上学的认识方法。持有成见的舆论主体总是用僵化的、静态的观点观察、分析事物,把对事物的初次认识或一次认识看做是彻底、永恒的认识。无论是政治舆论、商业舆论还是艺术舆论,都可能在日积月累中积存许多映象,以先见代替现实,对眼前一切真实可信的东西抱虚无态度,总是拿出旧的一套意见评价现实。

任何社会舆论不管它弥漫的范围多么大,时间多么长,都不能适用于一切时代和历史条件。在人类社会中,落后的政治势力往往把有利于他们的社会舆论绝对化,甚至把这种舆论视作万古不变的教条,为他们现实的社会行为辩护,继续鼓吹、大肆延续这种舆论。他们完全没有意识到,刻板意见已陷入完全不合时宜的社会环境,带有明显的政治保守性,其意识形态已成为现实生活的阻力。

正确的舆论是对现实的一种诚实、直接的见解,以眼前的对象为目标,而不是以先见代替现实。李普曼的“固定成见论”指的正是舆论的惯性传播。舆论惯性不断重复旧的观念并维护这种观念,在现实生活中占有很大比例。在大量宣传中,偏见的惯性常常处于支配地位,在一定程度上束缚了人民的思想解放。意识变革随着社会更新不断出现相应的舆论,及时宣传适应社会发展的新观念,才能促进社会的进步。

在局部社会环境中,舆论惯性也成为常见的现象。以成见看待事物的人总是用过去的眼光评价身边的人和事,极力维护旧的理念,反对新的变化。比如,在一个团体内,某个人过去做错了一些事,给工作造成损失,人们对他形成了不好的舆论。几年后,这个人在各方面有很大进步,做了许多好事,但人们对他的印象并没有扭转过来,继续用过去的舆论评价他。这种评价人与事的惯性在生活中大量存在,多表现为团体或群体舆论。

对舆论惯性只能遏制,不能放纵,一切进步的力量都警惕并竭力避免舆论惯性带来的危害。坚持成见,动员舆论裹挟人的意识,使卷入舆论旋涡的人把注意力集中到陈旧的观念上去,成为社会发展的巨大障碍。在历史上,动员群众批判私有经济,摧毁传统文化,批判修正主义的种种舆论,来自对资本主义和文化阶级性的成见,直到 21 世纪还有许多人抱住不放。这类人以成见激化舆论,有意驱动舆论高涨,经常采取崇拜舆论惯性的极端行为。

本章内容重点：

1. 正确理解舆论的定义。
2. 社会舆论的结构。
3. 社会舆论的要素。
4. 社会舆论的属性与本质。
5. 社会舆论的特点。

第三章　舆论的产生与生成模式

舆论形成有三个基本因素：人、环境及其二者的互动。个人及其所处的环境如同剪刀的两翼，虽然大小不同、锋利程度各异，但对于裁减意见的作用却同等重要。舆论的产生离不开人们的公共生活，人们结成社会关系从事改造社会和自身的实践，使人们产生各种思想，以致演变成共同意见。脱离人们的社会实践和社会关系，无法说明舆论的产生与形成。

第一节　舆论产生的社会环境

人类在社会中建立了相互联系，结成一定关系，体现出人的社会性。人的社会活动包括物质生产、精神生产和日常的思想交流，人的活动在一定制度中得以进行，还必须具备许多共同规范，这些构成了舆论的社会环境。人们借助意见互动进行思想交流，又形成了**舆论环境**。舆论环境是指人们面对的公众意见的指向以及多种意见交叉的意识氛围，包括若干公众意见的和谐、对立或冲突。舆论环境是社会意识环境的表征，反映出社会思潮和民众思想状况，并对公众产生一定的影响。

一、公众的交往环境

舆论的出现是人类生存的需要，成为公众关系的随行物。社会关系是非常复杂的，仅就社会关系的人数和范围来讲，有个人与个人之间的关系，一个人与几个人之间的关系，个人与群体的关系，群体内部的上下层关系，群体或阶级之间的关系等等。尽管社会关系极其复杂，但任何范围的社会关系都是由公众或群体关系组成和发展起来的。人们的社会关系以社会交往体现出来，公众关系是社会广泛交往的产物。

公众的社会交往广泛而深入，动作、语言等直接交流大量出现在每个人身边，文字或其他媒介的间接交往几乎涉及每个人。用语言、行为等接触方式而产生的互动，成为社会舆论形成的第一个环节。公众交往最密切、最能相互了解、最有影响的手段，是直接交流意见，并促成其他交往关系的发生。不同社会交往使公众之间联系的密切程度不同，有些比较松散，有些比较紧密，直接的意见传播构成人们彼此沟通的最有影响的途径。

任何个人要维持自己的生存，就要与他人建立互利互存的各种关系，以便在社会交往中找到依托。离开这个“社会网”，和外界失去意见联系，任何人都不可能生存。公众交往是社会化的必要条件，个人“进入”社会，都是在公众交往的环境中进行和完成的。不同的社会关系，表明人们不同的社会地位，认识一个人实际上主要是认识他在社会中的地位和作用，否则不能算是对一个人的真正认识。处在不同社会地位的每个人发表的意见具有不同的分量，在社会交往中也就发挥不同的作用。

人有语言交际能力，通过对客观世界作出反应，表现为人际间的意识交流。如果没有语言，就会影响人们参与社会生活，也谈不上形成一致意见。文字传播是人类社会特有的现象，使公众可以进行最大范围的和多种形式的意见融合，使交往达到更广泛和更深入的程度。语言和文字是舆论传播的重要工具，为人类意见的接近提供了前提，因而是人类实现思想一致的手段。

任何社会都有一套必要的社会规范，要求人们遵从。社会各个方面的规范，如法律、道德、纪律、风俗等不同形式，既是人类社会交往的产物，又是人类交流意见的话题。通过教育、协商及争论，最后共同制定了法律，导引人们齐心维系社会规范，社会得以保持整体性和秩序性。实际上，每个人从懂事开始就从舆论中认识社会，起初接受典范的熏陶，然后接受组织（包括学校）的灌输，不断听取他人对社会问题的解释，舆论环境放大了公众交往的效果，在每个人心中种下了观念与规范的种子。可见，舆论环境除了公众交往，还包括社会组织，使人同社会规范融合在一起。每个人生活在公众交往中，同时也生活在舆论环境中，他的思想总是受优势意见的左右。

舆论的产生，实际是人们对环境的共同反应与应对。人们的物质生活和精神生活、生活水平和生活质量、生活内容和生活方式等等，都会促使人们发表意见。人类的生活内容和形式在整个社会关系中同时存在，又是不断发展和变化的，极易刺激人们的需求和渴望，使公众交往频繁地发生。物质生活方式和精神生活方式，是相互联系和制约的，在公众交往中发生许多矛盾和不幸事件，引起人们无休止的议论，舆论成为公众交往的必然结果。舆论环境既基于公众交往，又连绵不绝地促成交往的深入发展，舆论与社会交往始终纠缠在一起。

二、社会意识环境

舆论始终存活在各种意识中，构成整个社会意识的一种最活跃的因素。意识环境是无形的精神文化的交错状态，包括知识、道德、法律、信仰、科学、艺术、风俗等各种形式。舆论与意识形态在实际生活中是紧密联系的，成为意识环境中的一部分，只不过它是前意识、浮动意识和表层意识。

舆论在其他意识形式滋补下生长出来，并日益从意识环境中吸取养分而逐步成长，许多意识形式提供的知识和思维模式为舆论活动提供了思考方式和认识方式。每个人对社会生活的判断固然依靠个人的体验，但每个人不具备一定的知识就不知道说什么和怎么说。当政治理念、消费概念和社会常识被人们所习用，逐渐变成认识问题的能力，运用它们发表意见、说明个人对社会问题的态度才有可能。一个人了解的意识形式越多、越全面，也就越容易发表意见，发表意见的正确成分也越多。

社会意识形式的最高、最集中的表现是意识形态，这种系统的思想体系多指阶级或政党的主导思想，掌握政权的政党意识形态往往是社会统治的思想。社会舆论是社会自在的精神状态，作为公众对社会公共问题的意见，受到意识形态的强烈影响。但社会舆论可能不完全接受某种意识形态，更不等同于意识形态，在这一点上，从早期的启蒙学者到到当代的舆论学研究者的看法是一致的。1995 年，美、德、中等 32 国家学者合著的《舆论与协调一致的传播》一书开宗明义地指出："舆论诉诸的是人民的声音，来自平民的明确而直率的意见，强调舆论与占统治地位的思想（即意识形态）的区别。非主流的思想常常以舆论形式表达，并且即使主流的意识形态也分为多支，常以舆论形式表现出来。"①

舆论在特定意识形态中形成，在一定意义上，意识形态成为舆论的母体。另一面，舆论也反作用于意识形态，有时，甚至突破原有的意识形态，开辟新的认识领域。二者相互渗透，作用于社会的发展进程，但从根本上，正是舆论不断改变和形成新的意识形态，显露社会发展的辉煌蓝图。人们认识社会现实并产生对未来的理想，最终形成普遍的舆论，一旦它十分强大，则改变旧的、落后的意识形态。

既然舆论在一定意识环境中形成，那么它自然受到意识形态的制约。当某种意识形态一旦占据统治地位，势必强有力地影响整个社会舆论，造成一种特定的舆论环境。如果一种舆论背离这种社会意识形态，就要受到它的限制，甚至压制其传播。在这种情况下，意识形态的拥护者宣传与舆论目标相反的观点，批驳舆论的指

---

① 转引自陈力丹：《舆论：感觉周围的精神世界》，上海交通大学出版社 2003 年版，第 31、32 页。

向，对舆论发挥导向、控制、整合和改造的作用。各种意识形态给人们发表意见提供思维模式，进而强有力地影响个人的心理，除特殊历史时期及特殊事件，舆论中的很多语汇都带有意识形态的烙印，在某种程度上，意识形态成为舆论的“过滤器”。

但只有正确的意识形态才能影响、制约舆论的发展，推动上述作用的发挥，正如只有正确的舆论才能改变落后的意识形态一样。比如舆论中“社会主义市场经济”这个一度热门的词汇，没有跳出“姓资姓社”的窠臼，非要给“市场经济”打上制度烙印是违反常识的。正如邓小平所说：“计划多一点还是市场多一点，不是社会主义与资本主义的本质区别。计划经济不等于社会主义，资本主义也有计划；市场经济不等于资本主义，社会主义也有市场。计划和市场都是经济手段。”①市场经济没有资本主义和社会主义的区别，当多数国家的经济活动进入全球市场后，它只能是各国共用的经济发展的手段。但在 20 世纪 90 年代直接提出搞“市场经济”是中国主流意识形态不能接纳的，就确定建设“社会主义市场经济”的概念，迎合一些人的赞成，随之进入某种舆论的话语中。但它始终没有进入大众话语，它的虚构性不可能影响普遍的舆论。进入新世纪，当人们谈论市场经济时，很少有人再加上“社会主义”的限定词了。

在多种意识形态活跃的社会，舆论也越趋活跃，因为这些意识形态不断启发人们的思考，各种不同意见就产生出来。人们对自己的生活不是盲目的、非自觉的，很多时候是根据一定意识形态判断它、认识它，意识形态成为舆论的重要意识根源。正确的意识形态把人们的思考提到一种科学境界，引导人们对事物作出正确的评价，错误的意识形态则相反，总是把一部分公众的认识引向迷途。但就公众的整体来说，错误的意识形态很难改变人们的公民意识，总要被公众所抛弃。

公民意识是指公民的权利和义务意识，富有维护公平、正义和社会整体利益的追求，包括道德意识、法制意识、政治参与意识和纳税人意识等等。关注公共事务，监督权力运作，维护自身的合法权益，是社会意识的基本元素。作为独立行为的主体，公民随时关注社会的命运，用共同的见解表达这种关注。成熟的公民意识是社会舆论的主导力量，从某种意义上说，没有公民意识就没有社会舆论，公民意识在一定程度上制约或推动着舆论的变化，最终决定社会主导意识形态的方向。可以说，社会舆论是在公民意识的基础上生长起来的，并强有力地影响整个社会舆论，一种舆论一旦形成，它就包容了许多人的共同意见，成为公民意识的总和。这样的意识整体从广度到深度都超过了个人认识的局限，克服了公民个人意识的肤浅、谬误和感情冲动，对客观事物做出全面而冷静的分析。公民意识的成熟和社会舆论

---

① 《邓小平文选》第 3 卷，人民出版社 1993 年版，第 373 页。

的日趋理性，需要公私分明、自由和责任界限清晰的国家制度，也需要良好的媒介环境来维系。

大众传媒是社会意识的大本营，充当社会意识的生产和保养机构，社会舆论难以离开它。但媒体提供的“拟态环境”有时是虚假的，不明真相的公众把它当作现实环境看待，据此表达的意见也就发生了错误。李普曼在《公众舆论》中提出“拟态环境”的概念时认为，人的行为已经不再是对客观环境及其变化的反应，而成了对新闻机构提示的某种环境的反应。人们通常意识不到这一点，完全把拟态环境看作客观真实环境，不加分析地以大众传媒的意见作为舆论意识，公众意见就有可能变成舆论错觉。大众传媒有责任真实、清晰地反映公共事件和一切社会问题，引导公民正确认识社会真相和社会整体利益，使公民意识保持高度的理性。

三、舆论场与公共领域

舆论都是在具体环境中产生的，起始于某一具体空间，这种微观环境称为舆论场。**舆论场**包含若干相互刺激因素，是许多人形成共同意见的具体时空环境，表现为公众和环境相互作用的函数，包含多人的体验、现实需要及彼此呼应。人们的交谈总是在一定空间中进行，舆论场同公众意见如影随形，根本无法分离。

舆论场的宏观含义则是指社会的公共领域，是同微观舆论场相对的概念。公共领域首先由一个个场所构成，基于与私人领域区别的交流意见的地方。哈贝马斯指出，**公共领域**是我们的社会生活的一个领域，由各种对话构成，公民们作为一个群体来行动，他们可以自由地集合和组合，自由地表达和公开他们的意见。① 公共领域实际是便于公众发表意见的场所的统称，历史上的咖啡馆、剧院、广场、沙龙和今天的大礼堂、会议厅、街道以至报刊、广播电视和网络都是公共领域。这类开放的、公开平等而自由讨论的地方，是促成舆论形成和变动的重要空间。

公共领还有更深层的含义，即公众以整体利益或社会普遍利益为指向的现实活动领域，是与政府控制的领域对立而言的。公民的个人与家庭生活以私人利益为指向，活动空间具有封闭性、排他性与隐蔽性，因此不是公开场合。政府控制的会议厅和大众传媒不向公众开放，难以迅速形成大规模舆论，也不属于公共领域。公共领域则是公共生活领域和大众公开参与社会活动的场地，是一种社会场。舆论的社会场之所以存在，首先是由人类社会的结构决定的。每个人在他周围聚集着一个利害相关、联系较多的小社会，在特殊时机突然陷入引起思想共鸣的环境，就要对社会问题或重大事件进行讨论。这时，正是一定的场合把大家集结在一起，

---

① 参见载汪晖、陈燕谷主编：《文化与公共性》，生活·读书·新知三联书店 1998 年版，第 125 页。

场面的气氛(包括激烈的言谈)激发大家的思考,共同意见才可能形成。

在舆论场中,物理空间的刺激、烘托、容纳、怂恿使带有爆破力的意见很快被众人接受,人们的思想被迅速地扭向同一个方向。优势意见取决于空间中出现的一种号召力,遵循某种原则的人们同这种号召力发生呼应,大规模的共同意见就产生了。

构成舆论场的主要因素是同一空间人们相邻的密度与交往频率。人们集结密度越大,也就越有交流意见的条件。许多人共栖于同一个场所,多向地自由倾诉各自的观点,多种意见的交融逐渐形成大体相同或相近的见解,而差异甚大的意见不是相互交融,就是进一步背离,最终形成一种或多种舆论。自古以来,人群高度密集的地方都有无数人在那里交流信息,畅谈共论,产生强烈的意见互动。舆论场的开放度,即舆论场和社会整体环境的相互连接、相互作用的大小,是不容忽视的另一个因素。舆论场开放与否,不仅关系到舆论的形成,而且在一定程度上制约着舆论的正负方向,即产生正确的舆论还是错误的舆论。舆论场与整个社会建立纵横畅达的意见通道,舆论的正确程度就随之增大。舆论场的开放度还包含这样一种意义,即社会环境有宽松的言论自由,人们的思想和议论对个人不构成危险,不仅舆论容易形成,而且有可能采集到正确意见的样本。在一个闭塞的社会环境中,要么意见表达出现萧条,要么意见单一化使人们对外界的了解往往偏颇,无法对事物作出全面的判断,即使形成舆论也掺杂一些荒谬成分。舆论场的要素,为舆论的产生聚合了多项外力的作用,当它们刺激其间活动的大多数人,就迅速使人萌发一种信念,并把人们的见解铸成坚不可摧的意志合力,舆论也就由合力的作用而展现出来。

第二节　舆论生成的四个阶段

一种意见的普遍化都可视作舆论已经形成,人们可直接从社会问题、个人意见、重大事件及意见领袖引导这四种因素的互动,观察到舆论形成的四个阶段。这实际是少数人意见向舆论转化的过程,正如其他社会动因一样,人的意志交错和社会各种力的纠合,把人们的思考吸引到一起,最终形成一致意见。政治和经济生活对人的作用,各种生产方式和生活方式的差异,以及其他社会矛盾的存在,促成多种意见同时出现并相互影响,占有优势地位的意见便成为社会舆论。

一、公共问题与社会议论

社会规范,如制度、政策和各种规则的制约,是人类解决和维护共同利益的产物,随着社会的发展而变化。它们如果滞后、超前或出现某些混乱,便产生受到人们普遍关注的社会矛盾或社会问题,诸如环境、能源、交通、消费、医疗、卫生、就业等生活领域都可能出现问题。社会矛盾长期得不到解决,出现了损害人民或一些人利益的难题,许多人认为到了必须解决的时候,社会问题就成为公共问题。公共问题来自公共事务不能正常运作,引起人们纷纷发表意见,社会舆论正是公众对公共问题的共鸣。

社会公共问题诱发意见的一般过程是:1. 社会矛盾的解决受阻,陷入非正常状态,出现利益冲突;2. 这种受阻最终表现为矛盾纠葛,呈现出有形的"社会难题";3. 这种社会难题引起人们的关注和议论,不断有人发出要求解决这些纠葛的呼声,最终形成舆论;4. 社会矛盾获得解决,使人民受益,人民发出赞扬声,又会形成新的舆论。社会矛盾诱发舆论的过程表明,舆论产生的阶段性转换,是一种既咬合又连贯的意见传播路径。社会的自我调解和自我完善,使许多社会矛盾可以避开冲突,但由于社会非正常因素的干扰,不断引起人们发表见解,这些意见的作用和范围不同,都会形成不同性质的舆论。

社会是一个变体,总是处在运动、发展之中。一旦自然环境或社会发生根本变化,公共政策跟不上这种变化,或不能圆满地解决面临的公共问题,各种各样的意见就会出现。社会处于渐变过程中,社会矛盾不尖锐并处于解决的过程中,社会议论也处于低潮,全社会范围内不可能形成大规模的舆论。当社会发生突变时,社会公共问题出现尖锐的矛盾,公共政策不能解决这些矛盾,人们的言论就很激烈,甚至出现舆论高潮。

社会制度的自我调节机制,使许多公共问题可以找到合理解决的途径,如果掌权人的立场背离社会规律,这种调节机制就要失灵。社会管理者对生产力发展的复杂性与制度惰性缺乏正确的认识,坚持错误的意识形态,就会不断产生大量的、难以解决的公共问题,这些不正常现象发展到严重地步,就成为人民群众意见很大的社会事务,引发接连不断的舆论抨击。社会发展历程说明,凡是人民群众长期不满、经常提出非议的社会现象,多是决策机制发生失调的缘故,必然导致舆论激化。这样,社会舆论就成为测定社会矛盾是否正常解决、人心是否安定的寒暑表。

二、个人意见与议论圈的扩散

舆论起始于个人意见,只是我们难于找到最先发表这个意见的人。许多人每天都在一定场合发表意见,各类会议为发表个人意见提供了诸多机会。分散的个人意见,表现为个人对现实问题的孤立看法。公共问题引起不同个体的反应程度与方向不同,但最终他们要选择适当的场合表达自己的见解,扩散他们的意见,原来孤立的看法有的变成一些人的共同立场。

发表相同见解的个体如果越来越多,经过一定时间的扩散就会出现议论圈,弥漫在某些社会空间。反之,某种个人意见越来越少,以至最终完全消失,不可能出现议论圈。实际上,大量个人意见并没有形成社会议论,只是呈现出短期个体意识的闪耀。识别舆论是否形成,应把少量个人意见和巨量的共同意见区分开来。

当某一种意见得到多数人的赞许,社会沟通就在若干人中间进行,出现了社会讨论。这种讨论起先是随意的,缺乏社会组织,仅凭借个人意愿进入议论圈。议论圈的出现,标志着个人意见已经转变为社会意见,正在形成社会整体知觉。社会意见处在讨论阶段的特征是:1. 以辐射的方式向四处扩散,在狭小的社会场合出现多人聚议,街谈巷议随处可见;2. 意见讨论的范围不断扩大,然后出现不同形式的有组织的社会讨论,诸如论坛、沙龙或各种小型会议;3. 议论圈进入网络、报刊等大众媒体,很快风靡整个社会,舆论在几天内就可能迅速形成。

议论圈是指少至几个人、多至十几个人聚合在一起相互交谈,并取得初步一致意见的沟通状态。它是舆论传播的细胞,也是舆论主体的初级活动。议论圈是自发形成的。若干人对议论的话题表现出共同兴趣,由于同处于一个空间,使他们兴致勃勃地凑在一起交谈。舆论主体自愿结合的共议,构成社会舆论的主要形式。

一个重大事件发生,议论圈往往在意见传播之处随时出现,呈现星罗棋布的态势。议论圈所以不断扩大,一方面取决于舆论人交流范围的扩大,另一方面还取决于舆论人社会角色的多面性。舆论人在社会生活中往往充当几个不同角色,比如一个人既是科长,又是学生时代的班长,还是社区的楼长,他在不同范围把个人知道的事件和意见向其他人转达,以其特有的威信使意见传播的空间不断扩大。充当多种角色、具有不同影响力的舆论人,在各种群体中传播意见,就把同一种意见变成广泛的社会意见。

当许多个人意见的内容越来越一致,取得数量的优势,社会舆论便开始萌芽了。个人意见的空间扩展是通过沟通、交流实现的。人们在共同活动中彼此交流观念、思想、兴趣、情绪、感情等,都可看作意动的外展,而沟通本身则可视为意见交流的过程。不能把人的沟通仅仅归结为意见的传递过程,沟通的主要目的是相互取得共识,肯定一种合乎情理的见解。

从舆论学观点看,人们在交往过程中,意见不仅是在传递,而且也在不断补充、发展和深化。人们的沟通都力图用各自的见解启发对方站到自己一边,突出交流的倾向性和目的性。意见交流的两个个体之间,每个个体都是积极的主体,都想经过积极的交谈和互补达到彼此了解,使自己的意见增加新的东西。彼此增加的东西越多,意见的一致性也越大,舆论便开始萌生。

三、突发事件的激发

事件是舆论形成的击发点,直接引起社会意见向舆论的转变。任何一个具体事件的发生都表现为历史进程的必然性,每个事件在什么时候发生,谁在事件中扮演什么角色又有关联性。作为事件旁观者的大多数公众,从未想到成为参与者,而事件陡然闯入他们的生活,引起广泛的议论,也就卷入事件之中。就我国社区划分的习惯,一般在区、乡以上的范围引起人们关注的情节性事实,可以定性为社会事件。

历史的每一次重大转变,都是通过重要事件的发生、发展和圆满解决而实现的。如果把议论比作冒烟的干柴,掀起舆论大火的则是一阵狂风,事件就如同狂风一样,使议论之火瞬间燃烧起来。公共问题长期得不到解决,迟早要引发大的事件。在社会中,公共事务的小事经常发生,由此引起个人发表意见并出现议论圈,在此时发生显赫的突发事件,社会意见的潜伏期立刻宣告结束,社会议论开始活跃。

社会事件没有预期性,它的到来都十分突然,但从根本上是一定社会矛盾发展的结果。公众受到事件的刺激产生震惊或喜悦,广泛的议论随之而起,舆论爆发的临界点开始出现。社会事件虽有全国性和局部性两类,但它总是发生在一个具体的社区内。在社会事件中,少数人意见迅速扩充为社区范围的街谈巷议,表明舆论在局部范围已经形成。

社会突发事件打破生活的常态,造成社会意识的冲击波,许多人出于维护自身利益的强烈动机而参与社会讨论。大众传媒为社会讨论提供更多的信息,供给标准的意见,推动社会讨论的扩大。这时,少数人的意见迅速变为多数人的意见,局部意见变为全局的意见。有些事件具有明显的冲突性,涉及许多人的切身利害,有的直接关系到国家、民族和社会整体的命运,触及人们的传统观念与道德,因而也深刻地冲击人们的灵魂。社会事件引起人们的思虑,激起众说纷纭,使许多人自觉卷入这些事件。广大公众以一致见解积极参与事件,诉诸强有力的舆论手段,能够推动公共问题的解决。

四、舆论领袖的意见引导

公众舆论的大规模形成,必须借助精英人物的引导。局部舆论演化为社会舆论的最后阶段,是**舆论领袖**把社会的局部意见聚合为多数人的整体意见。提出指导性见解、具有广泛社会影响的人,叫意见领袖,又称作舆论领袖。他们是社会精英，能够生产意见，鼓动并引导公众正确认识社会问题。这一概念由拉扎斯菲尔德等人在《人民的选择》一书中作了深刻的阐述。该书认为，在信息传播过程中存在"二级传播"现象，承担"二级传播"使命的是"舆论领袖"。媒体把意见告知和说服一些关键个人即舆论领袖，属于一级传播，舆论领袖转而通过与其追随者的传播，说服广大公众接受媒体的意见，将传播效果扩大，完成二级传播。

这种结论值得怀疑。如果舆论领袖扮演二级传播的角色，那么是谁扮演一级传播的角色呢？拉扎斯菲尔德认为是媒介。进一步追问，又是谁把意见传给媒体的呢？我们依据常识知道，媒体上大量重要的见解除了由著名记者提出外，主要是社会的政治精英和知识精英。著名记者也是精英。显然，舆论领袖首先把意见传播给媒体，然后由媒体再传播给大众或大众中的人际传播说服者。所以，舆论领袖是意见的生产者，不是媒体支配舆论领袖重复他们的意见，而是舆论领袖给媒体提供意见，借助媒体传播他们的意见。

舆论领袖大都是政界的名人和各领域的思想家，常常提出真知灼见，赢得公众的信任。作为公众的代言人，最先对社会问题提出系统的见解，提高了社会意见的质量。舆论领袖和舆论人的差别在于，他们具有崇高的社会威望，能够生产意见。舆论人则是积极传播意见的人，常常贩卖意见领袖和媒体的思想，是意见领袖和媒体同广大公众发生联系的中间人，他们才是二级传播的承担者。拉扎斯菲尔德无视公众中大量积极传播意见的人，又忽视意见领袖利用媒体导引社会思想的作用，把舆论领袖贬低为舆论的扩散者，使其丧失了领袖的资格。

舆论领袖具有丰富的知识与见地，高尚的品格与气质引人敬慕，善于就国家、世界的重大事项发表意见，在公众中能够产生一呼万从的感应。一切真正的意见领袖具有政治上的果敢精神，追求真理，不说假话，把捍卫人民利益、揭示历史规律作为使命。他们对人民忠心耿耿，不受任何谎言的欺骗和收买，不能容忍任何践踏真理的行为。因此，他们总是同荒谬作斗争，博得人民的爱戴和拥护。

杰出的意见领袖具有精辟的判断和分析能力，常对现实问题提出精彩的论断，以深刻的理性指出公共问题的要害，受到广大公众的尊重与追随。意见领袖必须是雄辩家，具有演说的天才，用自己的言辞与满腔热情说服群众，博得群众的充分信任。意见领袖具有博大精深的思想、洞察社会的英明睿见、维护公众利益的决心。这些征服群众的特有品质使他们成为大众传媒追逐的对象，当他们以宏大的思想、感人的谈吐出现在大众面前，其神态和魅力立即引其公众的注意。意见领袖不是华而不实的演说家，没有知识，缺乏理论头脑，思想浅薄，玩弄漂亮的词句，并不是真正的舆论领袖。有些身居高位的人，没有自己的思想，缺少对生活的独特发现，总是重复古板的套话，他们的意见失去受众的兴趣，已经丧失意见领袖的资格与作用。

当社会发生重大转折或出现突发事件,公众沸反盈天,议论圈弥漫于社会之时,舆论领袖挺身而出,侃侃而论,立刻提升了社会意见的水平,扩大其传播范围,促成舆论的最后形成。此时,也是各种立场、各个派别的意见领袖唱对台戏的时机。舌光"见"影,争雄斗胜,以至引起公众的辩论。意见领袖如果发表的意见正确,产生巨大的号召力,大量公众的意见向他靠拢,优势意见在大范围内形成,具有优势意见的舆论就出现了。

第三节　舆论形成的标志

凡有人群的地方就有各种意见,但不是所有公开性的意见都是舆论,意见的公开性不是舆论形成的标志。舆论是复杂的意识现象,不仅表现为意见实体的出现,还表现为某种意见分布的广度。舆论形成的标志是意见的量度标准,即在一定范围内有多大比例的人持有同一种意见。群众的议论超出一定的量度界限,达到意见一致的百分比,是舆论形成的标志。

一、议论量与舆论的成立

通俗地说,舆论是一种议论,是议论量的概念,议论量是舆论成立的基础。几个人发表意见仅仅是个人意见而已,多数人发表意见便构成舆论,所以,不是所有的议论都具有舆论的规格。当议论覆盖一定空间,发表意见的人数达到适度比例,才能构成舆论。对公共事务,一旦有人发表意见,听到的人也随之附和,此类聚议依次出现,社会舆论就在一定范围内达到一定的量度。

社会舆论的人数是个无序的巨量状态,每天都在增减,只要认真地观察,仍能大体把握它的稳定的量度。在那些不相识的公众中集聚着相当数量持有共同意见的人,他们分布在各个角落,使人们获得一种不确定的多数的印象。但议论量难以用直观的方法精确地掌握,在微观环境内做出基本估计也许准确,要确定社会舆论的存在,最可靠的方法只能进行抽样统计。确认不同范围的舆论,可以采取观察或统计的方法,但在严密科学意义上裁定舆论是否形成,只能运用舆论调查的手段。

在一个单位,议论的传播主要借助会议和舆论人的积极活动。舆论人在很短的时间内把一种见解推销到许多人中,引起议论纷纷。人们是否参加某种议论,有多少人参加,通过目测耳闻可以确定误差较小的结果。有时,少数人的议论容易被视为多数人的意见,干扰人们对公众情绪的把握,把它和舆论混为一谈。所以,有时人们可能把舆论当作少数人的议论而不予理睬,忽视公众的整体意志。在社会小范围,例如一个街道或一个团体内,可以明确了解议论的人数,甚至可以大体计数出来。但无论如何,我们要想凭感官确定社会上发表相同意见的人数,是难以做到的,因为毕竟有许多人谈论问题时你不在场。如果我们仅凭感官把握社会议论的广延性,即在不同角落听到对同一个问题的相同意见,可以断定舆论已经形成,但作出的只能是模糊的判断。

综合上述观点,可以确认,没有达到一定量的人数持有的共同意见,不能认为是一种舆论。确定舆论的量度是以意见传播的人数为前提的,是一定空间中人数的比例,脱离空间,量度将成为无法确定的概念。舆论集合意识的基础,是人而不是抽象的观念,即表现为多数人意见的一致。舆论量在整体上是相对静态的,而不是充满变数的活跃的量,但量变时时都在局部发生,人们对舆论量度的把握又是相对的。在不同时间获取议论量的指数,可能有较小或较大的差别,标志着舆论是否正在变化。

二、舆论形成的量度

在一定范围内达到一定人数的议论才能构成舆论,只有把握舆论量度才能确定议论和舆论的差异。划清少数人的议论和舆论的区别,是解决公共事务问题的必要前提。一个单位的问题在本单位 100 人中仅有三五人议论,这不是舆论而仅仅是少数人或个别人的意见,同样,全国性问题只有极少数人议论,没有构成社会舆论,不管它的反响多么强烈,都不能把它视作舆论。正视舆论,首先必须弄清舆论是否形成。

如何确定舆论形成的量,是个众说纷纭的问题,很难找到一个大家供认的标准。多年来,本书作者一直认为,把一定范围内四分之一左右的人数(25%)赞成的意见确定为舆论的最低量度标准,是最恰当的。其原因是:(一)按照感知事物比例的思维习惯,四分之一的比数通常被认为是较多的底数。一定范围内有四分之一的人持有一种意见,有突出的显赫性,闯入人们感官的频率较大。反之,参与议论的人少于四分之一,人们听到表达意见的机会明显减少,意见的影响力很难显现。(二)本书作者在多年前在具体单位曾经实验和观察过 30 多个案例,凡有 25% 的人赞成的意见,人数大都继续增长;凡 25% 以下的人数赞成的意见,人数则大都逐渐减少,最后陷入自消自灭状态。由此可以确定,25% 的人数是意见形成舆论的一个分界点。(三)四分之一左右的底数在统计学中体现出最低的数量优势,为舆论调查确定意见强度提供了有效的指数。四分之一人数的意志一致,表明一定范围内形成了一股意志力量,使公众意志显现出一定的显要度。

这里,四分之一是个近似值,较此多一点或少一点都不影响舆论静态的稳定性。如果寻求一个准确的表达方式把议论和舆论区分开来,适度量化的表述应为25%左右,其中有3-5%的误差。这3-5%可称作舆论形成的边际量。由于议论量每时每刻都在微变,舆论形成的边际不可能获得精确的反映,仅仅具有接近边沿的意义。它的具体范围可放大到20%至30%,其间上下跨越的3-5%的误差是不可回避的边际量。

确定25%左右为舆论成立的标志,不是靠人们的估计,而是通过科学的测验方法获取的。舆论测验不仅告诉人们议论和舆论的区别,还告诉人们议论的是非曲直,看到人们的态度指向,同时也显露出舆论强度。**舆论强度**是指舆论主体诉诸意志的坚定程度,表现为一定人数态度明朗和坚定的程度。公众的立场、意志和追求可由表达态度的特有词汇来标明,诸如同意、反对、坚决同意、坚决反对;赞成、不赞成、坚决赞成、极不赞成等级差,都是舆论强度的特定表述。(本书在第十四章对此将做系统的研究)

比如调查2008年1、2月之交,政府在战胜南方冰雨灾害中是否及时采取有效的救灾措施,有78%的人认为,灾害出现的初期,政府救灾措施不力;有65%的人认为,灾害严重阶段,政府、特别是中央领导采取措施得力,亲临救灾第一线指挥慰问,工作做得较好,鼓舞了南方各省干部群众抗冰救困的意志。其中,认为"很好"的占87%,达到舆论的最高强度,而有18%的人始终认为政府救灾措施不得力,但后种态度的人数没有达到舆论量,只是少数人的意见。

把舆论量度和强度截然分开是不科学的,因为没有一定量的支持,即使态度非常坚定的意见也是微弱的。意见的从众人数和态度的坚定程度构成舆论指数,使一种意见呈现出广度和力度。从舆论从众的数量和态度的乘积中得出的舆论指数,看到舆论变量的推动作用,在舆论调查中常以如下数据形式表述:同意者占60%;坚决反对者占30%:无所谓者占10%……。这是表达舆论强弱的效应格式。舆论测量,正是认识议论是否增长为舆论以及舆论声势大小的手段。

三、舆论类型的议论量

通过议论量和舆论主体的分布,可把舆论分为不同类型,这需要在一定空间中考察议论量,作为确定舆论类别的指标。任何舆论都具有空间范畴,由此构成不同规模、不同类型的舆论。在局部社会环境,例如某个单位出现的议论达到25%的人数,只能是群体舆论。群体舆论不能称社会舆论,因为它是小环境中多数人的共同意见,谈论的问题一般不是社会全局性的公共事务。市、县、区以上空间出现的议论,冲破社会的局部环境,表达意见的人数达到25%左右,则属于社会舆论。其中,30%以上至60%以下的社会舆论称作众意,即公众意见;而60%以上的议论量则称为民意。成熟的民意量化指标应为70%以上,60%至70%的议论量是民意的边际量。在全国和世界范围内传播的舆论通常视为全国舆论和世界舆论。社会管理者通过议论量和空间分布识别舆论的类型,把握它的影响度,确定不同舆论规模波及的区域和影响力。

严格地说,舆论量差规定着舆论的类型,议论量包含舆论主体的数量和空间分布。某个单位内部的议论即使达到90%以上的人数,也只能叫整体舆论,而不能叫社会舆论。相反,具有地区性以上空间的舆论才能称作社会舆论(包括公众舆论)①,量化指数比较宽泛,有的意见可能有30%的人数,有的可能为50%,同时分布在不同的社会区域。公众舆论的强度是多种多样的,甚至是对立的。比如,对待房价攀高不下的态度,社会上可能有50%的人坚决反对,也可能有25%的人坚决赞成,其余的人则不置可否。掌握了城镇居民对这一问题的认识差异,依据人们的不同态度,可以了解高房价对公众的影响程度。

领悟舆论的量差,在人们的经验中早已形成感性尺度,即人们凭感观也可觉察身边的议论属于哪种类型的舆论。如果我们在全国到处听到同一种意见,即使不用舆论调查获取60%以上的指数,大体可以肯定这是民意。如果一种意见在不超过60%的城市或县区听到,还有相当多的地方没有出现这类意见,它只能是众意。这是一种模糊的认识方式,只能在非精确意义上使用。

舆论量度的大小取决于意见和利害的相关度,意见涉及多大范围公众的利益和观念,舆论就在多大社会空间形成。由于议论的事情和公众有直接或间接的利害关系,议论才能演变成舆论。舆论覆盖社会空间越大,从众人数越多,造成的舆论声势也越加巨大。

第四节　舆论生成的模式

平时,人们没有意识到舆论的突发性,对舆论风暴的突现缺乏思想准备,不知道它们发生的路径。舆论面对的是一些迂回曲折、看不见、摸不着而又令人困惑的事实,而且很难一目了然。舆论形成的模式是不可捉摸的,一次选举、一场宣传和一批追随者的呼应、反目和喧嚣,使舆论的出现成了复杂的问题。实际上,社会舆论的形成具有种种模式,归结起来可分为爆米花模式、风吹浪起模式、飘雪模式、瀑布模式和沉默的螺旋模式。

---

① 这和西方舆论学的称谓是不同的,西方舆论学中的 public opinion 既有汉语的舆论、公众意见的意思,也有民意的意思,没有做细致的划分。

一、"爆米花"模式

以"爆米花"模式产生的舆论,声势浩大,带有突然爆发的意味,给人一种措手不及的感觉。舆论在一两天之内出现,此前虽然存在发生重大舆论的征兆,但意识环境却是平静的。这类舆论的形成属于**"爆米花"模式**。

从前,崩玉米花是在特制的铁容器里进行,容器封闭得不透一丝空气,装着一些玉米,将其放在火上加热,随着火烤的时间,容器里的温度不断上升,当温度达到一定临界点,发出砰的一声轰响,玉米在高温压力下变成了"米花"。"米花"的生成给我们很多启示。玉米在逐渐加温下内部结构承载巨大的压力,当达到一定温度时便从里到外改变了形状,内部的实心状态被催发为白色花瓣,反映了事物的突变形态。

某些舆论的产生非常类似崩"爆米花"的过程。在正常情况下社会意识虽然平静,但人们对一些社会问题怀有不满情绪,出现一些议论,但没有达到舆论的规模。某一天由于外界事件的刺激,如同平地惊雷砰然爆发舆论热潮。1919 年 5 月 4 日,北京 13 所大专院校 3000 余名学生突然走上街头,在天安门前集会,引发了五四运动的舆论,仅仅在数天内蔓延到全国。1946 年 12 月底,北平学生举行集会,发表演说,上街游行抗议美军强奸中国女学生的兽行,在三五天之内发展到全国,形成了舆论热潮。这些舆论的产生同样经过四阶段酝酿和转换过程,只是在很短时间内出现舆论高潮。

"爆米花"模式是突发事件的产物,在事件发生之前存在对某种现象的强烈情绪,由于事件的推动突然爆发舆论。事件与人们情绪的关系,就像玉米与容器加热的关系一样,达到一定温度,砰然形成巨大的舆论浪。在这一过程中,客观事件本身引发了舆论,以致在极短的时间内激起整个社会的强烈响应。

爆米花式舆论的爆发,首先是在一个封闭的舆论场出现的,然后走向社会。封闭的舆论场受到事件的刺激,舆论人和舆论领袖加紧活动,不断给群众的情绪加温。局部环境中的意见压力增大,突然冲破封闭的议论圈走向社会。在前述两个例证中,巴黎和会上中国外交官出卖中国主权和美军的暴行,在北京各大学中激起议论,这类令中国人气愤的事件,一旦传遍全国,对军阀政府和国民党政府早就不满的群众立即掀起舆论浪潮。

二、风吹浪起模式

风吹浪起模式是舆论突发模式的一种,它同爆米花模式不同的是,在舆论凸现之前，社会没有任何议论，根本不存在相关意见。由于外界因素的强烈刺激，舆论立刻形成，从刺激到舆论出现没有加温的过程。爆米花式舆论出现之前存在一种社会情绪，或者说存在某种意见，这类情绪和意见能够发展成大规模的舆论，仅仅需要一个事件的撞击。风吹浪起模式没有任何预兆，只因为“狂风骤起”才出现“大浪滔天”。

例如：2008 年 1 月 2 日下午 5 时许，郑州市金水区行政执法局执法人员在撵水果商贩的过程中，因过路的打工人员盖红旗挡了道，双方发生争吵。七八名执法队员追打盖红旗 60 多米，后乘执法车离开现场。其中一名女队员被市民围住，赶到现场解救的派出所民警及女队员被众多市民围堵近 5 个小时，市民纷纷谴责执法人员的粗暴行为，大街上声浪迭起。事件发生后，郑州市政府联合调查组调查查明，该事件是因行政执法队员言语不善、执法粗暴，引起市民的愤慨，在郑州市顷刻爆发了舆论。

风吹浪起模式多发生在某个单位、县、区、市这类社会范围，激发的因素多种多样，就一般而言，大体有如下几类：一是具有引爆功能的事件，涉及人们的利益或人们的情感，激起人们的感慨和不平；二是某个舆论领袖的煽动（宣传），有影响的人物在群众场合发表激烈的演说，或散发打动人心的传单，撩起人们的强烈情绪；三是，管理部门突然宣布一项决定、政策或具体措施，激发强烈的舆论。某企业经营管理表面看不错，工人们一直正常上班，对工厂亏损毫无所知，某天副厂长突然召集全体职工宣布，由于厂长同外商勾结，卷走巨款，企业不得不倒闭。全厂立刻哗然，众议如潮，痛骂、呼叫、哭泣响成一片，企业内出现抨击性的舆论。风吹浪起模式的舆论一旦出现，大部分要促成社会风潮，造成社会动荡，甚至形成尖锐的意见对立。

三、飘雪模式

这是舆论形成的一般模式，即舆论的形成有个渐进过程，人们的意识日甚一日地发生变化，最后在一定范围演化为普遍意见。就像下雪一样，意见在公众中悄悄地“飘落在地上，不久大地一片银装”。这种模式的前提是，社会矛盾虽得不到解决，但并没有发展到不可调和的地步，矛盾渐渐演化为人们的意见，无数个人意见的交流形成表意群体，加上舆论领袖的引导，最后舆论便形成了。大多数舆论的形成不会突然高涨，因为社会矛盾没有达到激化的程度。在若干利益集团没有尖锐冲突的社会，政府的亲民政策哺育了和谐的社会环境，普遍存在的公共问题不致引起公众的强烈不满，他们表达意见也呈现出和谐状态。

舆论的飘雪模式出现的过程是：社会矛盾渐渐转化为意见，少数人的意见又渐渐转化为社会议论，最后形成了舆论。例如人民赞成政府提出的建设小康社会的舆论，人民拥护政府制定的汶川抗震救灾、重建家园的舆论，人民支持国家改善大气环境、限制使用大排量汽车的舆论等等，都属于飘雪模式。这种舆论不会出现急风暴雨式的冲击，正确意见在社会中平稳传播，被大众逐渐接受。这种舆论涉及的公共问题不能解决，到了一定火候由于某个事件的刺激，也可能转化为"爆米花"模式。

四、瀑布倾泻模式

美国学者乔·萨托利提出了舆论的瀑布模式，用以比喻在集权制度下，舆论由最高权力阶层的不断灌输而形成。他认为，在极权主义的制度中，权力阶层建立起了明确的等级式瀑布，从最高权力集团到基层权力阶层形成一个个水潭，意见总是从最高领袖集团制造出来向广大公众倾泻，其中每一个水潭只起强化作用和扩大作用[①]。

在这种模式中，只有一种声音，只有一家之言，不受干扰地向下流，从不中断，这时的水潭是由哑然无声的消音板制造的。在极权主义政体下，舆论以两种方式完成：笼罩所有等级的恐怖，和持续不断的群众动员。无所不在的恐怖会顺利发挥作用，每一个人都沿着一条路线把意见传给下一个人（即使那条路径上的每一个人都反对它）。同时，意见领袖的群众动员服务于两个目的，即毁灭沸腾的群众情绪和民间自发的舆论领袖。这一系统的另一个特征是，它大大越出了舆论制造过程的范围，伴随着它的成员从生到死，存在于一切社会化场合。尤其重要的是，教育过程变成了一个灌输过程，在这个过程中只存在一种学说，其他学说一概受到禁止。在一切尚未严格技术化的领域，教育便为宣传所取代，被官方的绝对信仰所取代。从生到死，舆论轰炸从不间断，从未受到抵抗，因为大炮全归一方所有，命令来自同一个将军。这种灌输模式形成的舆论，只能在专制制度拥护者中间发生，绝大多数民众只是违心的叙说它，这种假舆论在许多国家和具体部门存在。**假舆论**是民众对不赞成的意见不作出反对的表示，是违心附和的意见，作为舆论高压的产物，恰恰是民众丧失话语权的曲折的表现。

在瀑布倾泻模式中，对外部世界一切消息的检查，构成舆论形成的基本条件，因为外部的参照物和客观根据，不但会瓦解极权的"唯一真理"，而且有损彻底的谎言和彻底的寂静。在封闭的系统中，新闻封锁或无拘无束地撒谎是完全可能的，每天都在实践着这种事情。这样，公众中高度统一的舆论传播，形成表面上的同意并

---

① [美]乔·萨托利：《民主新论》，东方出版社1998年版，第104～114页。

不奇怪。问题是,这种同意是否以及在什么意义上能够被归因于舆论,答案不难找到:虚假就是它的本质,谎言成为舆论,没有根据却能违心地认同。

五、沉默的螺旋模式

沉默螺旋模式的最早提出者是美国的布赖沃·史密斯(Brewer Smith)。他在1970年提出一个本质性的问题:通过调查研究得到的个人意见之和转变为令人敬畏的政治力量,继而对政治和社会都有重大的影响。在这种力量面前,人们是大声表达观点,还是继续保持沉默,取决于把巨大的力量赐予共同意识、共同价值和共同目标。如果偏离了这些价值和目标就要受到威胁,人们的愉悦感就会丧失,孤独感就会来临。为了确保社会所需要的充分的凝聚力,对于大多数人来说,孤独和沮丧与情绪低落有一定的联系。基于这个观念,史密斯提出公众舆论形成的一个模式是:那些表达后不会被孤立的意见,或者人们为了避免被孤立而表达意见,是舆论形成的基因。[①] 一个支持者众多的阵营大声地宣讲自己的政治信念,其他小阵营的支持者为了免于被社会孤立隔绝,倾向于保持沉默,这就是沉默螺旋的模式。

此后不久(1973年),德国的舆论学家伊利莎白·诺利·纽曼(Elisabeth Noelle Neumann)发表了《重归大众传媒的强力观》一文,宣称大众传播媒介在影响公众意见方面能产生强大的效果,进一步提出沉默的螺旋(spiral of silence)理论。她认为,大众传媒在影响公众舆论方面有很强的效果,在具有争议性的议题上,人们试图判断,自己的意见是否属于大多数,如果他们发觉公众意见背离自己的态度,他们就会倾向于对该议题保持沉默。人们通过大众传媒发现舆论的分布,因为媒介通常以三种方式影响沉默的螺旋,这就是:1. 突出主导意见,给人们留下深刻的印象;2. 证明主导意见正在增强,使人们的印象深刻;3. 还会在公众脑海中形成哪种意见公开发表不会遭到孤立的印象。这样,舆论的形成主要取决于意见气候,如果意见气候与个人的意见相左,人们则会由于害怕孤立而保持沉默,对立意见则越发强大,形成舆论。

纽曼还认为,媒介的议程在使民众说话的意愿上发挥重要的作用,但对于调整民众行动上的"沉默螺旋"依然不够。赞成或否定的社会心理,是在公众害怕被孤立的恐惧之前起作用的[②]。在这个观念中,舆论的力量是如此之大,以至于无论是个人还是政府都不能忽视它。这种力量源自社会将直接对那些离经叛道的个人和

---

① Csikszentmihalyi, M. (1992, January 22). Public opinion and the psychology of solitude. Paper presented at the Johannes Gutenberg University of Mainz.

② Noelle - Neumann, E. (1984). The spiral of silence: Public opinion - our social skin. Chicago: University of Chicago Press. p. 108.

政府施加孤立的威胁，而人类的天性则导致这些人和政府对被孤立充满恐惧，他们不得不随和多数人公开的意见而形成更大的一致意见。

拉索沙(Lasorsa)在1991年进行了一次调查①，证实对政治的直言不讳不仅受到个人对意见气候感知的影响，同时也受到其他变量的影响。这些变量包括年龄、受教育程度、收入、对政治的兴趣、个人实力的大小、个人与议题的相关性、个人对新闻媒介的使用，以及个人对其地位是否抱有信心。拉索沙认为，当人们面对舆论时，并不像诺利·纽曼理论中所主张的那样无助，依据某些条件人们可以挑战沉默的螺旋模式。

基于民主观念的公众舆论是合理有序的现象，公众着眼于对舆论内容的考量，尤其是对政治内容的考量。而基于社会控制观念的公众舆论则把公众解释为"公众眼"(public eye)——"全体人民的眼睛都看着"、"所有人都看得见"，人民能够凭自己的观察监督官员，决策从政府走向大众。人民有所见就会有所言，许多人自然由沉默转化为公开表达，纽曼的沉默螺旋模式在许多情况下是失效的。

本章内容的重点：

1. 公共领域对舆论形成的作用。
2. 舆论形成的原因。
3. 舆论形成的四个阶段。
4. 舆论形成的模式。

---

① Lasorsa, D. L. (1991). Political outspokenness: Factors working against the spiral of silence, Journalism Quarterly, 68, p. 13.

第四章 舆论传播形态

舆论传播属于群体行为，表现为对共同意见的相互言说，构成一定的**舆论形态**。舆论的形成和涌起，都以传播状态呈现出来，在不同国家、不同文化环境里，具有不同的意见表达方式，但大都带有相近的特点。中国社会舆论的传播受中华古朴文化的浸润，是世界舆论传播活动中最丰富、最精彩的部分。总的看，舆论传播大体有六种形态：1. 议论与公共讨论；2. 民谣与民谚，3. 社会传闻；4. 会议的意见集中；5. 肢体的集体表意；6. 理论争鸣。

第一节 从议论到当代论坛

议论是表达舆论的普遍行为，也是最常见的口头舆论方式。对许多社会问题，老百姓在杂院村头、大街小巷、路旁道边和公共场所议论纷纷，甚至出现“满城风雨”。在网络时代，公众透过网络畅所欲言，引起的议论有时不只是满城风雨，而是全国一片哗然。三人以上就共同话题沟通意见称作议论，是人类最有活力、最快捷的意识交往，成为每个人不学自通的舆论本能。议论不受场合和人员数量的限制，分布在社会各个层面。

一、街谈巷议与调侃

茶余饭后，大家都爱闲谈，不管白天黑夜，几个人围坐在一起谈论国家大事，谈谈稗官野史或熟人的风流韵事，从中得到快感。街谈巷议是民间松散的议论，由几个人交互发表见解没有约束，完全是“自由谈”的形式。在不同地方，街谈巷议有各种各样的称谓。北京人过去叫“白话”，后来叫“侃”，东北人叫“唠嗑”，比较流行的说法叫聊天，这些都是大众评价现实的一种舆论行为。

中华民族自古侃风盛行，汉末叫清议，魏晋称清谈，明清两朝又称清议。旧时文人墨客对皇亲国戚不满，聚集乡里，横议抗愤，互相题拂。中国人历来爱谈国是，旧时在酒馆里常挂出“莫谈国事”的警示牌，提醒人们不要自找苦吃。今天的侃和过去一样，主要议论国是、讥讽时弊、传播社会轶闻，间或夹杂着家事和私事。街谈巷议是时代骚动的回声，充满人们不安于现状、对丑陋杂症的斥责。

议论和侃在程度上有些不同，侃多指夸夸其谈，随意长篇大套地议论。但无论如何，各个角落出现侃风，说明舆论已登堂入室，遍布社会。议论是人们发表意见，交流意见的舆论整合，谈资随意，见解零碎，但话题集中、兴趣浓厚。议论绝不是几个人简单地重复同样的意见，即使对一个意见完全一致，也会从不同角度、用不同事实说明意见的是非，做出适当的评价。这使意见更完整、更明朗，因而也越增强意见一致的深度。

街谈巷议的风靡有时难以控制，遵循议论的规则是舆论健康发展的关键。为了达到议论的整合，需要见解相近的标准，使议论逐步过渡到意见一致。没有对议论内容相当的了解和相近的标准，议论就不会发生，舆论也很难形成。但这种标准不是由任何人划定的，而是在议论中自然形成的。见解具有公认性，不仅是人们长期街谈巷议的结果，也是公众追求真理达成的共识。议论的结果导致意见的接近和相融，最终被大多数人赞成，议论的标准就自然出现了。这个标准就是：1. 对事物不能舍本逐末地争论下去，消除无谓的分歧而达成观点一致。2. 议论的一方不能把自己的意见强加给另一方，让人们自己判断见解的优劣好坏，由自己决定选择最好的意见。3. 每个发言的人要经过思考，提出更高明和更准确的见解。4. 不要片面地听取不同意见，要清醒地辨别意见的是非，支持和采纳最好、最正确的意见。

街谈巷议的最初意见不可能完全一致，大多数人在议论中只是反映一些情况，发表浅显的看法。在文明社会里，鼓励畅所欲言，别人的主张与自己意见不合，采取宽容态度，该采纳的就采纳，不愿采纳的也决不压制他人的意见，使议论正常进行下去，达到相互交流、共同吸纳优秀见解的目的。

街谈巷议之所以在现代社会兴旺起来，因为人类正走向一个崭新的时代，许多新问题引起人们的好奇。借助街谈巷议交换意见，寻求新的思想支点，是公众适应新生活的需要。在街头巷尾、办公室、车站机场的候车候机大厅以至广播电视节目里，到处都以议论探索生活真谛，公众有讲不完和听不完的话题。人的信念不明晰，对真理处于莫名所以的状态，就以议论选择信念取向。这时，则出现传统和现代的、理性和非理性的、严肃和轻松的调侃，多种人生信念交织在一起。当道德导向和实际政策出现不一致甚至明显分离时，双重道德观念和双重价值标准同时存在，议论尤其热烈，人们希望通过议论找到思想的方向。

二、社会公共讨论的意义

公共讨论一词是舶来语，源于哈贝马斯的“公共领域”。从字面上看，**公共讨论**是公众在公共领域内对公共问题的交流，是一种特定场合有组织的集中议论，一般指小型讨论会、广场上的集会发言以及政府征求群众意见的小型座谈会。它具有正规性和组织性，交流意见的系统性和深刻性高于自发的街谈巷议，但从根本上，它是一种议论，是公众享有表达权的体现。参与者有独立的意志，表达具有自决性和主动性，能够提出许多明确的观点相互切磋。

公共讨论需要讨论的空间，在约定的公共场合进行。要实现社会公共讨论，必须有一个公众能够公开交流的平台，从古代的茶馆、沙龙，到现代社会的会议厅、广场以至书籍、报刊甚至网络，交流平台不断扩大，公共讨论的范围和可能性也在不断增加。参与讨论的人有言论自由，把自己的意见和建议真实地表达出来，提供给大家思考。

公众在一个公开场所谈论的话题，同分散的街谈巷议不同，具有一定的思想体系。首先，政府和社会组织总想把社会舆论纳入自己的口径，用自己的意识形态指导讨论，控制讨论的进程，大多数公共讨论也有一条明确的思想主线。报刊、广播、电视以至网络举行的公共讨论明显被某种意识形态所控制，又经常用一种巧妙的方式掩盖自己的观点，讨论平台的其他提供者也总是力图用某种方式影响讨论的内容。讨论有主持者，发言有一定程序，有时可能事先安排重点发言人引导议题，通过参与者的充分交流取得合意。公共讨论是独立于政府之外的“意见沟通”，没有高高在上的主宰者提出压制性的意见让大家接受，参与者的言论表述不受阻挠。发言内容受到限制的讨论不管是明显的还是隐蔽的，都不是公共讨论，而是思想训政。

公共讨论的主持者推动意见的深化，有时需要综合参与者的观点，提出多数人认可的意见，及时反映给政府或相关人士，推动某个公共问题的解决。分散的街谈巷议缺乏议题的有效引导，没有人担当引导议论的任务，一次议论很难达成合意。公共讨论是围绕公共事务和公共问题展开的，讨论者为争取自身的利益而寻求正确意见，力求在讨论中确认真理。公共讨论的目的在于形成包含绝大多数人见解的合意，用以影响政府决策，从而改善公共事业。

从这个角度说，讨论的结果可能有三种：一方的意见被多方接受；两者或多方相互妥协，形成合意；讨论争执不休，由于意见分歧而无法继续。如前所述，社会公共讨论是一个有机的系统，讨论的参与者是生活在现实中的人，受到制度与思想文化的熏染，以及道德风俗的制约，大都按照一定规则进行。虽然各种观点可以自由交锋，但是那些惊世骇俗、违反常理的“另类”观点，会受到大多数人的抵制，最终被符合规则的声音淹没。讨论中也会出现打破传统观念的新见解，如果适应时代的新趋势，能把讨论推向高潮，发现一个未被人们认识的领域，这类见解也会被社会所接受。

三、当代论坛的舆论价值

在世纪之交，随着全球化的发展和全球危机的不断出现，各国、各行业和各学科接连举行各种论坛，产生一种更高形态的公共讨论。堪称论坛的讨论，多由全国性的组织举办，吸引精英人物就当前的紧迫问题交流意见。世界性的论坛如“国际人口与发展论坛”、“跨国能源安全合作论坛”，“欧亚经济论坛”、“亚洲文化合作论坛”，国内的如“和平统一论坛”、“传媒发展高层论坛”等等，不胜枚举。互联网普及后，网络论坛更是花样繁多，每个网民都可能介入。论坛上充满高谈阔论，洋洋洒洒，各抒己见，成为专业和高管人士的高级公共讨论。无论何种论坛，都邀请著名的意见领袖阐述高论，汇集专业人士的各种睿见。论坛是精英们的高雅议论，精妙的语言，深邃的思想和严密的逻辑，产生高深的科学价值。

作为专业人士的公共讨论，使论坛有显著的特点和优势。从形式上看，论坛主办方准备充分，进程安排紧凑，有政府的高级或相关官员参与或主持。从内容上看，讨论的议题都是参与者面临的人类共性问题，希图解决发展中的某些思想、政治或政策障碍。种类繁多的论坛形式可能不同，但都有集中、明确的议题，专业人士或官员围绕议题发表意见，协调观点，探索世界的历史、现实或未来。无论世界论坛、区域性论坛，还是国内各界的论坛，无一不表明精英们力争用科学见解透视多元的世界，为人类社会的创新发展独辟蹊径。从论坛的结果看，论坛组织者或主持人在安排和确定议题时，按照论坛力所能及的原则，提出需要尽快解决的问题，最后发表宣言或备忘录，向世界宣告论坛的决定，影响国内或国际舆论的进程。随各国合作的不断扩大，论坛中的议题集中在寻求共同语言、共同任务和合作项目，实现共同利益或全球利益。

高级论坛有时云集顶级专家，对社会与自然现象的讨论往往触及制度建设，随之可能激起一场世界性运动，成为社会革命的一种新的形式。论坛集中各方面的睿见，吸纳杰出的智慧，使与会人员达成共识，从而采取一致的行动。论坛的舆论功能将延伸为社会政策，为人类提供新的发展模式。在论坛上会发现很多好的主张，推动科学思想的出现，在社会发展中产生积极的创新成果。

论坛不排斥异己的见解，因为只有听到不同意见，才能卓有成效地发现人类面临的障碍。论坛上不同意见的交流，常常闪烁智慧的火花，使与会者的认识跳出一孔之见，达到新的升华。通过大众传媒的报道，论坛的声势显示与会者的价值取向和感情取向，突显重要的舆论追求。很多论坛本身不决定任何事项，也不一定为达成一致意见而发表宣言，但精英的交互议论在更大范围造成影响力，揭示人类文明的发展前景。

第二节　社会传闻与小道消息

社会传闻大多针对社会状况或刚刚发生的事件，传播带有一定情节的故事，反映人们对事件的看法。作为未经证实、具有部分真实内容的信息，传闻又称小道消息，在一定意义上是公众愿望和要求的反射。由于大量公众参与传播，隐晦地表达某种态度，把它归结为舆论形态而不是简单的信息传播是符合逻辑的。某一事件发生后，人们互相转告，从交谈中获取事实信息，进而表达态度，构成舆论的传闻形态。由于它以传播事实为主，很少发出议论，又可视为舆论的隐性形态。传闻和小道消息大都是未经证实的半真半假的消息，同人们的公共利益相关，因而引起人们的普遍关注。事后传闻的部分甚至全部情节能够得到证实，是同谣言根本不同的地方。

一、传闻的成因

第一，社会传闻首先产生于群众知情权的缺乏，社会的透明度决定传闻的传播量。邓小平说过："一个革命政党，就怕听不到人民的声音，最可怕的是鸦雀无声。现在党内有很多小道消息，真真假假，这是对长期缺乏政治民主的一种惩罚。有了又有集中又有民主，又有纪律又有自由，又有统一意志，又有个人心情舒畅，生动活泼的政治局面，小道消息就减少了。"①民主匮乏，社情政情不透明，传闻就会盛行。

大众对重大事件缺少知情权，是传闻产生的主要原因，公共问题透明的程度与小道消息的兴衰成反比。很多小道消息涉及社会的重大问题，传播者大多是普通公众，从正式渠道无法获得应当知道的社会情况，他们往往散播随意听来的讯息。比如，2003 年"非典"初期，由于人们对这种病情无知，政府的权威部门又不发布正式消息，起初他们传播了很多关于"非典"的传闻，最后证实他们传播的部分情况是真实的。再比如，每一次政策法规出台之前，老百姓都有种种议论，猜测即将出台的政策法规内容，以及能为民众带来何种利益。这些小道消息的出现，是政府对重

---

① 《邓小平文选》第 2 卷，人民出版社 1993 年版，第 145 页。

大政策没有及时发布的结果。

从传闻流动看,传播者显然是为了从对方那里获取某些最关心的内容,比如情况的内幕、结果以及可能导致的对个人的利害。求知欲、知情欲与想象欲是传闻产生的重要原因,这既是人类的本性,又是人类维护法定权利的心理因素。在缺少情节的情况下,传播者以自己的判断虚构某些价值很高的内容进一步扩散,使传言的信息量随之增大。大多数传闻的失真部分不是来自信息源,而是来自传播者的猜测,有的推想一旦符合实际,民众对传闻就更为着迷。

任何不透明的信息都会引起人们的好奇,重要情况一旦发生,一知半解的公众处在一种模糊情境,试图对这一情境作出解释,传闻就会制造出来。传闻的内容一般都有很强的感染力,从众心理推动传闻迅速向外扩散。传闻中的意见最初不易被人们察觉,因而传递信息的早期阶段不会引起太多的议论,因为人们最感兴趣的是故事。但随着加入者的增多,沉默的螺旋法则失效,大家自觉不自觉地参与小道消息的议论,就形成一定规模的舆论。传闻市场和社会心理几乎是一致的,人们心理相似的范围越广,传闻的市场也越大。公众把兴趣和利害作为交流的动机,社会心理融为一体的机遇增大,传闻便在群体间走俏了。

受众到达一定规模时,对传闻了解与否、讨论与否就成为一个人是否时尚或合群的标志,这时,传闻就在特定范围内成为热点。多数公众想做潮流的引领者,愿意和大家有共同的谈资,加入传闻的积极性和自觉性便会高涨。有的人对明星的隐私感兴趣,于是到处打听名人的私生活,把打探来的消息写成文字发表在报纸杂志上,吸引读者的眼球,于是名人的绯闻满天飞。这个例子说明,有的传闻是追星潮流的产物,在特定人群中成为热点,标志传闻在一定程度上受社会心理的支配。

公共事件的诱发是多数传闻产生的直接原因。传闻多由社会危机、不幸事件或突发的重大事件引起,凡公共事件都包含特定的公共因素,关系到社会的整体利益。公众出于对传闻的关切而相互打听、互相传送,尽管有很多隐蔽的因素,但都是由一个直接的事件诱发的。在通常情况下,最初的舆论萌动大都相互转告刚刚发生的事件,反映人们对某一事实的关注。传闻更是如此,这种舆论充满对事实内幕的追问,搞清事实真相对传播者充满吸引力。

社会传闻涉及的事件多带显赫性,直接唤起人们的情感波动,使人产生把事件告诉他人的强烈愿望,一传十,十传百,最终出现一种舆情。人们相互传播激动心弦的消息,不仅仅是为了接受信息,了解最近发生的事件,而且由于所有事实在传播者看来都特别重大,相互传告不久会转变为人们的意见。公共事件和传播者的利益有密切关系,传播者出于维护自身利益,交流传闻变得更加主动。人们如果得不到详细材料,消息来源又不明确,掌握传闻的人便成为其他人注意的对象,在一定时间获得高于群体中其他成员的权威。

二、传闻的"真伪性"

传闻是未经证实的消息，它的迅速扩散反映了群众的期望、惊异、振奋或愤慨等情绪，属于情绪型舆论。由情绪引发的想象或意见被直接传递出去，在极短时间内完成传播，不需要核实和印证。如果传闻中的信息有了证据，或被发布信息的权威机构所证实，就结束了传闻的使命。因此传闻并非全是谣言，大多数是确有某些根据，有一定的可信度。小道消息往往是不完整的信息，有的带有牵强附会的结论，有的混入杂乱无章的细节，也有被夸大变形的因果关系。传闻的信息具有多变性和动态性，不但随传播者个体的变化而变化，而且随环境的变化而变化。由于小道消息不遵循机构程序，传播的又是人们所关心的和与之有关的事情，传递的速度很快，可以在任何时间、任何地点由任何人发起，包含的信息量也毫无限定。

小道消息中少有"旧闻"，通常与受关注的新事件或热点人物相关，否则小道消息行之不远。传闻通过多环节扩散，成为新闻的代用品，但不是新闻本身。新闻始终视真实为第一生命；而小道消息极可能包含部分的"不真实"，具有"拟真实性"，或称之为"准真实"。传闻具有一定新鲜性，除了真实性"先天不足"外，几乎具有新闻的其他属性，如重要性、接近性、趣味性等等。传闻的部分内容符合事实，也可能背离事实，关键不在于它的真伪，而在于它的模糊性。① 也就是说传闻一时不能被证实，其真伪一旦被证实，就变成新闻了。

传闻的最初阶段一般具有隐性结构，包括两个方面：一是人们得到一种信息，纷纷相互传告，共同传播事件的高度兴趣呈现出舆论状态；二是传递行为包含的意见最初不易被人们察觉，因而传递的最早阶段不会使人们表达见解。当传闻经过人际传播显示出舆论价值时，参与者才产生对事实的看法。因此，传闻通常负载舆论的隐晦效应，由事实暗示态度的倾向。如果说事实中有失真的内容，但态度表达则完全是真实的，所以，各种传闻主要不具有新闻意义，而是舆论意义。传闻暗示人们的意见，隐晦地表达褒贬意图，在多数情况下表现出人们对事物的讥讽或鄙夷。

社会传闻在传播中存在巨大的个人差异，信息的细节会在不同人那里发生预料不到的变化。人们对信息的选择有不同的重点，即使在同一情境下，不同的人对事实的侧重也有很大区别。人在决定自己行为时未必慎重，通常根据有限的信息而猜测，使传闻不断增加传播者的个人意向。弗洛伊德曾说，每个人都是自我的，每个人都喜欢用自己的方式来思考。因此，在传闻中，每个个体收到信息后，都会对其进行分析筛选，加上自己的意见再传递出去。一个突出的案例就是《韩非子》

---

① 参见胡瑛：《"小道消息"的大众化——论民间传闻的网际传播与舆论对策》，《新闻与传播研究》2002年第1期。

记录的寓言:张三过桥时鞋子掉河里了,于是下河去捞;有人就说张三掉河里了;再有人说张三跳河里救人了;又有人说张三是去河里救隔壁的杨寡妇;再有人说杨寡妇被救出了,张三死了;再有人说张三调戏杨寡妇,被推进河里淹死了……这个故事的典型意义在于,事件的起因、人物、结果都在传闻中发生了变化,明显渗透着张三是个坏蛋的传播意图。

显然,传者依据自己的理解和喜好去筛选信息,进行自我加工,信息在传播中有很大的裂变,由最初的梨子传到最后变成苹果并不奇怪。人们在相信某一传闻时,会对自己的印象进行修正,进而向身边的现实世界靠拢,把传闻内容和现实联系起来。对传闻中的狂热,只要理性尚存,大众便会顽强地抵抗,了解事情发生的真相就成为强烈的欲望。一些无法落实的传闻虽会一时为人接受,但传播时间过久而又没有得到证实,对相当多的人便失去作用。

三、传闻的两面性

传闻对人们不一定有坏的影响,小道消息有利也有弊。一方面它干扰正式沟通,甚至引起内部相互猜疑、争吵和矛盾;另一方面也在一定程度上满足人们的情感需要,弥补正式渠道信息的不足。要根除小道消息既不可能也是没有必要的,关键是大道消息要透明,小道消息也就减少了。一旦公共信息开放,就预示着传闻的减少,甚至彻底销声匿迹。

在非常时期,传闻的发生是民众对危机的一种保护性反应;在特定环境下,传闻起到宣泄情绪的作用。传闻的兴起同时也促进相关部门的信息公开,使重要的公共信息不再被掩藏,从而出现正确的舆论。2003 年有关"非典"的传闻一经证实,反而稳定了大众的心态,在某种意义上,这是传闻的功劳,是传闻促使权威部门正式发布真实的信息。

人们在自觉不自觉的传闻议论中获得快感,因而传闻是一种按摩大众心理的工具,正如麦克卢汉说的那样,大众在传递传闻过程中得到了精神上的慰藉,获得了愉悦的情感。传闻反映了广大公众的愿望和要求,是公众舆论监督、参与社会管理的"野外形式",反映了部分群众的社会责任感。舆论监督的"野外形式"说明,公众主动揭露他们认为存在的丑陋现象,先于正式渠道抨击错误倾向,充满自觉、自决和自我想象,是对现实批判态度的自然流露。他们在"野外"放话,冲破一定环境的压抑或限制,感到无比痛快。

传闻有时对执政者有警示作用。有的小道消息道出了老百姓对政府的看法,或某地发生的重要事情,提示执政者注意社会动向。小道消息的真实成分暴露了社会中被隐瞒的重大真相,蒙在鼓里的高级官员借此能够发现阴暗势力的活动,防止恶性事件的发生。政府或某些组织对一些决策没有把握,可释放传闻渗透消息,观察群众对决策的反应。这种"试探气球"是衡量决策是否符合民心的必要手段,根据公众对传闻内容的评估,决定政策是否出台或做些修改。一个尊重民意的政府,对某些复杂问题采取这种手段而不采取公共讨论的方式征求民意,是考虑到问题的性质或暂时的隐匿性,才不得不采取这种措施。

政府为了维护社会安全,对一些信息进行封锁和限制,导致传闻的流行,在一定程度上会对政府产生冲击。随着参与传闻的人数增多,事件真相被歪曲的可能性增大,错误信息造成的不良影响也难以消除。传闻的隐蔽性和不具名性,虽然有利于言论自由,但却滋生了部分民众不负责任的恶习,危害了社会的诚信。有些传闻扰乱民心,酿成社会不安;有的小道消息包含一些有害的细节,经人们以讹传讹,造成难以收拾的局面,以致干扰公共问题的正常解决。某些居心不良者,借助信息不透明故意捏造煽动性情节,片面夸大事实,破坏人心稳定和社会稳定。传闻的这些负面效果常常造成社会混乱,以至杀戮一些善良、脆弱的生命,大众媒体及时引导传闻是十分必要的。

追溯一下传闻一词的使用,几乎无一不是用于贬义。公元前700年,赫希奥德斯写道:"散播传闻是有害的,可悲的。"[①]犹太教法典告诫犹太男人不要与女人说长道短,甚至不能与自己的妻子说长道短,因为这种闲聊容易带来某种误会。社会交流是传闻扩散的基本途径,它的空间延伸往往突破若干群体的范围,使误解扩大。人们进行口头交谈,并为某种目的而获得感兴趣的消息,引起兴奋或微妙的不安。人们追逐传闻好像抢购喜欢的商品一样,表现出强烈的兴趣。在传闻的交流方面,散播者和接受者的行为是有差别的,有的需要传闻,有的厌恶传闻,有的传播时大惊小怪,有的则心安理得。心理脆弱的群体面对传闻的"侵入",很快出现人心浮动的场面,传闻的事件越重大,这种负面波动也越大。

第三节 民谣的舆论讽喻

《黄河边的中国》作者曹锦清在河南省考察时,曾深有感触地说,酒席上流传的一些民谣,反映出强烈的社会情绪。民谣作为一种特殊的舆论,蕴含民众的心声,表达民心向背,是社会剧烈变动时期的舆论征兆。民谣是一种广为流传的舆论形态,当一种共识形成舆论后,便会借助民谚传递开来,以其简洁精炼、合辙押韵、幽默风趣、通俗易懂、朗朗上口和易传易记的特点被人们所传诵。

① [美]R. L. 罗斯诺、G. A. 费思:《流言》,国际文化出版公司1990年版,第72页。

一、民谣的历史溯源

传说尧舜时代，民众和首领都重视民谣，喜欢倾听民谚。尧治天下五十年，不知治理得如何，不知人民的反应如何，因而游于康衢听到童子唱："立我烝民，莫匪尔极。不识不知，顺帝之则。"于是他满意地将帝位禅让给了舜。在周代，统治者也比较重视从民间歌谣看人心向背，出现了最初的采风制度。秦汉时期设立了专门的乐府机关搜集民间歌谣，并把得到的民间歌谣编成册子，供人们阅读，与《诗经》里的"雅"和"颂"相似。《古谣谚》、《古今谚》、《古今风谣》、《风雅逸篇》、《山歌题记》等，都保存了古代民谣的许多遗产。《古谣谚序》里解说："歌、谣、谚皆天籁自鸣，直书己志，自然成文，言有尽而意无穷。"但是，歌与谣是有区别的。《诗经·魏风》里说："心之忧矣，我歌且谣。"《毛诗故训传》认为："合乐曰歌，徒歌曰谣。"《说文解字》里称"徒歌"又叫"独歌"，即不合唱，独自吟诵。

社会矛盾尖锐，人民群众编出民谚抨击现实，是表达心声的一种手段。在历史上，民谣频出都是人民反抗统治者的一种武器。在《续汉书·五行志一》中记载着汉献帝初年京都的一首童谣，是这样的："千里草，何青青，十日卜，不得生。"这是东汉末年百姓诅咒董卓的民谣。董卓是陇西恶霸，靠镇压农民起义发迹，率兵入洛阳废少帝，另立献帝并专断朝政。人们用这首藏字的民谣来咒骂他，表达对董卓弄权的憎恶。

中国古代劳动人民和士大夫阶层对社会问题不满，便运用民谣表达意见，历史书籍中有许多记载。比如，吏治之坏，清代后期已登峰造极，讽刺官吏百态的民谣很多。笔记小说《笑笑录》中有这样一则口诀："红，圆融。路路通。认识古董。不怕大亏空。围棋马吊中。梨园子弟殷勤奉。衣服齐整，言语从容，主恩宪眷满口称颂。座上客常满，樽中酒不空。"这是描绘做一任县令，只要为人圆融，路子野，吃喝嫖赌样样精通，再加上一副过得去的仪表与谈吐，便可得到赏识。

李自成起义军征战经过的地方，也是民谣传播的路线，起义军还没有到一个地方，那里的市民、农民就开始说唱："吃他娘，穿他娘，开了大门迎闯王，闯王来时不纳粮。朝求升，暮求合，近来贫汉难求活，早早开门拜闯王，管教大家都欢畅。"

明末，北方各省农民到处传唱这些民谣，用坚不可摧的民意支持了声势浩大的起义。人民通过民谣宣告明王朝的灭亡，李自成的军队没有民心的支撑，很难以迅雷之势攻入紫禁城。在历代王朝，谣谚体现出人民内心的呼唤，是人民的战斗号角，成为鼓舞士气的"言弹"。

由此我们可以这样界定**民谣**：民间的顺口溜，是人民感于哀乐，缘事而发的一种舆论形态，包含丰富深沉的要求和对现实的评说。民谣一方面表现出民众表达意见的艺术才能，另一方面又是人民流传的口诀，成为民心民意的外化。作为人民斗争的手段，民谣往往是表达真理的非严肃形式，多有夸大其词、挂一漏万的弊病，但它却真实地反映了现实，表达了人民的心声。

二、民谣的草根话语

民谣首先是一种民间口头文学，少雕琢，去粉饰，存真情，直抒胸臆。更重要的是，作为与统治者的意识形态对立的文学形式，表达的是下层民众的喜怒哀乐。民谣不仅仅是文学，在很大程度上是一种政治宣言和政治主张。其不可捉摸的流走的特点，像长了翅膀一样，表达人们对社会问题的深刻体会。例如有一首戏仿电影《红高粱》插曲，揭露行贿者灰色心态的民谣："花高价，买名酒，名酒送礼赶火候。喝了咱的酒，不想点头也点头；喝了咱的酒，不愿举手也举手；一四七、三六九，九九归一跟我走。"把某些地方的官场"有钱能使鬼推磨"的黑暗，惟妙惟肖地描绘出来，对这种污秽的行为给予无情的抨击。

当社会处于较为公正时，民谣的社会游走性也相对迟缓，因为没有更多不平的事实冲击人们的态度。一旦社会潜伏着阴暗和危机，社会秩序的失衡强烈刺激人们的评论欲望，表达人们政治愿望的民谣便迅速蔓延开来。所以民谣不仅是语言现象，更是一种社会政治现象。例如一首讽刺某些干部一天工作状况的"早上围着车轮转，中午围着盘子转，晚上围着裙子转"的民谚，以草根的话语把一些地方的官场腐败状况揭示出来。

官方话语作为一种体制的产物，包含极强的意识形态，并非都是人民的所思所想，在传媒的加工下有时掩盖某些真实情况。有些官场话语，由于各种原因跟实际有雾里看花的距离，在"语言格式"中多与舆论现实背离。在整个 90 年代，国企的破产、转制和广大职工下岗而没有基本生活保障，造成几千万民众的痛苦，民谣接连创作出来，而在官场，却洋溢着国企改革的"突破、飞跃和创新"的话题。作为"草根文化"，代表民间话语之一的民谚，不断抨击职工下岗和不发养老金的政策，是真正民心民意的体现。到 2006 年，城市全民社保制度基本落实，农村废除农业税，"以人为本"作为政府制定一切政策的首要原则，博得了民心的支持，民谚也大大减少了。

民谣在民间口耳相传，作为平等的人际关系交往，是一种低门槛的有效传播。在酒酣耳热之际，臧否人物，讥刺时事，从民间角度评论社会现象，实现了草根话语的舆论功能。这种开放式的民间话语在传播者之间形成对话，根据各地情境改编其内容，从形式到主题都会发生变异，一则民谣常常有很多版本。比如："要想发大财，钱从假货来，捞得几十万，顶多判两年"；"货假不要紧，只有钞票真，'宰'了他几个,还有后来人"。在另一些地方则变成:"你使假,我装傻,有了回扣就潇洒,坑国家、害天下,丧尽天良求暴发"。民谣的传播有很多变异性,但不是全部、就是部分内容符合实际,反映民心的正义呼声。这种草根语言仅仅暗示一种动向,抨击某种不良行为,给执政者敲响警钟,不能依据它核实某个事件的真实性。

三、民谣的偏颇与安全阀

民谣与官方宣传不同,以口头语言为传播样式,属于乡土社会中的民众表达,通俗是它的基本特征。所以民谣不乏以偏概全,以针砭时弊的名义戏谑社会,扭曲现实,但在本质上则仍然反映了社会的某种真实。像"下岗妹,别流泪,挺胸走进夜总会;陪大款,挣小费,不给国家添累赘";"有女何必吃皇粮,酒吧坐台更风光,为钱难顾耻与辱,如今笑贫不笑娼!"等等,虽是以较为调笑的口吻在述说,但反映出的社会问题极其严重,在许多地方都有善良的女性为生活所逼而卖淫,谁也无法否认这一事实。在20世纪90年代,全国几千万下岗职工领不到低保费,生活毫无出路,上访和结队请愿被指责为破坏社会稳定,受到公安的压制。而某些社会精英却在那里夸夸其谈我国的下岗同资本主义的失业有根本区别,不能不引起贫困群众的愤恨。用正道不能讲理,人们只能以讽刺、挖苦和戏谑来抨击他们。这种民间舆论在发泄了不平和焦虑之后,使民众似乎有一种满足感,成为游行请愿的替代品。这正是它的安全阀作用。

情绪是重要的心理现象,个体的情绪集合成社会情绪时,聚集的能量足以对社会秩序构成强大的冲击①。社会情绪也是一种社会事实,尤其是下层的社会情绪。民意长期得不到伸张,忧郁或愤怒就会越来越多,成为社会的火药罐。任何社会的良性发展都需要安全阀,通过民谣发泄的群众情绪,在蓄积、奔突中找到宣泄口,不满和抗争转而得到缓解。执政者忽视这种情绪,不对其进行正确的疏导,一旦控制不住,很可能酿成暴力事件。英国精神分析学家里奇曼认为,某些现代的政治体制包括了稳定的核心部分和可变动的外围部分,这个可变动的部分就起着安全机制的功能,用来承受人民不满情绪的冲击。只要这个变动部分还经得起冲击,稳定的部分就是安全的,社会系统就存在一种连续性②。民谣冲击的正是社会体制可变的部分。

以上列举的这些民谣无疑是民心的一种反映,饱含了人民群众对惩治腐败、净化社会的最大愿望。这种社会情绪也无法排除那些"端起碗来吃肉,放下筷子骂娘"的恶意批评,所以民谣不是绝对的真理表达,就像黑格尔在《法哲学原理》一书

---

① 吴克昌:《社会心理论——转型期中国社会心态研究》,湖南人民出版社1998年版,第347页。

② 转引自吴克昌:《社会心理论——转型期中国社会心态研究》,湖南人民出版社1998年版,第347页。

中写道的："在公众舆论中真理和无穷错误直接混杂在一起。"[①]只有建立和完善有效的人民权利的保障制度，将社会民谣引导到健康的舆论机制中，才能发挥正当的监督和预警作用，为社会发展创造一种舆论和谐。

第四节　会议的意见集中

凡有十人以上，就共同议题交换意见，达到统一意见的有组织的舆论活动，都可称为会议。会议是人类古老的舆论活动，从字面上看，多人聚集在一起议论符合舆论的本性。今天，许多人听一个人作报告也称作会议，实际上已脱离了会议的本来含义。汉代蔡邕所写的《独断》一文认为："凡章表皆启封，其言密事，得帛囊事，其有疑事，公卿百官会议。"[②]这是会议一词在汉语中最早出处，指公卿百官聚集议事。从若干发言者寻找最好的意见，最终确定共同意见，是会议的主要特征和任务。只有一个人发言的会议不具备舆论特征，不具有"会集而议"的性质，不能称作会议。但从现代社会以来，人们对会议的理解十分宽泛，领导布置工作，把人们召集来通知事项，都叫做会议。本节所论述的会议是指"会议"的本意，即多人集中在一起议事，借此发现和采纳最好的意见。

一、会议的基本要素

在会议活动中，凡是参加会议的人都是和会议内容有直接或间接关系的人，应是"会议主体"的组成部分。会议常有以下几类人员组成：1. 会议主持人；2. 会议出席人员；3. 会议特邀和列席人员及会议来宾；4. 会议工作人员。这些人都可称为会议的主体，是会议活动中有意识、有意志的人，对会议同样负有责任。作为会议的组织者，应把所有与会人员作为"会议主体"看待，积极启发和调动与会人员的智慧，认真倾听他们的意见，发挥集中优秀意见的作用。

会议的重要主体是会议的主持人和召集人。主持人是负责引导会议按程序召开的组织者，受会议召集人或有关方面的委托，对会议过程实施组织。与会议召集人不同的是：1. 会议主持人对会议直接、全面负责，召集人通常只对会议进行的过程负责，不对会议结果负责；2. 会议主持人的身份是法定的或代表大会代表选定的；会议召集人临时接受委托，或被指定而不是选举的；3. 会议主持人在会议进行过程中可以回答与会人员提出的有关问题，而会议召集人的责任只是负责向会议

---

① ［德］黑格尔：《法哲学原理》，商务印书馆 1979 年版，第 333 页。

② 《辞源》，商务印书馆 1980 年版，第 1471 页。

有关方面转达与会人员提出的问题。

在会议上,作为参加会议的正式出席人员,每个人的发言都应有一定保障,这种权利称作会议表达权或会议发言权。表达权属于与会人员的基本权利,表决权、选举权属于与会人员享有的特别权利。会议发言必须在会议的职权和计划范围内,针对与会议有关的问题,在会议安排的时间内得到会议主持人的允许后进行。在正常情况下,会议的表达权不应被剥夺。但这种权利也有适当的限制,主要是指发言的顺序和时间,限制的确立或由契约的方式共同商讨,或由会议主席团研究而定。

会议的规模因会议的性质和类型不同,参加的人数有很大差别。一个国家的议会或人民代表会议可由几百或几千人参加,一般研讨会也往往有百人左右,小型会议或分组会议易于使与会人员充分发表意见并得出一致结论,往往限于几十个人。集体心理学的研究表明,用于研究工作或讨论问题的会议,参加的人数不宜超过 12 人。十几个人的会议不仅与会者都有发言的机会,而且分歧意见少、意见遭到反对的范围小,不至于产生心理压力。对与会人员分组时,每组的人数也最好不要超过 12 个人,如果超过了 12 个人,就会助长与会者的惰性,出现滥竽充数或不积极思考问题的人。会议主持人也会因人数多、意见分散而不易概括或抓住重点,如果有几百或上千人参加的会议,一次发言的人数也不要超过 12 个人。

在会议上,推动舆论活动的人,称作会议舆论能手,他们大多数都善于发表意见,提出有价值的见解。有的利用幽默消除紧张情绪;有的愿意作出让步以求讨论取得进展,起到协调作用;有的称赞和支持别人,使会议消除不必要的纷争;有的提出新的或不同意见供讨论和探讨;有的能够及时澄清问题,提供有关事实,奠定议题的正确方向,等等,对会议统一意见作出贡献。

二、议题的确定与表决

会议议题是舆论的主要内容,参加舆论性会议的人围绕议题展开意见交流,在相互探讨中寻求共识。在会议议程中,只有那些符合会议规定的内容才可被列入会议的议题。会议组织者或会议主持人在安排和确定议题时应掌握的原则是:表述要清楚,避免含混或产生歧义,按照会议参加人员力所能及和共同关心的问题提交会议讨论。它们必须在会议的主题范围之内,是会议有权作出决定的事情,也是会议能够解决的问题。会议主持人必须十分清楚会议的任务,不研究超出会议主旨范围以外的议题。

将有关问题列入会议议题之前,应对议题提出五个标准,这五个标准得出肯定回答的议题,才可将其列入会议议程。这就是:1. 这一议题应不应该或值不值得由这一会议讨论;2. 对这一议题晚一些时间再讨论或不讨论,对工作或形势的发展有无不良后果;3. 对这一议题的讨论除了提交本次会议外,有没有其他替代方式可以解决;4. 对这一议题的讨论可能作出什么样的结论或决定,作出的决定与组织的管理目标有无联系。5. 与这一议题的相关材料是否充分可靠,搜集整理得是否全面,是否抓住了重点。

参加人员、发言方式及会议召开的时间、地点等,一般应有明确的告知,也可灵活多样。在划定的范围内允许与会者畅所欲言,发表不同意见。对会议议题的讨论应采取认真的态度,发表意见应充满协商和互鉴气氛。在融洽宽松的氛围中,与会人员以诚恳和精练的发言表明见解,增进相互之间的理解,通过会议发言了解情况、征求意见、交流思想、切磋问题。

会议议题是否落实,第一个标志是与会者是否充分理解了议题,并就议题的内容全面地交换意见。在会议进程中,与会人相互直接地交换意见,达到彼此沟通,实现与会者之间的观点共享。会议交流包括感情方面的交融,人们相互间感情的密切程度,除了取决于彼此态度的接近,还取决于空间的接近或交往的频率。会议活动在这些方面恰恰能满足人们的要求,既可达到对特定问题态度的一致,又可相聚一起,共同讨论同一个问题,体现出空间的接近和交往频率的协调性。

会议议题能否实施的第二个标志是,议题中提出的问题经过充分讨论,能够顺利进入表决。表决是取得意见一致的关键环节,也是验证会议舆论效果的主要标志。会议表决应遵守的原则是:当大会开始表决后,除与表决有关的程序外,任何与会者不得打断表决的进行;有权参与表决的人如想适当作一些与表决有关的解释性发言,可于表决前后在得到大会主席的同意后进行。在表决过程中,会议不接受任何解释性发言。在赞成和反对两种意见中,哪种意见占相对多数,哪种意见便可作为大会表决的结果,最终由大会确认。凡采取此种方式,一般都要设法将参加表决的人数控制在非偶数的范围内,防止在表决中出现票数相等。

有些会议讨论的问题异常重要,不仅要求表决贯彻大多数原则,同时附加相应的特殊条件。比如要求赞成者必须达到表决人数的三分之二或四分之三等。倘若赞成票只有普通多数,未达到会议所规定的特殊多数,会议仍要对表决做出否决的选择,即被视为没有取得绝大多数人的同意。一般会议,表决贯彻的是一人一票制;某些特殊会议,在一人一票的基础上附加特定条件。如一些特定的国际金融机构所举行的会议,对某些问题表决时,按基金份额的多少来分配表决票。一些股份制企业,召开股东大会对某些问题表决时,每个股东手中持有的表决票数是同各人所持有的股份的多少成正比的。

如果表决不能达成一致意见,对议题的讨论处于争执状态,可以延缓表决,称作议题搁置。对某些议题否决或没有权力否决的议案,通过延期达到在事实上给以否决的结果。实行议会两院制的国家,如上院对下院所通过的议案没有否决的权力但又打算否决时,便通过这种办法使下院所通过的某些议案实际上遭到否决。显然,搁置议题反映了意见的对立,使有积极意义的议题拖延下来,造成舆论资源的浪费。会议活动既要耗费人力、物力,又可能创造社会效益,是社会重要的资源。对社会有益的建议、议案遭到否决,必然浪费社会财富以及讨论意见所消耗的经费,也丧失了它能创造的各种效益。

三、会议舆论活动的要求

舆论性会议成功的标志并不都以取得意见一致为准。在一定议题下,有时一致意见是很难取得的。因此,会议舆论活动是否成功的标准主要是"人和"、"共识"、"节时"和"节约资金"。

强调讨论圆满,全体意见一致,要看是否具备条件。从理论上讲某种结论正确,但因反对者太多,可能造成事后不愉快,与其会议引起两种意见的争论,不如马马虎虎选择稍有缺陷而能产生皆大欢喜的结论。"人和高于一切",恰恰是达成一致意见的前提。

为了使会议对议题达成高度一致,需要做好开会前的一系列准备。会议活动是由众多人员参加的动态过程,准备工作包括确定议题和出席人员、会议文书和会议辅助材料,会议的各项服务和应变措施也是不可缺少的。只有与会议活动有关的各项准备工作充分完成后,才可召开会议。开会之前,由会议组织者向与会者直接告知有关内容,使与会者在一定程度上消除对某些问题的不确定性。

正式会议召开之前,按照会议程序的安排,需要召开预备会议。预备会议不是凡会必有的形式,而是代表大会和重要会议才有。预备会议有程序性和非程序性两种。程序性预备会议是整个会议程序中的组成部分,在正式会议召开之前为正式会议作组织准备。程序性预备会议的主要任务是,通过大会主席团和秘书长名单,通过代表资格审查委员会名单,通过大会议程确认有关的事项。非程序性预备会议,一般是为提供重要文件特意安排的,主要是为正式会议作思想准备,以保证正式会议在召开之后能顺利进行。

主持会议的技巧,是会议成功的重要因素。会议开始后,主持人在会议开始时对会议的任务和目的进行说明,简要做一些理想化的勾勒,为会议的讨论确定一个方向,使到会人员围绕会议的目的充分地进行思考和建议。会议开始后,主持人只倾听意见,不必再继续发表意见;与会者只发表自己的意见,对别人的意见不管对错,都不应评论,形成自由发表意见的气氛有利于产生更好的建议。允许与会者发表不同意见,旨在推动突破性思维,寻求新的思想或建议,以提高会议质量——顺利地统一最好的意见。

会议的成功还表现为会议以最小的代价达成共识。会议时间很长，浪费很多时间，花了很多钱，也就提高了会议成本。会议的舆论活动必须以最少的人力、物力和时间投入换取最大的效益。会议的效率如何，不光决定着会议的进程、节奏和成果，还决定对会议事项的落实。主持人对会议进程的安排和掌握应尽量合理和紧凑，引导与会者集中思考和讨论议题，防止一切与议题无关的或空洞的发言，以最少的人员、时间和财力投入，达到统一意见的最好效果。

第五节　肢体的集体宣示

群众聚集起来，以剧烈的肢体宣示把舆论推向极端，是舆论的激化形态。在特殊场合，各种各样的行为都可能表达舆论、激化舆论。有些人为了强烈表达意见，还以"自焚"向社会抗议，一旦"自焚"事件发生，公众舆论也就勃然而起。舆论的肢体形态由特定的行为、强烈的诉求和高昂的情绪所构成，表意目标明确，具有感染力。

一、掌声的舆论效应

鼓掌用掌声表达集体意志，诉诸一致意见，是最简单、最常见的肢体舆论。人们只有在公共场合，对受欢迎的人物或话题表示强烈拥戴或赞赏，才用掌声表达内心的愿望。单个人对他人表达欢迎或肯定的态度不会鼓掌，这种集体表意活动只有在众人场合下才能出现，是较普遍的舆论行为。

鼓掌在古代就被用来表示"欢迎"某人某事。据明朝典籍中记载："臣正与诸生讲为事难一书，忽接杨涟劾（魏）忠贤疏，合监师生千有余人，无不鼓掌称庆。"①这段文字表明千余人赞成把魏忠贤这个奸臣轰下台，其意见一致是用掌声表达的。

鼓掌在今天应用于不同场合，表现出人们强烈支持、欢迎的情感，是"共同欢呼"的舆论举动。人们对这种习以为常的现象，很少有人把它和舆论形态联系在一起。但是，每个人鼓掌并不是毫无意识的随意行为，对谁鼓掌，在什么场合，鼓多长时间，用多么响亮的掌声，都依据主观判断作出态度评价。在特定场合，鼓掌从来都是集体行为，正如前述，单独一个人无论怎样赞赏一种意见或一个人，是不会用鼓掌表示的。显然，鼓掌是一种整体知觉和集合意识的表达方式。

掌声常常表明听众在会议上（包括集会）对某种意见的赞成，每个参加会议的

---

① 《辞源》，商务印书馆 1980 年版，第 3592 页。

人都遇到过掌声多次打断演说(报告)的情况。演说者的观点受到听会者的欢迎,同听会者的立场完全一致,就会掌声雷鸣。如果听会者来自四面八方,这种意见极有可能被带到全社会。有时掌声是对讲演内容的一种礼仪性评价,在每次讲演(报告)完毕,听众以掌声表示感谢,或给予肯定或否定(鼓倒掌)。演讲内容受到人们的高度赞成,掌声会热烈地响起来,如果讲演内容枯燥无味,不受欢迎,听会者便以稀稀拉拉的掌声应付一下。掌声就是态度,作为人们对客体的感应,构成具体场合下的群体舆论。

二、聚众与群体事件

聚众又称**群体事件**,是指社会公共问题处于激化状态时,发生群众集体表意行为,往往有数十人以上的人群集结在公共场所或某个机构门前表达诉求。以聚众行动表示一致意见,显示集体意志,是肢体示威的舆论形态。

群体事件是群众利益受到损害,又受到外部压力产生的集体抗议行为,参与者认为只有一致行动才能使他们的意见受到重视,达到他们的要求。在聚众行动中,每个成员对群体稍有偏离的想法,就产生潜意识的压抑感,对群体的忠诚和意见一致坚定不移,由此产生了完全一致的举动。群体事件往往事发突然,演变迅速,有强烈的声势。当弱势群体的诉求被压抑已久,不满情绪被引发后,往往导致失控。在信息不公开的情况下,社会传闻和流言推波助澜,促成大量群众走上街头,与权力机构对抗。

搜索有关媒体的公开报道,发现在我国社会的转型期,“群体性事件”的发生遍及大江南北。2005 年中国社会科学院发表的《社会蓝皮书》表明,从 1993 年到 2003 年间,中国“群体性事件”数量已由每年的 1 万起增加到 6 万起,参与人数也由约 73 万增加到约 307 万①。爆炸性数字的背后是社会问题和矛盾的日趋突出,群众以激烈的肢体行为表达不满,向相关部门表示强烈意见,有的可能演变为武力冲突。

群体事件直接起源于群众利益被侵害。劳资关系、农村征地、城市拆迁、企业改制重组、移民安置补偿等问题,是酿成群体事件的主要原因。一些基层官员背离“以人为本”的科学发展观,化解矛盾的能力不强,成为引发群体事件的直接因素。某些地方政府在制定公共政策时,对普通百姓的利益考虑不周,群众对基层政府不信任。在一些地方,对基层政府腐败、官僚作风的民愤日益增长,到了无可奈何的地步,群众便走上街头。一份公开材料显示,在过去的土地征用中,某些地方政府

---

① 陈利华:《中国的群体事件》,载《环球》杂志 2005 年第 7 期。

占有土地利益分配的20% ~30%，开发商占40% ~50%，而农民作为土地使用权的主体，仅占5% ~10%。政府对转让土地乐此不疲，而农民难以接受极低的补偿，征地中的群体事件连年频频发生[①]。

公安部长周永康在2005年说，深入分析这些事件，基本属于人民内部矛盾，具有非对抗性。群众提出经济利益的诉求，没有明显的政治目的，如果有关地方部门高度重视，妥善处理，绝大多数是可以预防和处理好的，但如果久拖不决，使历史遗留下的问题与改革发展中出现的新矛盾交织在一起，就要酿成大祸[②]。在任何社会，工人、农民的维权行为常表现为群体行动，所有制转型和分配不公使我国进入群体事件的多发期。

内聚力是群体事件发生的重要动力，"团结一致"的强烈欲望支配着群体事件中人们的言行。当群体成员基于共同目标，意志保持高度一致，外部压力增加时，他们的行为就可能失去控制。这时，政府的协调和应对能力成为解决群体事件的关键。一些重大群体事件虽然都经过了"民意—民怨—民怒"的过程，但并非无法先期控制。重庆万州事件(2004)、四川广安事件(2006)、安徽池州事件(2005)、浙江戴海静事件(2007)、江西贵溪围堵铁路事件(2007)和贵州翁安事件(2008)等基本都由民间纠纷、治安案件、刑事案件或社会传闻直接引发，并迅速转化为暴力冲突。一些地方政府报喜不报忧，出了问题怕承担责任，不报告不处理，或处理问题采取简单粗暴的手段，终使局面难以收拾。

2004年10月24日，在北京富力城房地产开发有限公司办公楼前，100名左右民工正在静坐讨薪，办公楼里协商解决纠纷的会议也正在进行。4时许，大门突然被关闭，紧接着，80多手持铁棍、铁管、灭火器、头戴安全帽的人冲向民工，向民工大打出手。顿时，民工被烟雾笼罩，陷于惊恐之中。在不到20分钟的时间内，除少部分逃出者之外，余者全部被打倒，45人被打伤，两人生命垂危，富力城房地产开发有限公司办公楼前血迹斑斑，混乱一片[③]。民工们的正义舆论行为，遭到如此镇压，骇人听闻。

对抗因素在群体事件中起着关键作用，经过对抗的相互作用，情绪的震荡逐渐加强。愤怒情绪使聚众行为更加激烈，意见波动更为明显，造成大规模的集体暴力。缓解或制止群体冲突主要由官员或警方化解矛盾，诚恳回答群众提出的问题，切实解决群众的合理要求，绝对不能采取对抗措施。利益冲突、意见对立不能协调解决，无一不涉及到违法问题，诉诸法律完全可以圆满解决。有些权力部门不敢走进法庭，动用武力维护它们的邪恶，是许多暴力事件激化的原因。在某些群体事件

---

①② 陈利华：《中国的群体事件激增》，载《环球》杂志2005年第7期。

③ 《北京富力城讨薪民工遭群殴事件调查》，载《法制日报》2004年11月5日。

中,有坏人介入挑起武斗,是暴力行为发生的特殊原因。通过法庭揭露他们的阴谋,追究其法律责任,对其依法作出处理。但"不法分子"和"坏人"的认定者是法庭,不应由其他人、包括大众传媒任意作出结论,解决群体事件的舆论冲突,实现社会正义,诉诸法律手段是唯一途径。

三、生产力的暴动

20 世纪 50 年代,在中国农业合作化运动中,亿万农民被迫带着生产资料加入合作社,各地先后出现粮荒,许多地方发生大批出卖耕畜、杀羊砍树等现象。这是农民对农业合作化表示不满的一种激烈反应。这种情况自然引起毛泽东的警觉,并作了这样的判断:"生产关系要适应生产力发展的需要,否则生产力就要起来暴动。当前农民杀猪、宰羊,就是生产力起来暴动。"[①]当时其他中央领导认识到,除了适当减轻粮食征购任务外,应把农村合作化的步骤放慢一些,以缓和农村的紧张局势,安定农民的紧张情绪。但最终"生产力暴动"的舆论仍被忽视,使中国的农村经济付出了惨重的代价。

舆论是全部社会生活的反应,从这个直接意识系统中,经济制度的控制者能感知公众对经济和政治制度的态度。生产力决定生产关系,生产关系又反作用于生产力,生产者是生产力中能动的、起主导作用的要素。他们决定其他两个要素,反映出生产关系和生产力能否相适应。同样,政治制度的好坏,不是由政治制度本身来说明,而是由人民的生活状况和人民的满意程度来确证。生产者的直接反映手段就是用语言表示意见,用行动表示态度。正如毛泽东说:"工具是人创造的。工具要革命,它会通过人来讲话,通过劳动者来讲话,破坏旧的生产关系,破坏旧的社会关系。"[②]

生产者和消费者都会对经济的变化进行思考,互相交流意见。生产力暴动是生产关系不适应生产力时,生产者对这种不适应作出的激烈反应,是大众肢体舆论对经济活动的反馈。2004 年 8 月 3 日,北京地铁五号线十一标段工地上,约 400 名农民工将该标段的施工单位招牌卸下,集体停工向中铁四局集团北京地铁项目部讨要工钱。这些农民工大多来自陕西、安徽、四川、河南等地。他们说今年元月通过熟人介绍,在地铁五号线十一标段工地上干活。当时双方未签书面协议,工地负责人口头承诺:"工资分月发放,挖一立方米的坑给 1400 元钱,5 天发一次伙食费(生活费)。"他们干了半年多的活,却未拿到分文报酬,而且有 10 多天没发伙食

---

① 《高潮是怎样制造出来的?》,载《书林》1988 年第 3 期。

② 《毛泽东选集》第 5 卷,人民出版社 1977 年版,第 319 页。

费,不少人都挨饿好几顿了![1] 因此他们摘牌讨要工钱。

如果对生产力的暴动置若罔闻,没有在调查研究和听取相关意见的基础上及时采取措施,不仅对生产发展不利,也要造成社会动荡。生产力暴动可能只是一时的反应,从长久看,局部的生产力暴动也可能影响整个地区或全局的经济状况。比如在北京城市改造中,很多住在老房、破房中的居民不愿意离开,很多人有组织地选择了在家中静坐,抗拒拆迁。更有甚者,与前来劝说的工作人员拳脚相加,闹出了许多过激事件,一度影响了北京市的城区改造。人民是上帝,弱势群体更是上帝,不要剥夺他们可怜的那点利益,权力部门满足他们的合理要求,就不会出现生产力暴动。

四、票决的公意表达

由全民或一定范围内的群众通过投票决定公共事务,实现公众追求的一致目标,也是一种肢体舆论。以选票表达人们的共同意志,开创了现代的民主制度。投票推选政府官员、优秀人物、最佳产品及作品,决定社会重大事项,是舆论评价的强有力手段。现代票决有严格的程序和约束,不同国家对不同事务的投票都有法律规定,保证这种方式体现公意。

票决运用符号表达意志,是最简洁、最集中的组织化舆论行为,它的价值十分丰厚。投票选举是社会民主的标志之一,体现出人民的民主权利。人民有权选择符合多数人意愿的生活方式和管理者,防止由于荒唐的专制而产生种种错误,这是现代政治文明的主要成果。社会生活十分复杂,国家决策权的个人化,不可避免地由于权力极端集中,造成执政过程的连连失误。通过人民投票决定社会的重大事项,尊重人民的整体意志,许多复杂的社会问题都可能得到圆满的解决。

以票决制定法律,建立严格的公民行为规范,是基本的法治原则。任何法律,都应由人民或它的代表通过投票来确立。政府依法管理国家,维护法制的尊严和权威,但它又从属于人民的意志及法制权威。国家法制由票决显示人民的意愿,既是庄严的,又是强大的。国家法制化与政治民主化是不可分割的统一体,没有政治上的民主,就不可能实现以人民为主体的法治,这一切都由人民的票决发挥关键作用。除此之外,没有更好的途径尊重人民的意志,实现人民当家做主。

票决适用于各种评价活动,有助于对公共事务作出公正的结论。评选劳动模范、优秀产品、影视明星、体育明星和某些优秀科学成果等等,用投票的方式可选拔出大家公认的对象。票决把多数人的共同认可作为衡量优秀事物的标准,是唯一

① 《北京地铁五号线工地 400 工人停工讨薪》,载《新京报》2004 年 8 月 4 日。

可行的方法；与此相反，对事物的评估不采取票决的方式，由少数人作出决定，不仅判断错误的概率高，而且导致公众责任感和信任感的丧失。评估作为集体的权衡行为，是由多数人对某一事物的优劣进行认定；个人或少数人的评估难以避免片面性。多人投票确定某个对象的优劣，等于从各方面、各角度对一个事物作出考核，得票集中的事物就得到了社会的公认。这种方式只适用于公众熟悉、能够理解的事物。有些科研成果需要系统的专门知识，就不适于以民众投票的方式评选，但仍可在相关专家的圈子里实施票决。多数票作为公众态度分布的量化，表明对事物评估的全面性和公正性，优于少数人的决定。在投票者充分知情的前提下，票决正确性的概率增大，是一切评优活动的科学原则。

面对一个选定的对象，以隐蔽的票决方式把人民的意愿发掘出来，使票决成为揭示公意的有效手段。即使在民主不完善、不彻底的地方，投票也能较多地显示真实的共同意志，减少专制因素和人际矛盾对评估活动的消极影响。但这需要票决参与者了解票决对象的详情，票决者的意志不受他人操纵（收买、恐吓、指使），独立自主地表达个人意愿。票决者有健全的智力，对票决对象能作出正确的判断，是实施票决的前提。在不具备上述条件下，盲目地运用票决，不仅不能体现票决的民主价值、评估价值和公正价值，还会引起混乱，激起舆论冲突。

五、表意行为的组合

在诸种肢体舆论中，游行示威是最典型的舆论组合形态，包含多种舆论行为和言语方式。游行示威可以显示舆论主体的强大力量，但没有秩序和规范的约束则能对社会造成巨大的破坏力。在游行中，几乎每一种舆论手段都被用来表达意见，形成"集束"化的舆论活动。

舆论人在舆论领袖的带领下，公开从事大规模的肢体舆论，口头语言与肢体语言的结合，使游行示威充满强悍的舆论声势。舆论人集合的数量之多，相互激励的声威之大，是任何舆论形态所无法比拟的。在许多舆论传播中，意见领袖并不经常露面，舆论人往往在少数人面前活动或孤身出现，而游行示威则是一场舆论人、舆论领袖与舆论从众的大集会。他们从社会各个角落走到一起，铸成打不破的战斗整体，甚至不怕流血牺牲，力图展示摧枯拉朽、扫荡一切的力量。

游行示威把多种舆论行为组合在一起，由口号、演说、锣鼓、旗帜、标语牌和叫声等要素构成，把主体结合为不可分割的整体。成千上万的舆论人的活动，沿着游行示威的路线相继出现，在极短时间内形成大面积的舆论鼎沸的态势。人数构成游行示威的阵容，表现出舆论诉求者的规模。阵容不仅是舆论主体，而且是表达共同意见的载体，多种方式的并用壮其行色，呈现声势浩大的场面。组合性的舆论手段展示出威武雄壮的集体进军,当一支游行队伍过后,街道两旁集结着围观的群众迟迟不肯离去,就产生了最佳的舆论效果。

游行示威具有三种舆论性质:一是反对压迫的抗议性游行;二是欢庆胜利的祝捷性游行;三是没有正义要求、破坏社会安定的反动性示威。抗议性游行的目的在于维护权益、造成声势、扩大影响,向权力宣战,通常被认为是社会中无权无势集团的斗争手段。当人们的利益受到损害,又没有影响决策者的途径,只能使用这种产生震慑作用的方式。游行庆祝、集会祝捷是欢庆性质的肢体舆论,人们不仅用语言表达意见,而且用各种隆重的仪式抒发激情,表达对喜庆目标的追求。每个团体,乃至国家领导机关,都利用这种舆论形态扩大民意或上层舆论的影响,进一步统一人民的意志,增强民众的归属感。反动的示威游行则违背多数人的意志,是少数人的破坏行动,往往集结的人数少,持续的时间短,由于遭到公众的普遍反对,最后以失败告终。

游行示威容易导致政治风暴,没有政治动机、不想造成深远政治影响的社会组织,是不会发动、组织示威游行的。把舆论主体的要求付诸具体行动,有可能转变为流血的斗争;越轨的游行示威难以控制不法行为,充满破坏性和危险性。世界上没有一个负责任的政府允许不受限制的示威。美国宪法规定"没有引发危害公共秩序导致暴乱的自由","没有扰乱学校安静上课的自由"。我国宪法明文规定,公民有言论、出版、集会、结社、游行、示威的自由,但同时又规定,国家维护社会秩序,禁止任何人利用任何手段破坏社会秩序。公民的游行示威严格遵守宪法和法律,经过批准后按照相关规定实施,不得使用暴力和煽动使用暴力。游行示威仅仅是和平的舆论手段,不是暴力手段,更不是实现阴谋的手段。

区别正当的公民游行示威的权利和蓄意煽动游行示威的不可告人的目的,采取完全不同的对策和解决办法,是国家治安机关的重要责任。公民的权益受到损害又不能有效申诉,提出游行示威的申请应予以批准,警方应保护他们顺利地展示自己的诉求。有人利用游行示威破坏社会秩序和国家安全,提出的申诉没有任何法律根据和常识依据,国家执法部门依法进行制止是正当的。大众传媒揭露他们的破坏活动,警方依法对阴谋家追究法律责任,引起广大公众的警觉,是维护公共利益的断然措施。

第六节　社会变动的理论争鸣

在社会大变革时期,社会发展进程总是伴随理论争鸣,出现论战的舆论形态。理论问题引起人们的激烈争论,是特定历史条件下出现的舆论行为,多在理论界和政治家群体中形成。面临历史的急剧转变，理论家针对现实问题给人们提供认识模式，提出前进方向，引起一些公众的关注。在观点争鸣中，不同的理论主张发生对峙、辩难以至激烈的争鸣，在知识界形成群议鼎沸的态势，是论战舆论形成的标志。

一、理论争鸣的历史步伐

社会的阶段性转换给人类的前进带来迷茫，社会走向何方？人类如何进入新的时代？都会引起人们的理论思考。物质生产中的观念冲突，经济关系与政治制度的忤逆，不断引起一部分人的关切，力图从理论上解释社会出现的问题，寻找人类继续前进的方向，这就出现了理论争鸣。由于精英们的积极参与，随之形成了论战形态的舆论，即理论性舆论。

这种舆论形态在历史上曾多次出现。春秋末年，新兴地主阶级先后在鲁、郑、齐、晋等国取得政治优势，代替奴隶主阶级的统治发展壮大，农民成为农业生产的主要力量，而奴隶主阶级则日渐土崩瓦解。代表双方主张的思想家在理论上展开论战，许多学派先后登上历史舞台，发表各自的观点，既有思想交锋，又有思想融合。其中，主要是儒、墨两派的对立和斗争。到了战国初、中期，则出现了儒、墨、杨三家鼎立。战国中期比孟子稍晚的庄子发扬老子学说，使道家成为一股较大的舆论势力。孟子主要论辩的对手是杨、墨两家，韩非总结了商鞅的“法”、申不害的“术”和慎到的“势”，使法家的理论趋于完善，对儒家展开猛烈的批判。这是我国历史上出现的第一次理论舆论的高潮。

汉朝巩固以后，封建统治者不断宣扬唯心论，抵制唯物论，董仲舒提出“罢黜百家，独尊儒术”，用“天人感应”论宣扬“谶纬”之学，开创了意识形态的专制。东汉章帝时，诸儒在“白虎观”开会，发表诸多言论，编辑《白虎通义》一书，把所谓“经学”（即对先秦儒家部分典籍的整理和注释）神学化。司马迁坚持唯物论，经过扬雄、桓谭到王充的发展，把唯物主义学说推进了一大步，以后又有王符和仲长统予以继承，产生了中国历史第二次理论形态的舆论战。以王充为代表的元气自然论同以董仲舒为代表的神学的争论，反映了唯物主义与唯心主义的舆论对峙。

魏晋南北朝时期的社会矛盾，主要是农民阶级与地主阶级的矛盾，同时也存在着民族矛盾。在地主阶级内部还存在着门阀地主与庶族地主、僧侣地主与世俗地主之间的矛盾，出现了玄学和反玄学、崇佛与反佛的斗争。从两汉到魏晋，各类主张著书立说，相互倾轧，都有一帮士大夫支持，我国历史出现第三个理论舆论的鼎盛时期。

社会不断前进，一旦社会性质发生转变，论战的舆论形态就成为其他舆论形态的制高点，甚至支配其他舆论形态的发展。中国的封建社会，一直延续到 19 世纪中叶才发生某些变化。从1840年鸦片战争开始，资本主义列强侵入我国，华夏逐步沦为半殖民地半封建社会，中国近代的理论争鸣围绕社会性质的转变而展开。张之洞，曾国藩等固守宋明“理学”，主张局部社会改良，而康有为、严复和孙中山等人则提出社会变革论。龚自珍说：“天道十年而小变，百年而大变”（《拟今上方言表》）。魏源说：“三代以上，天皆不同，今日之天，地皆不同，今日之地，人皆不同，今日之人，物皆不同，……故气化无一息不变者也。”（《上大学士书》）魏源指出，不能“执古以绳今”或“执今以律古”。西学的渗入，洋务运动的兴起，不断推动理论争鸣，出现了中国历史第四个理论舆论的高涨期，中国社会悄悄发生了变化。

1919年五四运动前后，围绕复古与进化、新文化与旧文化、民主科学与旧礼教展开了又一次论战，出现了中国历史第五次理论舆论的高涨。1978年以来，在邓小平理论的指引下依次出现了关于实践是检验真理的唯一标准、实行市场经济、贯彻科学发展观的理论探讨，先后围绕实事求是与唯书唯上、尊重经济规律与姓资姓社、以人为本与以“左”的政治路线为本、建设和谐社会与坚持阶级斗争为纲，相继展开深入的讨论，明确了政府的执政目标和执政方式，激发了第六次理论舆论的兴起。第六次理论舆论的出现，虽然没有形成广泛的论战，却始终在主张改革开放的广大干部群众同一小部分守旧人群中展开，端正了政府官员的执政方向，提高了政府的执政能力。

二、理论创新的舆论法则

理论争鸣产生的舆论，以理论话语表达人们的态度，成为社会精英的特定舆论形态。一般舆论是人们对社会问题的见解体系，而理论舆论并不作出简单的说明，而是就现实重大问题形成系统的推理，表现为对现实社会规律的论证。理论舆论主要不是指理论本身，而是指精英阶层关于理论是非问题的讨论，讨论的对象是抽象的理论体系，议论的内容呈现出论证形态，构成推理的思辨意识。在舆论活动中，以理论家群体为骨干，预言社会的发展趋势，确定哪种论点正确或错误，哪种理论真实地反映客观世界，通过争论作出公正的判断。

人们解决现实任务，常常需要正确理论的指导，宣传这种理论，引起人们的广泛兴趣，就形成一定的思想氛围。理论舆论形态由宣传活动使其普遍化，经过广泛、大规模的争鸣或讨论，被人民群众接受，构成理论舆论的大众化。公众虽然不通晓理论，难以阐述系统的道理，但他们大体知道一种信念，在这种理性的指导下从事社会活动。

理论被广大群众关注，必须是联系现实问题、解决现实问题的理性意识。理论是现实生活的产物，脱离生活实际的理论不可能转化为舆论。报刊或各种学术性杂志刊载许多理论文章,多数之所以不能成为舆论,因为它们远离生活和人们的思想,广大公众对其失去兴趣。回答现实问题的理论成为人们议论的对象,被人们所思考或认可,才具有舆论的品格。旧理论与实际发生冲突,必然导致新理论、新学术思想的诞生,一切新的理论观点(包括新史料的发现)都可能成为舆论产生的因素。新理论是思想的导游者,针对社会的新情况阐明真理,往往能获得人们的赞成。

摆脱陈旧的说教,创立新的理论,提出新的原理和范畴,是推动理论舆论产生、用理论武装大众头脑的前提。理论要发展,必须面向时代,深入现代实践和现代科学领域,站在时代的峰巅俯视社会。新的理论一出现,理论界趋之若鹜,纷纷对新理论进行讨论和评价,产生了理论创新的舆论效应。紧密联系现实的理论需要探索的过程,很难一提出来就深入到客观世界的本质,完全反映客观规律。理论是在探索中接近实际,接近和反映真理,也是在探索中被群众渐渐认识,转化为群众的思想指南。

新理论的提出是对旧理论的扬弃,这种扬弃是在旧理论基础上的继承、修正、充实和创新,具有质变的突破性。依据当代的实践审视理论创新,既需要有怀疑精神,又应摆脱发现"绝对真理"的夸张性思维。许多理论宣传,偏好把理论见解说成是神圣的,把它完美化、永恒化,使理论的某些缺陷或谬误走得很远。一种新理论、新观点的产生,在学术上而不是在政治上展开争鸣,由实践鉴别它的真伪是十分必要的。实践不断发展,人类生活迅速更新,无论自然科学还是社会科学都需要不断把研究的立足点推向新境界,人类社会根本不存在超级完美的理论。

辨别理论是非一要遵循实践标准,二要坚持人民拥护的标准,三要以解放生产力和发展生产力为标准。脱离生产力发展和社会效果去谈论某些抽象的口号,不会产生任何效益,既无理论价值又无实践意义。理论舆论的出现,需要良好的争鸣环境,提出新观点的任何一方,都不要把对方视作政治反对派。理论观点是否正确,要让广泛的人民实践去检验,让人民去评判。既然实践是检验真理的标准,就不要把自己奉为神明,按自己的意志确定真理。理论争鸣不要起哄,组织笔杆子搞围剿。新的正确理论的发展,不能依靠几个理论班子突击攻关,也不能由几个"理论巨人"独辟路径。只有提倡自由探讨,才能发展理论,发现真理,扬弃谬误。

为了不断把理论研究推向前进,鼓励理论家和广大公众独立思考、独立探索,就理论问题展开讨论是树立理论权威的唯一途径。当言论自由的舆论环境形成,人们能够无拘无束地评价理论问题的真伪时,民族精神的解放才有可能。

本章内容的重点:

1. 舆论传播的六种形态。
2. 各种舆论形态的特点。

第五章　舆论的正负方向

我们生活在一个处处充满舆论的社会,舆论像一个巨大磁场不停地作用于人们的耳目和思维,影响人们的思想和行为。舆论对社会与人的影响,表现为推动社会向前发展或把社会拉向倒退,这两种作用的正反方向形成了舆论的正向功能和负向功能。据此,我们把舆论分为正向舆论和负向舆论。对舆论性质的这种划分,让人们认识好舆论和坏舆论的差别,以及它们截然相反的作用。

第一节　社会的正向舆论

自西方文艺复兴以来,人为宇宙的中心,许多人敞开心扉,真实、恳切地表达意见,开始主宰自己的命运。在一些国家,人民解放思想,鞭挞丑恶,追求真理,随时发出正义的呼唤,社会规律展现出清晰的前景。这种正向舆论尽管经常遭遇挫折,处于曲折发展状态,但它毕竟是社会步履的先导,打开人类科学认识的大门,成为社会进步的发动机。

一、诤言对真理的追求

2007 年 6 月云南省政府向社会广泛征集并受理群众诤言,鼓励各界人士为云南发展献计献策。凡取得重大效益的诤言,将获得云南诤言奖,最高奖金达 5 万元。鼓励诤言与“防民之口甚于防川”有天壤之别,民众诤言的细胞一旦被激活,说真话、说实话的热情被调动起来,是一股推动社会进步的巨大力量。

实事求是地说出事实的真相,指出公共事务、公共政策存在的错误,并为克服错误提出正确的建议,就是**诤言**。人们敢说真话、实话,社会才能顺应客观规律向繁荣昌盛的方向发展。舆论主体坚持说真话、讲真理,直率地评价客观事物,是认识和追求真理的行动。诤言具有求实性,使公众正确了解周围的变故,具有重要的认识和实践价值。

由于诤言者从大局考虑,坚持实事求是的原则,又因为没有私利的动机而更为客观。正向舆论中的实事求是包含两个层次:一是简单具体的实事求是,即实践范围较小,认识对象比较稳定、简单,能够直接反映事物的本来面目,而不用加入太多主观能动分析的成分。这一层次的实事求是以丰富的感性认识为基础,通过形式逻辑来完成。二是辩证逻辑的实事求是,就实践范围大的社会问题,除了客观地反映它的本来面目,更重要的是从整体联系、发展变化的角度进行考察,说明它的全面情况、发展趋势和内在真相。诤言既包括直观的实事求是,更注重辩证的、全局的实事求是,反映客观事物的相互关系与本质。

对公共政策,衡量诤言的标准,第一,从有利于生产力的发展、促进物质和精神文明的不断提高来考察它是否正确。这些客观实在的东西,不因人的随心所欲而变化,也不因媒体的宣传力度而放大。第二,还要看它是否代表绝大多数公众的利益,给广大人民群众带来物质和精神生活的改善,这是检验观念正确与否的根本尺度。任何社会政策和观念变革,只有让人民获益才是正确的,并能经受历史的考验。第三,权衡诤言的正确性,还要看它是否符合人民的意愿,受到人民的赞同和拥护。凡人民齐声反对的事情,都是错误的或不合时宜的。这三条标准相互联系、相互依存,符合这三条要求的言论,就是真理和真话,就是诤言。

讲真话、讲真理无疑是诤言的目标,是人类结成整体的必要条件。无论在哪个时代,大多数人对社会生活都是讲真话的,只有一部分人出于某种目的才讲假话。在言论专制的社会,多数人由于恐惧迫害而说假话,既是明哲保身,又是对专制主义者的无奈。不管在何种恶劣的社会环境下,以诤言表达正向舆论的人总是不断出现,不断引起人们的敬慕,甚至成为思想史的丰碑。

舆论人或舆论领袖讲真话是取信于民的重要因素,也是建立舆论权威的重要前提。诤言以表达真理为动机,既不屈从于权威人士的狂言,也不惧怕凶恶势力的镇压。谁占有真理,它就和谁持有相同的观点。正如马克思所说,真理像光一样,它很难谦逊,而且要它对谁谦逊呢?诤言只考虑真理的实践性,不迁就书本和来自官方的错误意见。不搞迷信,不搞教条,不从固有的观念出发,以推动社会进步、维护人民的利益为宗旨,政府才能尊重、采纳诤言,制定正确的公共政策。

讲真话与听真话具有互动性,是公众坚持真理的关键。诤言最初总是来自少数人,大都随着公共权力求言的需要逐渐转化为舆论,使之成为民意。公共权力尊重诤言,善于听取直言,鉴别真话,诤言就成为人们的共同追求,能够遏制一切错误主张。在原始社会末期,部落首领为听取不同意见,建立了各种纳谏的方式。《管子·桓公问》里记载:"舜有告善之旌,而主不蔽也;禹立谏鼓于朝,而备讯矣;汤有总街之庭,以观人诽也;武王有灵台之覆,而贤者进也。"这些古老的舆论方式,求的都是“诤言”，对促进当时社会的进步有重要作用。

与求言态度相反的行为是厌恶诤言，排斥、压制诤言。管理者喜欢歌功颂德，希望在一片赞扬声中掩盖社会问题和工作失误，就会排斥诤言。历代的舆论活动表明，真话难讲，在于掌权人不愿听真话，搞“直如弦，死道边”的对策。也有人最初愿意听真话，而听了一阵却中途而止，疏远诤言，直至镇压说真话的人。打击讲真话的人如果得逞，往往压制真理，使诤言淹没在假话的聒噪声中，历史就将发生重大不幸。在社会生活中，一切错误、落后的意见一旦受到权力的支持，诤言则死亡在吹捧声中。1957 年，马寅初曾直言控制人口问题，提出“新人口论”，遭到围攻和批判，受到“不许右派利用人口问题进行政治阴谋”的斥责。由于错批一人，增加 4 亿，给几代中国人背上沉重的历史包袱。

讲真话不等于句句是真理，真话难免不准确或带有片面性，其中可能夹杂少量不实的例证或言辞不当的缺陷，但它追求的是真理，主要问题抓住了真理。诤言的最大特点是以事实解释客观世界，揭示客观事物的必然性，达到真理的彼岸。讲真话和讲真理统一起来，构成彻底的诤言，点破事情的要害之处，听起来不那么温柔。真话与真理形成不可分割的整体，并能被实践所证实，不温柔的言论却能指正前进的道路。

二、社会褒扬的思想塑造

在舆论学领域，公众对先进人物的赞颂，对正确经验和理论的肯定，称为**褒扬性舆论**，即社会褒扬。肯定人类的生存方式，以现代化建设的成就、经验和理论鼓舞人民，使人民努力建设高度文明的社会，是褒扬舆论的重要内容，也是社会思想建设的重要任务。褒扬性舆论以正面的事例，告诉人们如何做人，如何善待社会和他人，歌颂高尚的道德修养；如何从事工作和生产，如何正确对待公共事务，肯定以科学的世界观、人生观和价值观看待或处理公共问题，具有深刻的教化作用。褒扬舆论是人类的自我思想塑造。

不同社会群体和利益群体有不同的褒扬对象，产生不同的褒扬性舆论。比如学校里的三好学生，企业里的先进生产者，社区里的五好家庭，军队里的优秀士兵，思想理论界对创新观点的肯定……都是适应具体环境和具体需要而产生的褒扬对象。许多先进人物、正确经验和理论又有跨越社群的整合性，成为全社会的褒扬内容。褒扬舆论的实质是诠释、歌颂社会的光明面，把人们引向对先进事物和人物的正确认识，推进人类精神和道德的提高，对社会发展产生积极的思想价值。

社会褒扬是发自公众内心的一种舆论现象，是大众对美好事物的追求，自觉地歌颂正面的事物。社会褒扬不同于某些正面宣传，大众媒介无论介绍先进经验或对典型人物的报道，大都出于宣传目的，不一定是群众发自内心的、肯定积极现象的反映。宣传正确的观念可以转化为褒扬的舆论，但宣传本身并不是舆论。作为正向舆论，褒扬是指公众对某人某事、某种思想和经验的热烈赞扬，是公众的集体表意行为。这种表达是公众自发的，没有人组织和指使，人们的肯定意见来自内心的认同。

社会发展需要正确的思想、高尚的精神和科学认识的指导，一定历史时期的社会褒扬是与公众心理与实际功用的需求相契合的。“圣贤虽死而不朽”，褒扬的对象在一定意义上是整个社会的精神楷模，作为人类追求理想的符号，成为社会发展必不可少的灵魂支柱。社会褒扬不断强化维护公共利益和思想纯洁的价值观，提供一套为大多数人认同的典范性的思想，保证公民行为的正确性。榜样示范可以为社会塑造出高尚的观念，有助于形成融洽的人际关系和社会关系，增强社会的凝聚力。褒扬性舆论对个体精神世界的浸润，帮助个人形成积极的信念，从而规范、提升个体行为的价值。在现代社会，褒扬性舆论不断向广大公众注入平等竞争观念、效率观念、价值观念、正义立场、民主意识、公仆意识和开拓精神，从而促进人的现代化，培养全面发展的新人。

褒扬舆论使公众确信，只有公正的制度和公正的人，才能彰显人格尊严和人生价值，使生活充满崇高意义。从发展生产力、推动社会进步的理论高度肯定人的道德价值、社会理念的真理价值和社会政策的惠民宗旨，才能认识褒扬舆论的社会功能。社会形态的演变需要先进精神作为助推器，褒扬所产生的思想动力满足了生产力发展对社会精神的要求。群体精神具有道德意识和是非界限，人们对生活就有一种思想追求，在事业中将获得巨大的成功。

社会褒扬的对象不可能是全体社会成员和一切先进的东西，而只是其中个别的、特殊的、典型的优秀人物、事件、理论创造和经验创新。社会褒扬符合人类认识生活的规律，人类需要借助个别认识一般，通过个性感悟共性，通过了解个别事例的性质与特征对同一类事物产生深刻而科学的认识。个别与一般的统一，使典型的意义具有普遍性，通过典型反映人与社会的本质，能够生动、具体地倡扬时代精神。

新闻报道对褒扬性舆论起到积极推动作用，这类报道称做典型报道，通常以乐观、热情、鼓舞性的情感颂扬生活中涌现出来的先进人物、成功的经验和新鲜事物，使人们对社会的光明面形成肯定的态度。没有褒扬性报道，人们就无法充分认识社会的积极因素。新闻媒介的正面报道转化为社会舆论，在较短时间内将积极观念向整个社会普及，体现出褒扬舆论的社会教育价值。在结构简单、同质性强的社会，典型示范的效果就更好；而结构复杂、同质性弱的社会，社会褒扬的效果就差一些。就具体行业、具体部门来说，全国的褒扬对象所寓含的社会共性既有学习价值,也有时空条件的相对性。在经济繁荣的年代,很多人赞扬雷锋艰苦朴素、一双袜子缝补多次也不肯丢掉时,生产消费领域——袜子工厂和袜子销售商则认为,这是不能提倡的精神,后者的意见代表了生产发展方向。先进事物的局限性和相对性,孕育了许多褒扬舆论的单面价值,肯定一切往往是片面的。大众媒介忽视褒扬对象的条件,就出现过去典型报道的"高、大、全"的弊端。

三、舆论监督的权利意识

舆论监督主要指公众发表批评和揭露性意见,对社会中的丑恶和不良现象进行挞伐,特别是对公共权力进行监察督促。在一般情况下,新闻媒介代表公众对政府的施政活动提出批评建议,抑制公共政策的错误或官员的丑恶,构成社会舆论监督的主导力量。较之于分散的公众舆论监督,新闻媒介的批评则更集中、更深刻,能够转化为广大人民的深入监督。社会结构中这一重要的控制力量,成为社会制约机制中最活跃的因素。

"以权利制约权力"是现代法治国家的一种信条,用舆论监督权力、制约权力,则是现代文明的集中表现。由于政府权力具有扩张性,分散而脆弱的社会个体对官员的侵权大都无能为力,通过舆论对执政者的不当行为给予舆论压力,是完全必要的。国家的立法和司法作为国家的政治实体之一,是公民社会中能够与政府官员相抗衡的力量,但在法制不健全的国家,官员们往往或明或暗地操纵立法和司法,舆论监督不得不包括对法律的督察。

舆论监督是公民权利的表达机制,成为公民履行社会责任和义务的具体方式,民主制度保障每个公民参与这种活动的权利。允许人民大胆揭露各种丑陋,是维护公共利益的有效法宝,使"社会疾病"得到有效的医治。随时接受人民的监督,在法制和民主的基础上,建立符合民意的政治体制,舆论监督才能经常化和制度化。以权代法或以言代法成为社会痼疾,以权谋私和恶劣的官僚作风就不可避免,由此滋生的种种社会疾病不能及时医治,社会机制中最好的医生——人民的监督难以发挥作用。政府工作的好坏关系到人民的根本利益,政府工作自然成为公众监督的重点,舆论监督实际是人民捍卫自己利益的舆论活动。作为公众参与政治生活的重要形式,舆论监督以揭露、批评和建议直接作用于政治机体,影响社会公共政策,是国家机关良性运行的基础。

舆论监督是无处不在的社会法庭,通过这个法庭,人民制裁践踏公共利益的人,宣判他们的罪行。在17世纪的英国,洛克把舆论与"神法"、"民法"相提并论。他说:"人们判断行为的邪正时所常依据的那些法律,可以分为三种:一为神法(divine law)、二为民法(civil law)、三为舆论法(the law of opinion or reputation)。"[①]"舆论法则判别的是美德和恶行,靠的是一种私下达成的默契,也叫做"私人处罚法。"[②]边沁持有相似的看法,他认为,社会成员通过共同努力"就可能形成一种法庭或仲裁机构。我们可以将这种仲裁机构称为舆论法庭。"[③]卢梭在《社会契约论》中进一步将公众舆论视为国家的真正法律,"它既不是铭刻在大理石上,也不是铭刻在铜表上,而是刻在公民的内心里;它每天都在获得新的力量;当其他的法律衰老或消亡的时候,它可以复活那些法律或代替那些法律,它可以保持一个民族的创制精神,而且不知不觉地以习惯的力量代替权威的力量。"[④]

舆论监督是来自权力之外的精神力量的制约,即监督主体对监督客体的约束和限制,如果监督主体完全受权力支配,就坠入主体的自我监督,导致监督机制的根本瓦解。媒介从属于一定权力机关,开展舆论监督要得到"权力的批准",不仅使舆论监督避重就轻,而且有时成为丑恶行为的保护伞。在行政权的控制下,媒体滋长攀附权贵的思想,公正而彻底的舆论监督成为空谈。舆论监督是否有效,依赖于权力的制衡体系,只有在权力形成制约机制的前提下,公民社会的权利空间才能真正形成。不受制约的权力导致滥用权力,受权力掌控的舆论监督会为监督对象献上篇篇颂辞。权力一定要干预舆论监督的话,就应制止它三缄其口,有恶无声。

舆论监督有助于消除社会丑恶,预防精神道德和官风的堕落,是社会的防腐剂。人民无处不在,人民的眼睛是雪亮的,美国的舆论格言"我们都在看着你呐",显示出人民监督无处不在的巨大力量。一位公职人员的优劣,一项政策的好坏,要以"人民拥护不拥护、答应不答应、满意不满意"为标准,政府官员的政绩考核即使没有舆论考核这一关,也决不能忽视民意的作用。舆论监督的曝光,对政治机体形成强大的舆论冲击,能够增强政府的纠错能力和免疫力。对人民群众自身的错误和不良习惯,诉诸舆论监督也能清除各种颓废行为,使社会管理更加有效。

舆论监督以揭露为主,用事实证明腐恶的存在,而不是空洞地指责监督对象。舆论揭露出确凿、惊人的事实使监督对象胆战心寒,因为事实既是定性或定罪的依据,又是激起广大群众愤慨的导火线。在舆论监督中,无论新闻报道还是人们口头的议论,披露错误事实都是占第一位的,有时是唯一的内容。舆论本身不用、也不应作出什么处理结论,处理意见只能由行政或司法部门作出。大多数群众通过舆论知道公共权力的错误或犯罪事实,为非作歹者受到舆论谴责,显示出舆论监督的

---

① [英]洛克:《人类理解论》(上),商务印书馆 1983 年版,第 329 页。

② [德]哈贝马斯:《公共领域的结构转型》,学林出版社 1999 年版,第 109 页。

③ [英]爱德华·卡尔:《20 年危机(1919—1939):国际关系研究导论》,世界知识出版社 2005 年版,第 25 页。

④ [法]卢梭:《社会契约论》,商务印书馆 2003 年版,第 70 页。

力度。

舆论监督的主要障碍来自某些政府部门的保护主义,其次来自监督对象的顽抗,包括暴力形式和口头欺骗。当某种错误或丑陋行为难以掩盖时,对错误负有直接责任或与此有关的官员,利用手中的权力极力"封口",导致舆论监督难以"深入虎穴"。面对记者的采访,某市的领导对下级工作人员甚至这样说:"要牢牢掌握舆论的主动权,对干部向高级媒体提供线索、参与报道的,要记录在案,永远不能重用,所有的反面报道要一查到底,看看究竟是谁提供的线索。"①官员以强硬的态度抵制舆论监督,无论公众还是媒体由于惧怕官员的追查而退避三舍。当监督成为风险,被监督者就有了一道安全的防线。

不能忽视的是,监督面临的危险还来自媒体或记者的私欲。有些记者经不住金钱和官位的诱惑,成为社会丑恶的同谋,恪守新闻职业道德成为一句空话。2002年6月22日山西繁峙县发生金矿爆炸,当地负责人和金矿矿主为隐瞒真相,分别对采访事故的一些记者送了现金和金元宝。记者的嘴巴被封住了,一上阵就被银弹击倒,媒体监督的重拳立刻变成笑脸。2008年9月至11月,又连续揭发出河北李家洼煤矿和陕西霍宝干河煤矿矿主以"封口费"买通记者与当地政府官员,隐瞒矿难事故。媒体监督失效的可悲结局屡屡发生,媒体的责任意识危如累卵,腐败事件可能迅速蔓延。

法律制度不完善或有法不依,使公众和媒体的舆论监督遇到种种麻烦,有时不得不放弃监督。公民的舆论监督权虽为《宪法》和《监督法》所确定,但对妨碍和侵犯这项权利的行为缺乏具体的法律制裁规定。监督事项往往受官员的审批,监督权难以实施,监督者受到侵害也难以诉诸法律。被监督者采取暴力手段,殴打、非法拘禁记者,检举揭发的公民被毒打或暗杀的事件也时有发生,但警方缉捕凶手大都只是应付了事,一句"犯罪分子逃之夭夭"便画上句号。对已经曝光的违法违纪行为,有些官员使用疏通、堵截或拖延等办法,阻碍大众媒介曝光。在一些地方,新闻媒介已经揭露的事件,本应引起有关部门的调查和处理,但被曝光的单位或个人通过找关系说情,逃脱了应有的惩罚。

第二节　社会的负向舆论

社会流行的错误意见只能是部分公众的意见,其量度停留在众意范围,一旦它被政府官员和媒体所推动,能对社会造成极大的危害。公众意见一旦违背真理,歪

---

① 刘洪波:《谁的舆论主动权》,载《南风窗》2000年第10期。

曲事物真相,蛊惑人心,形成负向舆论。负向舆论的主观武断、诽谤造谣和蓄意煽动,掀起阵阵舆论逆流,造成公众认识的扭曲。负向舆论把人们引入歧途,被落伍的集团或别有用心的人所制造和利用,有种种不可告人的目的。

一、浮言的流行和蛊惑

社会浮言是指脱离实际的意见和动听的套话,又称美丽的空话,在社会舆论中具有普遍性。对人对事讲几句好话,不至于有什么坏处,如果众口一词,形成一种舆论,就会产生"捧杀"的效应。一味赞美实际上不美或不那么美的事物,良莠不分,用来育人治国,则误国害民。这种"浮言",大都来自于会议上、报刊宣传中那些粉饰太平的不实之词。社会浮言主要有以下几种:

1. 溢美之词

所谓溢美之词,是指为了产生赞扬、夸大和媚上的效果,过分夸大事实,当事人听后有种种快感。湖南益阳市一家报纸曾报道过这样的事情:该市的一位领导外出,偶遇一起交通事故,当时有很多人正在抢救。于是他急令司机停车,并用自己的车将伤者送往医院。几天后,当地一家报纸发了一条表扬性消息,说该领导在紧要关头"亲自指挥村民抢救伤员"云云。消息很快传开,该领导得到舆论褒扬。不料这位领导看到消息后,发现有明显的"拔高之意",心里不安,便给报社编辑部写了一封信指出:"抢救伤员不是我现场指挥,而是当地村民在我到达之前就进行了,我只是做了每一个过路人都应该做的一点事。"他还要求报社的新闻报道"务必实事求是,不要随意给领导干部脸上'贴金'。"假设这位领导没有读到那篇表扬报道,或者读了报道之后没有给报社编辑部写信,这篇含有大量水分的表扬被当作一件"模范事迹"流传全国,将形成范围更大的舆论。这类"假表扬"和"拔高消息"的见报率很高,引起舆论的"高兴"是常见的事情。

在现实生活中,一些人辨别美言的嗅觉并不灵敏,因为人们没有时间去细致地思索,常常把美言当作真理。明明是人民创造的奇迹,硬说是官员领导的正确;社会进步是由于解除了以往限制群众手脚的种种错误政策,却一概赞扬说这是社会主义优越性的表现;本来人为造成的经济损失是不应有的严重失误,却说这是必要的"交学费"……种种美言,颠倒了是非,混淆了黑白。美言容易把好人吹得飘飘然,把坏事看作好事,导致人们忽视总结教训,缺乏改正错误的自觉性和主动性。

美言多表现为对工作成就、人物功绩的不适当赞美。由于广大群众不可能调查,对赞扬的内容信以为真,随之形成虚假的褒扬性舆论。它既不能推动社会进步,也没有教育价值,只能给社会造成错觉。吹捧、美化事物的言谈使赞扬对象获得满足,而被欺骗的人过高估计美言的真实性,不断导致可悲的后果。表达美言的人都有吹捧的需要，都企图从美言中捞到好处。这种好处有时表现为“安身立命”的保险系数，有时被风行的时尚所裹胁，也有人为了创造良好的人际关系，以美言换取美言。社会处处充满人身依附关系，过滥地开展评比活动，美言便大量出现，最终形成一种歪风。年终总结往往不是共同总结单位的工作成就和教训，而是鼓励个人自吹自擂，怂恿美言盛行。在许多单位，为了轮流做先进，大家只能轮流献出美言，以德报德。

2. 空话、大话

空话、大话是过分吹嘘、毫无实质内容或任意放大事实的浮言。一项改革刚刚开始，还没有收到明显的成效，报刊上却把它说得锦上添花，大小会议不断介绍经验。空话大话作为一种舆论，以夸大的词句把事实乔装打扮，造成文过饰非的坏作风，形成过度的浮夸习气。1958 年出现人民公社后，乐观派不断增多，《人民日报》一篇预言似的文章尤为典型，该文写道：“中国正在以宇宙飞行的速度奔腾前进。不久以前，农村 50 来岁的人们还在担心自己可能看不到共产主义的美好时光，现在，八九十岁的老人却都喜笑颜开地坚信自己能够享受到共产主义的幸福。有的老汉甚至还固执得认为自己已经过上了共产主义的幸福生活。”当时广为流行的大话、空话还有：“人有多大胆，地有多大产”；“我们的基础是马列主义，因此我们是正确的，所以敢想、敢说、敢做，是不会出乱子的”；要“敢于插红旗，越红越好”；“你不插红旗，资产阶级就要插白旗。与其让资产阶级插，不如我们无产阶级插。”……诸如此类的胡言乱语，如断线风筝，不知飞向何方。

这些毫无意义的空话、大话在今天仍没有消除，制造的海市蜃楼经常出现在人们面前。如果指导思想确定为必须肯定我们的各项工作，我们的意识形态放之四海而皆准，我们的精神力量不可战胜，就会不断喊出空话、大话。把坚持马克思主义视为“高喊口号”，奉行精神决定存在的主观万能主义，大话、空话就会盛行不衰。

3. 套话连篇

套话是空话、大话的延伸，表现为大话、空话的固定格式和习以为常的句式，成为约束思想的绳索。千百万人重复它，媒体把它当作惯用语，但并不考虑它同实际是否契合。比如：“高举红旗胜利前进！”“取得阶段性成果！”“我们的事业兴旺发达！”“文革”中曾经流行这样的“豪言壮语”：“波澜壮阔的无产阶级文化大革命，在我们伟大统帅毛主席的英明领导下，空前广泛、深入地发动了群众，已经取得了伟大的决定性的胜利。无产阶级文化大革命的成绩最大最大最大，越来越大，将来更大。……”多年间，会议上、报刊上都重复这些套话。今天的套话围绕“三个代表”、“中国特色社会主义理论”形成“高举旗帜、坚持道路、围绕大局、服务人民、改革创新，共谋发展”的语链，演化出一些新的模式，常常四六句一组，在媒体和会议上流行。这些套话在理念上都是正确的，但不联系实际，不解决问题，层层重复，到处乱套,对推动社会问题的解决没有任何作用。

2007 年和 2008 年春晚的小品《汇报咏叹调》,主人公胡乱杜撰几句"会议纲要"来应付盘查的领导,居然和真正的会议大纲毫无分别,鞭挞了"套话连篇、文山会海"的形式主义。该小品主要讲述某公司经理要办公室主任叶适向其汇报前一天代替自己参加一个会议的情况。谁料叶适因听美声讲座并未参加会议,无奈,叶适凭借以前多次参加此类会议的经验,"蒙"出"五点精神":1. 提高认识,加强意识;2. 主要领导亲自参加;3. 发动群众,加强宣传;4. 持之以恒,环环紧扣;5. 各项工作,落到实处——竟与会议提出的要求如出一辙,可见套话极度流行,无处不有。

套话导致思想萎缩,使认识变成无用和自找麻烦的东西。语言能夸大事实,语言的忠诚最不可靠,因为话语通过发音器官和空气的振动可能充满伪装,它并不都代表真实的思想。这样一来,套话的装饰总是使独揽大权的人信以为真,不是"听其言,观其行",而是"听其言,信其行",用人办事难免不受人坑骗。无论评价人还是评价工作,都要看行动,看实践效果,言语不过是岸上的木色纸船。

在不同社会制度和不同时代,浮言流行的程度不一样,都有浮言旺盛和沉寂期,这取决于官场作风和社会风气。如果某种制度倡导大一统的理学,把某种思想偶像化,浮言就会盛行。在大一统思想的影响下,人们往往把这种思想神化,用最美好的语言描绘它的完美。思想严重脱离实际,空话、套话和溢美之词就会一哄而起,实际被歪曲并导致错误的实践。

二、假话的社会骗局

假话是对客观事实的结论和说明完全不合实际,甚至捏造事实,谎报实情。假话与谣言是不同的,假话没有故事情节,是结论性的话语。如果问,你们市今年的经济形势好不好?用假话来回答,则把好回答为不好,或把全市的经济产值 1500 亿回答为 1000 亿,或用糟透了、失业严重这样的结论来说明。如果用谣言来回答,则编出一个事件来暗示国民经济不好的情况。比如,市长今年由于没有把经济抓上去,被省长叫到办公室训了一顿,还要撤他的职。这是谣言,前者的回答则是假话。

假话是对事物的状态、性质、结果、数字等制造谎言,背离真相,是危害最大的不实言论。假话没有事实根据,带有欺骗性。一个人说假话,不会有很多人相信,一旦许多人、尤其是媒体传播假话,形成社会骗局,就会有许多人相信,因此假话的广泛传播能够形成负向舆论。假话的产生,可能是对实际情况不了解或估计不足造成的,也有可能是有意捏造的。比如,某些领导干部为了突出政绩,利用宣传工具发布虚假的统计数字,或把案件频发的社会治安状况说成治安良好,掩盖许多潜在的隐患。有人制造假话麻痹人们的思想，转移人们的注意力，以达到不可告人的目的。

唯意志论、上欺下瞒和冒进急躁情绪长期主宰某些人的头脑，新闻报道讲了不少假话，制造了大量社会骗局。这些假话一经宣传，受到一些群众的赞成，形成舆论热潮。世界是真实的，物质的存在一口气吹不出来，假话支撑的舆论危害人民和国家。舆论如果歪曲客观事物，违反物质运动规律，就会破坏社会的正常发展。在这种情况下，舆论界不只帮倒忙，而是推波助澜，带头破坏社会的正常发展。实际上，任何社会都可能存在某个人或某些人脱离实际去谈天说地，但对于大众媒介或社会公众人物，就得加以约束，因为他们的言论对公众活动有重大影响。政府官员与大众传媒注重言论的客观分寸，防止奢谈政治与经济的危机或繁荣，才能有效地避免假话，引发错误的舆论。

告别假话，要相信人民群众，多听听人民群众的呼声。脱离实际，不愿听取群众的真话，必然产生大宗假话的鼓吹者。认真考察人民的声音，聆听民意的箴言，才能识破假话吹起的舆论泡沫。人民群众在实践中从事具体活动，是物质和精神产品的直接生产者，最了解社会问题的症结。他们每天接触衣食住行这类生存问题，生活在真实状态中，深知虚假言论的危害。政府官员如果不深入人民群众，不掌握第一手实际材料，便无法形成正确的意见。彭德怀在假话风行的年代之所以能上书直言，因为他走遍了六大军区、10个省，深入到矿山、工厂和农民的草屋，进行了大量调查研究，对群众的生活处境深有感触。防止认识客观事物的误差，遵循认识来自实践的法则，是彻底克服假话泛滥的保证。

三、谬理的似是而非

把错误的理论或推断说成真理，使部分群众信以为真，是一种常见的负向舆论。它貌似有理，其实大谬不然，生活中经常流行这样的**谬理**。例如：农村土地归公使用，集体生产，农民齐心协力，抗灾能力增强，因而农业合作化有无比的优越性；中国人口众多不是坏事，人多力量大，有无穷的创造力；资本主义私有制残酷地剥削人民，那里的人民处于水深火热之中，社会主义的公有制消灭了剥削、人人平等，这里的人民是世界上最幸福的人民；改革开放打开了窗子，外国好的东西和苍蝇蚊子一起进来，腐败难以避免；我们有马克思主义的指导，又有全国人民的团结一致，没有做不到的事情；……无论在社会大范围还是小环境，到处有这类荒谬的意见以真理的面目在流行，许多人无法辨别其是非，但这类难以自圆其说的推论经不住推敲，最终暴露出结论的荒诞。

意识形态由一种信念发展出来一套理论，一旦获得统治地位，就容易用形而上学的方式解释事实，出现遐想式判断。社会真实情况被否认为，甚至被否认为是客观事实，脱离实际的意识形态则被视为真理，这种思维成为谬理的繁殖母体。为了控制思想，意见领袖和意识形态部门把主观认识变成客观知识，制造种种缺乏科学的论断，再通过千万次的重复把它们变成一部分人的信条。这种偏见只能当作一种神话，以假推理证实一种虚构的逻辑，建立暂时的舆论权威。这类结论在每次破产以后，制造者以"真理是我的，错误是人家的"定式来做解释，然后又抛出新的谬理来欺骗公众。

社会实践一再证明，许多伟大人物和进步的政治派别，都无法避免发表错误的意见，发动错误的宣传。为了维护一种权威，或为了某种需要，有些人总是以自己的主观思想为尺度，而不是用客观实际校对这种思想。于是，看上去有道理的意见被炮制出来，通过大量宣传使错误意见越来越像真理，其实它不过是真理的仿制品。谬理是个艰深的哲理问题，也是信仰绝对化的产物。社会中谬论不断流传，反映出人们的意识陷入了误区，主要表现为以下三种情况。

1. 自诩为真理的绝对代表

有些人刻意认识世界，却不全面考察世界，不按照世界的本来面目解释世界。这类人大都在过去取得过辉煌的胜利，战胜过强大的对手和困难，由此确认自己是万能的。他们一旦认为自我是伟大的、不可战胜的，就会把自我视为真理的绝对代表，说什么都是正确的。为了维护自我权威，提出种种虚假的推理自称为真理。这类负向舆论一旦形成，许多人难以识破它的伪装，往往炒起一股舆论热流。在这种错觉中，荒诞的豪言壮语使谬论流行起来，使人们看到的与怎样看到的以及对看到的东西的评价有了差别。"我们是不可战胜的"、"存在资本主义复辟的危险"等种种神话，都有这个特征。实际上只有人民、客观规律才不可战胜，任何势力都没有不可战胜的能量，不管你如何自诩代表真理。"存在资本主义复辟的危险"同"我们是不可战胜的"自相矛盾，后者推翻了前者的辉煌信心，相互戳穿的话语逻辑使两个结论都难于自圆其说。"不可战胜"是有条件的，不是天然的，绝对的。一切思想都受时代的检验，又受个人思维定势的限制。当人们以独立思考摆脱对它的信任，并对照实际生活的本相，那时谬理就露出了破绽。

2. 信仰和经验的绝对化

思想史上的极大讽刺，是绝对主义哲学对没有了解的知识的怀疑，当对事物发生怀疑的时候，用对另一种事物的肯定来说明，便产生了接连不断的谬论。坚信自己的信仰和经验的绝对正确，就对不同于自己的观点和事物产生错觉，认为他们都错了，这时就以绝对肯定自己的信仰和经验来否定怀疑的东西。怀疑论的流行在社会科学领域尤其盛行。不认为真理只能在实践中发现，而是以有限的信仰和经验来支持它，就会盲目确认自己的结论是科学的最后定论。"我们都是对的"结论，就是最好的例子。世界观的满意式标准，为自己对事物的判断提供了辉煌的信心，于是便把主观认识夸大为真理，过去的“顶峰论”、“一句顶一万句”的高调，都是信仰绝对化的谬理。当这样的人形成一个阶层，就容易把谬论变为舆论。

3. 自我想象的判断

更为荒唐的情景常常发生在探索真理之前，就依据自我想象对真理作了预先判断。这种判断决定于人们的利益并支配他们的活动，总是满足于自我想象而无须考察实际。每一项断言在逻辑上是真的，但只是符合句法上的某些通用规则，又符合内心的憧憬，却没有实际根基。比如“文革”中“四人帮”大谈的“社会主义有无比的优越性”与“无产阶级专政下的继续革命”的推理模式，一度成为社会舆论的主旋律。对照人民的饥饿、国家落后和言论自由受到整肃，他们强调的这两个论断完全是主观呓语。他们搞的那一套背离了社会主义，岂有优越性可谈。对客观事物的说明，在认识上是从属于效果的，而不是语言推理的结果。不同社会地位的人有不同的思想，当他们仅仅使用主观想象去思考的时候，谬论便被他们接受而形成谬理，最后被实践证明纯属无稽之谈。社会主义是优越的，这是个真命题，但只有它使人民富裕，人民享有充分的权利，推动社会繁荣时才能作出这样的结论。

除了人们对意识形态的迷信而相信谬理，传媒的渲染和造势也是谬理流行的原因。当传媒充当思想征服的角色时，通过编织推理过程把虚假的道理讲深讲透，世界的理念就被严重歪曲了。谬理一旦获得传媒的透析与反复传播，首先变成一部分人的口头禅，然后再向部分公众扩散，最后有可能成为社会统治思想的主要组成部分。

四、谣言的神秘与诱惑

谣言是一种以公开或私下渠道传播的、公众感兴趣的、没有事实根据的虚构事件，它不是中性的消息，而是带有欺诈、诽谤或攻击性的负向舆论。简言之，它是一种无根之言。谣言从它出现那天起就不是正面的东西，以攻击某个事物或人物为目的，并在传播中不断膨胀，最终形成一阵虚假的鼓噪。谣言是对传播中的不实之事的一种最常用的称呼，流言是谣言以讹传讹的扩散状态。在英语中，表示谣言的是 rumor 一词，在译成中文时还可译作“流言”或“谣传”，汉语中“谣言”二字是更能反映其内涵的概念。

谣言自古就有。《后汉书·杜诗传》中说：“诗守南楚，民作谣言。”《后汉书·刘焉传》中说：“在政烦扰，谣言远闻。”《战国策》里还记载了这样的事：“夫市之无虎明矣，然而三人言而成虎。”“闻三人成虎，十夫揉椎，众口所移，毋翼而飞。”意思是说，谁都知道城市里不可能有老虎，但如果有三个人或更多的人说城里有虎，一传十，十传百，人们就会信以为真。

社会矛盾尖锐复杂，危机性事件一旦发生，谣言就会漫天飞。2007 年 3 月 13 日，广州某媒体发表了一篇名为《广州香蕉染"蕉癌"濒临灭绝》的报道，但不知何故被讹传为"吃香蕉致癌"，谣言迅速传播，害得广东、海南等香蕉产区在一个多月损失至少 7 亿元的收入。这是水果市场竞争激烈，有人打压香蕉价格而酿成的一则谣言。

谣言虽是一种毫无根据的言论，但它的形成却要借助相关事实，即所谓"无风不起浪"。谣言有某钟刺激因素才能产生和扩散，当社会环境遭到人为或自然力的破坏，出现环境危机，不安、惊恐或忧虑中的人们经常失去正常的判断力，对莫名其妙的现象和突发的变故猜测背后的内幕，谣言便大摇大摆地走上前台。有人或某个利益集团对政府官员不满，也会借用一定的由头或事件造谣，故意制造混乱。不同政治势力或敌对军事集团为了战胜对手，也经常制造或利用谣言。谣言在某种程度上符合人们的心理，表达了他们的愿望，才会迅速传播。越是社会不安定时期，谣言也就越容易四处风靡。

正式传播渠道不畅给谣言的扩散带来最好的机会。大众传播和组织传播，是日常生活信息的主要通道。正式渠道沉默，信息匮乏，公众对传言不管来自何方或真实与否，都乐于听取，出现谣诼乱飞的现象。如果正式渠道经常传播歪曲的信息，丧失信誉，受众就会拒绝接受它的一切信息而宁可相信民间渠道，这种逆反心态驱使受众增加对谣言的兴趣。正式渠道不能满足人们对信息的需要，受众就会自发建立非正式渠道沟通信息，谣言会利用这个条件毫无障碍地传播开来。

作为一种特殊而复杂的传播现象，谣言的特征可从不同角度来认识。谣言所关注的问题一般都是人们最敏感的问题，凡是人们最为关注、最想知道但又不知道的所有话题，都有可能成为造谣的对象。这类话题都是一桩桩新鲜事件，五要素俱全，具有新闻性，甚至比新闻还更具新闻性。

凡是谣言都是虚假的，真实的或有事实根据的都不能称之为谣言。失真、虚假、毫无事实根据是谣言的重要标志。在谣言的定义里无须有"未经证实"的字样，因为谣言根本不能证实。起初不知真假，后来证实是真实的，是传闻或小道消息，不能称做谣言。谣言的虚假性通过无中生有、故意捏造、信口开河、以假充真、以偏概全等形式炮制出来，其内容都是主观杜撰的产物。

谣言具有诱惑性，包括引诱和迷惑两个方面，引起人们的好奇、惊异和猜测，使人们走向迷宫。迷惑是与人们的智能短路相关，认识的朦胧与百思不得其解，让人们陷入自我想象。谣言制造者利用人们这一智能缺陷，有意掩盖事实真相，故弄玄虚，编造离奇而神秘的故事。神秘感是诱惑性的基因，越神秘人们越想知道，越是不让知道便越要探个究竟，谣言的传播就有了动力。造谣者和有意传谣者往往利用人们对神秘的东西充满好奇心,加大谣言的扩散动力。当传谣者加上“这事千万别外传”、“这是内部消息”的由头,谣言的吸引力和传播价值就更大。

变异性是谣言传播的重要特征。传播环节越多谣言内容的“增生”也会越大,这是因为口语传播本身容易造成信息的扭曲或增量,受传者在猜测中不断补充内容,把模糊的内容具体化,把具体内容更加细化。谣言在高潮期,内容变得易于转述,以后传播逐渐变缓。谣言信息的遗漏小于增加,这是由于人们常注意印象深刻的东西,并在转述中加以强调,甚至根据想象增加一些关键的细节。在许多情况下,谣言都可能被锐化,琐碎的细节被强调到荒唐的程度,惊人的事实被过分渲染。为增加可信度,传播者增加人们感兴趣的内容,形成一种大家认可的变异性。每个介入者都不认为自己是在受骗,传谣是一个说服自己和说服别人的过程,通过增补细节、捏造证据来确信谣言的真实性。

谣言通常以人际多向顺延的模式传播,美国传播学者用“葡萄藤”来形容。他们发现,“葡萄藤”式传播具有速度快、信息量大、反馈性强等特点,其早期呈链状结构,继而呈现树状结构。谣言从一个人传到几个人,再从几个人分别传到一定数量的人,出现几何倍数的顺延增长。传谣者通过口头、手机、固定电话、网络和其他媒介向多方向提速,向跨地域的广大空间推进,出现多维接力的传播方式。人际传播的节点多,顺延的方向枝杈交错,随着手机短信和网络媒介的加入,出现超常速度,传播范围在一两天就可达到全国。

从造谣者和传谣者的动机看,谣言大都具有攻击性或诽谤性,表现出明显的倾向。谣言的制造者受政治目的或切身利益支配,以特定的立场造谣,表现出某种个人欲望。在伦理谣言上,诽谤他人的人格,是造谣者惯用的伎俩,往往采取“攻心术”造成某人声名狼藉,从精神上摧毁对方。制造此类谣言的人多是嫉妒别人的声誉、威望、地位或权力,企图通过谣言杀人,传播者成了帮凶。在政治谣言上,诬陷他人“图谋叛乱”,捏造他人的历史瑕疵,诸如腐败或桃色事件之类,陷他人的政治生命于绝境。政治谣言通常与阴谋结缘,从一开始扮演的就是不光彩的角色。在经济谣言上,编造他人产品或管理上的劣迹,或制造某种虚假的消费需求,坑害消费者。在军事谣言上,捏造情报迷惑对方,转移对方的注意力,让对方战斗人员丧失斗志,达到击毁对方的军事图谋。

谣言之所以能够在社会上传播,除了具备一定的环境和条件外,它所具有的特定功能也是关键因素。谣言作为舆论的特殊形式,有三种社会功能——操纵功能、整合功能和破坏功能。制造谣言为了掀起舆论狂潮,影响大众的心理,通过制造舆论,使人们对某个人、某个团体或某种事态产生一定的态度(不满、反对或拥护、支持),从而操纵传谣者的思想行为。许多人传播同一个谣言,谣言的整合功能就会将相同观点的人凝聚在一起,形成一个群体,他们在谣言的动员下产生一致的行动。

谣言都具有一定的危害性,“众口铄金,积毁销骨”,是人们对谣言杀伤力的形容。人们常说“人言可畏”,指的是谣言的致命威胁。谣言杀人,古已有之。谣言不仅充满虚假和丑恶,而且极端残忍和恶毒,往往在不经意间如冷箭射向目标,让人防不胜防。这种集群传播方式不像暴乱、骚乱、时狂或恐慌那样轰轰烈烈,但却能对民众情绪产生极大的干扰,影响人们的理性判断。政治、经济、军事方面的谣言扰乱政治、经济的正常运行,严重的将导致国家灭亡、民族的沉沦,以至整个社会的倒退。

谣言要被人们接受总是讲究一定的策略,高明的谣言不容易被识破。造谣者用巧妙的手法掩盖真实的意图,甚至利用人们的爱心、孝心达到造谣的目的。2002年的“母亲节”,山东临沂费县盛传“母亲节”做女儿的要为母亲买鞋才一生平安。于是,整个五月份,孝顺的女儿们纷纷解囊为自己的母亲买上一双“孝顺鞋”,女儿多的老人收到四五双鞋。费县及周围几个县都有这样的谣言,卖鞋的商贩们狠赚了一把,这个谣言就是这些商贩制造的。

控制和制止谣言十分复杂。谣言一旦盛传,管理部门尽管一再公布事实真相,人们仍不相信,有些人传播谣言仍兴致勃勃。谣言与人们的处境有很大关系,只有铲除谣言赖以存在的因素,谣言才会熄火。平息谣言,首先必须创造政治宽松、信息透明的社会环境,需要政府提供充分的信息,清除谣言的藏身之处。提高政治透明度,使公众及时了解政治状况以及重大决策产生的详情,危害社会安定的谣言不仅难以产生,即使出现也不会扩大传播范围。涉及重大问题的谣言,政府或新闻媒介发表声明,证实谣言的虚假,谣言传播的速度立刻会减缓,以至很快消失。对于足以动摇人心、危及社会治安或对他人名誉构成诬陷的谣诼,依法打击制造者和传播者,能有效地制止谣言扩散。运用新闻媒介制止谣言,是控制谣言最有效的方式,但一定要做出有根有据的报道。对各种自然灾害、社会动乱和人为灾祸等事件作及时的报道,减轻人们的不安和恐惧,提前防止谣言的滋生。在报道中,强调政府有效的救援措施,给人们以安抚和信心,积极发挥正面疏导作用。

本章内容重点:

1. 正向舆论的类型与作用。
2. 负向舆论的类型与作用。
3. 怎样应对谣言的流传。

第六章　民意与暴政错觉

“以民意定天下”的说法古已有之，时至今日，越来越多的政治家把尊重和反映民意作为决策的准绳。但也有人贬低民意的社会价值，认为民意可能导致多数暴政。**民意**是人民对有关自身利益的社会问题所形成的一致意见，体现为人民的精神、愿望和意志的总和，又称民心、公意、公共舆论、公论等，具有坚实的真理性。它分布在一个城市、县区以至全国各个地方，能够被民意测验的量度(60～70%以上)所证实。作为历史发展的决定性力量，民意是判定社会问题的重要尺度。

第一节　民意的自我确证

民意体现人民维护自身权益、改进社会现状、谋求整体发展的现实要求，具有量度上的绝对优势。作为民众一致意见的社会心理构造，民意及其行为是自显的，表现出人数、意志强度和稳定性的最大比率。民意不一定是媒体上的意见，也不一定完全依靠媒体来传播，如果实施的手段与方法正确，用民意调查发掘民意的自显状态是非常准确的。

一、民意的自我显现

1995年美国出版的《公众舆论与制造同意》一书中说，本世纪初德国历史学家赫尔曼·欧恩肯(Hermann Oncken)认为：“任何一个试图把握和控制住它(民意)的人都会马上发现他正在对付一个多变的家伙，一个能以上千种方式显现且并不模糊的、一个无力的同时又有着惊人的影响力的、一个用数不尽的方式显示自身存在的、一个总是设法在我们认为已经控制了它的那一刻逃脱我们掌控的创造物……"①

在这段对民意性质的描述中,先后使用了"显现"和"显示自身存在"的概念,认为民意是自我显现的一种影响力。民意不是由定性确认的,不能轻率地说哪种意见是民意或不是民意。人们常听到这样的说法:某某观点代表民意,我们是民意的代表,我们站在民意的立场上……持这种说法的人没有提供可靠的调查数据,完全根据自我判断把自己的观点视为民意,只能是一种自我想象。民意正像这个词本身那样,是任何个人或小集团凭借一纸空文无法代替的。民意只能由人民自己来说明,需要通过民意测验取得确凿的意见数据,即 60 ~ 70% 以上的人数才能认定。

美国社会学家比勒 1931 年在《属性群体的分辨与分析》一书中指出:"舆论不是一个事物的名称,而是一组事物的分类。它是在一个概率分布的统计、整理的基础上提出的引起注意和兴趣的基数和概率。"②从数量上分析民意的赞成或反对态度,是考察民意的唯一方法。对民意观点的指数进行统计分析,能够验证民意的存在,并观察到民意态度的指标是稳定少变的。民意的量度是对民意观点分布的整体考察,以此认识它的基本追求。由数据概括出民意赞成哪些意见,反对哪些意见,有哪些要求及主张,如何解决当前的社会问题,成为民意自身显现存在的基本内容。

民意是人民意志的总合,表现为绝大多数民众的共同态度,除了准确的数量统计能够说明民意的立场,没有任何其他更好的手段证明民意的要求。综合与统计有密切的联系,统计各种指数都是结合意见指向进行的,客观地反映出民意的总体走向。民意来自巨量民众思想、感情和印象的综合,各个成分虽然受到其他各种意见的影响,但在大体上是一致的。作为亿万人头脑相互作用的产物,民意的形成无疑需要一个漫长的过程,但它形成之后也在局部地发生量度的增减。

没有经历过分歧的民意是不存在的,正因为这一原因,在民意的相关量中也有正负量以及线性和非线性相关量。这是说,对于某个公共问题有 83% 的民众赞同,民众中必然有百分之十几反对或表示其他非赞成的态度。这里,反对的量就是负量,不表态、无所谓、随时改变态度的人数,都是民众中非线性的相关量。民意能够引起一场全民议论,一旦一件事情被置于全民讨论之中并出现一致意见,就标志民意的形成,民意测验能够显现全民讨论所表现出的一致立场。

---

① Theodore L. Glasser, Charles T. Salmon, Public Opinion and The Communication of Consent, The Guilford Press, New York, London, 1995. p. 236.

② Beyle, H. C. (1931) Identification and analysis of attribute - cluster - blocs. Chicago: University of Chicago Press, p. 183.

二、民意的自我整合

人类总是拥有某些共同因素，使其在某些方面协调起来，达到相当程度的一致。这包括共同的生活环境、自然资源的分享、人类生存的合作关系等等，这些共同因素是客观的，涉及每个人的生活和利益。人类的权利意识、创造财富和获取利益的要求，包含许多共同因素并不断地表露出来，构成民意整合的基点。

文化的历史沉淀是更为重要的共同因素。一个地区或民族的文化形态与习俗长期形成了多数人的共同信念，构成民众对外界的认同和评价。这些共通性的理念使文化这一历史范畴成为人们衡量事物的共同标准，产生了对公共事物的一致认识，筑成民意整合的前提。人们对事物的判断有时是模糊、模棱两可的，所以才有了民意整体的延时性和柔弱性。但当深藏于人们内心的标准形成社会规范时，个别行为违背这样的标准，无异于向人们的固有观念宣战，民意便会马上作出反应，启动意识的整合程序，使优势意见开始积聚。

民意之所以需要整合，是因为民意有自身的属性和弱点。民意由许许多多个体结合在一起形成综合体，具有整体性和分散性的双重特点。整体性是外在表现和内在要求，而分散性则是一种先期的自然状态，在民意形成后除了集会表达整体意志之外，也基本是分散叙说自己的意见。民意的外在形式是共性意见的合成，但分散的表达构成了分裂性，只有整合起来才会产生强大的力量。最初民间议论圈的交流拉开民意整合的序幕，意见领袖的指引和发动时常把民意推向一个个集结状态，民意测验和大众传媒的报道和推动，也能体现不同规模的民意整合形式。

民意整合是人民的自身运动，基本形式是议论圈的扩大和蔓延，意见领袖的发动不过是提高了其组织化和规模化的程度。民意的整合不是线性的，而是一个循序渐进的、多环交叉的起伏状态，具有逐渐显露的过程。当民意的整合发生挫折时，多以静态的、迂回或弱化的方式拓展。民意处于低潮是为了保存力量、伺机而动；迂回则是以退为守，以守为进。民意在低潮中积蓄一段时期，涌现出它的代表人物及意见领袖，民意整合就进入组织化活动时期。

民意在短时间内不会形成或出现突变，巨量的整合一般需 3 个月至半年以上的时间，除非重大事件发生，它的意见指向才能发生快速的变化。美国的“9.11”事件是个很好的例证。在该事件之前，美国民意长期受历史与道德文化的影响，绝大多数美国人对政府的战争行为表示强烈不满。但这一重大事件等于恐怖分子对美国本土发动了战争，他们重新审视自己的处境，打破了一直坚守的信念。这场空前的灾难，不仅没有将布什政府击垮，布什反而借发动对阿富汗塔利班的战争彻底扭转了民意，支持率一路飙升至90%以上[1]。战前的民意测验表明，民众支持布什政府打击恐怖主义的战争政策达到了民意指标，经历了约3个月的时间（“9·11”事件发生在2001年9月11日，英美联军攻打阿富汗在当年的12月末，2003年3月20日攻打伊拉克）。但在伊位克战争后，布什政府对阿富汗和伊拉克由打击恐怖主义变为长期军事占领，误杀了数万平民，许多政治和军事行动严重损害了这两个国家和美国人民的利益，民意对布什的支持率逐渐下滑，到2008年11月，支持布什政府的舆论指标仅有24%。原来的民意发生了根本变化。

在民意整合中，有两个舆论因素值得重视，一是意见领袖，二是舆论机构。意见领袖就像一面旗帜，及时发表令人震撼的言论，与其意见一致的人不再沉默，民意的扩展与汇聚开始活跃。每个国家都有为数众多的舆论机构，意见领袖借助这些机构发挥中坚作用，构成密集的意见交流体系。这个体系就像一张网，为民意的整合提供广泛而有力的路径，网罗个体意见汇集为巨大的舆论声势。各种民间组织，当代传媒特别是互联网，在民意整合中不断激活和发动舆论，同时融入民意，构成民意的重要主体。这时，舆论机构成为民意最有力量的工具，使民众的意见目标清晰而彻底，大大缩短了民意整合的时间。

三、民意是怎样被歪曲的

“民意”有时是个隐身人，你看不到民意，但谁都可以把它放在嘴边，以自己的意见冒充民意。有人被这种假象蒙蔽，称民意自古就是非理性的，否定民意的真理性。他们进而推断说，希特勒利用它上了台，日本发动侵略战争受到民意的支持，民意掀起中国的“文化大革命”，民意简直成了罪人。一些在群众中口碑极差的人，在人大获得高票“当选”政府主要官员，有人责怪民意常常脑瓜迟钝，两眼昏黑，优劣难分。正如美国早期的政治家汉密尔顿所说：“人民是扰攘多变的，他们极少正确判断和决定。”[2]

如果要问，希特勒上台达到60~70%的选票了吗？日本在20世纪对外发动的侵略战争是由60~70%的日本民众要求的吗？中国的“文化大革命”是人民发动的吗？人民代表投票通过“口碑极差”的人当选市长、省长，主要责任应由民意还是由体制缺陷来负？这些人的观点就动摇了。

上述情形不是民意错了，而是民意被践踏、被歪曲，甚至被强奸的结果。德国历史著作清楚记载，希特勒上台连50%以上的选票都没有达到，不够民意量化的

---

① 《京华时报》2002年10月9日，A16版。

② Jerry L. Yeric; John R. Todd, Public Opinion: The Visible Politics, Itasca, Illinois: F. E. Peacock Publisher, Inc. 1996. p.11.

指数[1]。他坐上总统宝座是通过修改宪法的阴谋继位的，后又以党卫军和冲锋队的血腥恐怖强迫人民投票承认，这种票决和民意没有任何联系[2]。日本对外侵略是由军方发动的，受到民间武士团体的支持，反对的党派和国民受到无情镇压。

民意是一种客观存在，是人民自愿表达的态度。中外许多政治势力都美化自己代表民意，制造民意拥戴的假象，实际他们常常谎称民意，用一部分人的意见冒充民意，或对民意代表进行收买、恫吓或挟持，逼迫他们发表支持的言论。在西方国家，选举前往往伴随持续不断的民意测验，民意调查和大选可谓形影不离，但大量调查的结果和事实本身出现偏差，因为民意在调查中被歪曲。由于取样偏离、调查手段不科学或捏造民意数据，得出的只能是假民意。

在历史上，有人可能利用民意达到了自己的目的，在他利用民意的时候还没有暴露真实的面目，人民当然无法识破。某种势力一旦公开背离民意，民意就成为他们的对立面，同他们处于势不两立的地位。民意是真理的坐标，它能识别谁是人民的代表，谁是他们利益的捍卫者，以街谈巷议把背离民意的人置于挞伐的位置。

人民决不会被腐蚀，被腐蚀的往往是民众中的个别分子。尽管人民中的少数人会受欺骗、被利用，发表种种错误的言论，好像民意迷失了方向，但这实际是把少数人的意志误认为多数人的立场。这不是民意的错误，而是对民意的一种曲解，把民众中不良分子的言论误指为民意。

第二节 民意的基石与真理性

民意是民主制度的产物，只有在自由、宽松的民主环境中才能真实地表现出来。民意一方面具有公正性、整体性和顽强的意志；另一方面，又需要自由、民主的环境保护和解放他们的自主意识。如果民意遭遇压力、武力和监视，就会暂时隐蔽起来。民意的这个弱点，决定了它在专制权力统治下常常无法发挥自己的作用，这是因为民意的外在形式是个人言论的表达，而个人的行为是单薄、脆弱的。在民意隐蔽的时候，民意的个体表达处于低潮，其整体佯装为无声状态。只有当个人意志敢于公开表露，结成活跃的整体才是强大的，那时将出现声势浩大的集体行为。

---

① ［德］迪特尔·拉甫：《德意志史》，波恩出版社 1987 年版，第 283 页。

② ［原东德］瓦尔特·巴特尔：《法西斯专政时期的德国》，中国社会科学出版社 1987 年版，第 78 页。

一、民主是民意的基石

显然,没有民主就很难看到民意,民主不彻底,民意经常处于畏缩状态。既然民主是民意的基石,在民主社会中,为了真正了解民意,常常给人民表达意志的自由。例如,选举时填写选票都是在布帘后进行,以免他人窥视;民意测验不登记姓名,检举政府官员严禁将揭发材料与被揭发人见面,等等,都是为了避免民意受到伤害。

民主建设越成熟,民意的活动就越公开,表达的意见也越充分,民意才能成为主流舆论。民主从字面上看即是由人民统治,人民成为社会权力的源泉,多数人统治的合法性不仅来源于民意的肯定,而且来源于符合民意的法律。法制保障人民的表达权和公共利益的神圣不可侵犯,制止和惩罚滥用权力,既禁止压制少数人的意见,更不能无视多数人的意见。

在完全民主的社会,人民有权共同决定公共事务,没有任何力量可以阻挡它。人民只相信自己的力量和理性,不相信、也不存在任何救世主。在民主社会里,人民中任何人都可大胆讲出自己的意见,不会受到镇压和排斥。民主社会的政府是公共权力,由人民整体决定官员的去留,他们的使命就是为人民办事,按照民意办理符合民心的事。官员为了履行自己的职责急需听取人民的意见,担心人们对他们的不满而遭到弹劾。在完全民主的社会,没有阶级,没有贪欲权力的政党,没有歧视普通百姓的政治文化,多数民众的意见受到重视,人民不会隐瞒自己的见解,人民中个体的不同意见也不会遭到耻笑,因为每个人都有发表自己意见的权利。“为了整体利益,大胆说出自己的意见”——将是民主社会的政治格言。

今天的任何国家都没有实现完全的民主制,没有达到绝对多数人对社会的有效管理,民主还处在初级阶段。伯里克利在《丧礼上的演说词》中揭示雅典民主制的实质说:“我们的政治制度之所以成为民主政治,是因为政权是在全国公民手中,而不是在少数人手中。”①在当时这仅仅是理想,或是一种美化,因为当时有公民权的人在雅典是少数。据相关书籍介绍,在伯罗奔尼撒战争时,雅典成年公民为 4 万人,异邦人有 7 万人,奴隶在 15 万 ~40 万之间②。只有这 4 万公民才有权裁决城邦的事务,实际是少数人对于多数人的统治。被称为民主楷模的美国目前实现的不过是政党民主,人民的民主权利受到很多程序性限制,繁琐、需要金钱的选举制隐蔽地保护少数人的特权,很多人缺少参政的积极性,而且普通公民表达的意见也很难被媒体听到。正因为如此,美国的民意常常受到冷遇,民意测验也常常被政客

---

① [古希腊]修昔底德:《伯罗奔尼撒战争史》,商务印书馆 1960 年版,第 130 页。

② 转引自应克复等著:《西方民主史》,中国社会科学出版社 1997 年版,第 48 页。

所利用。

在完全的民主社会，人民有高度的文化和民主训练，一切社会信息都是公开的，多数民众富有理性，有智慧对公共事务做出正确的判断。依靠理性思维，依靠信息的高度透明判断日常生活中碰到的所有问题，构筑了民意的思想大厦。因而他们也养成了遵从民意的习惯，对民意有无限的信任。“因为在他们看来，如果公众的判断不与他们大家拥有的相同认识接近，绝大多数人是不会承认它是真理的”①。连对民意持有保留态度的维克托尔，也对民主制度下民意的真理价值，流露出某种肯定与赞赏。

这样一来，民主社会中的个人一方面相信大多数，因而民众融洽相处；另一方面，当他面对周围的人形成的整体，绝没有力量去反抗绝大多数人，从而造成对民意的尊重。但他个人如果有不同意见，他想发表出来，又会受到整体的重视，这是真正民主的价值。民主是民意释放的前提，也是解放思想最根本的意志环境，为民意的形成创造了条件。

今天有人怀疑民意，对民意有种种错觉，主要是没有置身于一个真正的民主社会，把对政党民主的鄙视转移到对民意的否定，把政党冒充民意的表演转嫁到对民意的蔑视。在现今的不平等社会，因为身份等级的存在，总有一部分人凌驾于大众之上，对公共事务巧妙地发表损害民众利益的意见，多数人则难以共同地抵制。人民没有选举权，民意对这些人毫无办法，时常因为害怕他们的打击而沉默下来。由此，又有人认为民意是软弱、错乱的，显然这是对民意的无知和错觉。事实上，即使在今天，在瑞士、瑞典、芬兰、比利时、德国等民主制度发展较好的国家，民意在国家政治生活中的地位和作用都有突出的表现。全民公决国家政策和创制法律，使这些国家的经济和社会长期处于稳定发展状态。民主多一点，民意的身价就重一分，就会出现民意主宰政治生活的健康局面。

民主制度对民意所产生的影响远不止此，绝大多数人意见的积极影响和融合力，使人们不仅表现为行动一致，同时促进他们的思想和精神和谐，犯罪率降到低点，个人和社会安全有了保障。人们无须服从人民之外的任何意志，不屈从于强权的监管，一切都按照民意制定的公共规则行事。公权与私权强制某个人做什么，都是代表民意行使管理，每个人都懂得这个规矩，因而大家都自觉遵守公共秩序，强制性的管理只在无视法律的少数人中发生。在民意面前自愿服从民意，是今天许多民族的共识，如果说这是舆论宗教，总比政治寡头宗教和政党宗教要好得多。

---

① [法]托克维尔：《论美国的民主》（下卷），商务印书馆 1991 年版，第 526 页。

二、民意对真理的占有

民意永远是公正的,而且永远以捍卫公共利益为目的。人民总是考虑社会的和平、安定与生活幸福,人民的愿望就是追求公正、平等与和谐互利。民意追求安居乐业、正义和善良,反对一切丑陋、欺压和专制。这一切就是民意的目标,体现了人类的真理追求,惠及了人民的最大利益。否定民意的正确性,实际否定的是人民生存的愿望,或把不是民意的理念加到民意的头上。

当人民能够充分了解情况而进行讨论时,公民彼此间虽没有任何联系,却从大量意见的细小差别中产生最好的意见,讨论的结果使人民消除了歧见。在阶级、派别林立的社会,民意超越小集团的利益,反映绝大多数人的共同要求,成为众意的最大公约数。在民意中包含社会绝大多数成员的利益,同时也包括这些成员每个人的利益,正是从这一共同基础出发,民意同维护公共利益的个人是没有冲突的,它是公正和正确的。

民意具有人民的整体性,反映人民的统一意志、统一要求和一致的呼声。当我们观察民意时,我们能在一个县区、一个城市以至全国各个角落听到同一种意见,这就是民意的象征。如果在一个县区、一个城市和全国各地对同一个社会问题听到几种不同意见,没有出现巨量的共同意见,标志民意还没有形成。民意的整体性既不能分割,也不能离间,用任何手段都无法制造人民的对立。民意一旦形成,它的一致意向结成了意识整体,目标的高度一致消除了每个公众的利己追求。

民意是人民历史活动的结晶,在对待社会问题上永远不会发生谬误,如果出现谬误,是错把一部分人的意见当作民意。如果有人背叛了民意,他们就不再是民意的主体,他们的错误不是民意的错误,他们已经成为民意之外的因素,无法伤害民意的真理性。人民创造历史,不仅是他们用勤劳的双手建造万里长城、大运河、南水北调工程这种物质创造力,而且能提出推动社会变革的真知灼见,通过舆论推动历史前进。

从根本上看,民意的真理性来自人民的一致利益和共同需要,而不仅仅来自它主张正义。民意来自人类的共同生活,遵从共同规范和生活准则;人民共处于同一个社会,需要共同的安乐和幸福,这个核心价值决定了民意的正义性。共同生活包含着共同利益,维持社会的公共秩序又关系到人类的共同生存,反映了人类的共同要求。产生民意的这类社会基础带有永恒的公共性,充满不可动摇的真理性,因而民意对涉及他们直接利益的公共事物的判断,都是正确的。

民意的产生在很大程度上取决于人类的共同道德和法制规范。道德本身是民意的同化,民意是道德观念的外化。人民对真、善、美的赞扬和尊崇,对假、恶、丑的批判和抵制,都是民意的正确目标。民意也是法制社会的产物,还是法治观念的一种通俗意见。法律规范一旦遭到破坏,就会受到民意的谴责,这是民意捍卫法律真理的行为。任何国家的法律都是由民意或通过民意代表制定的,法律本身就是民意的结晶,又是法律真理的"条文"化。简言之,民主制度下的法律就是民意,因为法律严格地维护全民的利益和权利。

三、多数暴政说的错觉

民意主宰社会实际是一种制度,即多数人对公共生活实行民主管理,由全体公民参与公共决策,少数人无条件地服从多数人对公共事务的裁决。有人则认为,这种"多数人的统治",会造成对少数人的无情压制,导致多数人暴政。他们基于民意不一定都是真理的认识,强调民意是不应尊重的。

《南方周末》2004 年 2 月 5 日有篇文章写道:"多数人暴政实际上是民主政治的一个漏洞和弊端。在多数决定原则下,与多数人利益不一致、甚至是相对立的少数人利益,由于无法获得多数票,就可能遭到忽视甚至侵害。如纳粹德国的立法机关通过歧视、驱逐、屠杀犹太人的法律,就是一个明证。这样便形成了多数人暴政,或者称之为民主的暴政。"这篇掩盖专制法律性质的文章,把法西斯镇压犹太人的罪恶算在德国人民头上,抨击多数暴政的逻辑十分荒谬。托克维尔也有一个典型的描述:"多数在思想的周围筑起一圈高墙,在这圈墙内,作家可以自由写作,而如果他敢于越过这个雷池,他就要倒霉了……责骂他的人喊声震天,而与他想法相同的人,则失去勇气,不敢做声,躲避起来。他只好让步,最后完全屈服,保持沉默,好像不该说真话而后悔了。"①"公众不是用说明的办法,而是以全体精神大力压服个人智力的办法,将公众的意见强加于和渗入于人们的头脑。"②这是对多数暴政即民意暴政最形象的说法。

认为民意导致暴政的结论忽略了一个基本事实:是否少数人统治就一定实施善政,不会产生暴政？自阶级社会以来,几乎所有少数统治——权贵政治,都是暴政,而且不仅有舆论手段的暴政,更有残酷的肉体摧残,对不同意见进行血腥镇压。中国历朝历代的文字狱,骇人听闻,充满了皇权统治的暴虐。这种少数统治剥夺的不仅是绝大多数人的话语权,甚至毫不犹豫地铲除反对者的生存权。

反对多数人统治必然导致少数人统治,使大多数人丧失舆论表达权,乖乖地服从专制势力。迄今为止,大部分社会是多数服从少数的社会,这种不合理、不公平的现实引起种种社会冲突。意大利精英主义理论家说得十分透彻:"我们只要稍加

---

①② ［法］托克维尔:《论美国的民主》(上卷),商务印书馆 1991 年版,第 293、527 页。

留意即不难发现,在所有政治有机体中,存在这样一种持久的事实和倾向:一切社会,从非常原始、文明尚未成形的社会到高度发展、实力雄厚的社会,都会形成两个人们的集团,即统治阶级和被统治阶级。前一个阶级总是人数较少,他们行使一切政治职能,垄断所有权力,享有权力带来的诸多特权;而被统治阶级在人数上处于多数,他们受到前一阶级的指导和控制,这种指导和控制有时通过不同程度合法的手段,有时通过一定程度的专断和暴力手段实现。……众所周知,在我们国家,公共事务的管理都掌握在少数有影响的人手里。无论是否情愿,大多数人只能服从。"[①]上述结论是无可怀疑的事实,绝大多数国家都是少数人对人民的统治,只是使用专断和暴力的方式与程度不同。

自阶级社会以来,多数暴政究竟发生过几次?反对"多数统治"者仅能举出三五个并不符合实际的例子。诸如法国大革命等。人民革命一旦面对不愿退出历史舞台、残酷而顽固的专制权力,最终要使用暴力,这种暴力不是压制少数人,而是打倒以武力维护统治的压迫者。正如法国学者阿·索布尔和米涅认为,暴力是同革命分不开的,这是一件必然的坏事,必须把血和泪抛到拿起武器进行压迫的人的身上,而不应该抛向为正义而战的人的身上[②]。法国大革命中暴民的过激举动是全体法国人民干的吗?据法国史书记载,从事打砸抢的暴徒多为"恐怖分子、无套裤党、土匪、歹徒"所为,这些暴徒不过数千人,最多被传说为"3 万人",仅仅占整个法国人民的千分之一。与他们对立的是广大农民、城市居民和民兵——投入革命的大众,他们联合起来一面参与推翻国王、贵族统治的斗争,一面防卫暴徒夜晚的袭击[③]。"当关于土匪袭击的消息一经传开,……一支人数庞大的民兵在全国各地组织起来了,就连最老实的人也拿起了武器。"[④]在法国大革命中,多数市民、农民和民兵从来没有对少数不同意见的公民实施过暴政,把少数匪徒的暴行视为法国人民的过错,违背历史真相。

在任何国家或一定时期,都有坏人和别有用心的人隐藏在人民中从事罪恶勾当,打着民意的旗号达到自己的目的。他们是人民的叛逆者,他们的暴行与人民的意愿背道而驰,根本不代表民意。这个常识竟然在一些理论家的头脑中变成幻觉,把社会中坏人干的事写在人民的账上。

民意是人民的意见,而不是简单的多数,多数和绝大多数是有区别的。多数是众意,真理和错误混杂在一起;绝大多数是民意,代表全体人民的利益,占有真理。在处理公共问题上少数人服从绝大多数人的意志,恰恰是一种理性,而让绝大多数

---

① [意]加埃塔诺·莫斯卡:《政治科学要义》,上海世纪出版集团 2005 年版,第 119 页。

② [法]阿·索布尔:《法国大革命史论选》,华东师范大学出版社 1984 年版,第 8 ~ 9 页。

③ [法]G. 勒诺特尔:《法国历史轶闻》,北京出版社 1985 年版,第 7、8、84 页。

④ 同上,第 10 ~ 11 页。

人服从少数人则是非理性。正如洛克所说："当每个人和其他人同意建立一个由一个政府统辖的国家的时候，她使自己对这个社会的每一成员负有服从大多数的决定和取决于大多数的义务；否则他和其他人为结合成一个社会而订立的那个原始契约便毫无意义。"①没有少数服从人民意志的理性，就没有真正的国家，也不会有人民的政府。所谓国家，就是以民意为基础的民族联合体；所谓政府，就是受人民委托、代表人民意愿而管理公共事务的办事机构。国家与政府都应是以民意为基础和纽带的。

民意在公共事务中占有决定的地位，是由于它根植于社会的共同目标、道德意识和法律准绳，不是多数人的随心所欲。任何人也找不到民意随心所欲的事实，能够找到的都是少数人或众意的肆意妄为。有人钻进僵化和简单化的胡同而难以走出来，制造多数人的智慧不一定高于少数人的假命题，否认民意的正确性。英国学者哈耶克对多数人的智慧一定超过少数人提出质疑，认为多数决策具有一种更高的超个人的智慧是没有理由的，因为"只有自生自发的社会所达致的成就才可能具有这种智慧"②。事实上，不是多数人一定智慧高，而是多数人中包括许多有智慧的人，民意是从个人正确的意见演变来的。绝大多数人民的意见来自少数人的明智见解，是社会高度智慧的结晶。民意主体包括大量精英和意见领袖，民意主要是由其意见领袖表达的，重要的是他们的观点得到民意的支持。

如果说民意排斥一部分精英的意见，抵制的是反人民的精英，排斥的是同人民愿望相反的意见。反人民的精英智慧，脱离人民的利益和要求，是不值得肯定的，更不是什么民主的要素。如果有一种智慧损害人民的利益，与人民作对，或表面上赋予人民虚假的当家做主的权利，实际是少数人统治，人民不可能拥护这种假民主。对此，墨索里尼的话是最好的注释，他说："法西斯主义拒不承认多数人仅仅因为他们是多数人就可以统治人类社会，我们所说的民主政体，指的是那样一些政体，在这些政权中，人民不时被引起一种他们是统治者的错觉，而真实有效的统治权则掌握在其他一些也许是不承担责任的和神秘的势力手中。"③墨索里尼最厌恶民意测验，因为民意历来是少数统治者所恐惧的，不仅不会导致暴政，而且是遏制少数人暴政最有效的力量。

麦迪逊指出："组成多数的人数愈少，他们所处的范围就愈小，他们就更容易结合起来，执行他们压迫人民的计划。把范围扩大，就可包罗种类更多的党派和利益集团；全体中的多数有侵犯其他公民权利的共同动机也就少了。"④对社会的公共

---

①② 转引自[美]科恩：《论民主》，商务印书馆 1988 年版，第 1 页。

③ 转引自[英]安东尼·阿博拉斯特：《民主制》，桂冠图书出版股份有限公司 1992 年版，第 65 ~ 66 页。

④ 汉密尔顿、杰伊、麦迪逊：《联邦党人文集》，商务印书馆 1995 年版，第 266 页。

利益、公共事务问题，就是要尊重绝大多数人的意见，不可能提倡多数人服从少数人的利益和意见。在处理公共事务问题上，按照绝大多数人的意志行事，但又允许和保护少数人发表不同观点，正是民意的本质，也是民主政治的规范。历史上出现过少数人的意见被打击的现象，打击者不是民意，而是极少数的专制统治者，他们假借民意的名义，驱使少数唯命是从的群众迫害不同观点，无一不受到民意的痛恨。

第三节　民意的四定律

正如第三章所言，从舆论运行的范围和主体量化看，社会舆论可划分为民意、众意两大类，其中每一种舆论都反映特殊的共同意识。科学地认识和把握民意，需要认识它的四个定律，这不仅把民意作为历史的重要动力来认识，而且深刻再现了民意力量的根源。这四个定律是：量多理正定律、群落浮现定律、弱化—刚性定律、民心向背定律。

一、量多理正定律

本书认为，众意又可称为公众舆论，指社会范围内 25% 以上至 60% 以下的公众所持有的一致意见。众意处于多种意见的交叉状态，在同一时间内，社会可能存在几种众意，个人意见和某种公众意见一致，也就成为众意的代表。民意是由众意演化而来的，确切地说，民意在形成过程中要经过众意阶段。

某一公共问题在一定范围内引起多数群众的不同反响，就构成众意纷纭。如果是某个城市的社会问题，在这个城市的若干地方能听到几种不同意见；当这种反响涉及到全国性问题，就在全国若干地方听到有关这一问题的各种声音。如果进行舆论测量，每种意见都在 25% 以上，标志几种不同众意的形成。公众舆论对社会问题的态度可能有好几种，每一种意见都有相当数量的舆论主体，如果没有一种达到绝大多数的规模，每种舆论只能是一定范围内的公众意见。

众意可细分为阶级舆论、阶层舆论、团体舆论和宗教舆论。公众舆论不都占有真理，它的多样性必定有远离真理的谬见。人们对公共事务的认识如果受阶级、阶层、政党或本位偏见的支配，就无法获得公正立场，众意的谬误就很难杜绝。但有一个大体适用的尺度可帮助我们判断哪个众意更正确些，即舆论主体的比量决定舆论正确的程度。在正常情况下，对公共利益问题舆论主体人数越多，表明它的功利倾向符合更多人的愿望，就能更接近真理，这样的众意就有可能发展成民意。这一“量多理正”的民意定律具有较高的合理性。主体量最大的众意最少有数万或几十万人以上的规模，融合大量的公众意识要比融合较少的公众意识集中了更多的共同要求，正确程度自然会大一些，包含的谬误成分也较少。

持有某种意见的人数少，其正确程度较低，但这并不排斥真理可能在少数人手里。这里研究的是舆论主体的量度和利益追求正误的关系，少数人是否首先发现真理和舆论的正确程度是两个不同的范畴。少数人甚至个人的意见一旦掌握了真理，迟早要被多数人所接受，成为正确的众意，直至成长为民意。用量多理正定律否定少数人可能占有真理，是没有把认识论和舆论观这两个不同范畴的问题区别开来。民意这一定律实际是指少数人的利益和欲望，同多数人的利益和愿望哪个更重要，更值得重视，更接近社会的公共利益。

有许多错误的意见，也可能被一定的多数人所接受，转化为荒诞不经的流言飞语。这可能是信息不对称造成的，也可能是意见领袖欺骗的结果，这种错误的众意持续的时间总是短暂的，往往不涉及大多数人的切身利益。古往今来，社会舆论都受利益的支配，不同利害关系使人们对同一种事物具有不同的意见，根据对多数人是否有利或利益多少确定事物的是非好坏，就呈现出“量多理正”的必然性。如果修建一条运河通过一个城市，对这个城市三分之一的市民有利，对三分之二的市民有害，三分之二的市民反对修建比三分之一市民赞成修建的意见具有更大的合理性。如果这条河的修建对全省的经济发展和环境改善有利，全省人民赞成，应满足全省人民的利益要求修建这条运河。这时，要采取措施补偿给该市三分之二的居民造成的损害，比如妥善搬迁他们的住房，弥补给他们造成的其他损失。诸如此例，“量多理正”定律是在最大范围内判定多数人意见的合理性，适用于所有领域的公共政策的制定。

公众舆论达到50%或接近60%人数的意志，说明这种意见代表一半或更多人的利益，其正确程度自然高于比量较低的众意，有可能在“量多理正”定律的推动下很快转化为民意。

在阶级社会，进步的阶级或阶层是量比较大的公众，他们的社会要求最正确，因而是民意的主体，成为推动历史前进的力量。民意有时是由进步阶级或阶层的众意转化而来的，有时则是各个阶级和阶层面对共同问题形成的整体意志，即使后者也要经过暂短的众意阶段。因此众意的存在，不仅是某类公众自我声张的意识，而且在客观上是造就民意的意识基础。

二、群落浮现定律

民意分布在整个社会，它的显现最终由民间的一个个议论圈体现出来。即使舆论领袖、社会精英利用媒体发表高见，如果没有绝大多数公众的呼应，议论圈没有出现在街头巷尾，民意仍然没有形成。只要民意存在，必定通过一个个倾吐意见的群落表达出来，每个群落都以议论圈的形式展现民意的实体。

在微观环境中，常常由多人坚持和发表一种意见，言谈共叙，交流互动，对公共事务议论不休。这类社会小群体既是群体舆论的发源地，又是各种舆论群落的参与者，表现为民意的局部状态。在一定场所工作、学习或活动的人，都可能自由地、长期地结群谈论社会问题，他们的一致意见是整个民意的回声，同社会绝大多数人的态度一致，便构成民意的细胞。民意总是由无数社会群落从事表意活动，人们能够看到、听到和触摸到它的存在，这就形成了民意的群落浮现定律。如果有人发表意见，说这个意见代表和反映了民意，但在社会各地却没有出现表达这种意见的群落，是在冒充民意。反之，只要表意群落出现在社会各个角落，而且持有共同态度，标志民意已经存在，不承认民意则是徒劳的。

经常结议的群落，具有很强的聚合力。在共同体内，人们结成固定的舆论群定期或不定期地谈论公共问题，热衷把突发事件作为谈资，构成民意活跃的气氛。**舆论群**是自发集结在一起发表见解的群体，构成议论圈的表意公众，包括固定舆论群和随机舆论群，民意群落是若干舆论群的别称。固定舆论群是由聚集习惯和“谈得来”的人所构成，是联系较为紧凑的民意主体。每当社会问题悬而未决或发生引人注目的事件，就把大家调动起来，集结在某个场合谈论共同关心的议题。由于群体成员相互认识，有的达到无话不说的程度，固定舆论群经常集聚，奠定了民意的牢固基础。

群体舆论议论的是周围发生的事，缺少公共价值，而民意的议题则是社会公共事务。对单位或邻里的事务，或眼前刚发生的事件，人们聚集一起议论表现出津津有味的兴致。这种对局部中的具体问题、在狭小场合出现的结群热议，叫做**群体舆论**。群体舆论多在人们习惯性的场合出现，例如办公室、走廊或居民大院，擅长搬弄是非的人常把一个单位搅得人心涣散，也有些正派人赞扬好人好事，抨击劣迹。民意和群体舆论经常交叉在一起，后者可能向前者转化。群体舆论也有突发性，大街上的交通事故，商场中售货员同顾客的纠纷，邻居的跳楼自杀，都可能吸引一群人围观议论，这种随机舆论群经常出现。

民意群落在不确定的社会空间出现，呈现议论的随机性。在火车里、飞机上、广场、胡同或市场、商场等公共场所，互不相识的人由于外出、休息或其他因素聚集一起，形成结构松散的意见群落。这种随机舆论群对社会问题交换观点、互通信息，或共发牢骚，对公共问题产生共鸣。由于公共事务的吸引，本来互不相识、也没有料到相聚一起的人持有相同意见；他们在发表完见解后立即走开，群体消失得无影无踪。在陌生人群中出现的这种意见群落，标志民意在社会产生深远的影响，任何力量已无法阻止它的扩散。

三、弱化—刚性定律

民意只有在自由、宽松的民主环境中才能真实地表达出来，如果对民意施加压力，用武力去镇压它，用特务监视人民的活动，民意就会隐蔽起来。民意之所以有这种弱点，因为它的外在形式是个人意志的表达，而个人意志是脆弱的。每个人的意志结成整体才是强大的，任何反民意的力量都不敢、也无法把强力对准民意，因为民意布满天下。他们只能对准民意的个体，施加威逼手段，这时，民意便沉默下来等待反攻的时机。

在这种情况下，民意暂时处于低潮，不等于民意犯了错误，因为民意在每个人的心里并没有改变。卢梭对民意这一规律做过论述，他认为，公意是永恒的、不变的而又纯洁的，但是它却可以向压在它身上的意志屈服。每一个要使自己的利益脱离公共利益的人都看得很清楚，他并不能把两者完全分开来；但是在和他所企求获得的一己利益相形之下，他所分担的那份公共的不幸，对他就算不得什么了。但除了这种个别的利益之外，则他为了自己的利益也还是和任何人一样强烈地要求公共利益。甚至为了金钱而出卖自己选票的时候，他也并未消灭自己内心的公意，他只是规避了公意而已。他所犯的错误不过是改变了问题的状态，是对向他所提出的问题所答非所问；从而他并不是以自己的投票在说："这是有利于国家的"，反而是在说："通过了这样或那样的意见乃是有利于某人或某党的"。因此集会中的公共秩序的法则不完全是维持公意，反而倒是经常对公意提出疑问，并且经常由它做出答复①。

卢梭在《社会契约论》中的这段论证，说明西欧封建制度末期，民意在公开场合、以至在选举过程中常常受到弹压、收买或会议程序的限制，人民的表达自由遭到剥夺，不能不呈现弱化的倾向。这是民意弱化—刚性定律的第一种表现，即弹压无法消灭民意，只能使它转入地下，民意以让步的假象保全自己。

民意弱化—刚性定律的第二种表现是，以其人之道还治其人之身，采取消极反抗的策略，把弹压民意的错误推向不可收拾的地步，最后让弹压者自食其果。我国1958年的"大跃进"包含亿万人民对吹牛冒进的消极斗争，表现出民意"以其人之道还治其人之身"的斗争策略。1958年1月3日第一个说大话、抛出农业高产的数字为广东汕头的亩产早稻3000斤，此后，从高层到地委下达了一条无形的命令：谁做不到高产就是右倾保守，开展大鸣大放大批判。领导层逼迫人们说假话让基

① ［法］卢梭：《社会契约论》，商务印书馆2003年版，第133页。

层干部和群众噤若寒蝉,终于激怒了他们,各地农村干部接连张开海口把假话说破天,先后向党中央“报喜”亩产粮食3500斤、4000斤、5100斤、1万斤、2万斤、3万斤,直至亩产旱稻13万斤,最离奇的是四川有个县亩产旱稻达到824525斤①。这些吹出来的产量在各地报刊、广播电台竞相宣传,从每个农民、基层干部到记者没有一个人不知道这是捏造出来的数字。但既然中央和地方领导逼迫人民说假话,人民又不敢指出他们的错误,就要给这些领导点颜色看看,用更大的假话欺骗他们。以其人之道还治其人之身,让狂热的“大跃进”变成大饥饿、大溃退,中国历史上出现了从来没有过的农业大破坏。

有人借此污蔑亿万农民和农村干部愚昧,民意犯了错误,可是为什么在两千多年历史中没有发生过农民虚报粮食产量的现象?农民最了解一亩地打多少粮。民意不可辱,你欺侮他们,压他们说假话,又不允许他们诚实地批评你,他们只能骗你,骗得你天塌地陷。在人民公社化中,农民不积肥、不认真耕耘,大半个中国粮食产量过不了黄河(亩产400斤)。既然以言治罪,人民敢怒不敢言,便以消极怠工表示不满。1956年后,中国内地搞了多次轰轰烈烈的政治运动,逼迫群众和干部说假话和蛮干,他们就以更大的假话和蛮干应对,把运动推向极端,出现众多后遗症。这是民意弱化—刚性的定律在起作用。任何不尊重民意、压制民意的行为,不是被其奚落,就是被其推进泥潭。老百姓是不好惹的!

民意的弱化是有条件的,是一定历史时期的属性,正像民意的强大是有条件的一样。民意在低潮中积蓄一定时期,就要涌现出它的代表人物及意见领袖,随之出现成千上万的舆论人活跃在社会各个角落。这时,民意的弱化状态消失,由隐蔽的斗争转化为公开的对抗,显露出民意的刚性。民意的刚性表明:当它拥有相当数量的意见领袖时就成为不可战胜的力量,压制民意的统治者成为人民直接打击的对象。

这时,人民被意见领袖和舆论人发动起来,产生一系列社会运动,以强硬手段攻击统治者。考察历史,任何大规模的武装斗争都是由杰出舆论领袖带领亿万群众完成的。从斗争开始到结束,领袖人物把反映民意、引导民意作为进攻敌人、组织群众的手段,最后推翻民意的统治者。1949年毛泽东领导的那场武装斗争取得的胜利,是民意诉诸刚性定律的结果。正如毛泽东所说,共产党战胜国民党,是民心向背起了决定作用。

四、民心向背定律

“得民心者得天下,失民心者失天下”,是不容置疑的历史定律。中国历史上一

① 谢春涛:《大跃进狂澜》,河南人民出版社1990年版,第56~75页。

个个王朝覆灭，世界历史上一个个寡头政治的崩溃，都取决于民心向背的民意定律。无数历史证明，人心向背是决定一个政党、一个政权兴亡的根本因素。人民是物质财富、精神财富的创造者，是推动社会进步的决定性力量。在社会变革关头，人民群众又总是变革的主力，最终把违背历史潮流的东西扫入垃圾堆。

少数人压榨绝大多数人，统治者与人民作对，迟早会被人民打倒。在封建王朝的更替中，无论一个政权如何强大，只要失去民心，就难逃覆灭的命运。春秋时期奴隶暴动，国人起义，使一些强大的封国毁于一旦。战国时期的孟子总结夏、商、周三代的兴亡，阐发了“政得其民”的思想。《孟子·离娄上》说：“桀纣之失天下者，失其民也；失其民者，失其心也。得天下有道：得其民，斯得天下矣。得其民有道：得其心，斯得民矣。”秦始皇因修筑长城而滥用民力，赋税沉重，法律严苛，刑罚残酷，秦二世的统治更加残暴，民心丧尽，秦朝极为短命。唐太宗因重视黎民百姓，体会到“水能载舟，亦能覆舟”的道理，减轻徭役，人民安居乐业，进而开创了“贞观之治”的强盛局面。唐玄宗一味贪图逸乐、政治昏庸，高额征税，使百姓陷入水深火热之中，在农民起义的打击下土崩瓦解。近代中国外遭列强欺凌，内受清廷压迫，武昌义帜，全国响应，近三百年的清朝统治彻底崩溃。

社会是物质运动与广大人民群众创造力的结合，生产力与生产关系的适应，政治措施与人民利益的一致，都是人民群众的要求和创造活动的结果。任何政治举措都受到人民整体活动的检验，政通人和，人民欢歌笑语；政治昏暗，民众沉痛憎恨。人民群众以全方位的认识揭示社会的是非，全面反映客观世界的趋势，最终为维护自己的利益而浴血奋战。人心向背影响各种政治力量的行动，扭转社会事态的发展，最终决定历史发展的结局。全体人民拥护的制度必然长治久安，遍受人民谴责的制度注定灭亡。真正的民意是真理能量的发出者，人民一旦觉醒，就有摧枯拉朽之力，民心向背定律决定任何政权的命运。

人民群众是先进生产力和先进文化的享有者，把群众的根本利益作为政府工作的出发点和归宿点，才能实现国家的安定兴盛。让人民幸福，让人民安康，让人民的意愿能够直率的表达，是民心所向的基础。在承认人民群众是历史主体的前提下，深化对人民创造历史的认识，自觉维护人民的利益，是民意政府的执政之基、力量之源。满足人民的需要，接受人民的监督，权力才能摆脱“人亡政息”、“初兴后殆”的周期律，始终保持公共权力的活力。

第四节　民意对真理的预言

民意的真理性及其巨大作用，引起人们对“真理标准”问题的多维思考。针对实践是检验真理的唯一标准的思维方式，人们开始寻求前瞻性的真理验证渠道，弥补“实践标准”的滞后性。这样，“民意预言真理和实践检验真理的统一”这个命题，便被提到舆论学的研究中。这种“两维”标准，就像“逻辑证明是实践检验真理的补充”一样，打破了单一的真理检验途径。

一、实践检验与民意验证

真理是指主观对客观事物的本质及其规律的准确反映，找到解决宇宙问题的正确方法。真理是客观的，又是一元的，无论认识的主体和认识的方式多么繁杂，真理都只能有一个，真理的一元性决定了真理同荒谬不容混杂。正如毛泽东在《新民民主主义论》中指出的：“真理只有一个，而究竟谁发现了真理，不依靠主观的夸张，而依靠客观的实践。只有千百万人民的革命实践，才是检验真理的尺度。”①检验真理不是一部分人的实践，更不是少数人的实践，而是千百万人民的实践。检验真理的标准和尺度，实际是民意的实践。

全体人民的实践最为广泛深入，通过意见交流校正和消除理论、政策指导实践的谬误，得出的结论自然是正确的，这就回到民意具有真理性这个命题上来。少数人和个人的实践不能检验真理，因为少数人的实践极其有限，很难对社会的复杂问题全部亲身体验，难以得出全面的认识。个别人物，哪怕最伟大的人物有时也会由于思绪迷蒙、性情冲动而对真实的世界产生错觉。实际上，一切伟大人物的正确思想都是对广大人民实践的总结，来自人民的社会创造活动。实践以缩影的形式映现着现存世界，再现人类所面临的一切现实矛盾的总根源。实践这种直接的现实性，跟民意的呈现很相似，是由无数个体直接的意志综合为一个共同认识，“映现着现存世界”。

民意以全方位的认识揭示社会环境的本质，以全社会的普遍知觉为基础，全面反映客观事物的真相。人民群众对社会的认识不仅沿着“主—客”两极运动，即每个个体直接从亲身实践中寻求真理，而且相互间随时交流各自的认识，具有“主—主”横向交流的认识优势。这样，民意的整体认识必然是客观的、直接的、多角度的，排除了主观的、间接的和单方面的认识偏向，充满丰富的感性验证及理性。只有覆盖人民的广泛实践，才能从多方面印证真理、鉴别真理，实践检验真理的标准也才能立得住。显然，民意是实践检验真理的深层含义，表现为人民针对实践问题交流意见，发现、整合并形成正确的一致观点，具备验证真理的能力。

---

① 《毛泽东选集》第 2 卷，人民出版社 1991 年版，第 663 页。

二、民意对真理的预言

民意是人民群众广泛活动的结晶，通过现实的、整体的实践，在广泛交流中对具体实践进行验证，此时和彼时的民意都是一定社会条件下的真理。民意具有真知灼见的最大容纳性和公共性，用它去裁量一切公共事务，都会得出正确的结论。对国家政策、发展战略、公共利益、热点问题等方面的事先"建议"或"判断"，都表现为民意对真理的预言。在现今，这种作用通过媒体的报道，不仅改变政府预先制定的错误政策，而且几乎影响一代人对未来的观念。

人民在长期实践中对公共事务积累了丰富的经验，对哪些事情该做、哪些事情不该做，有正确的判断。在一个城市，要把一个市场建在什么地方，应当建多大规模，如何修建道路才不会堵车，现任市长是否应当继任等此类公共问题，只有人民最有发言权，他们的见解最符合实际。公共事业在实施前首先征求民意，通过民意测验获取人民的意向，能够预测事业的成败。民意对真理的预言，仅仅指出公共政策是否正确，贯彻落实能否取得成效等这类方向问题，不能预测详细、周到的实施方案和制订具体的方法。

"民意是每个公民的朴素意识，远不是系统的理性认识，民心所向并不能提供完整的方针政策和决策方案。民意不能解决所有问题，它仅仅提供人民的强烈要求，指明社会发展的大趋势，使权力活动的大厦立于坚实的基础；而具体的决策方案，最终要由权力机构的理性思维描绘出来。但如果没有民意，权力的一切理性活动都要建立在沙滩上。"①当制定重要公共事务的任务和计划时，民意最有资格、最有能力对这类事务是否该做，做得对不对，应当怎样做等作出合理的判断，这种预言能够避免许多重大失误。

民意发挥卓绝的预言作用，使决策在实施之前确认它的科学性和成功率。以实践检验决策，则是先干起来再说，然后依仗实践后果证实它是否正确，显然无法挽回错误决策的重大损失，甚至连下一次的损失也难以完全避免。因为世界上不会有完全一样的两次决策，也不会有完全相同的实践，后验总是难以防止失误。毫不夸张地说，民意对真理的预言，是对实践的超前行动，在多数情况下使实践变成"实现"的前提，成为预言真理的第一标准。

民意预示真理，并不排斥实践检验真理。前者在事前预言真理，后者在事后验证真理，一个是超前思维，一个是从后思维；一个是由历史的创造者判断自身创造的方向，一个是由历史创造者活动的结果证实其正误。这种"前""后"结合确证真

① 刘建明：《社会舆论原理》，华夏出版社 2002 年版，第 131 页。

理的方式,能够获得对真理的全面认识。人民的社会实践如果是按自己的意愿行动的,那就建立在客观规律之上,实践本身才能揭示出真理。假如实践违背民意,就不再是人民的实践。民意超前检验决不会失误,关键是让他们透彻了解公共问题的情况,独立判断同他们利益相关的社会问题。重大的社会事务凡是不征询人民的意见就盲目推行,势必陷入错误、出现各种各样的弊端,或根本就难以推行。

三、民意预言真理的条件

民意对真理的预言,是通过民意调查发挥作用的,民意测验、意见征询、投票活动等等,都是民意预言真理的必要形式。不正确的民意测验不能发挥预言真理的作用,遵循科学的规则运用民意验证的方法,才能检验公共决策是否正确。

民意预言真理的条件实际是指实施民意调查的条件,涉及社会政治环境和公民意识是否成熟,民意测验的组织和手段是否完备。民意赞成的意见获得成功,取决于掌握国家政权的人是否尊重民意、按照民意制定决策。民意是民主制度的派生物,它的形成和作用需要社会民主制度的保证,也需要社会法制的完善。否则,民意难以公开地诉诸整体意志,否定或肯定它面对的公共问题。公民享有言论和议政自由,人民才能大胆发表政见,认真思考和检验政府的执政行为。

公共事务和公共决策实现充分的公开化,让人民充分知情,他们的建议才能正确,政府部门才有采纳的价值。施政和决策透明,政府制定政策贯彻科学发展观,发动公民积极参与管理,就能把重大社会决策同人民的整体利益统一起来。2004年8月初,全国各大媒体纷纷报道银川市6800辆出租汽车司机不约而同地罢运,使市区交通陷入半瘫痪状态。事件直接的原因是银川市政府出台《银川市城市客运出租汽车经营权有偿使用管理办法》和《银川市城市客运出租汽车更新管理规定》。出台这样一个涉及出租车司机切身利益的"新规定",当地政府没有进行社会公示和举行听证会,其中多项内容侵害出租车司机的利益,立刻引起他们的反对。银川市政府在舆论的压力下不得不撤销原来的规定。决策方案排除人民的讨论,决策损害人民的利益,都会遭到人民的抵制而无法执行。

2008年11月3日重庆市主城区有8000多辆出租车罢运,全市出租车行业陷入停顿,市委书记亲自接见罢运的司机代表,倾听他们的意见。此后海南三亚、甘肃永登和广东汕头等地又连续发生出租车罢运事件。多数城市的出租车业实行特许经营、出租车公司垄断收益的管理体制,衍生出一个专靠"公司化剥削"的食利阶层。广大出租车工人多次向有关部门反映他们的诉求,发出真理的"预言",但许多地方没有人听取他们的意见,必然会不断发生此类事件。

社会建立一定数量、独立的民意测验机构,训练有素的民意测验专家和民意分析师为政府和相关部门定期开展独立的舆论调查，是获取民意立场的重要条件。民意测验机构独立于政府之外，不受官员的操纵和支配，才能最大限度地、客观地采集民情数据，公正地分析民意，剖析政府决策的优劣，发现民间切实可行的建议。大众传媒是民意测验的推广渠道，对扩大民意测验的声势、引导政府决策发挥重要的功能，同时也积极宣传政府决策的重大价值。把民意测验的成果转化为公共政策，再把公共政策转化为广大公民的行动，始终不可缺少大众传媒的纽带作用。

政府官员具有民意意识，善于把民意的建议转化为可行的决策，或根据民意修改、完善原来的决策，是民意预言真理的更重要的条件。民意意识是政府执政能力的根基，不仅要求政府官员高度重视民意，而且善于把民意的粗糙的思想转化为科学决策。民意是公民的一致理性，但它缺乏精密的思想和理论架构，严密的理论和政策条文最终由权力机构根据民意来制定。政府应由以人为本、善知民意、有很高决策能力的社会精英组成，官员顺应民意，具备现代管理和公共决策意识，民意预言真理的价值才能实现得更加彻底和充分。

本章内容的重点：

1. 如何理解民意。
2. 民意的历史作用。
3. 尊重民意的含义。
4. 怎样分析多数人暴政。
5. 民意的四种定律。

第七章　社会舆论的演变

舆论从潜在状态到显在状态，在空间上不断扩展，一般经由腹议、室语、群体舆论向众意以至民意方向演变。这一过程叫舆论扩散。意见从社会某个角落向外迅速传播，是舆论空间和人数的外展，表现为越来越多的人在不同地方诉说同一种意见，其范围越来越大，出现了舆论高涨。如果一种意见覆盖全国70%以上的区域，就构成强大的舆论态势。

第一节　舆论混沌与潜舆论

舆论在形成之前，某种意见零星微弱、杂乱无序，内容游移不定，舆论主体的表达没有规则，也无轨迹可寻，呈现失序状态，称为**舆论混沌**。舆论在演变中有潜舆论、显舆论和行为舆论三种形式，**潜舆论**是隐蔽、分散的公众情绪，处于舆论形成前期，多表现为公众的内心活动。这时，舆论处于社会潜伏期，表现为舆论的混沌状态。潜舆论进一步升级，就转化为**显舆论**，即若干公众公开表达意见，舆论目标清晰，舆论人不仅用语言表示态度，而且出现一系列集中的舆论活动——议论圈、会议和大众传媒的介入。

一、舆论混沌及其潜在性

混沌现象原指宇宙形成前的混乱状态，发生于容易变动的系统，经过连续的衍变产生始料未及的有序性和规则性。社会事物之间的相互作用，最初总是处于混沌状态，人们难以识别它的形态和性质。社会舆论都起始于混沌，此时无法测量其存在的数据，也难以确定其规则性。舆论混沌最初表现为人们的思想萌动，多以默思对社会问题进行判断，在脑海中形成一定的看法。缄口少言的社会成员形成潜在公众，影影绰绰的情绪让人们感到一种强烈的要求凝聚在他们的心头，但很少听到语言的表达，因为舆论处于酝酿阶段。

显露舆论混沌的是腹议和室语两种隐晦形式。古代哲人发挥了最聪慧的想象力，根据舆论潜在状态创造了“腹议”和“室语”两个概念，形容外界看不到、听不到的意见状态。

腹议包括腹思、腹赞、腹虑、腹诽和心谤，腹诽指内心的不满或怨恨，心谤则指内心的诽谤。据《史记·魏其武安侯列传》记载，汉武帝时期，一向为人刚直的大将军灌夫不肯趋炎附势，得罪了丞相武安侯田蚡。田蚡利用灌夫家族人的过失，罗织罪名，要诛杀他全家。前丞相魏其侯窦婴为了营救灌夫一家，在上朝时替灌夫辩解，揭发了田蚡以国戚身份为非作歹、荒淫无度。田蚡便恼羞成怒，反诬说：“天下幸而安乐无事，使田蚡能成为皇帝的贴心大臣。我所爱好的不过是音乐、狗马、田宅；我所养的不过是倡优、巧匠之类人。不像窦婴、灌夫那样，日夜招聚天下豪杰论议，腹腓而心谤，不仰视天而俯画地，在皇帝和太后之间挑拨是非，只盼天下有变乱，他们好立大功。我可不知他们居心何在！”汉武帝最怕别人图谋不轨，当即责令窦婴对簿公堂。窦婴对“腹诽心谤”罪名，无法解释清楚，于是，不仅灌夫被诛灭九族，窦婴也被斩首街头。

在社会舆论萌发阶段，外界事物作用于人们的感官引起思索，出现潜在的社会意识。腹议是个人意见的萌生，这种意见没有发表出来，还不能称为舆论，但它是舆论的潜伏状态。如果千千万万人都在“腹议”，思考同一个问题，说明舆论已经形成暗流，但如何确定它的存在却是难题。作为隐蔽的思想活动，腹议总要露出端倪，唯一测定的方式是细心观察人们的态度。当人们对一个事物不表示积极的肯定和赞同，标志他的腹议可能持否定态度，反之亦然。对事物表示沉默、暧昧，或观点前后矛盾，都可能是腹议的“气候”。

许多无权无势的群众对恶势力不敢公开反对，便采取腹诽的方式，这种潜舆论像火山爆发前岩浆在地下翻滚，一旦遇到恰当时机，就要烈焰冲天。腹诽既然是社会情绪的发端，不会总停留在“敢怒而不敢言”阶段。思想活动处在无声状态，人们通过眼神、面部表情透露内心的思绪，社会情绪仍可外显。在缺少文化教养的群体中，腹诽很快发展为牢骚，产生零碎而粗鲁的意见。牢骚集结着忧郁或愤怒，通过尖酸的语言把内心的苦闷、烦躁和怒气喷射出来，表明舆论在增长，显舆论即将出现。

牢骚属于潜舆论的粗劣层次，多以非理性的情绪代替冷静的思索，成为解脱烦恼的泄洪闸。它的出现是舆论增长的信号，成为社会的晴雨表。牢骚是舆论显在状态的启动，但它的表达仍然隐蔽，不是亲朋好友、知根知底的人，在公开场合很少听到牢骚。在一定社会范围内到处听到同一种牢骚，证明潜舆论已经迈出关键的一步，走出舆论混沌。接着，潜舆论由沉默推向私议，出现室语。

室语是舆论增长的明显征兆,家室成员或亲朋好友聚集在住所或特殊场合,推心置腹地交谈,构成意见交流的"温室",提供了表达意见的安全性。家室的议论不是社会公共领域的意见交换,亲朋间的共鸣不想公开,还没有形成社会舆论。由于意见的私密性不能在公共场所畅谈,仍然是潜舆论的一种形式。

二、流行语与舆论的显化

涌现大量新语汇,特别是贴近现实情境的特定语汇,是潜舆论从室语走向公开议论的起点。潜舆论冲破室语,公开传播新的消息,对眼前事物发表意见,出现各种简短的判断。新的流行语伴随对新事物的评价,社会意识出现细微的生气,标志社会舆论的微显。

词汇是舆论中最鲜活易变的部分,直接、迅速地反映出意见的变动。时下层出不穷的流行语和发烧词汇,普遍运用于媒体及人们的日常交际,浸透着先锋思想与前卫意识,反映出社会的最新变动。进入本世纪初,"三个代表"、"科学发展观"、"和谐社会"、"以人为本"、"人文关怀"、"绿色食品"、"基层自治"、"山寨文化"、人肉搜索等语汇连连出现在媒体、官方讲话和群众交谈中,因为新的社会气息出现在人们面前。同时也流行起"阴阳界"、"官皮文人"、"青春叛逆"、"公款吃喝"、"水中月"等这类牢骚话。大众耳熟能详、适用于庄重与特定场合的话语,置入生活化的场景,致使语义产生某种变异,达到一种奇特的意见效果。这是潜舆论浮出水面的象征。

90年代初,随着个体商业和私人企业的创办,从南方传来"老板"、"掌柜"、"打工"的说法,一时被捧为最时髦的词。这些消失近50年的词又回来了,因为经济基础发生了变化,人们称许这种变化的合理性,表明一种新观念的确立。一批亿万和千万富翁的出现,接着又出现了"大款"、"款爷"、"富豪"等流行语,反映出的社会情绪很复杂,很难说对巨富是羡慕、恭维还是含有贬义。更为典型的是,曾经很严肃的政治术语开始了活用,并注入了公众的热情和偏好,显示了大众的情绪和要求。20世纪90年代末,"下岗"、"失业"、"买断工龄"、"街头摆摊"、"化公为私"、"鲸吞国资"、"暴发户"、"腐败分子"、"败家子"、"打点"、"低保"、"杀熟"、"坐台"、"女工卖肉"、"喂领导"、"啃老族"以及"他妈的"、"黑得很"、"狗杂种"等咒骂的语言,突然在大众中流行,民众反对国企的低价转让或零资出售,表现出百姓的强烈不满。

一句俗语出现,是社会生活嬗变引发的舆论微颤,在经济和政治生活变动中找到它们的根源。改革开放后出现了新的经济成分和新的生活方式,人们的追求和向往不断延伸,势必引起语言的变化。这种变化并不都是社会进步的标志,但人们渴望用一种新语汇表达新气象,成为社会思潮的表征。改革开放、与国际接轨、经济飞速发展,使人们从过去的教条中解放出来,心理世界的改变表现在语言世界中,显露出崭新的时代特色。

流行语渐渐转化为俗语,成为舆论的神经末梢,不仅在生活领域,即使在政治思想领域也不断发生激变。像80年代流行的“信息”、“开放”、“政治体制”、“官员”、“承诺”、“合同”、“法制”、“军民共建”、“责任制”、“承包”、“综合治理”、“抛售”、“创收”、“罚款”等5000多个新词,在30多年前几乎见不到。但进入21世纪它们已经陈旧,渐渐从社会舆论中退出。俗语涉及的范围几乎延伸到各个角落,牵动人们的思想和情绪,借用轻松、形象、幽默的语言反映社会的变动,表现为人们对舆论的简洁表达。

有些俗语看上去粗劣、低级,但却是大众舆论监督的锋芒。面对社会污泥浊水的种种倾向,大众的愤恨显露出痛快的抨击行为,例如“做水货”、“研究研究”(烟酒烟酒)、“玩深沉”、“泡妞”、“包二奶”、“单身贵族”、“月光族”等俗语,随着“严肃”时代的结束飘然而来。低级的俗语反映出一些人的腐化或轻浮,既是社会正义的呼声,又表现出舆论监督的锐气。

流行语大量、经常出现在人们的议论中,标志显舆论已经形成。可见,**显舆论**是一定社会群体(25%以上)使用稳定的话语,共同表达公开意见,使流行语成为议论圈中时髦的语言。显舆论的出现取决于公共问题迫在眉睫,涉及的范围不断扩大。参与议论的都是利益与兴趣相关的人,利益推动公众发表意见,以至促成舆论的强势。公共事务触动公众利益,引发公众舆论;触动一群人的利益,引起群体舆论;触动整个民族的利益,则导致民族舆论的出现;如果涉及全国人民的利益,就会形成民意。意见之所以会有分歧,在于利益或兴趣不同;意见的统一则在于利益的高度一致。

第二节 舆论融合与高涨

显舆论是相对于潜舆论而言的,实际是指刚刚形成的舆论,多表现为群体舆论和众意。当社会处于多种舆论的交叉和混合状态,相近或有某些共同点的舆论开始走向融合,出现舆论的分化和组合。舆论的分化与组合是舆论的继续演变,在组合中有分化,在分化中孕育着融合。公共事务引发舆论,一般有两三种多数人的一致意见,也有少数人的反对意见,还有某些中立意见。当外部条件发生变化时,舆论就在一个新的起点进行整合,原来统一的舆论也可能发生分化,乃至形成对立。

一、舆论的排他与融合

在整个社会以至某个集团和群体中,普遍存在舆论融合和分化的现象。比如在五四运动时期,“外争国权、内惩国贼”的爱国舆论,同反对旧道德提倡新道德、反对旧文化提倡新文化的舆论,在各自发展过程中逐步一致,融合为反帝反封建的舆论潮流。而五四运动后,原来统一的舆论又出现分化,出现自由派、无政府主义派和马克思主义派几种不同舆论,这种舆论分化最后走向对抗。

舆论的发展历程说明,当具体的舆论形成后,已被置于各类公众的有机体中,每种舆论就成为舆论环境中的一个因子。面对各种舆论间错综复杂的影响,舆论出现分化、排他和组合是必然的。这种分化和重组的现象,是不同势力和意见联盟的分化和融合,来自公众利益追求的变化和调整。

从某种意义上讲,舆论组合呈现舆论扩散的态势,表现为一种舆论空间的扩展和议论人员的增加。舆论扩散多是群体舆论或众意从局部意见转变为社会意识,当扩散增长到一定程度,公众意见就融合为社会思潮。如果说舆论的生成阶段多局限于小范围内的群体意识,那么,舆论扩散则外显为社会意识的涌动,直至形成民意。在网络时代,舆论扩散的速度非常快,如果它符合人民的普遍要求,则很容易形成民意。

考察舆论扩散过程,还将发现,舆论扩散通常呈S形曲线发展。即舆论在开始扩散时比较慢,容易遇到障碍;当舆论获得相当多的公众后(占30%左右),扩散速度有可能加快,扩散过程十分顺利。当公众舆论接近于某个“饱和点”时,即在50%左右,除能够形成民意外,扩散速度一般会减慢。

舆论扩散不是一个单向过程,意见从一部分人流向另一部分人,从少数人的意见演变为多数人的共同意见,呈现多向、多渠道传播并充满反馈的活力。有生命力的舆论一经形成,就充满意见的互动和排他,排他就是舆论分化,将相反意见的人排挤出舆论主体之外。相反意见如果达到一定的议论量,扩大了另一种舆论的声势,则出现另一个舆论融合。舆论的分化这样不断进行下去,使几种不同意见经由求同排异、取长补短,最终融合为一个多数人赞同的意见,出现主流舆论。

二、主流舆论的形成

主流舆论又称主导舆论,是指在社会意识中比重大,起主导作用的一种共同意见,多反映民意的主张和立场。公众追随主流意见出现有序状态,发挥重要影响,标志着它在一定范围内占据统治地位。当它对全社会成员越来越具有影响力,从众量和传播范围极度扩大时,意味着非主导舆论正在萎缩。

主流舆论的产生主要经过三个阶段。在第一阶段,随着议论的渐进组合,比较正确的舆论的追随人数显著增加,传播的范围不断扩大。在第二阶段,大众传媒加入舆论扩散,一批意见领袖在传媒上连续发表意见,舆论的真理性令人无可怀疑,媒介的大量议题引导舆论人积极活动。在第三阶段,与其观点对立的舆论出现更大的分化,追随的人数迅速减少,正确的舆论在更大范围内传播,产生支配力量,成为多数赞成的"共同意见",即主流舆论。主流舆论不会永恒不变,随着社会矛盾的改变,人们关注焦点的转移,旧的主导舆论消失后会被新的主导舆论所取代。

社会主导舆论如果代表民意,舆论态势相对稳定,变化比较缓慢。尽管民意也在不断变化,就一般情况而言,在相当一段时期内不会发生突变,除非发生重大突发事件,或社会情势出现逆转。主流舆论事关国计民生的重要问题,同多数公众的意见一致,通过政府的倡导和大众传媒的宣传,最终成为强势舆论。在一般情况下,广大群众的意见不会"边缘化",政府努力适应它,牢牢地依赖它,是现代公共政府的本质体现。主流舆论具有萌发、发展、壮大的过程,应从动态角度认识和把握它。主流舆论得到大多数人的拥护,不是压制或消灭其他舆论的结果,而是用正确意见引导非主流舆论的产物。吸纳与反映非主流舆论中的合理部分,对不合理意见给予疏导与解释,主流舆论才有扩展的空间。

三、舆论的转化与消失

主流舆论一般是由众意、甚至弱势舆论转化来的,原来的舆论以转化的形式走向消失,这是舆论消减的特殊途径。一种舆论的消失,实际是舆论主体渐渐放弃原来的意见而赞成新的意见,成为新舆论的主体。社会意识转换是旧舆论死亡、新舆论产生的同一个环节,表现为一种舆论的削弱与另一种舆论的高涨。

舆论方向的转化在历史上层出不穷。人们对重大社会问题的认识总是由片面到全面、由肤浅到深刻、由谬误到正确。公众的认识对象不断发生变化,也是舆论向对立面转化的根本原因。错误舆论不管有多大的破坏力,一旦人们认识到它的荒谬,大部分公众就会逐步脱离它的控制,转向正确的舆论。多年前,广大群众一致反对国有企业卖给(相当一部分是送给)私人,十多年后多数民营企业有了巨大发展,国家制定劳动法和社会保障法使下岗工人有了基本的社会保险,到 2007 年反对卖企业的舆论反而消失了。

舆论转化是由社会变化引起的,社会发展的节奏越快,社会舆论更新和转换也越频繁。社会变革使原来曾发生积极作用、但不适应现状的舆论发生变化,同社会观念变革相一致,也和观念更新同时出现。社会发生重要转变,种种说法像漫天飞雪弥漫大地，有相似的说法，也有截然相反的观点。经过时间洗礼，只有以事实为根据的舆论才会继续生存下去，失去事实支持的意见则归于消失或转化到对立方向。

在新闻报道或宣传中，不了解舆论转换的必然性，疏忽舆论转换的时机而一味宣传旧的思想，无法及时、正确地引导舆论。当经济状况和社会经济结构发生变化时，仍把推广旧的经济措施作为舆论目标，尽管宣传功率很大，不会有什么成效。当生产力发展到现代化阶段时，仍以寡头政治的理念控制公共观念，即使操纵全部媒介也不会赢得民心。面对悄然的舆论转换，旧的宣传仅仅是开历史倒车，对引导公众已无能为力。在社会发展中，精神文明的进步导致的舆论转化，是任何力量都阻止不了的。

在局部社会环境中，舆论转换更为频繁。公共事务和公众人物的思想行为发生变化，原来的议论成为无据之言，人们在自省中对先前的印象发生动摇，逐渐改变原来的信念，随之产生新的意见。由谣言引起的虚幻的舆论，在事实廓清之后，谣言也就不攻自破，相信谣言的人也很快改变了观点。

舆论转化还来自政治控制的解除。某个政治集团掀起思想高潮，在追随者中形成舆论，一旦该集团不再鼓吹这种思想，政治舆论会转换得特别迅速。许多政治舆论都是这样鼓动起来的。比如，批判刘少奇的舆论在“文化大革命”中看似高涨，但它只限于狭小的圈子里，即在革命造反派那里搞得十分火爆。一般群众不是置身事外，便是消极附和。这种舆论控制一旦消除，批判刘少奇的舆论马上发生转化，并很快消失。舆论控制本身就是不正常的，控制放松以至取消，舆论也就烟飞灰灭。

违背民意的舆论难以形成气候，人们最终会抛弃它。对某种意见，一些民众表面上顺从，是权力威逼的结果。从20世纪50年代起，中国社会舆论的转换连续发生，转换频率加快，社会思潮不断振荡，无不来自政治权力的发动和钳制。但每一次舆论转换，都以解除先前的舆论控制为前提，消耗了大量社会资源。

四、社会舆论的高涨

舆论高涨可能是主导舆论的继续扩散，也可能是非主导舆论强度的增高，但它必须是社会中重要舆论的变化。作为舆论弹性的具体表现，舆论高涨一是指舆论空间的扩展，短时间内议论人数急剧增长，表现为意见流布量的增大，二是指意见强度的增大，舆论主体的态度愈加坚决。不管主导舆论还是非主导舆论，舆论高涨最终表现为强度的急剧增大。社会矛盾频繁地暴露，舆论高涨的频率随之加快，如果人们享有话语权，舆论高涨更容易出现。

2006年北京六大世界文化遗产景点的门票欲涨价。消息公布后，在全国各地引起强烈反响，社会各界人士纷纷提出意见和建议，希望北京市政府对此次价格调整要慎重，并要求其作出修订。几天之内，众多公众电话、短信发给政府相关部门，纷纷发表意见和建议。在各大门户网站中，这条新闻也是网民们关注程度最高的，回帖率居高不下。

同百姓日常生活密不可分的事件引起舆论的高涨，是正常现象，凡涉及公民的生存、触动公众利益和国家政治理念的问题，都往往激发舆论高涨。2004年8月26日，日本东京都教育委员会决定，日本中学将使用日本右翼团体新历史教科书编撰会编写的美化侵略战争的历史教科书，立即引起中国公众的强烈反响。8月27日，我外交部发言人孔泉在答记者问时说：我们对日本东京都教育委员会决定使用右翼历史教科书表示强烈不满和愤慨。国内各大媒体纷纷对此事件进行报道，一时间成为亚洲各国新闻界、公众和精英群体热烈讨论的话题。

有的事件能激发群体的共同兴趣，成为群体一致关心的话题，也在局部引起舆论高涨。比如名人的绯闻和满足人们窥私和猎奇的事件，常常引起群体态度和情绪的变化，出现议论高潮。娱乐界挖空心思，抛出各类名人绯闻，某些媒体接连报道，给人们的茶余饭后增添谈资。兴趣总是在潜意识里影响个人行为，常使人们公开、活跃地表达意见。对狂热的追星族来说，他们所热爱的明星在什么时候有什么样的动向，都要投入狂热交流。

舆论高涨增大到上限，达到舆论强度的最高级，社会出现思潮激荡。表达意见果断、意志顽强、态度鲜明，是舆论强度上限的第一种表现，在民意测验中常使用“非常反对”或“非常赞同”、“坚决抵制”或“坚决支持”、“极为憎恨”或“极为爱戴”等概念。舆论强度的第二种表现是，在各种社会公共场合出现集会，群众在舆论领袖的指引下快速形成合意，社会议论圈频繁地、有组织地出现；第三种表现则出现一定规模的游行示威、静坐抗议，甚至发生肢体冲突。

第三节　舆论激化与冲突

一、舆论激化与舆论张力

作为舆论主体的公众是社会集合体，具有人身、社会和政治权利，有自主表达意见的强烈要求。一旦具备一定条件，公众突然集结，对压制它的舆论发起攻击，出现舆论对峙或交战局面，两种或多种舆论处于不可调和状态。这时，对立双方如果相互指责或发生肢体摩擦，表明舆论激化已经形成。舆论高涨不等于舆论激化，舆论高涨中的激烈表意行为才可称做**舆论激化**，表现为舆论斗争。

舆论呈现激化状态，出现语言攻击、批判浪潮和集会声讨，经常伴有演说家的雄辩和铿锵作响的谤文。舆论领袖摇旗呐喊，舆论人四处活动，一场场舆论风暴此起彼伏。由大规模宣传培植的舆论人制造声势，使许多公众失去自主意识，产生盲目的追随行为。在特定条件和特定信息刺激下，这种追随容易形成破坏性的舆论震荡。正确舆论大义凛然，为实现真理诉诸冲锋陷阵的行动，受到大多数公众的支持。错误舆论的震荡在小范围内出现，为野心家和阴谋家提供了机遇，这类无耻之徒借助舆论攻势颠倒黑白，不择手段地攻击正确的舆论。

舆论从和谐状态演进为舆论狂飙，有很多原因，最根本的原因是舆论主体出于自身经济、政治利益考虑，钳制不同意见的增长，将人们的观念、行为引向集体斗争。这时，舆论呈现高度受控和两极化的景象，对立舆论的主体对各自的利益诉求，对社会问题的认识和理解尖锐对立，使用激烈的手段表达强烈的意见。国家、社团、公众意见的相互博弈纷纷抢占媒体，展开各种形式的口诛笔伐，有经济实力或握有权力的一方竭尽全力控制媒体。在舆论激化中，哪种舆论能够取得胜利，取决于它是否占有真理。

过激的、非理性的、促使社会倒退的错误舆论虽然也可能高涨，把局部舆论推向激化，但不可能动员更多的公众卷入。在许多国家，权力集团煽动错误的舆论往往是舆论激化的根源，因为它本身需要舆论激化运动群众，推动某些公众的过激行为。对错误舆论不加引导，无限放纵它的破坏性，就会损害社会的稳定。

重大的政治、经济和社会事件或公共问题，如官员的腐败，大批工人失业，讨要工薪的农民工被殴打以及警方的粗暴执法等，成为某个地区或某个部门的人们普遍关心的话题，容易酿成舆论激化。一些社会不公现象的暴露，弱势群体要求公共权力维护社会公平，使舆论激化的机会增多。每一次舆论激化，公众都呼吁法律秩序的建立或完善，因为只有在法制完备、强势群体受到约束的环境中，公众的权益才能不受侵害。在这种情况下，舆论激化作为舆论监督的一种方式，不只是舆论演变的结果，而且是一场人民卫权的行动。

舆论激化伴随舆论张力，使舆论功能出现变异。舆论激化到一定临界点，舆论对社会规范产生冲击力，出现舆论张力现象。意见传播量与其对社会的作用力成正比，当舆论急剧增长，舆论的作用使社会环境处于超负荷状态，形成舆论张力。**舆论张力**是舆论流对社会容量冲击力产生破坏的因素。当社会环境容纳不下舆论的流量，社会框架就要紊乱，舆论张力就明显地表现出来。

打个比方说，在一个多人聚集的房间里有人说话，每个人说话的声音小，或说话的人很少，没有出现杂乱无章的吵闹声，房间的办公秩序还能维持。如果嘈杂声一旦大得使人无法正常工作，舆论张力就出现了冲击力，办公室内许多人停下工作,制止大声说话的人。这是舆论张力最好的模型。舆论传播量适度,社会生活受不到舆论流过分的冲击,人们的生活平静安详,社会秩序保持平稳状态。如果舆论高涨,传播量大,充斥社会每个空间,舆论张力必然导致社会秩序大乱。社会动乱的出现,正是舆论张力无限增长,部分或全部冲破社会框架的结果。

社会框架主要指社会管理及制度,有适当的舆论容量,以舆论活动不破坏各种社会规范为限度。不同社会结构,舆论容量的大小不同。当舆论传播量小于社会容量时,社会制度不仅为舆论的流动提供伸展的余地,社会秩序也不会受到冲击而改变。舆论量恰好和社会容量的限度相适,即使错误舆论的激化,也不会造成很大混乱。舆论流量超出社会框架的容量,公众的思想情绪发生畸变,以致出现过激的舆论行为,社会就要发生震荡,影响政治制度和经济制度的稳定。

舆论超过社会框架的负荷通常是指下述四种情况:1.出现两种对立的意见,互相指责,展开大规模的舆论战;2.社会出现多种舆论,同时出现行为舆论,有40%以上的公众卷入舆论活动,转移人们对工作或社会主要目标的注意;3.错误舆论被当作正确的舆论大张旗鼓地宣传,放大公众的错觉,使群众举动达到疯狂的地步;4.对正确但不能解决社会问题的重要意见进行刮风式宣传,动员人们频频表态,使公众忽略生活中的主要问题,也会出现舆论张力。

经常激化舆论活动,或有意驱动舆论高涨,接连不断举行各种大型社会活动或会议,使人们长时间不能安心正常生产和工作,造成的财产损失骇人听闻。“文化大革命”正是舆论张力达到极限的例子,给社会造成的破坏至今仍使经历过这场浩劫的人记忆犹新。

社会张力的出现是由不可调和的社会矛盾和社会自我调解能力低下造成的。人们自由地发表合法的意见,社会舆论受不到压抑,一般不会走向激化。社会制度设置的舆论容量小,舆论规范不健全,舆论一旦高涨,社会舆论张力急遽增长,人们往往一哄而起,意志冲动随之失去控制。舆论冲击社会框架的明显标志是,人们到处发表非议性的言论,尖锐地抨击现实,严重的则以暴力破坏社会秩序,造成尖锐的社会冲突。社会制度设置更大的舆论容量,允许人们依法抒发怨气和抗议活动,等于给社会装上“安全阀”,舆论张力出现的机遇就会减少。防止舆论张力对社会的破坏,必须认识和采取有效措施控制舆论的过激行为。

二、社会冲突与舆论冲突

现代社会是一个充满冲突的社会。进入新世纪,一个事实已经越来越被人们所正视:中国社会正处于明显的分化阶段,多种社会阶层导致利益的多元化,社会矛盾转化为社会冲突成为常见的现象。社会冲突的本质是利益冲突,权利意识与官僚作风的对立,不同阶层经济利益有时发生对抗,是导致社会冲突的根源。虽然社会问题具有普遍性,但并不意味所有的社会问题都会引发社会冲突。只有社会矛盾长期无法正常解决,被少数利益集团操纵或阻隔而发生意外突变,才会带来不可避免的社会冲突。

处于统治地位的阶级利用权力维护或增加自己的优势,被统治的公众试图扭转这种不平等的趋势,使一些无法解决的社会问题像定时炸弹一样,随时都有爆发舆论冲突的可能。公众不能沉默于被压迫的漩涡中,要站出来维护自己的利益,坚决与强势集团斗争,这就产生了激烈的意见对立。**舆论冲突**是指社会意见处于尖锐对立状态,舆论主体在激昂的情绪下不再单用冷静的语言表达意志,而是诉诸声讨、抗议的行为,走上街头,表达强烈的反抗情绪。对立的舆论采取对抗的形式,双方在一定时间内不会让步,最终以一方压倒另一方为结局。

在当今世界,大到国家之间的战争,小到与朋友或是同事的争吵,都是常见的意见冲突。舆论弥漫在各种社会关系中,从各国媒体的报道我们每天都可耳闻目睹一些有关暴力、恐怖、示威事件之类的坏消息,这些舆论行为逐步升级,以至发展为骇人听闻的冲突性事件。当这些事件成为集体行动时,就表现为舆论冲突。

相互攻击是舆论冲突的普遍形式。这时,对立的舆论主体不再阐明道理,而是更多地用愤慨的语言猛烈地抨击对方。在两种意见的对峙中,冲突的双方较多地使用谴责、抗议的言辞,贬斥对方的立场和声誉,言语冷酷,制造声讨和批判的声势。坚持错误舆论的主体,甚至运用谩骂、捏造事实、诬陷诽谤等手段攻击对手,迷惑更多的人,使舆论冲突恶化。在对立舆论的攻击下,坚持正确舆论的一方,坚毅地直面对手的攻击,不犹豫、不退缩,以有力的事实激烈地反驳对方,拆穿他们的阴谋,积极争取民心,使对方陷于孤立。

舆论攻击更像是贬义词,因为"攻击"带有用心不良的目的而对他人发起进攻的意味。舆论攻击分为敌意性攻击和手段性攻击,被攻击者不一定是歹人恶徒。所谓敌意性攻击,是以伤害他人、使之蒙受痛苦和不快为目标的攻击。没有丑化目的而造成他人的伤害叫做手段性攻击。对达官贵人,只要社会舆论的指斥对其产生负面效果,就可称之为受到舆论攻击;对普通百姓,由于社会舆论的歪曲而带来损害,也可以说受到了"舆论攻击"。有时,受到舆论攻击没有太强的感情色彩,指的仅是一种行为,即遭到舆论的强烈反对和抨击。舆论攻击经常发生在许多角落和群体中,被攻击的对象也有各种人物,他可能是十恶不赦的公敌,也可能是两袖清风的社会公仆。只要受到怀有抨击目的的评论,都有可能成为舆论攻击的对象。

在现实中，我们看到受到强烈舆论攻击而黯然下马的巨贪成克杰①，也看到因为对一场球赛指导不利而饱受指责的、深受中国球迷喜爱的米卢②。

手机和互联网被更多地用来实施舆论攻击，“博客”和“手机段子”在传播信息时，往往形成舆论夹攻的态势，成为某些人实施舆论攻击的利器。有些手机段子言简意赅，针砭时弊，使被攻击者陷入难堪。在舆论攻击的声势下，舆论不再是媒体的议程，而是媒体成了舆论的工具。

辩论也是舆论冲突的一种形式。辩论与攻击不同，攻击带有许多刻薄的言辞，攻击双方或一方丧失了理智。辩论的双方则要充分说明各自所坚持的道理，尽管一方的言论可能偏离真理，但却想以某种推理驳倒对方，争取广大公众的赞成。辩论双方坚持自己的立场，不肯轻易让步，想把对方置于理屈词穷的境地。这时，双方都以批驳的语言、激昂的情绪和高昂的语调揭穿对方的“谬论”，让对方的思想陷于绝境，达到击败对手的目的。

舆论冲突的演变，有可能上升为激烈的行为冲突，以至发生游行队伍攻击公共设施的事件。以暴力打击反对者，导致流血事件的发生，升级为武力冲突。意见冲突和武力冲突相互补充，以武力冲突解决舆论冲突，是社会或国家间矛盾激化的结果。在一国之内，最为典型的武力冲突多发生在初期的多党议会中，多党竞选执政的制度常使议会辩论白热化，辩论双方无法统一意见，就可能发生肢体冲突。我国在十年内乱中，许多地方的群众组织以“红宝书”为“指南”，相互批判围攻，经常转化为兵戎相见的武斗。

舆论冲突的以上形式大都是依次出现的，形成舆论冲突的四个阶段。首先是辩论，冲突双方都试图以某种道理驳倒对方，赢得公众的赞成和支持。其次是相互攻击，双方或某一方认为无法驳倒对方，就会失去冷静，采取抨击的手段发泄愤怒，成为武力冲突的先导。第三阶段出现激烈的行为冲突，以解决言语无法解决的问题，以“棒服”代替“说服”。最后阶段是冲突的平息，如果诉诸舆论可以达到目的，就跳过武力较量阶段双方达成协议，避免意见冲突导致流血事件。反之则由武力平息冲突，双方大动干戈，以一方击垮另一方为结局。武力冲突还会出现僵持的局面，双方各持己见或武力争斗难断胜负，最后在外界舆论的压力下双方作出让步而恢复平静。

在一国之内，造成舆论冲突的主要原因是贫富对立，剥削与压迫的存在。数以百万计的下层人民没有基本的生活保障，贫富分化严重，加剧了人们对社会问题的

---

① 成克杰曾任全国人大副委员长、中共广西壮族自治区委员会副书记、广西壮族自治区人民政府主席。他在任职期间伙同情妇疯狂攫取钱财，大肆收受贿赂，款物折合人民币4000余万元。2000年9月14日，经最高人民法院核准判处死刑。

② 前南斯拉夫人，曾任中国国家队足球队主教练。

意见对峙。如果官员腐败事件层出不穷,掠夺公共财富无法遏制,老百姓就认为这是他们生活不好的重要原因,自然会加深官民的意见冲突。富人阶级掌控着社会资源,一切都处于优越地位,想方设法增加自己的权利;穷苦民众则在艰苦中挣扎,没有权力保护他们的利益,对强势阶层愤恨不已。在一些西方国家,种族歧视,大量有色人种失业或收入微薄,成为舆论冲突乃至暴力冲突的普遍原因。在世界范围,国与国或民族与民族之间的地位不平等,贸易往来一方处于劣势,随时都可能发生冲突(例如两个国家关于反倾销的争吵)。亨廷顿提出的文化冲突是不存在的,至少是不普遍的,文化差异有助于各民族相互借鉴和互补,推动社会文明的发展。只有少数宗教狂热分子才挑起宗教冲突,而宗教文化只是人类文化的一部分,不能用它代替人类的一切文化。

三、舆论从冲突走向和谐

社会学家科塞(L. Coser)认为,冲突既有破坏性,又有建设性①。社会存在的种种不平等产生冲突,它虽然具有危害性,但在其他途径无法解决的条件下却能调整社会关系,实现公平目标。矛盾双方在发生冲突时,应学会利用冲突发现真理,认识自身的缺陷。政府借此建立健全相应的公共秩序,防范不必要的舆论冲突,为形成社会和谐与舆论和谐创造前提。

舆论冲突中的辩论,使真理越辩越明,首先让大量聆听者的意见开始接近,最终走向和谐一致。弥尔顿最早论述了辩论的这种舆论意义,他写道:"让她(真理)和虚伪交手吧。谁又看见过真理在放胆地交手时吃过败仗呢? 她的驳斥便是最好的和最可靠的压制。"②在他看来,不同意见之间展开自由辩论,错误意见遭受到批驳,最终可以认识真理。但是后来的学者对此提出了质疑,认为辩论不能达到对的真理的认识。自由主义思想家密尔就曾指出:"若谓真理只因其为真理便具有什么固有的力量,能够抵抗错误,能够面临监狱和炮烙而挺占优胜,这乃是一种空洞无根的情操。"③美国新闻自由委员会委员霍京曾指出一条悖论:"如果一个人确立了一个原则,即要把一切原则都放到辩论的熔炉里,结果什么是给辩论作结论的原则呢? 他又有什么办法从一些臆说的无休止的反复交锋中摆脱出来呢?"他认为,没有一个人能宣布自己是胜利了或是失败了,因此,人们无法通过辩论得出结论④。上述理由从两方面反驳了弥尔顿的观点:辩论本来就难以得出结论;即便能够得出

---

① 参见[美]L. 科塞:《社会冲突的功能》,华夏出版社 1989 版,第 1 章。
② [英]约翰·弥尔顿:《论出版自由》,商务印书馆 1956 年版,第 46 页。
③ [英]约翰·密尔:《论自由》,商务印书馆 1959 年版,第 33 ~ 34 页。
④ [美]施拉姆:《报刊的四种理论》,新华出版社 1980 年版,第 122 页。

结论,也不一定是真理。但这些结论并未贬低或否定辩论的舆论意义,只是对它作了重新解释,即辩论的舆论意义不在于得出真理,而在于防止非真理性的意见钳制舆论,避免某一意见垄断观点市场。任何观点,如果一旦被置于不允许质疑的绝对统治地位,就相当于一个并非正确的意见垄断了舆论,使人必须将含有谬误的意见当作绝对真理来遵从。这显然是不合理的,其影响也十分恶劣。

辩论实现了意见之间的平等。只要存在辩论,就能有效地避免拥有权力的人或群体确立自己意见的绝对统治地位,有助于形成舆论多元化的局面。辩论可以引发人们对问题作更深入、更全面的思考,使舆论朝理性的方向发展。在辩论中,一个观点经受不断的质疑与思考,"启发参加讨论者的智力和胸襟,开阔他们,而不使他们受挫折和遇到困惑",从而"锻炼出更坚强、更自觉的公民"①,为社会舆论走向和谐创造条件。

舆论是社会关系的晴雨表,时时又在营造一定的社会关系。当主要的社会关系——广大劳动者和企业家阶层、民众同警方一旦发生肢体冲突,各自收敛自己的行为,诉诸法律或以诚恳谈判解决分歧,是达到舆论和谐的唯一途径。社会各方为避免武力冲突,不能肆意发出挑衅言辞和行为,政府与警方的克制与同民众主动协商,是关键因素。冲突双方的意见始终在行为上保持平和,经过谈判和意见交流,终究会达成协议,出现舆论和谐。实际上,当政府、公众和经济实力雄厚的集团不过分强调单方面意见,都融入主导舆论,创造舆论和谐就具备了条件。

营造和谐的舆论环境,必须化解舆论激化,从而促进社会安定。和谐本身意味着对区别与差异的容纳,在区别与差异的基础上达成秩序,这是在尊重主导舆论的同时也重视非主流舆论的存在下实现的。营造和谐舆论环境,重在疏导消极的、情绪化的舆论因素,导之以积极、理智、平和、建设性的社会意见。讨论社会问题,抛弃语言暴力,用真理化解疑惑和曲解,在主流舆论积极、理性的引导下达成共识,标志舆论和谐的出现。舆论渠道的堵塞,舆论表达的失衡,广大群众有话无处说,是消除舆论激化的重要障碍。形成合理的舆论结构,在多元舆论中不仅有主导舆论,非主导舆论也有活动空间,相互交流和吸纳积极因素,为舆论和谐提供了动力。

四、舆论冲突中的暴民

舆论主体麇集一起,以非正义的暴力方式表意,就出现了暴民。暴民不是从事武力反抗斗争的人民大众,而是指那些邪恶的、破坏社会秩序的舆论群体。暴民自古就有,在中国历代农民战争中,都有少数聚集山林的"绿林好汉",他们在反抗专

① ［美］施拉姆:《报刊的四种理论》,新华出版社 1980 年版,第 123 页。

制压迫中也滥杀无辜,劫掠良民。历史在每一次战乱中,总是批量地生产暴民,暴民大多与社会苦难或动乱相关。

暴民没有家族史,是由顺民变化而来的,而且在某些社会斗争中,顺民和暴民可能掺杂在一起,难以区分。美国的游行示威往往出现一部分人捣毁公共设施,抢劫商店,烧毁汽车,然后呼啸而去,这类暴民狂欢式的破坏是短暂的。暴民大多数是社会危机的产物,社会严重不公,底层民众遭受压榨和剥削却无处说理,有些人最后走向以暴易暴。社会缺乏保护人民利益的民主机制,胆大妄为而又缺乏道德的人便铤而走险,集结一起以暴力表达他们的反抗意识。

在当代,民主试点可能怂恿暴力,有些暴民产生于民主改革。有人认为,民主改革引起政治危机,政治危机放纵了暴力行为。这仅是表面现象,这种错误解读颠倒了因果关系。由于长期缺少民主,民众深受煎熬,一旦有点民主改革,面对专制与腐败因素,缺乏民主训练的群众便盲动起来,造成社会动荡,其中也有坏人趁火打劫。这只能说明,民主改革要在法制的严格约束下有步骤地、平稳地进行,才能避免舆论激化或出现暴民,而不是拒绝民主,继续压榨民众,压制他们的正义呼声。

国际冲突引起的舆论激化,也会由舆论冲突导致暴民出现。2008 年 2 月 21 日据塞尔维亚当地电视台报道,当天,贝尔格莱德举行大规模群众集会,抗议科索沃单方面宣布独立。在集会期间,一些抗议者闯入美国使馆,砸毁门窗,并在楼内放火。抗议者还攻击了克罗地亚使馆。防暴警察用催泪瓦斯和警车驱散使馆门前的抗议人群,有几十名警察和民众受伤。美国使馆此前已经关闭,因此无使馆人员受伤。科索沃总理萨奇 17 日下午在科索沃议会的特别会议上宣布科索沃独立后,塞尔维亚各地和科索沃北部地区爆发多起抗议活动,有些抗议活动演变为骚乱①。

暴民表面上是危机事件的制造者,但根由是社会危机孕育了暴民,导致舆论激化和舆论冲突。他们可能是民众反抗的一部分,或是公众中目无法纪、行为越轨的特例,打砸烧杀是发泄愤恨的结果。这种非法行为必须惩办,但与抢劫财物、杀人放火的强盗是不同的。暴民被迫从顺民转变而来,表现为舆论激化走向极端,也表明舆论斗争的残酷性。

五、舆论冲击波

舆论激化后,通常以冲击方式蔓延,在一定社会环境中回旋突进,产生一种震荡力。忽高忽低、时急时缓的舆论动态交替出现,构成舆论的波幅扩散。如果它的流速和流量很大,就对社会造成冲击。舆论的冲击波使社会突然陷于纷乱状态,对

---

① 据新华社 2008 年 2 月 22 日报道。

社会的影响不容忽视。

由于舆论的波动性，舆论激化最先影响的是社会中的个体——普通群众，使一定范围的公众卷入舆论旋涡。起初，人们对社会问题十分关注，参与讨论的人越来越多，舆论张力随之增大，引起社会动荡。在后期，舆论压力与日俱增，可能导致部分群体走上街头，攻击政府机关或公共设施，极度推进公众的议论高潮。接着，许多公众放下工作到现场围观，交通秩序大乱，政府工作的日程被打乱。可见，舆论冲击波能改变许多人的行为，致使公共设施瘫痪，政府也可能被迫改变工作计划。

政府是国家权力的行使者，对社会使用权力，制止混乱的发生，是必须履行的责任。在多数情况下，公众遵照政府制定的规章生活，服从政府的管理，但执政者自古却有“民为贵，君为轻”的理念（真假与多少大不相同），这正是舆论冲击波作用的结果。执政者的言行时刻都受社会舆论的约束，假如他们的决策逆舆论潮流而动，舆论出现高涨以至激化，舆论波就会产生冲击力，使执政者最终改变错误的决定。自现代社会，顺应舆论潮流，迎合民意，几乎是执政者的万全之策。

众所周知，我国的火车票价是由铁道部门单方面确定的，这种现象已经延续了很多年。随着广大群众参政议政意识的增强，消费者对强制性的票价制度产生反感，强烈要求参与火车票的定价决策。这种舆论冲击波终于发生作用，近几年，北京市消协组织了春运票价听证会，消费者代表提出强烈呼吁，要求票价调整应符合消费者的利益。政府积极采纳了群众的意见，公众的要求基本兑现，两种对立的意见终于消解①。

以上例子表明，舆论冲击波一旦来自民意，积聚了各方面的能量，从普通公众到国家执政者都要顺之则昌，逆之则亡，整个社会发生天翻地覆的变化。对于公众舆论决不可小视，尤其是执政者，考察与尊重舆论是管理的要素。舆论是执政的晴雨表，民意是政府立于不败之地的靠山。

第四节　舆论演变的动力

舆论作为社会力的发散，遵循力学的若干定律，这是因为“这种精神力量由人的智力集合而成，并在社会碰撞中归于同一个作用力”，它是“万有的、显能的、交错的和直矢的”②。社会舆论的演变正是社会各种力量交互作用的结果，社会力是指舆论演变的动力和对社会的作用力，因而有人把舆论动力研究称作社会物理学③。

---

① 据《北京晨报》2004 年 1 月 4 日报道。

② 刘建明：《穿越舆论隧道——社会力学的若干定律》，中共中央党校出版社 2000 年版，前言、第 45 页。

③ 何桂明：《试论社会物理学的意义和作用》，载《广西教育》2007 年第 4 期。

"舆论动力学"(dynamics of public opinion)这一概念是由美国学者芬克豪瑟(G. Ray Funkhouser)提出的,是指公众舆论与媒介内容以及实际生活之间的互动关系①。1939年,美国学者奥德伽(Peter H. Odegard)首先将社会动力学概念用于舆论研究,开启了舆论动力学研究的先河。詹姆斯(Peggy Ann. James)和佛奈尔(Thomas A. Fournelle)指出,政策议题的意识形态属性、影响范围和显著性是揭示舆论动力的三个维度②。梅耶(William G. Mayer)强调,认识外部事物与公众舆论变化间的关联,是理解舆论动力学的第一步。

一、舆论演变动力的研究

考察舆论形成的机制,探索人们意见改变的规律,采用仿真模型的方法研究舆论演变的动力,目前还是一个没有完全建立的领域。德国科隆大学理论物理学教授迪特瑞赤·斯道夫(Dietrich Stauffer)2005年3月发表了论文《社会物理学仿真II:舆论动力学》(Sociophysics Simulations Ⅱ:Opinion Dynamics),揭开了西欧舆论动力研究的序幕。这篇论文关注个体在他人的影响下改变意见的几种模型,包括兹奈德(Sznajd)的传教士模型、戴佛昂特(Deffuant)等人的谈判者模型和克劳斯、赫格斯尔曼(Krause,Hegselmann)的机会主义者模型③。他于2007年5月又发表了论文《舆论动力学与社会物理学》(Opinion Dynamics and Sociophysics),对舆论演变的动力再次进行了探讨,归纳了意见改变的规则④。至此,舆论动力学作为社会物理学的一个分支被提到研究日程上来。

在本书著者看来,舆论演变与形成有两种动力说——"社会变迁的动力"和"共同利益的动力"。"社会的每一微小的变化都伴随着许多旧事物的消亡、新事物的产生,并接连不断发生各种事件,出现各种各样的社会问题。正是这种变动所产生的许多事实和问题引起人们的思考,发表各种各样的意见,引发各种舆论的出现。"⑤舆论起始于社会变动,社会变迁改变人们对社会公共事务的看法,成为舆论演变的根本动力。同时,"舆论并不是神奇、不可思议的力量,也不像伏尔泰所说的是'世界之王',它不过是利益相近或相同的人们在政治、经济和其他交往活动中对公众事务发生的意识反射……人们正是为了表达同一'类'的要求和意愿,受到政

---

① G. Ray Funkhouser, The issues of the sixties: An exploratory study in the dynamics of public opinion, Public Opinion Ouqrerly, Vol. 37, No. 1. (Spring, 1973), pp. 62~75.

② Peggy Ann. James, Thomas A. Fournelle, The dynamics of American Political Opinion, International Journal of Public Opinion Research. Oxford: Winter. 2000. Vol. 12. pp. 398~418.

③ 牛文元:《社会物理学国际研究前沿透视》,科学出版社2007年版,第246页。

④ Dietrich Stauffer, Opinion Dynamics and Sociophysics, arXiv, 2007(05).

⑤ 刘建明:《基础舆论学》,中国人民大学出版社1988年版,第87页。

治和经济利益的支配，才形成共同的意见。”[①]追求或捍卫共同利益，推动公众坚持或接受某种意见，是社会舆论演变的主要动力。

德国不莱梅大学的研究者詹·劳伦兹(Jan Lorenz)做了很多相关研究，建立了多种舆论动力学模型。在这些模型中，人们都持有自己的意见，当接触到他人的意见时，就可能调整和改变自己的意见。其关键因素是“有限信任”的理念，即舆论主体调整自己的意见取决于互相间意见的相近，并在意见持续发表过程中不断互相加大影响[②]。

人们的意见改变或融合不只是被“有限信任”所支配，也受特定的静态的社会网络所限制。同时能听到几种不同意见的人，无论思想开放还是保守，都比思想单一的人更有批判性，在多种观念并存的社会中更容易达成共识[③]。在群组或个人意见的形成中，不间断的意见表达恰恰容易使一些人妥协，意味着意见是一个在 0 和 1 之间的连续值。在每个时间阶段，每个人察觉到适应他的意见，他就可能采纳这种意见，新的意见是在持有者和折中者的最大值和最小值之间。在一个开放社区中，意见形成的过程是舆论主体互相作用并因此更新他们信念的过程。舆论演变的动力大体有两种模型，在一种模型中，意见被认为是不连续的，出现离散的变量；在另一种模型中，每个个体在一个预先指定的范围内不断发表意见，意味着参与者在同一个集合里[④]。

舆论动力学研究还没引起更多国内学者的关注，对这个舆论前沿问题很少有人涉及。兹奈德(Sznajd)的传教士模型认为，持不同意见的“传教士”单方面向受众传播意见，受众之间不发生意见互动，舆论的转换或改变比较困难。田兴玲等修正了 Sznajd 的基本模型，认为人们态度的改变有一定的随机性，噪声对舆论演化的影响较大，各种干扰、阻碍成为扭曲舆论内容的因素[⑤]。在当代媒介发达、信息繁荣的社会，任何人的意见都无法摆脱外界的影响，兹奈德的传教士模型是完全失效的。

国内最新的舆论演变动力研究成果是 2008 年 1 月发表在国外的一篇英文论文[⑥]。蒋洛洛(音译)等学者在该文中研究了受控的局部社会网络中舆论形成的自

---

① 刘建明：《当代舆论学》，陕西人民教育出版社 1990 年版，第 7 页。

② Continuous Opinion Dynamics under Bounded Confidence: A Survey, arXiv, 2007(07).

③ Heterogeneous bounds of confidence: Meet, Discuss and Find Consensus, arXiv, 2008(01).

④ Timoteo Carletti1, Duccio Fanelli, , Alessio Guarino, Franco Bagnoli and Andrea Guazzini Opinion Dynamics in an Open Community, 2007(12).

⑤ 田兴玲、刘慕仁、孔令江：《一维 Sznajd 舆论模型中噪声因素对演化的影响》，载《广西师范大学学报(自然科学版)》2006 年第 3 期。

⑥ Luo - Luo Jiang, Da - Yin Hua, Jun - Fang Zhu, Bing - Hong Wang, Tao Zhou, Opinion dynamics on directed small - world networks, arXiv, 2008(01).

我肯定效果,分析了一个不平衡的从共识到意见共存的无序状态。舆论主体交互作用的密度和自我肯定的强度容易引起注意,当长期的交互作用是稀疏的,个人通常不坚持他(她)的观点,舆论系统会显示出一个连续的相变。与此相反,自我肯定的高强度和长期交互作用的密度,使舆论系统不易改变,也就不显示出相变。该研究指出,现实生活系统似乎是一个"黑箱",它的结果可以被观测到,但隐藏的机制是难以察觉的。如果许多个体都持有相同的意见,沉默的螺旋现象就会发生。在实际生活中,人们坚持他们的意见,尽管这种意见也许和大多数朋友的意见是相反的,这是个人的自我肯定。传统的舆论模型没有考虑个人自我肯定的效果。

这篇论文进一步指出,从一个共识状态到多种意见共存状态的不平衡相变,随着长期交流意见密度的增加,连续的相变不再连续。相变行为的不同是因为长期交流使个人更频繁地改变他们的意见,使舆论系统保持在一个无序状态中。长期固定关系的存在,形成了地区规则,因而阻碍全球共识的形成。自我肯定的心理特征有时可能导致极化决策,在社会关系中,个体之间的互动取决于社会网络的拓扑。在宏观层面,舆论动力受社会结构的影响,而在微观层面,个人的自主意识则发生重要的作用。

二、舆论演变动力的模型

牛文元提出的社会物理学两个理论——"社会燃烧理论"、"社会激波理论"①和"磁场引力"理论,可作为舆论演变动力的主要模型来认识。舆论动力的这三种模型,对推动舆论演变的描述虽有所不同,但可以用来解释舆论演化的规律。这些模型都是仿真性质的总结,从流行一时的事物的出现,到集体意见的增长,以至集体行为大规模的蔓延,都作出形象的概括。

1. 社会燃烧模型

"社会燃烧理论"是社会动乱或者社会不稳定的一个机理,即各种各样的议论、见解和诉求作为燃烧物质的集合,在舆论"场"中出现等级分布,促使公众向一致意见靠拢。舆论场可以理解为"社会助燃剂",引发舆论巨大波动的是一个突发事件或权威人士的言论,这就是"点火温度"②。由此构成舆论产生和发展的模型。自然界中的燃烧现象,既有物理过程,也有化学过程。燃烧必须具备三个基本条件,即燃烧材料、助燃剂和点火温度,缺乏其中之一,燃烧都不可能发生。应用燃烧原理,将舆论的无序、失稳及动乱,按燃烧现象进行类比和分析,是非常贴切的。

---

① 牛文元:《社会物理学国际研究前沿透视》,科学出版社 2007 年版。

② 同上,第 246 页。

舆论激化，即社会“燃烧”起来，主要由以下三个因素促成：1. 社会矛盾、“人与自然”关系的不协调或“人与人”关系的不和谐，为社会不稳定提供“燃烧物质”。人和自然的矛盾、人和人的矛盾不断积累，如同燃烧物质越来越多，如果不能妥善解决，就会在某一天起火。2. 舆论领袖和媒体的引导、谣言的传播、敌对势力的恶意攻击或某些人刻意追求利益等等，都相当于社会中的“助燃剂”。3. 具有一定规模和影响的突发事件，是舆论爆发的导火线，称“点火温度”。比如发生在 2005 年的北京、上海、广州和深圳的抵制日货的游行，实际是当年日本首相小泉参拜靖国神社这一事件引起的。正如《穿越舆论隧道——社会力学的若干定律》一书所描述的：“如果把议论比作冒烟的干柴，引发舆论之火的则是事件，它使议论像火焰一样燃烧起来。”①

“社会燃烧理论”的原理是，当“人与自然”之间的关系达到平衡、“人与人”之间的关系达到和谐，社会处在“理论意义”上的绝对稳定状态。如果背离上述平衡与和谐，就会给社会稳定以不同程度的“负贡献”（即形成社会动乱的“燃烧物质”）。“负贡献的量与质”积累到一定程度，在意见领袖的煽动下将扩大到一定人口密度和地理空间的规模。此时，在某一“突发导火线”的激励下，即可发生“社会失衡（不稳）、社会失序（动乱）或社会失控（暴乱），直至社会崩溃。”②

2. 社会激波模型

“社会激波理论”研究的是舆论演化过程。本来社会很平静，如果一个事件发生了，就像一块石头投到湖水里，开始激波了。此时，在不同人群、不同社会利益集团产生不同的反响，有的高有的低，就像波澜扩散一样。但更可怕的是同时扔进去几块石头，事情就更为复杂，反响更加剧烈，立刻出现舆论高涨。

“舆论波是民心波动的再现，由舆论中心向外振荡起伏地扩展。既然舆论是一种表层意识的传播，又呈现上下起伏状态，它的运动必然是波浪式的。人们的议论总是由隐到显，由弱到强（或由强至弱），由近及远，呈现环状的外展式波动，这和水波十分相似。”③社会激波是舆论波动，是人流和声浪的组合模型。民众对客体反映度的差异，由不同空间再现出来，构成舆论高低起伏的动势。反映强烈的地区处于舆论的波峰，反应微弱的地区则处于舆论的波谷。

舆论波包括意见波和行为波，表现为集合意识高涨的不同程度和不同方式。在通常情况下，公众表达舆论运用语言，通过议论、讲演、游说、新闻报道发表意见，当人们由于强烈的义愤或过度兴奋，无法用语言表达意志，便采取肢体行为抒发意

---

① 刘建明：《穿越舆论隧道——社会力学的若干定律》，中共中央党校出版社 2000 年版，第 66 页。

② 牛文元：《社会物理学与中国社会稳定预警系统》，《中国科学院院刊》2001 年第 1 期。

③ 刘建明：《穿越舆论隧道——社会力学的若干定律》，中共中央党校出版社 2000 年版，第 253 页。

志，构成行为舆论波。舆论波涌动的蔓延，在一定社会环境中回旋，产生舆论震荡。议论强烈、嘈杂高涨的社会舆论打破生活宁静，形成意识热潮。它的到来，充满刺激，富于挑战，使人愤慨、惊恐或兴奋，迅速推高人们的情绪。时急时缓的舆论波动交替出现，构成舆论的波幅扩散，直至覆盖较大空间才能停止下来。

由舆论中心向外围空间传播意见表现出来的法则，简称舆论波动律，依据舆论的波动方向，可把舆论波动划分为中心辐射律、遍地涌动律、两点呼应律和多波震荡律等四种类型。“**舆论波动律**的出现，取决于舆论热点的关注范围，是舆论的扩充定律。它有几分神秘，因为许多人对舆论传播的方向毫无所知，没有注意它的内在动力。”[①]这个内在动力就是牛文元院士所说的投入水中的“石头”。这个“石头”究竟是什么？《当代舆论学》一书写道：“凡已发生‘内障’的公共事务，其内部结构或利益分配必然发生冲撞，陷入非正常状态，这就要引起人们的关注，不断有人发出解决矛盾的呼声。呼声得到具有相同态度人的附和、响应，越演越烈，局部呼声便演变为普遍的社会要求，波及整个社会。”[②]显然，激波模型的动力所在，无非是社会的利益冲突。

3. *磁场引力模型*

这个模型可以简称引力模型，即人们改变态度、投入舆论活动，是由于受到外界意见的吸引。在这一模型中有许多“格点”，一个格点就相当于一个个体，在一定场合许多个体赞成的意见，另一些个体受到影响也会赞成，是物理上简单的一维Ising模型（不规则的扩散模型）。在社会中人们受一定意见的吸引，认可相同意见的人越聚越多，大规模的舆论就会出现，以致在街道上很快集结起声势浩大的游行队伍。受不同因素的吸引，意见发生变化的方向不同，各自沿着一定的方向发展。比如，人们投票赞成或反对一部法律，对于两人中的一个人，或对多于两方中的其中一方表示支持或反对，都来自外部意见的引导。在点阵上，他们的邻居也影响他们的决定，媒体会在更大的范围影响所有的人。这正如舆论场聚集着许多人，意见的灌输和诱导产生合群行为，舆论场成为舆论演化的磁场。

《穿越舆论隧道——社会力学的若干定律》一书列举这样一个例子：杭州中大广场26号楼楼顶的大钟，落户杭州市中心才半个多月，就被一些市民看作噪声的“制造者”。钟声因此几响几绝，管理大钟的单位进退两难。塔钟准点敲响时，先有乐曲声，再有钟声，最后是报时声，方圆6公里之内的居民都可听到。敲钟设置在早上8时、中午12时和傍晚5时，给市民一个准点的提醒。最初绝大多数人为这座大钟感到骄傲，因为它不仅给人们提供报时，更主要它是城市现代文明的标志。

---

① 刘建明：《穿越舆论隧道——社会力学的若干定律》，中共中央党校出版社2000年版，第255页。

② 刘建明：《当代舆论学》，陕西人民教育出版社1990年版，第116页。

可是不久，有几户人家嫌大钟噪音大，在大街小巷逢人便发泄怨气，渐渐演变为周围邻居的批评声，不同意见的争议使舆论气氛紧张起来。意见通过邻居、街谈巷议磁场的吸引，形成社会场，舆论波及的范围越来越大。

社会场之所以存在，首先是由社会结构决定的，每个人在他周围聚集着一个利害相关的群体，某种诱因使其突然陷入思想共鸣，并产生思想凝聚力。场的刺激、烘托、容纳和怂恿使带有爆破力的意见迅速传播，很快被众人接受。“这样，一定聚集的场合就成为强烈吸引人们形成一致意见的‘吸盘’。人们相邻密度增大，表达意见的相互刺激处于活跃状态，一种见解在许多人中产生感染和趋同心理，意见的扩展范围与速度就不可控制。”①

每一种媒体都覆盖一定空间，有自己的受众，也都形成一定的意见场。传媒像自然界风力的利用者，不时兜起社会意识的旋风，左右社会舆论的走向。一个人无论走到哪里，想逃避新闻界的说服十分困难，每天都受到媒介意见的浸润。媒介的观点驱动强大的吸力，直到把广大受众吸引到自己的手掌上，它们才感到满足。当众多新闻机构形成共同意见，发出同一种声音时，舆论吸引力的效力尤其明显。这种全方位的社会场把人们凝聚在一定的意识形态下，从社团到每个人的心理，都可能被裹胁到一定的立场上。传媒多在短时间内发挥这种社会场的作用，有时则长期吸引人们的注意力，就看它们的报道能否创造一个有效的舆论场。

三、社会变迁中的舆论动力

不管哪一种模型，描述的是舆论演变的形态，而不是阐述舆论演变动力的实质。概括地说，舆论演变的真正动力不外乎社会变迁和共同利益的吸引，除此之外都是由此引申出来的非根本因素。自然环境和社会状况发生变化，人们的思想不能不发生相应的变化，这一过程都伴随各种各样的意见出现。

生产方式、社会制度或公共事务不管渐变还是突变，只要社会矛盾演化为一定的社会问题，就要引起人们的思考，纷纷发表见解。经济结构和经济制度变了，政治结构和全部上层建筑及其相应的各种制度也必将发生变化，整个过程需要解决大量矛盾。人们对解决这些矛盾的意见确信无疑，就开始追随其中的观点，演化为社会主导舆论以至民意。社会变动一刻也停止不下来，既有进化又有突变，进化是常态和普遍的，突变是偶尔和特殊的，这恰好和社会舆论的忽高忽低、时急时缓相一致。社会舆论的平缓是长久的，呈现出较长的过程，而社会舆论的高涨或激化则是短暂的、少见的，这些都是社会变迁的结果。

---

① 刘建明：《穿越舆论隧道——社会力学的若干定律》，中共中央党校出版社2000年版，第54页。

人们为什么要发表意见或赞成某种意见？因为社会变动出现的公共问题涉及人们的利益，如何对待或解决这些问题不是符合就是损害人们的利益，所以社会舆论有赞成的声音，也有反对的声音。利益决定人们的态度，导引人们的行为，成为舆论演变的主要动力，而且是人的一切行为的基本原因。在历史上，许多社会舆论的发生和演变都同人们的切身利益相关。大量意见之所以停留在媒介宣传和少数意见领袖的口头上，是由于同大众的切身利益无关。诸如以往年代"过个革命化的春节"、"有了精神原子弹就能战胜一切"等意见不绝于耳，由于与人民的切身利益无关，遭到人民的冷落，仅仅停留在媒体的宣传中。马克思说："思想一旦离开利益，就一定会使自己出丑。"①

社会物理学中机会主义者动力模型提出，意见的选择仅仅决定于自己的心理选择，很难受他人影响，那么改变自己的意见也比较容易。这要看意见同自己的利益有何种关系。机会主义模型最终不得不回到人们的利益上来，不同的人选择不同的意见，是基于"趋利避害"的价值判断，决不光是什么心理问题。

西方的心理学派强调，舆论的形成与演变取决于公众之间或公众与环境相互作用的结果。1899 年，法国社会学家塔尔德在《舆论与公众》一书中认为，社会不过是个体相互作用的产物，个人或集体之间包含由一个意识向另一个意识传递的要素。这些要素渐渐融合在一起，形成社会思潮和群众冲动，以舆论这种形式表现出来。著名社会心理学家库尔德·勒温（Kurt Lewin，又译卢因）是"最早研究团体决定对个人态度和行为的影响的学者之一"②，他提出：如果用 B 表示行为或任何类型的心理事件，用 S 表示包括个体的整个情境，那么 B 可以被看做为 S 的函数：$B = f(S)$。在这个等式中，函数 f，或更准确一点，它的一般形式表示人们通常所称的规律。如果人们以个案的特性常数取代这个公式中的变量的话，那么人们就可应用于具体情境。在心理学中，通过大致的区分个体（P）和他的环境（E），人们能够描述整个情境。每一心理事件取决于个体的状态，同时也取决于环境，虽然个体和环境的相对重要性在不同个案中有所不同。因此我们能够把适合于每个心理事件的公式 $B = f(s)$ 陈述为 $B = f(PE)$。③ 这个公式告诉人们，行为会随着人与环境这两个因素的变化而发生改变。环境变化，就是社会变动，勒温离开社会变迁的理论，还没有触及问题的根本。

心理学中"动力"一词，包含力量、活动和方向等方面的意义，涵盖决定有机体行为的所有因素。不同的心理学家对"动力"概念的使用是不尽相同的。比如，弗洛伊德强调潜意识欲望的动力性，而麦独高尔（W · McDougall）的动力观则更注重

---

① 《马克思恩格斯全集》第 2 卷，人民出版社 1957 年版，第 103 页。

② 转引自［美］威尔伯·施拉姆：《传播学概论》，新华出版社 1984 年版，第 232 页。

③ ［德］库尔德·勒温：《拓扑心理学》，浙江教育出版社 1997 年版，第 10 页。

人的本能和本能对行为的驱动。勒温认为，只要在一个人的内部存在一种心理需求，也就会存在一种处于紧张状态的系统，紧张的释放可以为心理活动和行为提供动力和能量，从而也构成了决定人的心理活动和行为表现的潜在因素①。心理学家们所指出的心理欲望或心理需求究竟来自何处？他们很少进一步追问，实际上心理问题都是利益和需要的产物，还有一部分来自人的兴趣。人们关注自己的利益，利益成为心理活动的支配物，脱离社会变迁和人的利益，无法找到舆论演变的真正动力。

本章内容重点：

1. 舆论演变的一般过程。
2. 社会主流舆论是怎样形成的。
3. 怎样防止舆论激化和冲突。
4. 舆论演变的动力。

① 申荷永：《论勒温心理学中的动力》，载《心理学报》1991年第3期。

第八章　第一舆论机构的威力

新闻界是社会第一舆论机构，肩负反映舆论和代表舆论的使命，有时某些媒体还制造舆论。在西方，新闻界被称为仅次于立法、行政、司法之外的“第四权力”，强有力地影响立法和行政，具有放大和垄断舆论的能力。作为社会的第一舆论机构，新闻界经常被其他舆论机构用来发表宏论，构成社会舆论庞大的载体。今天，新闻媒体的信息几乎覆盖全球每个角落，当它们对社会事件的解释大体一致时，其舆论合力的作用是任何势力都难以超越的。

第一节　新闻界与公众舆论

在历史上，越来越多的思想家把新闻界的性质定位于社会舆论机关，马克思关于报刊是“广泛无名的社会舆论机关”、“报纸是作为社会舆论的纸币流通的”名言，是这种新闻观最典型的代表。据日本学者小野秀雄《新闻学原理》一书介绍，在报刊不同的发育阶段，人们对其舆论性质的认识是不同的，总括起来，一般认为新闻界能够反映并形成舆论，表现为一种公共力量①。

一、社会的舆论机关

新闻界的日常任务是报道新闻，反映社会动态，积极影响人们的态度，成为社会舆论的反映者和引导者。重要新闻会在相当范围内引起公众的关注，在一定程度上引发公众的讨论，刺激社会舆论的兴起，从而成为舆论的发动者。新闻机关再根据这些舆论，增加相应的后继报道，进一步影响公众情绪，激发或抑制舆论的发展。媒体引导舆论的能量，培育舆论的技能，使新闻界成为社会舆论的

---

① 参见［日］小野秀雄：《新闻学原理》，日本东京堂 1947 年版。中文为内部译本，藏中国人民大学新闻学院资料室，1960 年译，第 171～173 页。

重要机关。

媒体首先是舆论的反映者，其次才是舆论的代表者和引导者，它促进舆论的形成依赖于对事实的加工。早在18世纪，德国报人比希阿在莱比锡大学讲课时曾谈到："报纸采纳了舆论，并赋予它以形式和方向，而使自己成了舆论的机关。如果报纸要采取同所有国民的普遍情绪相反的态度，它就将失去自己存在的可能。如果报纸给不明确的国民意识以错误的指引，那它就给国民造成了坏的影响。因此，报纸虽不能制造舆论，但它能把群众的思想引导到同一个轨道上去。"雷布尔认为："报纸不可能从冰点唤起一种活动。它没有呼风唤雨的神奇法术。新闻的活动是把潜在的东西加以提高，确立和宣布将要形成的意见，提出能领导运动的核心的东西，提出一定的办法和贯彻始终明确的目的。换言之，报纸的作用不是创造性的，而是加工性的，不是第一位的，而是第二位的。……假如没有内在的前提条件，只依靠报纸来形成持续的有政治价值的舆论，那是不可能的。"①

大众需要媒体表达意见，民主社会的公众通过媒介找到共同声音，并进一步壮大这种声音，由单个人的弱势变成多数人的强势。多数人通过媒体彼此了解，媒体深深吸引他们的注意力，共同呼应，形成一致舆论。托克维尔认为，"在现代国家，往往是大多数人希望联合、需要联合，但是办不到，因为他们每个人都微不足道，分散于各地，互不认识，不知道哪里可以找到志同道合者。报纸是黑暗中的曙光，使他们结合起来了。为了使结合不散，他们继续需要报纸。公民们要想知道其他公民的所作所为，就得看报读杂志。"②一种媒体，只有反映某些多数人的共同思想和情感，才能存在下去，才是受众的代言人。托克维尔进一步认为："报刊是以全体读者的名义向每一位读者发言，而且读者个人的能力越弱，报刊越容易吸引读者。"③

现代报纸的出现，特别网络媒介的普及，改变了社会群体的结构，也改变了舆论的形成、扩张和演变的过程，舆论走向理性的机遇增大了。美国政治学家布莱士早在1889年在《美利坚合众国》一书中指出，报刊的三种重要功能使它成为合理的、理性的舆论形成的最重要的动力，即：1.作为事件的报道者和讲解员；2.作为政治主张的代言人；3.作为反映读者一般意见的"测风标"。"报刊通过发挥这三项功能，能使舆论超越个人意见的简单相加，成为组织化的有机整体，唯有这种舆论，才能在民主政治中发挥主导作用。"④1898年，法国学者塔尔德在《舆论与公众》中写道："从一个人的观点转化为社会的观点、然后又转化为舆论；这个转化过程的

① [日]小野秀雄：《新闻学原理》，第177～178页。

②③ [法]托克维尔：《论美国的民主》，商务印书馆1996年版，第642页。

④ 转引自郭庆光：《传播学教程》，中国人民大学出版社1999年版，第122页。

动因,在古典时代和中世纪是公共话语,在当代是报纸。"[①]媒体将分散的公众连接在一起,是因为他们往往阅读同一份报纸,关注着同一个公共事件,形成具有相同理性的公众意见。

舆论不是必须依靠新闻才能形成和发展,新闻界也会被舆论所左右,从某种意义上说,新闻报道的议题很多来自公众,所以它首先是舆论的反映者。在很多国家,公众有充分的言论自由,即使在言论受到控制的国家,公众意见也在一定范围内有发表的机会。新闻界有能力也有可能倾听民声,成为社会舆论的表达者。媒体所代表的意见可以和社会舆论一致,也可能与舆论相反,对民众舆论的选择有自己的侧重点,表达的意见可能更为深刻或带有偏见。不管哪种情况,新闻界既能反映舆论,又能扭曲舆论,甚至具有呼风唤雨的法力。

新闻界也是社会舆论的控制者。与政治有关的新闻总是以某种倾向报道,一旦公众舆论与其持有不同意见,媒体的后继报道就会对公众舆论冷处理。在现代社会,某种意见得不到新闻界的鼓吹,社会舆论的形成非常缓慢。反之,媒体积极引导并扩大某种舆论声势,许多意见很快成为重要的社会舆论,这不仅是新闻界控制的结果,更是新闻界引导的效果。媒体的引导实际也是巧妙的思想控制。在通常情况下,媒介能够抑制舆论,维持社会主流思想的地位。如果媒体在遏制一种舆论时,不能立刻调动正确的舆论,就不能造成较大的社会影响。

新的媒介形态出现后,新闻界不仅改变了舆论的形成模式,也增加了控制公众舆论的难度。"传播技术的每一次进步都促使人们关注它对公众舆论的影响和冲击"[②]。但是,大众媒介的舆论效力越大,新闻界操纵舆论的能力就越强。正如英国学者希瑟·萨维尼所说:"大众传播模式不断地建议媒体转向展示和赢得注意,而不是去表达、劝说或者告知。""媒体争夺观众和追逐利润的冲动以及政治人物操纵信息的愿望之间的双重压力,在相当大的程度上扭曲了媒体提供理性的、批判性的讨论的功能。"[③]如果说自由资本主义时代人们对媒介意见的中立性大多不持怀疑态度的话,那么晚期资本主义的新闻媒介所受到的指责要比它此前几个世纪所受到的批评的总和还要多,因为媒体在控制舆论过程中大都丧失了中立性,使新闻界这一舆论机构潜藏着危险。

新闻界作为公众舆论的反映者和引导者,通过连续报道新闻与发表时事评论表达某种观点,从而形成公众意见,通常被称做新闻舆论。新闻舆论每天都向大众渗透,舆论效能远远超过人际传播和组织传播。许多社会舆论是分散的,具有情绪性和偏颇性,经过媒介整合为公众意见,改变了公众舆论的粗俗表达。新闻评论如

---

① 转引自[美]克拉克编:《传播与社会影响》,中国人民大学出版社 2005 年版,第 222 页。

②③ [英]希瑟萨维尼:《公众舆论、政治传播与互联网》,载《国外理论动态》2004 年第 9 期。

果具有说服力，就会提高媒体的舆论分量，有力地影响政府的决策和民众行动。因此新闻舆论受到普遍重视，很多社论能够扭转人们的陈旧观点，对舆论的演变具有引导作用。新闻界表现出批评的锐气，成为重要的社会监督机关。从美国历史上的报刊"耙粪"运动到我国媒体上的一些揭露案例，表明新闻界具有遏制社会腐败的生气。媒体把监督恶行的信息传播给人民群众，激起全社会的谴责，达到曝光丑恶和错误倾向的目的。新闻舆论监督抨击了不道德的行为，激起民众对丑恶事物的愤慨，对解决热点、难点问题起到推动作用。这种舆论威力引起各种政治势力的重视。

各党派的政治家都青睐新闻界的舆论力量，借助媒介宣传政治主张，媒体成为他们利用和操控的工具。在西方报刊史中，诸如富兰克林、丘吉尔、罗斯福等许多政治家都提倡创办舆论报纸，发表新闻言论和政论，指导社会思潮。丘吉尔曾竭力主张出一份官方报纸——"一张能够将政府目标昭告人民"的强有力的报纸，报纸形成的舆论使他经常化险为夷①。富兰克林·罗斯福就任总统后，与新闻界始终保持良好的关系，操纵记者的手段十分高明。他被美国新闻界冠以"头号总编辑"、"所有时代最伟大的总编辑"、"曾经当过美国总统的最优秀的新闻记者"、"操纵现代宣传工具的头等好手"、"最杰出的新闻制造人"等多种称号②。这或许是他在美国历史上唯一连任四届总统的重要原因。可见，操纵媒体就是操控舆论，实现对社会的控制。

二、社会的第三种因素

报道新闻作为反映和引导舆论的手段，能发挥社会中介作用。马克思认为报刊是"国家中的第三种权力"③，揭示了媒体的舆论中介地位。1843 年马克思在《莱茵报》上著文说，自由报刊是"治人者和治于人者都需要有的第三个因素"。"自由报刊不通过任何官僚中介、原封不动地把人民的贫困状况送到国王宝座的阶梯面前，送到国家权力面前"④。在新闻无处不在的今天，各国政府都在"意见或观点的市场"上利用媒体策动舆论，人民大众则利用新闻界实现知情权，向政府表达自己的要求。在国家机构与人民之间，媒体发挥沟通情况、反映民意、调整国家方针的作用。

媒体中介说在当代社会更为流行。1959 年美国记者道·凯特出版《政府的第

① 李磊：《外国新闻史教程》，中国广播电视出版社 2001 年版，第 345 页。
② 见施正康：《新闻与政策》，江苏文艺出版社 1995 年版，第 384 页。
③ 《马克思恩格斯全集》第 7 卷，人民出版社 1960 年版，第 523 页。
④ 《马克思恩格斯全集》第 1 卷，人民出版社 1956 年版，第 230～231 页。

四个部门》一书认为,华盛顿的记者团并不是对三权起制衡作用的力量,而是为推行当权者的现行政策服务。1971 年任《纽约时报》华盛顿分社社长的迈·弗兰克对此曾解释说,新闻界把它所获得的资料传递给政府和一般公众,表明了自身的价值①。在 20 世纪 80 年代,中国新闻界提出报刊要做党、政府和人民的喉舌,使上情下达,下情上达,在一定程度上揭示了新闻媒介的中介作用。在马克思生活的时代,媒体这种中介因素主要是指"在报刊上治于人者同样可以批评对方的原则和要求,然而并不是在从属关系的范围内进行这种批评,而是作为公民——已经不是作为个人,而是作为理智的力量,作为合理的观点的体现者——在权利平等的情况下进行这种批评。"②这无疑是说,新闻界在国家权力和人民集合体之间充当意见沟通的中介、相互批评和相互影响的中介,具有社会第三者的地位。

总之,第三种因素是指媒介沟通信息和发动舆论,让政府和民众彼此了解对方的意见,把政府和民众联系起来,引导他们的思想互动,解决社会矛盾以至社会冲突。新闻记者通过监督政府,指出执政方针偏离大众利益的种种表现,代表民众制约国家管理出现错误。正如刘少奇在《对华北记者团的讲话》中所提出的,记者有权考察现行政策是否正确,如果能真实地把人民的呼声反映出来,作用就很大。在今天,这种作用,就是新闻界利用民众舆论指导政府调整政策,实现执政为民的目的。

新闻来自生活,来自广泛的实践活动,它把社会问题和民众意见汇聚到国家管理部门,成为领导者制定政策的依据。新闻界在政府决策中发挥桥梁和联系作用,权力阶层通过媒体了解民众的想法,不亚于他们经常深入群众中了解实际情况。在美国,从尼克松时代开始,白宫新闻办公室的人员每天早晨就把报刊上的重要文章剪辑成册,呈送主要官员们参阅。卡特上任后,这些简报中增加了"广播实况"。进入 21 世纪,"绝大多数政府官员们一天的工作通常这样开始:或者浏览《华盛顿邮报》、或者浏览《纽约时报》……。对于华盛顿大多数的政府官员们来讲,每天早上出现的新闻和评论专栏的内容便是他们一天所要谈论的问题。"③政府官员一天的工作从评估昨天发生的新闻开始,对重要新闻及其观点做出反应,并对工作议程适当调整,是每个官员的工作获得绩效的关键。美国学者蒂莫西·库克指出:"新闻媒体作为华盛顿特区的一种居间调解的机制,在权力分散、行动延宕的体制下至关重要。"④

---

① 见《有效的新闻管理》,《国际新闻界》1994 年第 2 期,第 25 页。

② 《马克思恩格斯全集》第 1 卷,人民出版社 1956 年版,第 231 页。

③ [美]托马斯·R. 戴伊:《自上而下的政策制定》,中国人民大学出版社 2002 年版,第 134 页。

④ Timoty Cook, *Governing with The News: The News Media as A Political Institution*, Chicago: Univesity of Chicago Press, 1988, p. 164.

事实上，在互联网、卫星广播电视和有线电视新闻网充斥每个角落的今天，官员阅读报纸的例子只是一个隐喻。媒体反映和引导舆论成为权力机构生存的前提，按照新闻界的观点和反映的情况决定政府的决策，政府才能跟上客观情势的变化。美国国务院前新闻发言人尼古拉斯·波恩司(Nicholas Burns)说："今天，美国的情报机关的竞争对手不是别人，而是新闻机构。他们需要实时的媒体，如电视、网络、广播等报道发出之前，就完成它们的评估报告。否则，他们的报告很可能一钱不值。"①在新闻界无处不在的时代，现代媒体以其超越时空的舆论优势，扮演着重要的决策角色。对此，前美国总统新闻秘书玛琳·菲茨沃特(Marlin Fitzwater)说："在今天的大多数国际危机中，我们实际上削减了国务院和各个司局的官员。他们的报告虽然重要，但由于时效慢，无法利用它们做出基本的决策。"②

大众对政治、经济生活的性质、状态作出真实的说明，新闻媒介给予完整的报道，使权力机构了解社会正在发生的变化，不适宜的决策一旦作出有益的调整，就推动了社会的进步。新闻把社会生活中的真实情况反映到权力机关，掌权人全面把握经济、政治和思想动态，最大限度地提高权力运行的社会效率，整个社会生活就会高效有序地进行。没有媒介舆论活动的中介，国家管理要在许多方面脱离实际，不可避免地出现惰政。

三、公众舆论的呼应者

新闻界具有激发群众思想的作用，当它正确地反映民众的呼声时，当人民在媒介上听到真理的声音时，新闻界就同民众发生了舆论呼应。民众的意见由分歧走向统一，由零散转向系统，媒介的集中和引导发挥关键作用，这是新闻界组织舆论的过程。民众的意见受到媒体的尊重，被媒体充分表达，媒介的舆论效能就能充分发挥出来。民众希望媒介代表自己的利益，越是人民的媒体越按照人民的要求表达观念。媒体采纳了人民的舆论，才能成为民意的表达者。

社会心理学者塔尔德认为，新闻的力量总的来说就是公众的力量，他在《舆论与公众》一书中说："读者是按照自己的意愿和希望来左右报纸的，而报纸却又由它的读者来形成新闻的公众。归根到底公众的力量决定着政治、文化及艺术领域中的问题。"勒本说："报纸曾经同政府以及两三个写作家一起担当过舆论的控制者和指导者的角色，但现在它是舆论的反映者了，因为它能反映舆论的不断变化，所以更有力量。"《泰尤尔玛报》的发行者葛洛宙斯曾说过："公众不希望在自己阅读的

---

① Nicholas Burns, Talking to the World about American Foreign Policy, Harvard International Journal of Press/Politics, Fall 1996. Vol. 1, No. 4. pp. 10 ~ 14.

② Frank J. Stech, Winning CNN Wars, Parameters, Autumn 1994, p. 38.

报纸中看到个人独立的见解，而希望报纸代表自己阶级的利益和意见，希望报纸按照公众所指出的方向加以表现。——公众习惯地把报纸看成是定型的有规律的形成舆论的工具。"①

舆论是公众对社会生活和社会事件公开表露的认识，是群众心态和情绪的晴雨表。舆论一般表现为社会意识形态的雏形，带有广泛性和可塑性。媒介对其反映得全面、深刻，符合大多数人的意愿，就能得到公众的赞成，大众传媒的公信力就高；反之，威信就低，就鲜有支持者。新闻传媒了解群众的心态，体察民情民意，以群众情绪为第一信号，了解人们在想什么、说什么、关注什么，才能同公众意识相呼应。对公众关注的热点、难点问题，媒体"顾左右而言他"，就难以影响社会舆论。

人民整体的追求反映了社会的发展方向，媒体反映、承担和传播公众意见，每个人都可通过媒体了解各阶层人民的思想，处于空间不一致的每个人可以在媒体上进行交流，构成一致的心理集体。新闻媒体同舆论呼应，造成亿万人的舆论主体，形成更大范围的共同意志。媒体每天向几百万、甚至几千万人说话，在同一时间内使不同地域的人听到与自己相同的声音，思想感情越加相互接近，就出现了共同的心理。媒体的魔力在于大范围地统一人民的意志，使公众从报道中看到相同的舆论目标，形成一致的政治与经济追求。

媒体的内容符合人民的要求，尊重各种合理的意见，就能整合出最好的意见。今天我们名之为"公众的声音"、"舆论的力量"这些术语，都是媒体或意见领袖反映人民呼声的结果。在大多数情况下，社会舆论是分散的，正确意见与错误意见混杂在一起，人们难以辨别真理。新闻媒介反映人民的思想，澄清是非，吸引公众按照媒介指引的方向思考，新闻界就实现了历史使命。

媒体反映广大人民的要求，引起受众的共同思考，在形成一致意见后投入社会变革，媒介就实现了组织舆论的目标。在表达民众正确呼声的前提下，媒介的舆论功能转换为经济功能和政治功能。媒体及其记者脱离人民的要求，绝不会有正确的舆论导向。不顾这一规律，任意驱使媒体发表违反人民意志的言论，声称这是坚持正确的舆论导向，只能引起民众的反感。这样的新闻媒介不仅不能组织舆论，由于背离人民的意志，最终要被人民所抛弃。

---

① [日]小野秀雄：《新闻学原理》，内部译本，藏中国人民大学新闻学院资料室，1960，第198～199、171～173页。

第二节　新闻界的舆论力量

新闻界大有“一言九鼎”之势，在捧杀或棒杀之间，百姓紧随媒体的意见一拥而上，任何意识手段的威力都无法与之相比。2004 年 11 月 18 日，《河南商报》率先发表《消费者当心，巨能钙有毒》一文，随后被全国各大媒体争相转载，立刻产生了多米诺骨牌效应。此时的巨能钙公司如履薄冰，退款、退货、索赔之声不绝于耳。巨能钙是否真的有毒？卫生部新闻发言人毛群安在 12 月 3 日的“巨能钙含过氧化氢”调查情况的通报会上明确指出：“按照巨能钙的推荐食用量，产品中的过氧化氢残留量在安全范围内”。没过几天，即使包括已被检测合格的儿童巨能钙产品，销售额也跌至零点。一则报道毁掉了一家企业，毁掉了一个知名品牌，新闻舆论在一定时间内决定事物的命运。

一、媒介的话语支配

现在流行话语霸权的概念，作为舆论征服的标志，是指某些人或社会势力凭自身优势具有绝对的表达权，与之对立的势力很少或没有发表意见的渠道，丧失了发言的机会，甚至被剥夺言论自由。在一些国家，掌权者、新闻界、强势群体和其他传播机构一般具有话语权，大众不得不向话语霸权俯首帖耳。在世界范围内，媒介力量强大的国家，具有世界话语霸权。严格说，在民主社会媒介话语霸权不是个科学概念，而应称为话语支配权。真正的话语支配是指占有真理和表达真理的巨大权威和思想征服力。新闻媒体的话语渗透和俘获能力，使舆论威力突显出来，在信息传播中建立起无可置疑的舆论强势。

媒体的话语支配是媒体产生巨大舆论威力的基础。如果媒体的新闻和言论是真实的、全面的和正确的，能够在受众心中树立一种理念，受众大都自觉地把新闻媒体看作权威消息和正确思想的来源。媒体的权威直接表现为话语权威，对事件的陈述支配着受众的阅听。没有新闻界，绝大多数受众在当天很难知道千里之外的事情，更难以对这类事情作出判断，不得不首先听取新闻界的意见。这是新闻舆论威力的首要作用，即大多数公众只能首先按照媒体报道知道世界发生了什么，按照媒体的说法去思考社会问题。

媒体的话语权在当今还有更为隐蔽的作用，即它使用特定称谓和特定感情色彩的概念，使许多事物被定义，公众不得不按照他们的界定去认识事物、评价事物。例如：《卫生局领导：给艾滋病受害者一片蓝天》、《艾滋病受害者获赔 36 万》、《广东出现民工荒》、《广州苦力难有市场　高级蓝领人才抢手》……绝大多数受众甚至连专家学者都看不出这些说法有什么不妥。他们每天看到听到的都是这样的词句，难以发现他们被媒介舆论所左右。为什么要称艾滋病人为“受害者”呢？我们会说“感冒受害者”、“肝炎受害者”吗？明显戴着有色眼镜看待艾滋病。同样，“民工”、“苦力”这样的称谓很不人性化，充满等级差别。如果媒体使用“艾滋病患者”、“短期工人”等称谓，就没有歧视或偏见的倾向。媒介使用特定的话语“钦定”了舆论，注定了一些人的命运，人们不得不按照他们的意图去思想、去议论。这就是媒介支配人们怎么想、怎么说的权力和后果。

媒体是传播信息、树立话语权威的机构，培养受众使用话语的习惯，用特定称谓圈住了公众的思考，公众不知不觉进入媒介意见的“牢笼”。你甚至无法跳出去，打破思想束缚，更不能反抗。媒体的特定称谓首次出现，受众往往不加批判地直接采纳，而且感到新鲜而盲目模仿，渐渐就范于话语而不能自拔。

舆论受到新闻话语的刺激而发生或发展，媒介控制着事件，让人们意识到它是否发生，同时也控制了人们对其发表意见。媒体报道什么，不报道什么，用多大的篇幅、在什么版面或频道报道，都隐藏一种话语，成为事件存在和重要性的标准。如果媒体对某件事在性质、规模、影响力上解释了它的重要性，那么这件事在许多受众心中就是最重要的。随着现代传媒的极大发展，人们获得的所有信息几乎都来自媒体，那些没有被媒体选择的事实几乎就不再存在，即使有人道听途说它的发生，但没有被媒体报道，人们就会怀疑它是否真的发生了。这种话语支配权决定了人们能否对事件发表意见，舆论是否出现，犹如堵住人们的嘴巴一样，媒体生杀舆论的大权控制着人们的头脑。事件的发生由媒体决定是否告诉外界，媒体不仅具有话语支配权，而且具有控制社会进程的能力，媒介的这种精神与物质力量远没有被人们意识到。

二、媒介的丧邦与兴邦

古语说“一言丧邦、一言兴邦”，指国家使臣在谈判桌上的责任重大，一句话可能决定国家的兴亡，但它多有言过其实的警示意义。现代新闻传媒出现后，新闻报道和舆论煽动确实多次把某个政权搞垮过，确有“一言兴邦，一言丧邦”的威力。

1954 年，美国总统艾森豪威尔欲除掉危地马拉总统阿本斯，搞垮他的政府，利用新闻宣传手段达到了目的[①]。20世纪60年代，美国卷入越南战争遭到国内的声讨，约翰逊总统在媒体揭露美军暴行和惨败的情况下匆忙结束了战争。"报纸、电视将烽火连天的越南战争带到了美国人民的书桌、客厅，新闻界的笔杆、镜头洞穿了军方黑幕，瓦解了美国越战政策的民意基础。观察家分析说，美国在越战中不是败于炮弹，而是败于'纸弹'；不是败于战场，而是败于客厅。"[②]

舆论威力是指舆论在传播中改变人们的信念，造成众志成城或动摇军心的后果，摧毁了一种政治制度，推翻一届政府，搞乱整个社会。在经济生活中，舆论搞垮或哄抬一家企业、一种产品，使市场竞争态势发生逆转，表现为左右市场销售和民众消费的巨大作用。新闻界每天发表丰富而深刻的见解，多角度、多侧面地对社会生活作出解释，形成一股强大的意见。当多家媒体反映共同意见，形成巨大的舆论声浪，不只是一种强大的思想，而且是数千种媒介一拥而上的舆论冲击。

从表面看，多数新闻似乎像轻风吹动，潜移默化地影响着人们，使人们渐渐产生一定的观念。媒体对普通人来说是一个活动着的头脑，这个头脑确实变幻莫测，可能赢来喝彩，也可能招来骂声。媒体的正确报道占领人们的大脑，每天向着一个方向影响人们，把人们的意志调动起来。媒体幻想创造精神奴隶，在短时间内可以办到，这时媒体作为舆论的制造者或创造舆论的手段，不仅能煽动社会思潮，而且能够捣毁一个国家。

利用新闻媒介制造舆论有时是非常奏效的，正像美国推翻危地马拉总统的统治那样，但使用的手段已不是原来意义上的新闻报道，而是谣言和媒介阴谋。制造

---

① 美国中央情报局当时奉命执行此项任务，决定采用舆论宣传为主、以小股武装突袭为辅的手段。中情局花了2000多万美元拉起一支由叛逃军官卡斯蒂略上校为统帅的150人组成的反危地马拉政府的队伍，而后在危地马拉邻国的一个谷仓里设置了一个秘密电台"解放之声"。为了吸引听众，五一节前，中央情报局在危地马拉报纸上做了大量广告，说五一节用某个频道可以收听到拉美歌星演唱的歌曲。五一节那天，危地马拉所有的人，包括国家广播电台都在休假，许多人按报纸广告的指点收听那个频道的歌曲。这个频道就是中情局设置的秘密电台"解放之声"。"解放之声"在播放歌曲中插播消息说，卡斯蒂略上校将于6月1日率军越过国境打回危地马拉，而总统阿本斯将会向外国人出卖危地马拉人的利益以保住自己的位置。不久，一位危地马拉的空军飞行员叛逃出境，中情局立即安排他在"解放之声"向危地马拉听众发表广播讲话。在几周时间里，危地马拉人就对总统阿本斯失去信任。接着，中情局在美国、危地马拉及其周边国家的报纸、广播中造谣说，卡斯蒂略上校的反政府队伍迅速扩大，在危地马拉的一些地方打了好几个胜仗。为了阻止"解放之声"的宣传，阿本斯总统在危地马拉首都和其他大城市实行了灯火管制，切断家庭用电，这一措施反倒使民众相信卡斯蒂略的叛军力量强大。1954年6月18日，卡斯蒂略的"军队"真的进入了危地马拉，没遇到任何阻击。中情局操纵的电台却报道说，反政府军队打了几个大仗，取得了节节胜利，正日夜兼程向首都挺进。几天后，按照艾森豪威尔的要求，美国飞机在危地马拉首都的一个公园扔下一颗小型炸弹，要求炸弹不能伤着任何人。但在"解放之声"广播电台等传媒的渲染下，人人都以为战斗在家门口发生了，纷纷逃离危地马拉。6月27日，危地马拉总统阿本斯逃离了他的国家，宣布下台。卡斯蒂略和他的150人反政府"军队"，乘美国飞机进入危地马拉首都，接管了全国政权。

② 曾文经：《传媒的魔力》，时事出版社2001年版，第97～99页。

舆论,通过大量重复谣言,或虚张声势地鼓噪,造成受众的恐慌和麻木,使不明真相的人惊慌失措。谣言重复多次,会有许多人相信它是真实的,特别是大量传播虚假的事实,容易使不知内情的人坚信不疑。善良的人无论如何不能相信,报纸、广播电视也能造谣,于是纷纷按照媒介的鼓吹去思维,接受谣传的授意方式而形成错误的舆论。在一些国家,媒体受到某个集团的控制,发表夸大其词的文章,可能产生短暂的众志成城的威力,也可能导致相反的结果——受众满腹怀疑,私下猜测,酿成舆论混乱。

当今的新闻报道模式更趋舆论化,大量深度报道、访谈式新闻都在发表意见,舆论供应量的不断增长使舆论更新的速度加快。广播电视和网络发表新见解的时间大大缩短,半个月内就可能围绕一个新事件、新问题出现讨论的高潮,社会事件与社会舆论像走马灯一样在人们面前一一闪过。人类文化水准的大幅提高,使普通人有了阅读能力,又有较多的闲暇时间,完全有可能利用媒体了解各种新事件、新思潮、新观念和新知识,许多公众加入舆论人的行列。今日,在任何偏僻的社区都可随时形成一定的舆论环境,舆论威力在各个领域不断发挥重要作用。

三、媒介的舆论合力

新闻界的报道常常引起社会共鸣,这种共鸣主要来自重大新闻、社论及各种言论。第一舆论机构的首要任务不是传播单纯的消息,尽管在它的发稿量中新闻稿占第一位,它的第一任务是发表意见,影响舆论。即使报道新闻,媒介多是为了给公众提供对事件的理解,这就不能不影响人们对事件的看法。

一种意见一旦被多家新闻传播机构持续地扩散,就能被相当多的人接受,在人们的思想深处形成观念合力,观念合力必然转变为舆论合力。在广阔的社会空间,多家媒介的舆论引导使广大公众形成巨大的凝聚力,表现出强烈的一致态度、一致立场和一致行为,出现万众一心、投身于解决公共问题的社会运动。新闻媒介,特别是电子媒介有放大舆论的功效,不仅传播意见的信息量大,而且通过再现意见的声势、群众对意见信赖的场面,渲染舆论的力量。不同媒体的相互补充、相互推动,使人们对同一种意见容易产生依赖。电视和网络把同一种信息和意见送到各个家庭,使大众和社会上层人士享受同等的舆论分量,在同等时间内感受社会公论的影响,舆论合力不断增强。

托夫勒说:“一旦计算机把舆论测量的结果肯定为大多数人的意见,被新闻工具多次地广泛传播,用不了多久,人的意向也就把这种意见作为思维中心而广泛地支持这种意见。”[1]媒体不断延伸一致意见的影响力，使舆论合力分布在言论的广阔空间，对此，日本学者在《现代社会学入门》一书中简称为“论宇”。在论宇中，舆论合力形成的机制是：无论对话者怎样自发地扩大讨论范围，终将被大众媒介散布的大量信息所压倒。个人意见一旦被优势的、公式化的媒介意见所牵制，公众自身意见的独立性即发生动摇，讨论场所的小群体，渐渐变成大众媒介的支持群体，增加了对媒介的依赖程度。

舆论合力不仅指更多的公众意见一致，而且体现为多种媒体提供的共同信念日益坚定，外力不易改变公众的态度。在解决公共问题时，公众的意见高度一致，万众一心的力量不可动摇。社会存在数种舆论，占有真理的舆论最终会取得统治地位，往往从多数媒介获得强大的舆论合力。舆论合力以正确意见为轴心，围绕真理回旋，逐渐凝聚为一股社会思潮。传播完备的意见，多种媒体让人们获得同一种见解，成为媒介产生舆论合力的前提。多种媒体的共同报道消除公众意见的差异，为舆论传播不断增加动力，也逐渐强化舆论合力的稳固性。

四、媒介引导舆论的机制

在形成舆论合力的过程中，新闻界又是舆论的引导者，吸引公众按照新闻媒介的意见思考问题，更深刻、更牢固地把舆论引向深入，这就产生了新闻媒介引导舆论的机制。新闻媒介引导舆论的目标，是把分散的、微弱的舆论放大成全局性的、支配性的意见，大幅度扩大舆论的覆盖空间。

新闻媒介的舆论引导，包含两层意思：一是对新闻舆论进行引导，二是以新闻舆论对社会舆论进行引导。前者是说引导受众正确地认识新闻事件，对新闻事件形成一致的观点；后者是指改变或增强原有的社会舆论对某个社会问题的看法。新闻媒介不只是反映生活、反映人类的集合意识，而且是每时每刻都在影响社会，反作用于人们的思维和行为。这种反作用直接表现为媒介意见的引导力量。人们发表意见，阐述对新旧事物的见解，在新闻媒介的引导下形成一种新意识，使对立面的舆论边缘化，以至被淘汰。新闻媒介对舆论的这种影响，通过新闻和评论表现出特定的舆论倾向，直接、快速地造成更大的舆论。

新闻界指导舆论，是要把那些与己不同的意见转化为与已相同的舆论，指导群众的认识，使其放弃不符合新闻机构的观点。大众媒体引导舆论通过报道、分析某一问题或事件，在公众中形成和媒体相同的意见。媒介长期传播一种意见，不断批评对立舆论的倾向，揭露这些舆论中的谬误、虚伪和欺骗，启发公众从荒诞舆论的

---

① ［美］阿尔温·托夫勒：《未来的震荡》，四川人民出版社 1985 年版，第 27 页。

束缚中摆脱出来，统一公众的意志。任何性质的媒体都会遇到与己不同或对立的舆论，在传播、放大自身的舆论中与异己的舆论倾向作斗争，需要不断扫除传播意见的障碍。媒介的主张如果不正确，它的报道和言论没有事实的支持和公平的判断，既不能形成舆论，也不能引导舆论。引导舆论的核心是向受众提供客观世界的真相，用全面、深刻、准确的意见校正某些群众的错误思想，实现新闻活动引导舆论的最终目的。

正确把握反映舆论与引导舆论的关系，是引导舆论健康发展的关键。不尊重、不反映民意，新闻媒介就无法引导舆论。新闻媒介面对各个利益群体的意见，通过引导使之一致，是实行舆论引导的最佳结果。社会各种意见有差异，一旦产生尖锐对立，社会舆论可能出现明显的张力，需要进行深入而细致的疏通。记者慎重研究各阶层公众的意见，对错误的意见进行分析，引导错误意见向正确意见靠拢，引导各阶层意见都遵循真理，形成正确的观点。舆论引导的对象既有公众又有官方，媒体反映正确的意见，使管理层和公众知道如何消除意见差距，从而树立正确的社会理念。

在美国，媒介对舆论的引导称为“议程设置”。沃纳·赛佛林、小詹姆斯·坦卡德在《传播理论：起源、方法与应用》一书中系统地介绍了“议程设置”（agenda setting）的理论要点。他们认为，在某种意义上说，报纸是设置地方性议题的原动力。在决定人们谈论些什么，多数人想到的事实会是什么，以及多数人认为解决问题的方法是什么这类问题上，它起着很大的作用。大众媒介促使公众将注意力转向某些特定的话题，在多数时间，报界在告诉人们该怎样想时可能并不成功；但它在告诉它的读者想些什么时，却是惊人地成功。其中，议程建构分为6个步骤：(1)报纸突出报道某些事件或活动，使其引人注目。(2)不同种类的议题需要不同种类、不同分量的新闻报道，才能吸引人们的注意。(3)处在关注焦点的事件或活动必须加以“构造”或给予一定范围的意义，从而使人们便于理解。(4)媒介使用的语言也能影响人们对一个议题重要程度的感受。(5)媒介把已成为人们关注焦点的事件或活动与政治图景中易于辨认的次级象征联系起来。人们在对某一议题采取立场时，需要一定的认识基础。(6)当知名和可信的人开始谈论一个议题时，议题建构的速度会加快。[①]

至今许多研究者仍旧忽略一个重要问题：谁来设置媒介议程？在某种程度上，媒介只是将社会中发生的议题和事件简单地传递给大众，新闻媒介的报道并不能与真实生活很好地对应。在许多情况下，某些利益集团可以人为地将一个议题纳入媒介议程。媒介议程的问题实际上已变成一个更大范围的问题，即什么东西左

---

① [美]沃纳·赛佛林、小詹姆斯·坦卡德：《传播理论：起源、方法与应用》，中国传媒大学出版社2005年版，第200～201页

右着媒介的内容,对这一问题的答案显然很多。本书认为,第一,影响媒介议程的重要力量,有时来自其他媒介,特别是主流媒介。如我国的《人民日报》、美国的《纽约时报》这类权威性媒体能为其他媒介设置议程。第二,从根本上说,媒介的议程是生活的反映,广大公众的普遍呼声为媒介议题提供了源泉。媒介议题既能影响人们思考什么,也能影响人们怎样思考,关键是它要表达人民的要求,理性地提出解决社会问题的目标和措施。

新闻传播有其自身的规律,舆论引导符合新闻规律,才能产生最大和最好的效果。大众传媒的议题对社会舆论具有"风向标"的作用,这种作用主要来自新闻事实,所以尊重新闻规律十分重要。在舆论引导中,国内媒体最为传统、最为常用的模式就是自上而下的单向灌输,置受众于完全被动的地位。这种重引导、轻反映的单向模式违背了舆论生成的模式。尊重事实的客观性,评论事实公正、全面,使新闻舆论有更大的说服力,才容易让公众理解和遵从媒介的议题。每一次具体的引导千差万别,方法不可能千篇一律,但让新闻事实给大众留下鲜明的印象,是引导舆论的基本要求。好的舆论引导不是简单重复一些政治口号,也不能用说教的方式硬性灌输,只能通过有说服力的事实使公众乐于接受。

第三节　用事实塑造意见

20 世纪 80 年代,一部《河殇》引起无数争议。有人赞美它是当时电视艺术的杰作,也有人批判它否定了几千年中华文明的精髓。无独有偶,2003 年中央电视台热播的大型电视连续剧《走向共和》再度引起争论。无论说它的视角前所未有也好,还是批评它曲解历史、误导观众也罢,上至专家学者,下到普通市民,每个人似乎都对这两部电视剧有自己的见解。从这两场争论中,我们看到,媒介内容常引起人们不同的、甚至截然相反的观点。不仅电视剧如此,新闻乃至一闪即过的广告都有可能引起社会各界人士的争议,出现舆论纷争。其中突出的规律是,新闻界产生强烈舆论效应的前提是,必须提供事实,善于以丰富、确凿的事实塑造意见。

一、媒介事实与舆论意识

除去完全虚构的内容,新闻传媒主要传播的是对真实事件的报道,即使那些虚构的电影、电视剧,在一定程度上也是对生活事件的集中反映,以现实或历史事实为原型。事实蕴涵媒体意见,成为塑造意见的一种手段。新闻、电视剧、电影等传播内容,只要介绍一定的事实,就能内化为受众的见解,这恰恰是媒体对事实的加工——渗入舆论意识的结果。

新闻界以事实表达自己的态度，构成了**媒介事实**，这是媒体对现实事件的反映，并加入了媒介的选择或认识而成为拟态事实，往往留下记者加工的痕迹。有些记者用事实作为观点的证明，而严肃、负责的媒介则从事实中获取观点，并对观点进行客观考量，塑造正确的意见，形成正确的舆论意识。一个事件发生后，媒体的主观意识可能与事件的原生倾向有距离，难以立刻提出见解，特别是提出正确的意见。事实的客观性并不代表它的真理性，因为事实在没有被媒体报道之前只是出现于外部世界，真理则是人们对这个事件的正确认识。由于事件对人有利害关系，很多事件发生后在给一部分人带来好处的同时，也可能对另一部分人有害，让一部分人热烈追捧又引起另一些人的反感。当新闻事实倾向转化为记者和公众的认识时，它的真理性才显露出来，媒体只有按照事实本身的倾向塑造意见，才能把握真理，提出正确的舆论意识。

“9.11”事件发生后，全世界一片反恐之声。直接受害的美国自不必说，对包括欧洲、日本甚至中国在内的世界大部分国家都有一些损害。但与此同时，也有一些国家或一些民众对此并非反感和恐惧，相反他们对恐怖袭击者持赞赏态度，某些阿拉伯国家的媒体就时时在制造恐怖袭击的舆论。根本原因来自事实对他们的利害关系，以及媒体自身的信念和立场，它们塑造的意见不同于大多数国家反对恐怖主义的立场。

事件与人的关联程度、接近程度不同，也使媒体有不同的舆论意识。美国记者杰克·海敦在谈到什么是新闻的时候曾说：“如果在智利发生的飞机失事中死了三个人的话，那就不是新闻。但是，如果在你居住的社区发生了飞机失事，死了三个人的话，那就是新闻了。或者说，如果在智利的飞机失事中丧生的三个人中有一个是本地人的话，那也可能成为新闻。”①这段话说明事件与人们的接近性所产生的影响。一个远在千里之外的事件也许并不能引起你的关注，媒体不报道，不可能对它有了解，即使知道，远方的公众对这一事件的见解自然不同于事件发生当地的人们。国际上的很多事情都是这样，与人们的关联程度（很多时候表现为一种距离感）影响了媒体对事件的看法，因而也就影响舆论的形成。

事实一旦借助大众媒介传播开来，本身的原生倾向会表现得更加明显，新闻作为记者及媒体的思想反映，附加了记者的主观意识，媒体的倾向性远比事实本身的倾向更显著。所以，不同的受众群对同一条新闻起初都有不同的看法，大都来自媒体的意见塑造。新闻是记者的纪实性作品，也在一定程度上受记者个人的影响。每个记者都有自己的新闻价值观，从不同角度描述事件，通过事实选择强化或弱化

---

① ［美］杰克·海敦：《怎样当好新闻记者》，新华出版社1980年版，第11～12页。

事件的某些方面,使呈现在受众眼前的事实就不尽相同了,由此产生了引导舆论的差异。

很多时候,记者由于客观原因无法看到事实的全部,如他不在事发现场,被采访对象欺骗或面对的信息源不同,可能作出错误的报道,使其舆论意识及其对舆论的引导出现了失误。国外的很多媒体都有党派之分,每当有重大的政治事件发生,这些媒体就会支持不同的党派,展开一番唇枪舌剑的论争,出现媒体立场倾向的对立,随之引发舆论的对峙。媒体决策者掌握报道内容的最后"审查"权,不可避免地将媒体的立场融入新闻中,使媒介塑造的意见多带有记者的思想烙印。

除了以上两方面原因外,受众自身因素也使他们对媒介事实产生不同的看法,这是基于自己的知识水平和理解能力的差别。正如沃尔特·巴金哈所说:"一个杂货商对外交政策有一整套信念,一个年轻妇女对圣礼有完整的理论,而且他们对各自的信念是毫不怀疑的。"①在看待某些公共问题时,大众带着某些固有的倾向,支配他们是否接受或在多大程度上接受新闻界的意见。对于一个新闻事件,那些事发现场的目击者也许比记者更了解真相;对一部历史剧,那些亲身经历过那个年代或正好对那段历史深有研究的人肯定比一般记者有更深的见解,这些都制约媒体舆论引导的效果。

二、社会舆论中的新闻事实

多数新闻掩埋在社会舆论中,甚至由社会舆论自动发散出来。随时悉听社会舆论的声音,洞察舆论背后的动态,是新闻界采集和报道新闻不可缺少的专业要领。2008 年初我国南方遭遇百年不遇的冰雪灾害,唐山市 11 个农民雇车前往湖南郴州救灾,受到当地干部群众的热赞,记者正是从舆论中了解这一感人的事实,报道了一条好新闻,在全国激起强烈反响。

新闻是事实的报道,同时也是社会舆论的同化物,许多新闻在报道之前就存在有关的意见,在报道之后则产生更大的舆论反响。人们日常交谈反映出的思想动向,具有很高的话语频率。舆论传播的外显,呈现出广泛无名的意识现象,从人们的议论中记者可以获知很多重要事件。记者从舆论中捕捉刚刚出现的利害问题和重要事实,把思想伸向社会最新动态,再把重要的事实通过报道塑造出正确的意见,便形成正确的新闻舆论。社会问题如果涉及多数人的利益,一致意见便同时在不同角落出现,又向不同角落传播,构成意识发散的基本特性。舆论的产生和传播的多向性,从形式上看,表达意见的同时还透露某些信息的轮廓,因为多数人的表

---

① 李普曼:《舆论学》,华夏出版社 1989 年版,第 235 页。参见《当代新闻学原理》,清华大学出版社 2003 年版,第 88 页。

达总是简略而零碎,说出的事实也总是模糊不清。记者听到的议论,背后总是隐匿着一件值得报道的事实,反映出人们的道德、是非观念或正义追求。

新闻界注意考察舆论的强烈程度,对事实及其意义进行判断,是发现新闻事件的特殊渠道。我们强调从事实中发掘新闻,但还应强调从舆论中发现新闻,掌握扩展新闻线索的另一条渠道。以往,记者认识新闻的重要程度大都以编辑部的标准作出判断,难以避免对生活评价的主观性。如果以舆论目标来认识新闻事实,记者就能在社会评价中获知受众标准。舆论来自四面八方,除了受众的思想追求,还包含丰富的社会历史,蕴含人们对社会事件的全面理解。受众掌握的事实越多、越全面,也就越容易发表意见,意见的正确成分也越多,这使受众的意见成为判断新闻事实的最好尺度。

社会总是处在运动和发展中,不断出现新的情况,产生新的舆论。每一种舆论的形成都是社会变动的结果,又和社会背景、意识环境联系在一起。人们的议论披露了新情况,触及了新问题,使记者能把握事实的新闻性及其深厚的思想内涵。对这一切,不深入勘察舆论就无法得到。记者根据人们的议论判断事实的重要程度,揭示社会矛盾的广度与深度,离抓住重大新闻已经不远了。由舆论发现新闻事件,再由新闻事实塑造意见,关键在于从社会舆论中挖掘事实的是非或利害因素。社会条件与人们的生存欲望从矛盾走向统一,始终伴随道德理念或政治信仰,展示出社会舆论的追求。记者从舆论中可以认识事件的社会背景,把新闻的主题确定得更准确、更深刻,从而写出激发或平息社会舆论的重要新闻。

三、媒介事实向舆论的转化

媒介事实充满"去蔽"机制,把社会深层的东西揭示出来。当新闻界把社会问题放在大众的眼皮下,便把许多事件从暗处带到明处,社会问题就暴露在光天化日之下。媒介事实成为舆论因素,主要不在于它是否被报道,而在于它有没有普遍意义,有没有公共性。事实具有公共性,牵动千百万人的切身利益,媒体把不被人注意的隐晦的认识变成许多人的观点,就启迪了大众的社会意识。

媒体在一定新颖度内多次重复同类事实,维系长久不衰的"当日意见",就打破了舆论的潜伏状态,迅速激起无数议论圈。媒介事实每天提供零散的意见,使舆论时时都有新材料,引起人们接连不断的议论,使社会意识始终保持活跃状态。对一个大的事件进行十天或一周的报道,连续地在受众那里形成观念,零碎的意见这种滴水穿石的功效,使舆论渐进地形成并具有稳固的特性。许多人在接受外界观点时,一时难以全盘理解他人的意见,如果媒介每天向受众渗透零星的见解,伴以具体事实作为依据,就容易受到他们的信赖。新闻报道供给片断的、不间断的当日意见,能牢牢地把人的思想锁在同一个方向,按照新闻界的立场去思考社会问题。

许多媒介的重要报道和评论,引起人们议论不休,形成广泛的社会讨论。媒介按照人民的要求表达观念,媒介事实转化为大众舆论的机遇就大。记者按照公众的关注点选择媒介事实,编辑部里弥漫的不是编辑者的意愿,而是公众的精神,媒介的舆论意识自然转化为人民的意识。媒体成为社会舆论的容器,成为人民舆论的表达者,能造成亿万人的舆论主体。媒体每天向几百万甚至几千万人说话,在同一时间内使处于不同地域的人听到与自己相同的声音,思想感情越加相互接近,就出现了共同的心理整体。媒体的魔力在于能在大范围内趋合人的意志,使公众从媒介事实看到相同的舆论目标,形成稳固的共同意见。媒介事实吸引的公众数目越大,越能造成更大的舆论,也越能代表广泛的舆论。

对某些事物,社会舆论处在朦胧状态,大众不知道社会问题的性质。在这种时刻,媒介事实启迪大众的觉醒,认清社会发展的方向。媒体的使命是以影响受众意识为目的的,媒介事实转化为这种意识要经历渐进感化的过程。第一,新闻界通过反复披露某种媒介事实,产生潜移默化的觉醒作用。第一次陈述的事件,能够得到意见的证明,或者说媒介事实引申出令人能够接受的意见,人们便渐渐确信它的正确性。第二,评论有时与媒介事实相伴随,给受众提供有理有据的结论,公众接受媒介的舆论引导就更顺畅。第三,媒体符合大多数受众的意图是媒介事实转化为舆论的关键,为了不损害受众的感情,媒体的报道真诚而符合实际,其意见就容易为受众接受。

公众舆论的形成,必须依赖人们所接触的世界,大量媒介事实渗透着关于世界的观念,所以,新闻界是用确切的事实铸造着公众的看法。一个人能亲身接触到、亲眼看到的世界很有限,也很不全面,如果没有新闻媒介对事实的全面报道,民间那些有限和片面的对世界的认识所形成的舆论必然是错误的。媒介事实自始至终都在努力给人们提供关于整个世界的面貌,力求向人们传递世界的真实信息,告诉人们世界是什么样子。在传媒长期报道中,人们对社会逐渐形成一些基本的看法,正是连续不断的媒介事实影响的结果。如果媒介反映的世界是虚假的,使人们形成错误的认识,媒介事实就造成荒谬的舆论。

今天,传媒与人类生活紧密联系起来,对社会舆论的影响更加深入,但绝不能认为,新闻界完全可以左右一切舆论。不是媒介任意驱使舆论,而是舆论支配媒介。"所谓大众媒介的'舆论指导'其实是一种自高自大的荒唐说法,它不过是操纵舆论而已。信息接收者越受这种指导,越不具有自主的意见,最终使判断力衰竭乃至完全丧失。在形成舆论的过程中,大众媒介的作用应当是为了有助于信息接收者的意见形成，准确地传递争论双方围绕争论点所列举的全部有关事实和主张。"①

第一舆论机构的重要任务是转述和解释事件，使受众能对事件有正确的了解，需要记者具有诚实和公正的立场，有敏锐和良好的判断力。在新闻中添加意见需要慎重而准确，不如此就会压制公众的立场，或歪曲事实。在重大问题讨论中，媒体把主观意见强加给事实，那不是在塑造和渗透意见，而是粗暴地蒙蔽受众。正确的途径是，新闻界通常把意见排除在新闻之外，多用社论或评论去影响舆论，但表达的观点必须是正确的意见。"'无观点'规则在日报某些特定的新闻写作体裁中可以例外，这些特定的体裁包括新闻分析、社论、观点文章、个人专栏、评论和某些深度报道。即使在这些文章中，你也得用事实性的信息来支持你的观点。"②

本章内容的重点：

1. 为什么说新闻媒介是第一舆论机构？
2. 新闻媒介怎样反映舆论、代表舆论？
3. 新闻媒介如何形成舆论合力？
4. 大众媒介引导舆论的关键问题。

---

① 日本社会学编辑委员会编：《现代社会学入门》，中国社会科学出版社 1987 年版，第 109～111 页。

② [美]谢丽尔吉布斯、汤姆瓦霍尔：《新闻采写教程——如何挖掘完整的故事》，新华出版社 2004 年版，第 61～62 页。

第九章　网舆的开放与自律

网络舆论可简称网舆，是指在互联网空间形成的、关于公共问题的网民的一致意见，因舆论主体的虚拟化和全球性，大大提高了人类沟通、融合意见的能力，为广大民众参与社会舆论设置了平台。网络是第一舆论机构的重要组成部分，以多维、全方位和实时互动的传播结构，创造了全新的、平等的、没有强权和中心的舆论场。在网络中，舆论的表达似乎凝聚为方寸之间，改变了以往舆论时空的概念，传播效率超过一切传统媒体。

第一节　网舆的激活与舆论危机

互联网把人类推进到交流意见的新时代，网舆形成的过程及特点表明，21 世纪的社会舆论日趋多变与复杂。面临网舆的多元化，不尊重网民的智慧与表达权，可能丧失把握舆论的能力。在某种意义上，人们的话语空间在网络中更具声间的意义[①]，舆论扩充的空间似乎只有声音或文字的震荡，而没有具体交流的场所，但它的实际规模正在增大，功能也在日益强化。

一、网络舆论的出现与生机

网络舆论第一次引起世界的瞩目始于 1998 年的美国“德拉吉报道”。1998 年 1 月，美国个体新闻工作者麦特·德拉吉通过独创的邮件列表向几万订户发送了有关克林顿总统与白宫实习生莱温斯基性丑闻的报道，随后掀起网络舆论的狂潮。同年 9 月，独立检察官斯塔尔关于此案长达 445 页的报告在互联网上公布，单在美国在线，一小时内就被下载 62000 份。全球舆论几乎把克林顿逼到悬崖，“德拉吉

① 即舆论“声张的空间”。

报道"首次向世界展示了网舆的强大影响[①]。时隔 8 年后，美国《时代周刊》公布的 2006 年度风云人物是所有网民，哈贝马斯理想意义上的"公共领域"在网络中实现了，许多国家的民众第一次拥有了平等而广泛的话语交流的机会。

网络既有点对点的传播，又有点对面的传播，网民在了解信息的同时，也接触了传播者不同的世界观、价值观、道德观，加速了个人态度的变化，促成网络舆论的早熟。网络意见包含正面和负面的指向，网民依据兴趣和需要选择网络意见，缺乏自制力或立场错误的上网者，容易接受负向舆论。网络强大的搜索功能提供了无限虚拟的空间，网民在获取意见后进行再传播，或对意见作出反馈而参与讨论，创造了自由交流的灵便的手段。

网舆在虚拟社区和个人博客这两个舆论场上出现，提供了现实生活所需要的各种交流形式，构造了一个"虚拟社会"。它比现实社会更符合个人表达意见的要求，也容易得到真诚的意见，以共同利益为纽带而彼此联结在一起。虚拟社区的制作者设计出大量页面，然后放置在 Internet 上的一台或多台服务器上，网民要访问社区，需要填写个人资料（一般为名字、社区登录名［昵称］、密码、邮件地址、性别、年龄、ICQ 号码或个人爱好等），方便其他用户了解和联系。在服务器允许的情况下，虚拟社区同时让大量用户访问，服务器数量越多、配置越好，允许同时访问的人数也越多。人们在网上同时和很多人交流并获得各种意见，使网舆的规模逐渐扩大，极大拓宽了公众意见的传播范围。

博客（Blog）又称网络出版（Web Publishing），通常由简短且经常更新的 Post 所构成，能够张贴文章并按照年份和日期排列。在它上面有新闻、日记、照片、诗歌、散文，甚至科幻小说。许多 Blogs 是一群人基于某个特定主题而汇集他们的观点，常见的是就当前问题或事件发表意见，形成网上议论圈。成千上万这样的博客网站，既有个人博客网页，也有非个人的、博客托管网站，是继 E - mail（电子邮件）、BBS（电子公告板）、ICQ/OICQ 之后出现的第四种网络交流方式。它综合了其他几种方式的长处，具备易于检索、时效性强、使用多种沟通手段等特点，同其他网络交流形式相比，更加快捷和个性化，表达意见简洁明快，内容更新迅速，易于形成网络舆论。

有人将博客称为"自媒体"，因为每个人都可以在博客上自由地发表观点，作者便是自己博客的版主。博客的自主性带来思想的自主性，大量观点通过博客发表出来，吸引网民跟帖，很快把网络舆论推向高潮。参与博客的是许多富有见识的个体，最基本的信念就是"我有独到的见解"，对公众关注的问题多有干预生活的责任感。"博客文体最重要的特点就是链接……没有链接就没有生命"[②]。观点的共享

---

① 杜骏飞主编：《网络传播概论》，福建人民出版社 2003 年版，第 185 页。

② 方兴东、王俊秀：《博客的精神特质》，见《中国网友报》2002 年 10 月 28 日。

和交流是博客发展的支柱，也是网舆迅速传播的动力，从此新闻舆论不再被广播、电视、报刊等传统媒体所垄断。尽管缺少约束的博客意见有许多负面倾向，但互联网及 blog 已经成为传统媒体舆论的重要源头。

在报纸上发表评论，不可能马上得到读者的反应，而且多数情况下无法与读者达成平等交流。网上言论只要提出的问题令人关注，很快就有无数网民回应，不管是喜欢或讨厌，网民认真的态度颇有逼人之势。网上舆论绝不会死气沉沉，它的活力是由意见的关注程度激发的，畅谈的热烈气氛弥漫在网上。在一定意义上，传统媒体的意见形成舆论总有较长的过程。网舆的快速性和集中性，使意见纷争更加激烈，各种众意、特别是两种对立的舆论很快就会出现。著名网站的论坛一旦把大量网民吸引过来，不断抛出重要观点并得到广泛呼应，就占据了公众意见的中枢地位。

网络提供了难以预测的意见空间，叙述的文字很少受到限制，诉说的内容没有标准，一种见解只要涉及公共问题，立刻出现网舆并扩展为社会舆论。网络传播的便捷性，把舆论送到每个网民面前，人们坐在电脑前思考，接受舆论较少受到外界的干扰。网络舆论的奇妙之处还在于"风吹浪起"模式的应验，枯枝长出鲜果，沙漠布满绿洲，一点小事都可能炒作得沸沸扬扬，舆论顿时大作。网络舆论不仅是一国的公众意见，有时促成全球的声浪交互。每个上网者在聊天室和公告牌上获得大量观点，当他赞成某种观点时，就成为网络舆论的主体，网络舆论就开始向新的群体扩散。

网上言论几乎不受限制、不受拘束，有相当宽泛的言论自由，舆论的形成速度比真实社会快得多。在现实社会中，人们不敢讲的话，在网上没有顾忌，突破了现实社会的表达限制。有时网上谣言四溅，诽谤与误解横飞，正是生活中种种不幸的真实写照。一些网民在传统媒体上用真名说假话，而在网络上用假名说真话。网上的虚拟是真实社会的复制，作为社会舆论的真实化，却以匿名、直率与种种曲折的方式揭示了某些真相。

二、网络舆论形成的流程

由于意见主体的巨量，以及网舆内容的漫无边际，对网舆形成的流程很难给出一个标准的公式。通过对 2007 年、2008 年一些经典网舆案例的分析，可发现，网舆呈现出网络与传统媒体"双重循环"的互动流程。其中大致可分为两种：一是，少数网民的意见转变为网络舆论，再流向传统媒体，在反复互动中汇成社会舆论。二是，传统媒体的舆论流向网络，汇聚网络意见，加速、放大、扩散了传统媒体的舆论。这两种流程都超过人际和传统媒体传播的效果，对现实世界形成更大的影响，推动社会公共事务的进程。

信息、意见通过网络媒体发布，或网民通过博客、新闻跟帖、论坛上帖等手段提供事实或观点，然后传统媒体以网络发布的内容为线索进行报道，达到网络舆论的升级，使网络舆论的影响极度扩张。2007年6月5日，大河论坛出现一个题为——《罪恶的“黑人”之路！孩子被卖山西黑砖窑，400位父亲泣血呼救》的帖子，以400位河南籍父亲的口吻陈述：他们的孩子大多在郑州火车站、汽车站、立交桥下、马路边等地方被人贩子诱骗或强行拉上车，以500元一个的价格卖到山西的黑砖窑做苦工，山西临汾市、永济市是窑场比较集中的地方。此帖发出后，立即在社会产生强烈反响，到6月12日，大河网上该帖点击率超过31万。帖子转到天涯杂谈后，短短6天，获得高达58万的点击率和3000多篇回帖。接着，全国各地报刊、广播电视相继对山西黑砖窑进行了报道，随着报道被大量转载，更多媒体的跟进，引起高层领导人的密切关注，先后作了重要批示。劳动保障部根据中央领导的指示，会同有关部门组成工作组进行调查。在舆论声势的推动下。6月14日山西省委要求在全省立即开展“打击黑砖窑主，解救被拐骗民工”的专项行动。截至6月17日，全省共检查小砖窑、小采矿厂、小冶炼厂等6256处，解救被拐骗农民工374人。

这一事件，通过网舆带动传统媒体舆论，以至整个社会舆论的关注，转化为政府势如破竹的整治行动。如果没有网舆的最先曝光和放大，数百名被困黑砖窑的孩子还将忍受残酷的奴役。

一些新闻事件、社会问题通过传统媒体发布，然后经由网络媒体转载，引发网络舆论，传统媒体的再跟进促使网络舆论进一步升级，形成更大声势的网络舆论。2008年5月12日汶川大地震发生20多分钟，新华社、中央电视台和中央人民广播电台陆续报道了快讯和文字滚动新闻，顷刻，网络新闻与跟帖犹如倾盆大雨，对准抗震救灾的各种问题形成磅礴的舆论气势。仅在一天内，网上关于汶川地震的消息和见解达到200多万条。

互联网引发舆论的单条新闻可能是网民直接发布的，也可能转载自传统媒体；一旦新闻触动了公众的情绪，很快在网上形成讨论热潮，网络舆论便“井喷”出来。强大的社会舆论迫使当事人采取行动，或导致制定新的政策，舆论影响转化为实际效果。这样的流程不断重复发生，使各种意见纷呈毕现，社会既可能出现震撼，又可能一下子变得十分精彩，推动了公共事务的解决。

网络正在变平，同现实社会的大地组接在一起，网络舆论推手成为这种组接的“电焊工”，使网络舆论直接走向现实社会。这是网络舆论形成的第三种流程。**网络舆论推手**是网络意见的炮制者和推动者，使一个或几个人的意见演变为网络舆论，在多维接力中扩大到各个网站和虚拟社区，最后形成社会舆论的热点。网络舆论推手的原创帖得到网友的认可，随之被推到论坛或网站首页，很快成为网上的热门话题。一旦两类意见对峙的推手在网上产生争议,吸引越来越多的网民加入,就把网络舆论推向高潮。网络舆论推手"关心各类时事,有自己的独立观点,并且愿意并善于表达自己,甚至'有强烈的表达自己的冲动'"。网络舆论推手与其意见的支持者形成网络意见圈群,定期在网上聚会,发展为网络社团组织[①]。他们定期讨论热点事件,如果这些人同住在一个城市,就约定时间见面,组织实在的讨论沙龙。网络舆论转化为现实舆论场中的人际交流,成为不可阻挡的网舆扩散的趋势。

网络媒体经常提出重大言论,左右舆论,具有意见中枢的地位。哪怕是极小的网站,只要在第一时间披露骇人听闻的消息,就要沿着"单个网站—网站群体—传统媒体—社会舆论"的流程,掀起社会舆论的风暴。"时效快捷与事件惊人"的结合,成为舆论的特殊激素。网络把消息的传播速度提到至高无上的程度,新闻竞争逐渐演变为时效的"顶峰攀缘",进而演变为对"意见中枢"的争夺。从报纸到广播电视都拥有自己的舆论推手,每当发生重大事件,人们首先要看这些评论员的态度,只要他们慢半步,受众就不再对他们的指导有任何兴趣。进入21世纪,"意见竞争"已成为大型网站"激烈的舆论战场",强烈冲击着传统媒体舆论权威的地位。传统媒体的言论开放如果受到限制,网络舆论将占有更大的优势,并经常保持激活状态。

三、网络极端言论与舆论危机

网络舆论的开放,使人类思想有可能获得彻底解放,但在它使用的初期产生了意见混乱、思想污浊、舆论质量下降。网络媒体非常流行的是聊天室、BBS,在这些地方发表观点很随意,往往具有主题的不确定性、作者身份的匿名性、观点与主张的放肆和无序性。新闻是引发网络舆论的关键内容,评论跟踪事件的发展,给人们送来对事件的理解,激起网民的兴奋和渴望。网上评论及跟帖数量惊人,不仅话题认真、严肃或戏谑,而且各有主张,良莠参半。人民网一篇评论后面曾"跟过"70多篇评论文章——赞同、反对、讽刺、谩骂应有尽有,许多言论滑向极端。

随着Web2.0由概念成为实践,博客、播客、维客等传播平台扩大了网络舆论的空间,传播的相对自由怂恿了极端言论的释放。2006年8月底,一则"北京大学拟修建高尔夫练习场"的报道见诸报端,同时报道北大有意将高尔夫课程列为全校选修课。消息一出,社会舆论随之"口诛笔伐",网舆的火爆充斥尖刻的批评。其中比较集中的意见是:高尔夫运动属于精英运动,是贵族运动,不利于在接受公平教育的地方开展。也有人指出,教育资金可以用来多建教学楼或图书馆,或是资助一

---

① 季明等:《网络推手是如何造浪的》,载《中国民航报》2008年7月7日。

些穷困大学生，不可用于娱乐和奢侈运动。鉴于社会舆论的压力，尤其是网络舆论的挞伐，北京大学校长表示，修建高尔夫练习场的计划已被叫停，何时恢复修建暂无定论。这件事“平息”后，很多人把北大放弃修建高尔夫练习场计划归功于网络舆论的压力。

对“北大高尔夫练习场计划”的抨击，网上舆论并不是真正意义上的民意，由于公众没有充分了解这个计划的详情，也没有经过网民的充分讨论，不足以代表民心。北大拟建的是一个高尔夫“练习场”，而不是“高尔夫球场”。“练习场”只需要很小的空间，只提供练习动作的地方，比如教人如何使用球杆之类，而“高尔夫球场”则需要很大空间。大部分发表意见的人都把这两者混为一谈，认为“练习场”就是“高尔夫球场”，盲目发帖，对北大的计划进行严厉的指责。

在最近10年内，中国2.5亿至3亿网民中大部分由50岁以下的人组成，其中16～30岁的上网者有80%，“愤青”占比例较大，对社会阴暗面看得多，时有放大的倾向。网民的成分严重影响了网络舆论的理性化，很大程度上决定网舆频繁出格，常常干扰人们的理性分析。

许多网络言论让人头昏脑涨，有些成为文字泡沫，但无法否认，浩浩荡荡的网舆正日益成为现代思潮中重要的躁动。网络言论对生活的大胆干预，一旦掺杂较多的虚构或直观印象，过激言论就会频繁出现。一些不严肃的网民似乎有些玩世不恭，认为许多观点不能在报刊上发表，就往网上一贴，不平的心声刺激了更多人的发言欲，使极端的舆论异常活跃，舆论压力容易演变为舆论张力。匿名发表极端言论的冲动，不停地释放意见主体的粗劣意见，使舆论秩序遇到前所未有的挑战。

网络的虚拟对人身份的嘲弄，使舆论的权威性受到冲击，造成损害的后果也常常无人过问。网络复制他人的言论唾手可就，时间可以任意修改，密码可以被黑客破译，致使舆论发生畸变。不法网民拼组、捏造他人污秽不堪的形象，使某个公民或机构陷入千夫所指的境地，舆论危机随之出现。所谓**舆论危机**，是指某人或社会组织受到舆论攻击和谴责，陷入声名狼藉的境地，社会声誉暂时或长期低落。无论正确舆论还是错误舆论一旦对客体形成围攻态势，参与的人数众多，舆论危机就会出现。舆论危机有良性与恶性之分。正确的意见强烈批评错误的意见，使某些人物陷入危机，但却导致社会转机与良好的结果，对于社会属于良性危机。如果正确意见受到错误意见的围攻，正面人物被攻击而陷入困境，以致社会公共事务受到损害，对社会公共利益而言则属于恶性危机。

在网上，第一个发起不良舆论的人，是可以“破译”或被指证的，极端言论如果违法，最终必将祸及自身。由于网址账号的可破性，发出任何极端有害意见的人都可能被指认。户名的安全性是一个不断变化的量，越是在多变的网络空间，上网者越将自己区别于他人的痕迹保留下来，在法制社会，侵权者最终要受到法律追究。

第二节 网舆的结构、特征与功能

当全球化在经济、政治领域向我们快速逼近时，舆论传播也进入全球意识阶段，互联网在这一巨变中起到举足轻重的作用。正是有了被称为“第四媒体”的互联网，国与国、地区与地区之间的信息传播才基本实现了无障碍化，人类才得以整合丰富的信息，了解全球的动向和世界思潮。虽然与传统媒体一样，网络媒体作为传播信息的载体，仍然依靠收集和发布信息反映世界，但网络舆论量远比报纸和广播电视丰富得多，结构也更为复杂。

一、网络舆论的结构

网舆的丰富性与网络信息的多样性密不可分。根据内容与形式，网络信息可大致分为网络新闻、网络言论、网络娱乐、网络广告以及科学知识、商务信息、电子政务等。网络新闻几乎囊括了时事政治、日常生活、金融股市、体育竞赛，信息产业和科学技术等方面。网络言论渠道如聊天室、社区论坛不仅用来谈天说地、娱乐消遣，工作学习也不时地会借助它们。网络音乐、影视、游戏则让为数众多的用户流连忘返，网络广告包含多种形式，文字、图片和视频均为最佳的传播手段，都能激活舆论。

许多人上网最主要的目的是为了获取新闻。当信息发布到网上，采用滚动播出和持续刷新的方式在第一时间出现在网页上，由于不受地域或时间的限制，能够广泛吸引网友参与，使新闻在最大限度上保证时效性和受众规模。网络新闻具有超文本的网状结构，实现文字、图片、声音、图像等手段的有机结合，达到有声有色、图文并茂、动静结合的效果。受众在看到一则消息的时候，不仅局限在这一内容之内，只要轻轻点击鼠标，就能跨越时空，获取与该消息相关的“新闻组”，了解有关背景与其他细节，保证获取信息内容的全面性。这对激活舆论，特别是引发正确的舆论具有重要的意义。

网络能够提供时刻更新的、全面的、反映不同观点的新闻，网民能及时互动，对新闻作出反馈，与编辑或网友展开交流。这一过程正是网络新闻引发网舆出现的必经环节。网络新闻作为传统新闻的转型，没有丢弃传统新闻的特点与功能，让人们享有知情权，成为政府、工商界和民众间相互沟通的渠道。网络新闻的驻留性没有时间限制，与传统媒体不同的是，它们一般不会流失，而是仍然储存在网站的数据库中。读者可以根据需要进行查询，多次重复阅读或下载。依据个人爱好选择浏览,甚至可以选择“新闻直送”的方式(网络用户根据自己需要的内容选定报纸,报社则将新闻内容直接投入用户的电子邮箱)[①],扩大舆论源,促进舆论意见的丰富性。

网络言论作为一种依托网络媒体的意见方式,主要有网络评论、网络论坛、在线感言。BBS(Bulletin Board System)即电子公告系统,是集信息发布、讨论、聊天为一体的园地。聊天室和各类聊天频道受到聊天爱好者的青睐,构成网站重要的页面,可以实现一对一,一对多的意见交流。网络言论是网络舆论的实体,有言论就有意见,有意见就容易形成网络舆论。网络言论为网民提供了意见交流的平台,具有很强的自由度,发表言论的气氛更为宽泛,思想内容也有很大空间。网络言论真正体现了网络面前人人平等,有效地推动了舆论自由与及时传播。然而,正如网络上流传的名句“在互联网上没人知道你是一条狗”,其隐蔽性和虚拟性使恶意欺骗的现象屡见不鲜。

不可轻视网络广告在整个网络舆论里的比重。对于网站而言,网络广告是赢利的重要支柱;而对于企业来说,网络广告是产品推销的高效途径。广告由诱人的画面或醒目的文字组成,广告词闪烁思想火花,呼唤网民的点击,同舆论有隐晦的思想渊源。这一现象在各大门户网站尤为突出。打开首页便是铺天盖地的广告,涵盖了各种类型,引发的消费舆论此起彼伏。至少工商界对网络广告不断评头论足,构成整个经济舆论不可缺少的内容。

网络信息与受众之间的互动极具个性化,人们可以根据自己的口味决定对不同信息的浏览,在一千个“哈姆雷特”眼中,信息模块的结构和比重就有一千种不同的组合。每种组合都在刺激个人意见的生成,网舆向社会舆论的转变则连绵不绝。

二、网络舆论的特征

网络舆论的自由度更大,充满人人参与、人人表达的民间话语,而且不同内容、不同类型的话语构造了一个个信息包。尼葛洛庞帝对网络媒介的传播作出这样的结论:“一个个信息包各自独立,其中包含了大量的讯息,每个信息包都可以经由不同的传输路径,从甲地传送到乙地……正是这种分布式体系结构令互联网络能像今天这样三头六臂。无论是通过法律还是暴力,政客都无法控制这个网络。”[②]信息技术打开了言论自由的魔盒,普通人拥有了前所未有的话语权,网络舆论容易出现不可忽视的强大民意。在常态下,国家不应过多干预网络言论,因为在网络环境下,各种观点不停传播和碰撞,形成的“意见自由市场”能够暴露所有的社会问题。

---

① 李希光:《新闻学核心》,南方日报出版社 2002 年版,第 242 页。

② [美]尼葛洛庞帝:《数字化生存》,海南出版社 1997 年版,第 274 页。

这对了解社会状况,辨别社会舆论的真伪,有更大的管理意义。

网络实现了意见传播的多元互动,意见传播的主客体角色可以互换,具有一定的不可控性。网民成为大众传播链条中的主动者,自觉搜索意见并参与建构舆论场,政府已经无法限制舆论的发展。在网络空间,"人人即媒体",对舆论传播的控制是很难把握的。不可能在"信息高速公路"上检查每一种言论,更不可能对其作出全面的评价。网络空间的开放性,使控制网舆变得复杂和难以操作。

网络舆论的主体具有平等化的特性,每个上网者都有表达意见的权利,社会精英、领袖人物和权威媒体的话语霸权被消解。网络突破了传统媒体的线性传播,实现了意见的多维交流,等量沟通成为现实。只要进入网络,发言者的地位是平等的,发表意见的长短和多少取决于个人,他们只有发表意见正确与否的差别。传统媒体时代的舆论流多是"垂直的"、"由上至下"的,政府处于舆论的上层,传统媒体处于中间位置,作为舆论主体的公众在舆论的最下层,基本上处于听从与接受地位。网络舆论的草根性将其变成真正的大众媒体,大众传播有了新的含义——是大众在用它传播信息,而不是面向大众的信息倾泻。

网络舆论的客体和变换频率正在加快。在各个论坛的讨论中,评议的由头一般是当日或近段时间发生的热点和难点问题,在网友们长期融入与流出的过程中,论坛的内容已经很难长期固定。在冠以相关主题的各种论坛内部,舆论主体对所议论的舆论客体常常流变,主题的迁徙和交叉非常频繁,"一个主题,多种声音"同"多个主题,多种声音"的现象一样普遍。网络评论呈现"你说我接、我说你再接"的"接力"方式,但主题的迁徙也使讨论呈现"你说你的,我说我的"的多路分散状态。

由于网络本身具有虚拟、自由、交互的特点,决定了网络舆论呈现出双重性,甚至多重性。一方面,网络舆论的真正价值在于对话语权的解放,让普通民众有了发言的渠道。另一方面,网络媒体作为最具包容性、交互性和人性化的媒介,对立的意见始终存在,一方压倒另一方虽然在主导舆论的发展,但被压倒的舆论则依然储存于网上。这种双重性以至意见的多元性深刻影响社会的各个领域,使不同的价值取向、思想观念、宗教信仰、风俗习惯和生活方式等相互并存,在后续发展中才能走向融合。

网上交流往往出现"群体极化"倾向(group polarization)。美国学者桑斯坦在《网络共和国——网络社会中的民主问题》一书中认为:"群体极化的定义极其简单:团体成员一开始即有某些偏向,在商议后,人们朝偏向的方向继续移动,最后形成极端的观点。""在网络和新的传播技术领域里,志同道合的团体会彼此进行沟通讨论,到最后他们的想法和原先一样,只是形式上变得更极端了。"[1]在网络舆论中,多有较为明显的"集体情绪化"倾向,处处可见网民针锋相对的争论,话语权的争夺经常呈现"群起而攻之"的架势。

网络的这些特征使人类将面具层层剥去,暴露了原始本能。面对某一事件,往往大打"口水战",而不是以明辨是非的心态进行讨论,这对每位发言者都是心灵考问。在诸如"北京大学拟修建高尔夫练习场被叫停"等事件中,网络舆论并不是靠真理取胜,很大程度上取决于争论双方的上网时间、发帖数量的多少。网络意见的杂乱淹没了一些网民的理性,"志同道合"的人结成"意见团伙",利用网络互相声援,在没有全面了解情况的前提下执拗地表达他们的歪理,扰乱了一部分网民的判断力。

三、网络舆论的社会效能

不论对国内还是国际重大事件,网上都能迅速形成舆论,对现实社会产生巨大的影响。许多论坛的读者是稳定的读者群,他们跟帖的文章不仅迅速,而且质量和水平也不断提高,放肆性的言论正在减少。编辑们把高质量的文章及时"贴"上,及时删除或修改极端错误的意见,网上谈论的议题就更为集中,正确见解引导网民的意见趋于一致,网络舆论就发挥了重要功能。

网舆发出的正义声音,鞭挞保守、落后和丑陋,是阻遏社会破坏力的重要力量。2008 年 5 月 12 日汶川发生地震后,举国哀悼,全国人民通过各种方式支援灾区。21 日上午,网民们发现一个女子在视频里辱骂灾区长达 4 分 40 秒。视频中,这名女子的脚翘在桌子上,一副满不在乎的样子。她因玩不了《劲舞团》游戏,大骂抗震救灾破坏了她的兴致。这件事在网络上引发了大规模的讨论,网民表示极大的愤怒。网民的谴责,使这位冷血充溢的女青年低头认错,不得不发出道歉的帖子。网络舆论的势如破竹,敲击一切阴暗的灵魂,成为遏制社会丑恶的铁掌。

网络为民众参政议政提供了便捷的条件,也为政府倾听民意开辟了广阔的渠道。在网络出现之前,普通人从来不像今天这样方便地获取政府信息,并向政府直接表达诉求,政府多数官员也从未像今天这样与底层民众进行多方位的交流。网舆打破了对信息的上下封锁,使执政者直接与民众沟通,推动了政治民主化的进程,对政府决策的科学化大有裨益。2003 年,国家主席胡锦涛在"非典"时期视察广东时,对一位参与防治"非典"的医生说:"你的建议非常好,我在网上已经看到了。"温家宝总理视察北大抗击"非典"工作时说:"我在网上看到同学们在留言中

---

① [美]凯斯·桑斯坦:《网络共和国——网络社会中的民主问题》,上海人民出版社 2003 年版,第 41 页。

表达了同全国人民一起抗击'非典'的决心,令人感动。"[①]"总书记、总理也上网",一时成为网民热议的话题。2007 年和 2008 年两会,网民通过网络提出的问题竟达几十万条！温总理会见中外记者时再度肯定了这种"民意直通车"的沟通方式。

网舆使直接民主具有更理想的效果,公民表达政见在一些国家更加挥洒自如,给官员们提供对政治决策的更多的选择。通过网络,公民和人民代表可以坐在家中参加国家大事的讨论,投票赞成或反对某项法律,轻易地在电脑上查询或提出自己的建议。一个连线的、一拨即可通达的会议,也许很难就一件事情做出深思熟虑的判断,但每一项议案,都可能引来大量的电子邮件,左右政府官员的观点。直接民主具有内在的不稳定性,简单听从民众的召唤并不一定符合全民的最佳利益,但它让执政者广泛听到大众的意见,全面了解社会情况,最大限度地认识绝大多数人的要求。

网络舆论正在推动政治制度的完善,成为创新民主的新动力。没有互联网的时候,就某一事宜组织一次政治活动需要各方面的大量协调和配合。如何发现观点相同的人,如何把他们发动起来,或与他们交流,互联网使这些问题容易得到解决。这样一来,任何政治活动将变得轻而易举,以致没有规模大小的障碍。个人计算机把大量数据和意见传送到公众,正在带来一次革命,为创造新的民主形式开辟了路径。

2001 年 3 月 24 日,网民在人民网"强国论坛"贴出《铁路,你究竟怎么了?》一文,反映他在重庆火车站购买车票时的遭遇。网友不断跟帖讨论。这则帖子被铁道部领导看到,重庆火车站的负责人后来找到当事人,千里迢迢登门道歉。一个普通乘客的投诉引起上自部长下到站长的重视,通过传统媒体是不易做到的,而在互联网上已屡见不鲜。随着电子政务的推广,人大代表、政协委员、网民同政府官员的对话,扩展了下情上达、上情下达的民主渠道。

网络舆论及时表达群众的情绪和要求,成为缓解或解决社会矛盾的"减压阀"。在经济转型和政府体制改革中,就业方式、分配方式和利益关系呈现多样化,各种矛盾和社会问题不时出现,公众面临巨大的压力和困惑。公众的强烈情绪急需释放,时有发生的群体事件也需要"社会安全阀"缓冲压力,网络舆论在一定程度上发挥了这种作用。科塞认为,敌对情绪的发泄具有安全阀的功能,社会安全阀可以运用潜在的冲突维持社会结构,而不至于破坏社会的整个结构[②]。网上意见有时激烈,网民表达强烈的要求或愤慨,能以言论诉求代替街头示威,避免了种种不幸的后果。民众在网上可以直接同官员对话,向政府发表意见,如果官员虚心听取并吸

---

① 张枚、张云等:《胡锦涛温家宝上网网络成熟拓宽民主新渠道》,新华社,2004－03－12,新闻。

② [美]科塞:《社会冲突的功能》,转引自宋林飞著:《西方社会学理论》,南京大学出版社 1997 年版,第 335 页。

取合理的建议，这一社会安全阀始终成为社会稳定的保证。人们通过网上的意见交流，相互获得精神支持，也缓解了心理压力，能够促进社会的安定有序，有利于和谐社会的建设。

网络舆论是社会真正的眼睛，警惕的目光来自每个角落，又投向每个角落，监督社会成员的一言一行。在现有的舆论环境中，传统媒体的舆论监督很难像网络舆论这样，反应快速，集中和提升民意。网络舆论是现实的"镜像"，现实中的一切几乎都会在互联网上得到及时、深刻和逼真的再现，迅速转化为整个社会的舆论监督。人民网的"观点频道"和"强国论坛"、新华网的"新华言论"和"发展论坛"、国际在线的"管窥天下"、红网的"红辣椒评论"、千龙网的"千龙评论"、东方网的"东方评论"、中青在线的"青年话题"以及新浪、搜狐等各大网站的新闻跟帖，都会就当下的社会问题展开讨论，释放出强大的舆论压力。2003 年的孙志刚事件、2004 年的黑龙江"宝马案"、2007 年的山西黑砖窑事件，无一不是在网络舆论的强大压力下引起政府高层的关注，从而促进了问题的解决，也安抚了相关群体的情绪。

当社会舆论紧跟世界变化的时候、不断产生新的观点，舆论的指导作用就能从精神力量转化为物质力量。网舆的高度自由，为人们勇于认识和发现社会难题创造了条件，其附加值也会不断增大。网舆的判断功能、道德功能和凝聚力功能，推动整个社会的健康发展和进步，不断提升公民自身的素质。

第三节　网舆的负向与控制

网络舆论开辟了广阔的话语空间，促进了社会舆论的大范围传播，但它也成为谣言、色情信息、知识侵权、话语暴力、网络示丑与网络恶搞泛滥的土壤。这些负面舆论的频发与网络发展的不成熟有关，也是网络法治管理缺乏力度的结果。网络的开放性不断造成谎言和其他侵权言论的出现，网络把关的失效与忽视，个人隐私的保护，难以防止负面意见的广泛传播，加强对有害信息的控制是网络管理的重要议题。

一、负向舆论的"曝光期"

网上言论几乎不受限制，在大量正确舆论涌现的同时负向舆论不断出现，许多骇人听闻的消息、侮辱谩骂的言论公然侵犯公民的权利。无论网络技术还是机构监管，都无法防止不法信息发到网上去，负向舆论在短时期内难以消除。在发布和删除违法信息之间，总有个难以清除的"曝光期"。

网络谣言层出不穷，谣言杀人成为司空见惯的现象。过去，造谣者的受传者以多米诺骨牌方式延续地跟进，现在网络起到“一面大墙”的作用，全世界的网民可以同时聚听谣诼。1996 年 7 月 17 日，美国环球航空公司 800 航班坠海，造成 230 人死亡。这起空难发生不久，美国网络就传出一种说法，声称飞机是被美国海军发射导弹打下来的，当时美国海军舰艇正在飞机坠毁附近的海面上演习，说导弹误中，酿成空前惨剧。还有更离奇的说法，有人蓄意要摧毁飞机，因为传闻亨利·基辛格搭乘这架飞机。经事故调查委员会确认，是飞机油箱温度超标引起爆炸，导致环航 800 机身的解体。谣言在事实澄清前已经家喻户晓，美国海军遭到痛骂。

网上曝光期有时很长，涉及个人遭遇或劣行的事件无人核实，热闹的炒作吸引受众的眼球。语言揭露转化为网络暴力，对当事人滥施人身攻击，也是常见的网络负向舆论。2007 年 7 月中旬，一篇名为“后妈毒打 6 岁继女”的帖子开始在网络中流传，帖子称一个名为丁香的 6 岁女童被后妈“打得口吐鲜血，背部 6 块脊椎骨基本被打断”，配发的血淋淋的图片更是触目惊心。几经各大网站转帖后，标题已经被升级为“史上最恶毒的后妈暴打 6 岁女儿”。诸多网站及传统媒体介入这一事件，迅速升级为舆论热点。在几乎一边倒的声讨中，那名后妈成为舆论谴责的众矢之的，评论中不乏“魔鬼”、“杀了她”、“没人性的畜生”这样刺眼的词语。有不少网民将矛头指向当地政府和警方，认定他们“失职”，不断有人打电话到事发地政府，责怪当地官员冷漠无情。7 月 24 日上午，当地公安局做出结论：那位后妈没有虐待丁香的行为，丁香的伤势是自己跌倒造成的。如同发生在 2005 和 2006 年网上炒得沸沸扬扬的“卖身救母”、虐猫女和铜须事件一样，当事人都落入被网民“剥光了身子”、痛打一顿的下场。

这些事件有个共同特点，即网络舆论已经不仅仅局限于网上，而是延伸和投射到现实生活中，演变为一场网下的“暴力”。网络曝光期转化为现实社会的曝光高潮，丑化的效果被极度放大。网民不再甘心在网上口诛笔伐，而是演变成一场实实在在的“现实追杀”。网上的讨伐延续到现实生活中，轰轰烈烈的网民行动令人难以招架，“网络暴力”产生了现实危害。一件在生活中可能并不起眼的事情，在网上像雪崩一样急遽扩大，语言暴力以及由此造成的舆论压力，对当事人造成灭顶之灾。

传统媒体的曝光比较短暂，报纸的高潮期仅为当日，电视则在图像展示的当时给人印象深刻，如果后来的报道更为激动人心，前一条报道就急速淡出。网络则不然，曝光期在跟帖的推动下可能一浪高过一浪，不断走向曝光的高潮。据 2008 年 1 月 9 日《中国青年报》报道，一些网民启动“人肉搜索”，搜到一位 13 岁少女。其出生年月、所在学校、平时成绩以及所获奖励被公开上网，少女的视频、图片、恶搞漫画及帖子亦开始在网上泛滥，出现咄咄逼人的舆论攻击。不经本人允许在网上私自公布他人电话、家庭住址、联系方式和其他私人生活，对个人造成伤害，构成严重的侵犯隐私犯罪。在网络揭私中，当事人的真实身份、生活细节被公布于众，承受的精神压力从虚拟的网络转移到现实生活，在曝光期内身心受到严重伤害。

一个人被裁定为违法犯罪必须有证据，一个人无论有何种行为，一些起码的权利，如名誉权、通信自由等必须受到尊重。网络并不是法律真空，网舆中存在的侵权行为要承担相应的法律责任，但网站往往没有严格的约束手段。传统媒体上新闻和言论稿件的产生，从寻找新闻线索、采集材料、提炼主题、安排结构，到形成观点和写作成稿，有许多严格把关的环节。网站上发布新闻与言论，有时则胡乱增删转载的内容，评论他人的品行肆无忌惮。网站编辑对新闻信息的处理缺乏严格的规则与标准，加上时间紧迫，传播内容的编排大多粗糙简单。任意转载他人稿件，新闻失实现象屡见不鲜，新闻的真实性难以保证。网络一旦丑化某个人，曝光强度很大，时间又长，煽动效果就十分恶劣。

某些网站为提升知名度热衷炒作，因为知名度意味着点击率、金钱和利益。有的不惜自我爆料，疯狂恶搞或策划假新闻，企图引起各类媒体争相报道。一些不法机构或私人圈子通过互联网传播错误信息对民众进行误导，对嫉恨的人物施以言论攻击，利用网站曝光期蛊惑民众，扰乱人心，破坏社会秩序。网站对网络言论的复杂性缺乏认识，难以遏制负向舆论的泛滥，不能不引起网络管理者的重视。

二、网舆的引导与管理

网络舆论是个"自由超市"，"把关人"的某种缺席使意见锋芒大大超过传统媒体，人们熟悉的舆论状态被打破。在网上，舆论主体和客体的"真实"都遇到前所未有的挑战，舆论危机随时可能出现，必须对网络舆论进行引导。正确引导网络舆论需要表达正确的意见，而任何意见都是有限的表达，就像任何人的理性都不可能完美得无懈可击一样。网络创造了空前的发表自由，也为不良观点的表达创造了机会。限制前一种自由不成其为网络，但不限制后一种自由，网络就成为一个没有约束的污秽场所。

网络媒体作为社会第一舆论机构，承担引导舆论、构建和谐社会的巨大责任。对网上发表的意见要确保真实、客观、公正，不得发布未经核实的虚假信息。网络作为舆论监督机构，不能逾越法律和道德的界限，网站的主办者要及时设置议程，对错误言论进行舆论引导。许多网络媒体推出"论坛"栏目，借助网络评论员提出正确的观点，引导舆论走向正确的目标。网站不断提供深加工的意见，传播系统的、科学的见解，使网民在抽取、整合意见中形成健康有益的思想。重视网络观点的指导性、科学性和启迪性，使人们及时认识现实事件，树立新的观察生活的视角。

通过网舆认识更多的道理，了解人类面临的问题，超出了评价事件的范围，实际是对真理的探索。

网络引导的另一个关键是，注意掌握发表意见的主动权。各大网站如人民网、新华网和新浪网等论坛上都定期组织相关主题的讨论，捕捉网民感兴趣的话题，收到了较好的舆论效果。在碰到重大突发事件时，网络首先提供准确及时的信息，主动出面辟谣，把公众舆论及时引到正确轨道。在 2001 年的中美撞机事件中，因为国内相关部门没有在第一时间提供准确的信息，导致许多网民转而通过国外媒体来了解事态发展，进而造成舆论的混乱。

舆论引导是舆论管理的一种手段。美国的《考量布什政府》一书认为，"舆论管理经常意味着为公民设定先入为主的框架，以使他们适应总统对政治事件或总统行动的预想。"[①]在某种意义上，网络舆论的引导有利于政府官员利用积极的舆论消除负面意见高涨，实现政府一呼百应的舆论声势。美国《单一民族国家的终结》一书指出："我们不再为了仇恨做好牺牲的准备，军事首脑们已经接受了'越战'的教训，把管理公众舆论和集合知觉，提高到与指挥战斗一样重要的位置。"[②]

网络引导改变了传播者与受传者之间的关系，是对所有"以传播者为中心"的传播模式的颠覆。在全人类共同拥有的网络信息平台上，论坛的管理者对宣传科学理论、传播先进文化、塑造美好心灵、弘扬社会风气有神圣的职责。他们的引导方式不是"严把关"，而是"巧指路"；他们不仅是让人们"看什么"，还要教人们"怎么看"；他们不是守好进入网络的"关口"，堵塞和封杀自认为错误的意见，而是以"疏导"为主，尊重网民的言论自由，允许发表各种不同观点，但对错误观点必须及时引导。

在众多热门话题中，哪些是网民最关心的问题，哪些是需要优先考虑的问题，网站同传统媒体一样具有设置"议事日程"的功能。李普曼认为，大众传媒的报道是一种营造"拟态环境"的活动，形成人们头脑中的"关于外部世界的图像"，借此影响人们的行为。"议题设置"把社会的注意力引导到特定方向，帮助网民提高对环境的认识，达到引导舆论的目的。网络设置的"议题"，对社会的认知、态度和行为进行全面引导，在思想领域成为大众的讲堂，是最佳的舆论管理方式。

在网络议程中，政府的意见能否扮演重要的角色，不能不受到网民的挑战。在网络时代，凡是封锁消息的政府意味着丧失了舆论主导权，导致引导能力的虚弱。在 2003 年"非典"事件初期，政府对信息发布的回避和失语，造成消极的国际影响和国内民众的恐慌。之后，政府及时发布权威信息，通过媒介舆论最终成功控制了混乱局面。在传统的宣传体制下，突发事件、重要会议或其他社会难题，政府是通

---

① Gary L. Gregg, Mark J. Rozell, Considering the Bush Presidency, Oxford University Press US, 2003.

② Jean – Marie Guehenno, The End of the Nation – State, University of Minnesota Press, 1995. p122.

过行政指令管理媒体的，要求媒体报道什么，不报道什么。而在网络传播环境里，政府更多地、较早地在网上提供信息，有效地影响国内外舆论，使网络媒体发挥重大的引导作用。媒体的议程设置具有政府议程、媒体议程和公共议程的连续性，将三方面有效地统一起来，使政府的政策和工作变为人民的关注点，在公众广泛的讨论中达成一致。面对网络时代多元化、即时性和多样性的舆论环境，政府通过网络议程设置达到公共议程设置，最终能实现社会的舆论合力。

当网上对某一事件炒得沸沸扬扬的时候，才出现来自官方的声音，只能损害政府威信。如果官方及时披露权威信息和意见，就不会出现许多传言，对"隐身政府"的指责也不会出现。在依法治国的今天，政府的公信力要靠透明执政来体现，迅速公布公共事件的真相是政府的义务，也是民众对其信赖的条件。

我国传统媒体在信息传播上长期以来只是"单声道"，那么，网络媒体则是"多声道"，打破了传统媒体的意识形态设防。网络媒体的开放性有利于各种不同的、甚至异质文化的互动，促进社会的多元整合。这是坚持正确的舆论导向所需要的，因为只有在多种意见中才能鉴别和选择正确的意见，用来引导公众的错误观点。意见的自由流动不仅仅是自由地发表观点，还意味着这些观点得到社会足够的接纳和注意。从文化角度说，在多种文化取向中有主流文化也有支流文化，主流文化牵引着舆论的走向，构成主流舆论，表现为社会的主流价值观、意识形态和生活方式。增加社会主流舆论的渠道和量度，扩大主流舆论在网络媒体中的分量，肯定正面事物、传播先进文化、倡导科学精神、抵制低俗和丑恶现象，是网络舆论管理的主要目标。对背离生活实际、违背社会规律的错误意识形态，不管打着什么"新思想"的旗号，网络"版主"都应保持警惕，不能用它引导大众的意识。

商业网站在传播新闻的同时允许以市场为导向，通过市场竞争提高赢利能力和实现资产增值，但绝不能拒绝承担舆论导向的责任。网络要坚持正确的舆论引导，守住捍卫社会良知的精神底线，以丰富、健康的内容吸引网民的注意，满足网民精神文化生活的需要。努力提升文化品位，陶冶网民的性情，是网络引导娱乐舆论的目标。

三、网络舆论的法律监管

网络给人们相当宽泛的言论自由，网上言论几乎不受限制和约束，舆论形成的速度要比真实社会中快得多。在现实社会中，人们不敢讲的话，在网上却没有顾忌，这就容易给一些性情冲动或怀有特殊目的的人提供机会，无视和践踏法律，在网上发表非法言论。同报纸、广播、电视等舆论传播不同，互联网提供的是一个舆论多元的空间，要想避免或减少有害信息的扩散，除了实施行政管理的控制方式外，还应加大法律控制的力度。谣传的、色情的、暴力的、恐怖的、迷信的、丑恶的信息滋生蔓延，对社会、尤其对青少年的健康成长影响巨大。加强法律监管，减少信息盗窃、截取、更改和伪造，强化对非法言论的监控，把有害的内容在第一时间清除出网。

法律具有强制性，是规范网络行为的重要手段。在全民普法意识增强的前提下，不断加大我国网站立法的力度，培养一批网络执法人员，是规范网络舆论的重要措施。技术手段和法律约束双管齐下，从多种环节遏制有害信息的传播，是提升网民法律意识的必要手段。

网站有责任删除明显违法的信息和取消违规者在一定时间内上帖的权利，网站如刊载侵权的内容，受害者有权要求停止侵害，恢复名誉，消除影响，网站和侵权人应依法赔礼道歉，赔偿经济损失。根据《治安管理处罚法》的规定，侮辱或者诽谤他人的，多次发送淫秽信息的，偷窥、偷拍、散布他人隐私的，要处以拘留或罚款。侵权情节严重构成犯罪的，则要承担刑事责任，依法判处三年以下有期徒刑或拘役。网民可以通过电子邮件或其他形式向提供服务的网站举报他人的违规行为，网站接到举报后，有责任回复举报者，对举报内容作出处理，对被举报者提出警告，并采取技术措施制止违规者继续上帖。

网站要制定张贴规则，供张贴者自律，其内容包括：1. 警告。在网页上公布明确的文字，让张贴者知道对张贴内容负全部法律责任，不得违反法律。2. 发表意见不得伤害他人。不准张贴、转贴和传播任何污蔑、诽谤、诋毁或辱骂性的言论；不得骚扰和威胁他人；不得使用冒犯民族和种族的词语。3. 保护个人隐私。不准擅自张贴他人姓名、住址、电话、照片等；不准套取他人的姓名、住址、电话和所在单位的名称等信息；不得偷拍或在网上公开他人的裸体或私生活照片，恶意丑化、歪曲和攻击其人格和形象。4. 不得鼓动违法活动。在网上不准煽动人们破坏社会秩序，攻击公共设施，无端号召人们抵制合法的公共管理或某种商品。5. 不准发表用于商业目的的言论。在电子公告板或论坛中张贴广告推销产品和有偿服务，扰乱网络舆论秩序，把社会舆论引向为私人利益服务，都是不道德的。6. 保护知识产权。不准张贴受版权保护的图片、商标、文章或书稿，转引受版权保护的文字，最多不能超过发表言论十分之一的分量，而且要指明出处。

四、网民的舆论自律

网络舆论的责任是多元的，不仅要求网络经营与管理者承担责任，也要求每位网民承担义务。由于网络传播的交互性，每个参与传播意见的人都应增强社会责任感，以保证传播内容的健康和有益，履行好自己的社会职责。对网民个人如何约束,约束的底线在哪里,除法律标准外还有道德标准。道德标准是一种自觉规范,对缺乏良知而应受到谴责的内容,由个人自律和社会舆论来确定。

媒体通过把关确保实施正确的舆论导向,体现人民的核心价值并占据舆论的主流地位,是一切媒体工作者的神圣职责。但在互联网条件下,网站的拥有者不能完全成为传播的控制者,网站提供的许多服务,如电子公告服务(BBS)、电子邮箱(e－mail)、博客(Blog)等等,被个人用于发布信息,人人有机会成为大众传播的参与者。网上意见发布者没有自律意识,自然造成把关的难度。网络是公众行使话语权的平台,需要广大网民的共同呵护,每位网民要提高自身素养,不能逾越道德和公共利益的底线,侵犯他人的权利。

网民发表评论应当理性、公正、客观、谨慎,做到不发布、不轻信、不传播没有正式消息来源的传言,杜绝侵犯他人合法权益。中国互联网协会发布的《文明上网自律公约》提出,“提倡互相尊重,摒弃造谣诽谤,促进网络和谐共处”;“提倡诚实守信,摒弃弄虚作假,促进网络安全可信”。广大网民要自觉践行,促进绿色网络建设,做成熟、理性、负责的网民。

在新世纪前20年,我国的社会转型期进入一个新阶段,各种矛盾交集凸现,公众舆论中的消极、错误倾向逐渐减少,对社会问题的认识将走向理性,公众对社会事件的积极参与意识,折射出公众媒介素养由欠缺到提高的过程。作为网络舆论普遍主体的广大网民,只有具备一定的社会责任感和民族自豪感,把自己融入国家发展的潮流,主动了解国家的政治、经济、文化发展的方针政策,对各种社会问题积极发表负责任的意见,才能真正成为主流舆论的基础力量。

良好的公共参与对公民有许多要求,参与网络舆论的标准不是低一些,而是更高、更全面。第一,要充分认识自我参与和维护自身合法权利的重要性,增强参与的自觉性和主动性;第二,公民在参与过程中必须遵守国家法律和社会道德,维护社会公共秩序,使参与具有合法性和有序性;第三,公民需要不断提高自身的参与能力,讲究参与技巧,提高参与的有效性;第四,公民应当具有合作精神,在参与中不仅要与政府合作,也要与其他公民合作;第五,公民在参与中要有足够的理性,既维护自身的正当权益,也维护所有公民的权益,防止因失去理智而伤害他人,导致网舆秩序的失控;第六,网民一旦发表了错误或违法的意见,要主动承担责任,撤回自己的帖子,及时、公开作出道歉,或接受法律制裁。

每个网民要不断提高媒介素养,面对传媒的各种信息有正确的选择能力、理解能力、质疑能力、评估能力、制作能力及回应能力。在信息庞杂、虚假信息繁多的传媒环境中,网民接受媒介素养教育,提高辨别真伪的能力,是自我控制网络舆论的有效手段。对错误意见的这种自律控制,是更为有效、积极的措施。

加强网络行业自律,比网民自身的自律更重要。网络传媒是社会无所不至的守望者，网络从业人员需要严格履行职业操守，最基本的准则是对所有新闻事实进行必要的核实，对所有的言论要权衡是非利弊，让网上的信息和言论真实洁净。如果网络从业人员的良知为不正当的目的所支使，守望者不知道守什么、望什么，网络公信力就会销蚀殆尽。网络媒体要生存发展，离不开商业化运作，但片面追求经济效益，争夺受众眼球，盲目迎合一些网民需求，不负责任地散布有害内容，腐蚀社会风气，必然损害网络媒体高洁的使命。

在加强行业自律的同时，网络从业人员不断提高自身的专业素质，增强对错误舆论的辨别能力，认真改进舆论引导的方法，才能获得网舆引导的最佳效果。2003年10月中国记协以及来自中央、地方网络媒体的40余位代表共同签署的《中国网络媒体的社会责任——北京宣言》，号召和呼吁网络从业人员严格自律，恪守媒体工作者的职业道德和良知。2003年12月，新华网、人民网、中国网、新浪网、搜狐网等30多家互联网新闻信息服务单位共同签署了《互联网新闻信息服务自律公约》，承诺自觉接受管理和公众监督，坚决抵制有害信息。这些举动，标志我国网络媒体已迈入一个新的发展阶段。

本章内容重点：

1. 网舆的生成流程。
2. 网络如何激活舆论。
3. 如何面对网络舆论危机。
4. 网舆的特征与效能。
5. 如何引导网络舆论。
6. 网舆的法律监管与自律。

第十章　第二舆论机构的舆论活动

除大众传媒外，社会上还有大量从事舆论活动、发挥舆论功能的机构，可统称**第二舆论机构**。在西方社会，第二舆论机构非常活跃，主要包括公共关系公司、思想库、民意测验所和社会压力集团。这些社会组织有的目前在我国还没有形成，有的虽已存在，但还不能发挥显著的舆论作用。第二舆论机构是某个群体集中表达意见的组织，具有特定的舆论行为和目标。这种舆论机构主要有两个特点：一是舆论活动往往反映某个组织和集团的要求；二是舆论活动首先是由精英们发动的，精英的舆论行为最初虽然限于狭小的领域，但影响深远。

第一节　公共关系公司的舆论塑造

公共关系活动产生于美国，是民主制度和民众影响力支配企业和政府管理的结果。1923年美国的爱德华·伯内斯写出第一本公共关系学著作《形塑公众舆论》，总结了舆论在公共关系活动中的重要作用。在西方，个人、政府和企业为赢得社会支持，往往求助于公共关系部门扩大影响。公共关系活动包括宣传性公关关系、咨询性公关关系、交际性公共关系、服务性公共关系和赞助性公共关系，每种公共关系活动都能提高舆论声望。宣传性与咨询性公共关系直接造成和引导舆论。在西方，公共关系公司林立，公共关系人员善于“让别人为自己说话，善于制造新闻”。

一、形象公司的舆论塑造

给公共关系下一个科学定义是十分困难的，严格的界定应把握在舆论范围内，即公共关系是社会各部门或公众人物，通过咨询机构的策划，创造良好的公众关系，以达到自我推销的目的（包括产品推销）。现代政府和企业的各种事务日趋繁杂，很难在一切问题上获得公众赞同，有效地开展公共关系活动，树立良好的公众形象，能够赢得舆论的广泛支持。有的公共关系公司专为公众人物设计形象，以赢得公众的好感。

这类形象公司，在策划公众人物和政府官员自我推销的同时，也为他们塑造了舆论。政府首脑借助公共关系公司的指导，修正言谈仪表的缺失，受到舆论的好评，扩大了社会影响。撒切尔夫人的公共关系顾问里斯，素有撒切尔夫人塑造师之称，他指导这位首相改掉嗓音尖叫的习惯，告诫她在摄像机前要从容沉着，身体向前倾些，含笑收颌。他调动一批美容师为首相设计服饰，使她温善柔和，风韵迷人。由公共关系专家设计的政治家形象成为新闻材料，引起媒体竞相报道，使其舆论光彩焕发。

克林顿任美国总统时，巴黎时装设计师认为，他应该将他的全部服装捐给慈善机构，然后到巴黎来大买特买。一些知名时装设计师就克林顿的服装品味和如何改变衣着发表了看法，还为他的太太希拉里绘制素描，提供一些时装建议。每个公民对政府首脑都有良好的期待，包括他的形象、业绩、品格，这就是“公共期待”。对公共人物、公共权力的“崇高期待”是一种民意，包含赞赏和拥护，他的形象应当按照公共期待来设计。

所谓“形象”，是一个人外形与内在精神的统一，在社会群体中产生感官的愉悦，转化为气质和人格的影响力。“**形象设计**”则是指运用外在手段最大限度地提升内在的精神状态，但绝不只是把脸画漂亮、发型变花俏、服饰时髦，这些充其量也只能称为“包装”。为了达到相对的完美，“包装”是重要的，但这只是最基础的手段，不是形象设计的精髓。形象设计除了外在的那些化妆发型、服饰搭配、言行举止和行为方式外，还包括诸如交流、感应、启发、创意、分析和宣泄等各种无形的内在心理活动。公共关系部门集中了社会学、美学造诣较深的观察家，经常对公众的爱好和追求进行调查，重视行为举止如何才能产生广泛的舆论好评。

一个公众人物，比如国家领导人、各级政府官员和企业管理者经常面对大众讲话，在电视上频频露面，大众对他们的一举一动随时都进行评论。如果一个领袖人物行为不检，语言不畅，衣饰落套，公众就会不客气地发出贬责声，他们的声誉被削弱。在许多国家，公众人物并没有意识到这些小节对他们威望的冲击，也不愿意、甚至不屑向公共关系专家请教，他们的公众形象总是引起人们的非议。公众人物赢得好的舆论声誉，主要取决于思想及其给大众带来的利益，但依靠专家塑造良好的形象也是不能忽视的。

塑造公众人物形象在于树立其良好的品格，博得公众的热爱和信任。人的形象是复杂的，它的核心是品质、能力和气质，公共关系公司从形象构成的四个方面建构形象，能够显现重要的舆论作用。这就是：1. 再现良好的思想气质，包括思维方式、思想特征、志趣爱好等精神状态。知道关心他人、关心集体、关心社会，为人正直，勇于奉献，是令人喜欢的精神特质。有什么样的精神面貌就有什么样的表现，精神高尚给人以推崇、景仰的印象。2. 策划言谈举止、体态服饰等。人们根据行为来判断人的思想和修养。举止大方，风度潇洒，体态端庄，给人留下亲切、豁达、干练和可信赖的印象。3. 突出社会影响力，包括地位、经历、人际关系等。在交往中，人们总是根据对方的地位、经历、人际关系来推断其人品，以至形成某种定势乃至偏见。4. 塑造自然角色，显露年龄、性别、种族等感人的特色。人的自然属性往往被赋予一定的修养气质，如青年的朝气蓬勃、精力充沛；老年人的沉稳可靠；男性的刚毅、果敢、进取；女性的细致、高雅等等。公共关系公司根据上述标准设计形象，展示优良的品格，能提高人的社会声望。

形象给予人以重大影响，虽然这种影响不带强制性，却具初识性和长久性，对团体或社会气氛、公众心理、人际关系产生直接的作用。塑造形象从以上四个方面入手，强化受众喜欢的形象要素，对拉近公众人物和大众的距离有重要的意义。

二、"点子公司"的意见销售

点子公司就是出主意的公共关系公司，为咨询者提出建议或策划，作为决策的根据或内容。点子公司还可设计有组织、有计划、有一定规模的宣传活动，协助实施重大决策，造成或应对社会舆论。这种宣传通常使用各种媒介，确定宣传方式、规模和时间，以便取得良好的传播效果。弗雷德·L. 帕尔作过如下论述："对研究公众意见的人来说，他们的主要任务是了解、测定、分析和评价舆论，而公关人员的作用是建设性地协助人们去对付公众舆论的力量。"①

1950 年初，美国政府是否派兵参与朝鲜战争，在国会引起激烈的辩论。其中一个关键问题是，如果美国出兵，中共是否出兵支援北朝鲜，双方的争执难以得出结论。此时，美对华政策研究室接到一份秘密情报：欧洲有个"德林公司"集中人力投下大笔资金研究了一个课题："美国如果出兵韩国，中国的态度将如何？"这个研究成果出来后，德林公司通过秘密渠道向美国政府推荐，据说只有一句话，索价 500 万美元（相当于当时一架最先进的战斗机的价格）。美国政府认为这简直是发疯，对此一笑置之，拒绝购买这个点子。几年后，美国在朝鲜战场一再惨败，美国国会开始辩论"出兵韩国是否真有必要"的问题，这才有人想起德林公司的研究成果。在野党为了在国会辩论言之有理，仍以 280 万美元的代价买下了德林公司这项过了时的意见。这项成果的内容只有一句话："中国将出兵朝鲜。"但附有长达 328 页

① [美]杜·纽萨姆、艾伦·斯各特：《公共关系与实践》，上海译文出版社 1989 年版，第 53 页。

的分析资料作为附录。该附录详尽地分析了中国的国情，并以丰富的历史材料和数据证明中国绝不会坐视北朝鲜危而不救。断定一旦中国出兵，美国将以不光彩的姿态主动退出这场战争。国会辩论立刻倾向在野党。当记者问从朝鲜回来的美军司令麦克阿瑟将军对德林公司的研究成果有什么看法时，他不无感慨地说："我们最大的失策是——舍得几百亿美元和近十万美国军人的生命，却吝啬一架战斗机的代价。""开价 500 万美元的一句话"，成了点子公司左右舆论的绝妙证明①。

点子公司为客户提供具有重大价值的意见，必须经过信息采集、社会或市场调查，经专家研究提出重大建议，还可应要求组织人力物力安排宣传。公共关系传播内容有告知性内容和劝导性内容，即让公众认同一种意见，呼吁公众参与一项活动，或劝说人们购买某一种商品。1983 年冬天，山西晋昌工业公司生产的"飞仙"牌自行车摆在北京西单商场等 4 个商店里，几乎无人问津，厂内积压了 1.2 万辆。厂长一筹莫展，到处寻找代销商都毫无结果。正在失望之时，北京市贸易信托公司天桥自行车综合商店出人意料地答应代销，条件是，把北京市的其他 4 个销售点尚未出售的"飞仙"牌自行车全部收回，由他们独家经营。他们接受了一家点子公司的建议，采取这一措施仅 4 个月，不仅把收回的"飞仙"牌自行车全部卖完，连厂里积压的 1.2 辆自行车也销售一空。

这个建议利用顾客的从众和追逐热销的心理，构思了一则人际传播和大众传播"合谋"的点子。消费者看到几家卖"飞仙"牌自行车的商店里没有这个牌子的自行车了，便以为买的人多，卖光了，肯定是好货，于是自己也想买，并开始到处寻找。这时天桥自行车综合商店在报纸上发表了一则广告，说该家商店还有少量"飞仙牌"自行车出售，这一信息使许多消费者发现只有这家商店才有，于是想到"过了这个村，便没有这个店"的那句老话，马上纷纷到天桥自行车综合商店去买。张三买回去后，同单位的李四看到也想买，加上张三把"跑了好多商店都没有，只有这家商店才有"的情况一讲，激起购买的舆论，大众传播和人际传播的相互影响，出现"飞仙"牌自行车热销的局面。

在推销商品过程中，利用消费者的从众心理，一桩好的点子可以打开经营局面。但是，点子公司能不能说服企业接受他们的策划，关键在于"点子"的质量和提供的方式。公关人员设计的"点子"必须具备被选择的条件，其中要考虑三个因素：1. 点子公司的意见能被人理解；2. 表达"真理"有时因人而异，说服对方要采取相应

---

① 资料来源：《环球市场》1997 年第 11 期。这一案例的另一种说法是，在朝鲜战争爆发前八天，美国兰德公司通过秘密渠道告知美国对华政策研究室，他们投入了大量人力和资金研究了一个课题："如果美国出兵韩国，中国的态度将会怎样？"研究成果虽然只有一句话，却索价 500 万美元。研究结论中的这句话是："中国将出兵朝鲜"。但在这一句话后附有长达 600 页的报告，详尽地分析了中国的国情，以充分的证据表明中国不会坐视朝鲜危机而不救。

的方法。3. 以媒体宣传相配合，突出说明点子的内容，影响人们的认知。

如何捕捉市场信息，摸准消费者的口味，进而推出适销对路的新建议，是每个点子公司为企业策划的要素。在这方面，外国有丰富的经验，他们创造了许多高招和奇招。秘鲁一家百货公司经纪人哈伦·库克，提出捕捉"皱眉信息"，即看到顾客在挑选商品时，若皱眉或发出埋怨声，便说明顾客不满意，要想办法改进。库克运用这种办法，使公司效益连年翻番。日本实践技术协会更具慧眼，开设一家"意见公司"。这家与众不同的公司有近百位员工，其中有50位与不同年龄层次的消费者建立了固定联系，请他们经常对各种商品提出意见，同时还登出广告，欢迎各方面人士向公司打电话或上门送"意见"，公司给提意见的人一定的报酬。他们将收集的各种意见整理分类，及时反馈给有关企业，根据"意见"不断改进产品和服务，提高了企业的竞争力。"意见公司"也从中得到回报。

成功的企业比别人更了解顾客的需要。把了解顾客的现实需要和潜在需求，作为头等大事来对待，倾听他们购买商品时的"怨言"，发现他们对商品或服务的意见，然后迅速推出满足顾客需求的新产品或新的服务项目，使"上帝"们在内心里满意。考察舆论的这种方式做得全面、准确，提出的点子才能反映舆论、适应舆论。

点子公司要把意见告诉大众，利用会议、展览、发传单和贴海报，让相关群体知道，适合闭合性信息的需要。还可使用报纸与广播电视及网络，达到最好的传播效果，有利于点子公开、广泛的传播。

三、游说公司的院外活动

游说是人类早期传播意见的活动，在我国古代和古希腊特别盛行。直到今天，人们仍然用游说扩散意见。游说者以说客的身份出现，向人们推销意见，劝说对方接受自己的观点。当某种意见代表一定阶级、集团或群体意志，一些精英人物便发出劝说行为，随之形成社会舆论。现代游说是以谈话方式到处扩散见解的公共关系活动，成为西方国家利益集团参与政治的一种方式。

在战国时代，游说作为当时政治传播的主要手段，在百家争鸣的舆论中发挥重要作用。司马迁在《李斯列传》中曾描述过当时的游说盛况，他写道："今万乘方争时，游者主事。今秦王欲吞天下，称帝而治，此布衣驰骛之时而游说之秋也。"在近、现代社会，游说作为各国、各集团推行政治主张的重要手段，希望政见得到相关人士的支持并被采纳。在游说中，虽然面向一两个人或十几个人，但由于带有鼓动性，随着游说路线的扩大，游说对象的意向连成一体，最终转化为多数人的共同意见。

在西方，特别是在美国有许多游说公司为利益集团服务，游说者被称为"通向华盛顿桥梁”的说客。据统计,美国国内500家大企业在华盛顿都设有游说机构,华盛顿的K街是游说公司集中的地方,每年收入高达30多亿美元。2005年华盛顿登记在案的游说人员已达3万多人,是2000年时的两倍;注册登记的专业公司有3700多家。平均每位国会议员可得到30余名说客的“关照”。每年全世界155个国家和地区在华盛顿雇用的说客,既不是政府工作人员,也非白宫官员,但每天却在白宫或国会山附近活动。不仅外国人需要与这些说客联系,而且美国国内的各种利益集团也总是力图与他们搞好关系。

美国的游说活动是公开合法的,受法律保护和约束,被游说的政府官员或议员,是不能获益的,否则就有可能付出惨重的代价。在华盛顿活动的专职说客大部分都曾在美国联邦政府或国会办事机构供过职,有机会和白宫以及国会议员拉上“关系”。说客对顾客的要价很高,接一次咨询电话需付费50美元,安排与白宫官员见一次面需收费4000多美元。这些还都是在不管目的是否达到的情况下的收费。在美国,任何利益集团都要雇佣“说客”,因为任何个人或利益集团认为其利益受到某项法规影响时,都有机会进行一次完整的陈述,雇佣说客就能达到这个目的。在华盛顿K街的大楼里,挂满各种各样的游说机构的牌子,甚至还有“疾病游说”集团,从癌症到膀胱炎,从贫血症到关节炎,只要说得出一种病,就有一个游说组织。据报道,2007年美国制药公司一直在实施连续的游说活动,几十家大公司都聘请面向民主党的说客,帮助制药行业成功阻止了由民主党人提出的动议——从加拿大进口药品、联邦医疗保险机构对降低药品价格进行谈判的议案,在民主党获得国会控制权一年多的时间内,这两个议案仍然没能通过。2007年,药品研究和生产商协会在游说活动上投入的资金增加了25%,总额超过2200万美元。

此外,每当总统大选、内外政策发生波折,各类游说活动就异常频繁。游说者面对任何冷漠都毫无愧色,一些大名鼎鼎的说客对国策的影响有时超过国会立法小组委员会主席。当华盛顿国会山上的众议院筹款委员会举行辩论,守候在会场外的一群衣冠楚楚的人物也在盯着会场门口,当有人出来,他们立即围上前去,对其解释、劝说,极力对立法过程施加影响。在议院外从事政治活动的人及其机构称为院外活动集团,游说分子被称为“走廊活动家”(lobbyist)。自从国会里有了走廊,那里就成为各种利益集团说客的主要活动场所。上至修改宪法,下到反对堕胎,游说内容五花八门,说客已成为美国政坛不可缺少的活跃分子。

游说的实质是贩卖影响,推销意见,说客们以此获取可观的酬薪。“明星”说客高收入的关键,不是因为他们“知道什么事”,而是“认识什么人”。只有那些在官场上“关系”广、神通大的游说人员才能得到第一流的客户和丰厚的佣金,院外活动集团成员每年收入从10万到100万美元不等。根据美国国会1978年通过的一项法律,政府要员离任后一年内不得代表客户向曾任职的部门游说;不得在两年内就本人参与处理的事务为客户游说。院外活动集团的成员并不喜欢让人知道他们的真实身份,他们用化名,大都自称是顾问。许多国会议员请院外活动集团成员帮助出主意,甚至美国国务院有时也要请他们帮忙。院外活动已成为美国民主政治的调节器,也是一种政治交易和经济交易,反映了西方民主制的特殊运作方式。

第二节　民意测验的舆论引证

在当代,许多国家都重视民意测验,因为正确的民意测验不仅让当权者了解民意的呼声,指导他们的执政活动,而且测验的数据又能引导社会舆论的变化。为了准确掌握民意动向,或作为政府、商业部门和民间团体决策正确的舆论引证,从而进一步赢得民心,这种舆论机构受到政治家和工商界的高度重视。美国从选举总统、市长到工商界的经营管理,每年举行的民意调查上万次。成功的民意调查的误差大约在正负3%到4.5%之间,如果误差超过正负5%就失真了,误差低于5%的民调结论,被认为有普遍的引证作用。

一、认识社会的科学手段

出于了解民意动向的需要,美国每个总统候选人都有自己的民意调查班子,或依赖民意调查公司获取民意支持的数据。美国各州和地区的民意调查机构定期公布民众意向,题目大多数是关于社会亟待解决的问题,调查结果常常受到政府、传播媒介和社会的瞩目,对政治经济和社会文化产生直接或间接的影响。政治家、思想家和学者为了把社会问题阐述得有根有据,常常引证民调数据和结论。由于舆论调查摆脱了对思辨方法的依赖,能够提供完备的数据形态,具有直观的说服力和影响力。

民意测验将广大民众的见解、要求与呼声纳入社会意志的数据系统,依此制定的有关政策具有完全的科学性。舆论调查是与广大群众的民主权益联系在一起的,在民意的沟通及政策构成中发挥积极的作用。民意测验是对民意的方向、强弱获取精确的数据,揭示民意的追求,为解决社会问题提供充足的理由。从民意测验的数据,可以看到公众对政治的态度,消费者对商品的喜欢程度,对政府的要求,各种年龄段的人对某一问题的看法。无处不在的舆论调查,成为相关部门制定政策或方案的依据。

社会科学大师多侧重研究政治、经济和文化的发展,对分析宏观社会状况和历史过程具有指导意义。而社会眼前的巨变和波折,则要用民意测验来揭示。对现实的曲折变化，仅仅考察宏观的政治、经济和文化运动，反而无法解释许多紧迫的社会难题。没有一个学说体系对眼前或几年后的社会前景作出过令人满意的推测，甚至一个观点、一项政策刚刚提出不久，就在推行中碰得头破血流，原因只有一个，他们还没有真正重视和运用民意测验证实它们的科学性和可行性。社会系统的复杂多变，是由人的意识、行为的难以把握性决定的。在研究社会系统中，把人的行为规律引入视野，用数学方法描述人的态度和行为，无疑是处理社会微观问题最理想的方法。人的行为不过是每天的思想和情感的外化，由各种态度和意见表现出动机、追求和愿望。人的意志决定各种社会变故和发展，一切社会命题都可由此获得答案，但这不是指个别人的意志，而是指全体人民或绝大多数人意志的总和。

民意测验能够反映大多数人对社会问题的看法，能提前发现社会可能遭受的挫折，被用来确定政府计划，或被用来作为政府决策的参考，有更大的价值。"当被用来设立目标和优先顺序时，公民调查被证明能同资金雄厚的特殊利益集团和游说组织相抗衡。"①美国学者雅各布斯指出，舆论调查演变为总统及其顾问的一种操纵工具，源于民意测验最初的"反冲效应"，即民意测验被视为大众态度的晴雨表，官员们在提交新建议或调整现行政策之前，可以借此认识公众态度，使政府官员们对大众的政策偏好变得越来越敏感②。

民意测验可以告诉人们：一种社会制度受到欢迎的程度，社会将发生的重大事件，一项方针政策是否正确，国家权力是巩固还是正在走向瓦解，经济或政治形势的发展是健康还是面临危机，一个人能胜任国家元首还是只能充当无名小卒，某位市长候选人具有何种品德、人缘和能力，某种产品是否具有销售市场……可以说，民意测验能够预测有关民众利益的一切现实问题。

1966 年中国在进行"文化大革命"之前如果进行一次民意测验，尊重人民的意愿，就不会遭受十年浩劫的灾难。20 世纪 80 年代末提出"放开价格"的口号，造成乱涨价的风潮，如果事先进行一次民意测验就会避免刺激通货膨胀的发生，找到如何"放开价格的途径"。1991 年苏联解体，苏共统治地位崩塌，这一历史性的社会地震早在几年前就已由民意测验预示出来，许多人却不以为然。只要分析一下当时民意测验的数据，足以让人确信苏共的解体已近在咫尺，可能就发生在第二天。民意测验把握社会动向的科学性，取决于调查舆论动向的准确性，这不是对民意进行估计和简单的定性，而是以统计、验算的方式显示人们集合意识的分布、比例、强度与指向，把尊重人民这一历史发展动力的准则变为管理社会的真正指南。

---

① ［美］斯科特·卡特里普等：《公共关系教程》，华夏出版社 2001 年版，第 395 页。

② Lawrence R. Jacobs, The Recoil Effect: Public Opinion and Policymaking in the U. S. and Britain, Comparative Politics, Vol. 24, No. 2. (Jan. ,1992) pp. 199 ~ 217.

将数学引进对人的意识测量,确定人们的意向,把对民意的认识纳入由量变再现质变的系统,才能认识社会的真实情形。社会科学只有在运用数学的时候,才能达到完美的境界。舆论是几百万、甚至几千万、几亿人的意识活动,真实地抽取样本,利用民意测验获得确凿的数据,不带偏见地去认识它,就能破解人的意志,找到解决社会问题的钥匙。大至一个国家,小至一个具体单位,只要依据舆论调查获得大量数据,精确地推导出人民对某项政策、观点、措施所持的态度,就能判断他们的行动及其导致的结果。

民意测验选择各领域、各阶层、各种职业和年龄区的人对同一事物的态度进行测定,构成全方位的意向调查。各种事务的优劣、适时与否、利害的大小都是以绝大多数人的满意或不满意为标准的。有一些政策或观点,从理论上推断势在必行,但人民群众却持反对意见,其原因是"理论"脱离实际,脱离了人民的切身利益,人民就不会拥护,更不会产生自觉贯彻的动力。如果强制推行,就要遭到失败。民意是人民意志的外化,无数人的态度汇成一个总的评价,产生一股强大的肯定或否定的力量,为解决社会问题提供民众基础。在确立、推行各种决策时,事先进行一次广泛的民意测验,了解群众的意愿,获得最公正的社会评价,将避免许多失误。

为了客观、全面、公正、科学地评价干部、选拔任用干部,2006 年 7 月,经中共中央同意,中组部印发实施《体现科学发展观要求的地方党政领导班子和领导干部综合考核评价试行办法》,要求综合运用民主推荐、民主测评、民意调查、实绩分析、个别谈话和综合评价等具体方法进行干部综合考核评价,把民意调查列入干部考核程序①。这是对全国范围的领导干部的民意调查,也是对选拔干部工作的一次检阅和监督,必将为干部人事制度改革注入生机。

这次中组部将调查权委托给国家统计局,要求各级组织部门不得以任何方式干预民意测验,以确保统计部门独立完成调查。民意测验机构动作的客体性(不能自己调查自己)、调查范围的广泛性、调查对象的代表性、调查内容的完整性和调查过程的规范性,能全面正确地认识调查的问题,找出影响干部群众满意度的突出因素。干部的优劣,以人民的意志作为评判标准,一定会把群众公认度高的干部选拔上来。

二、民意测验的历史验证

民意测验对社会问题得出的结论是科学的,是认识现实社会的科学途径,关键在于调查的态度和方法是否正确。在西方社会,利益集团林立,党派纷争,种种纠

① 见《中组部就干部任用的满意度等在全国开展民意调查》,2008 年 7 月 14 日《人民日报》新闻。

葛影响民意测验的公正性。一些政客把民意测验作为攻击政敌的手段，有些公众批评“民意测验”已从“测验的工具”变成“利用的工具”。

民意调查业起始于资本主义民主政治，首先是为全民选举服务的。最早的“民意测验”是1824年由美国哈里斯伯格的《宾夕法尼亚人报》和罗里的《明星报》在预选总统投票中使用的。当时这两家报社向大街上派出了记者，问过路人愿意选J. Q. 亚当斯还是安德鲁·杰克逊，被称为“稻草测验”。不过当时没有多大影响，直到19世纪末才逐渐被人重视。从1904年起，每届美国总统选举前都举行规模不等的民意测验，其中，《文学文摘》杂志所举行的民意测验以其规模大、预言准而大出风头。它精确地测试了1916年、1920年、1924年、1928年和1932年的总统选举。《文学文摘》使用的技术成为指导性原则，它选用一个足够大的样本群，认为询问的人越多，结果就越可靠。它用信件的方式进行调查，在通讯录、汽车使用者、电话簿上摘出一千万个地址。

1932年，乔治·盖洛普的岳母竞选州长，他利用这次机会在博士论文中提出一种科学抽样方法，经过选民调查一炮打响，准确无误地预测出选举结果。1935年G. 盖洛普创办了民意测验所，总部设在普林斯顿。在1936年的美国大选中，盖洛普再次使用科学抽样法进行选情调查，显示富兰克林·罗斯福的得票率将是55.7%，而大选的结果是罗斯福赢得62.5%的选票。从此，民意调查越来越受到美国公众和各界人士的关注。

但是《文学文摘》在这次民意测验中却失败了。当时有240多万人回答说，他们希望看到罗斯福下台，于是《文学文摘》预测共和党候选人阿尔弗雷德·兰登将以59.1%的选票当选。《文学文摘》仍用陈旧的方法，样本多从高收入者那里抽取，他们中的许多人对罗斯福的社会和经济政策感到愤怒，因而不愿选罗斯福。盖普洛所用的新技术规则却是，选用有代表性的样本，而不是越多越好①。罗斯福得票1800万张，比兰登多了1100万张，从此盖洛普民意测验所名声大噪。

《文学文摘》之所以遭到惨败，是因为它基本是在家里有电话、有汽车的人中选择样本，而在选举日，家里没有电话和汽车的人也去投了票，出入当然十分悬殊。盖洛普采用的是“类型抽样法”，根据布劳温的“类型选择”理论，将构成美国总人口的横剖面分为性别、年龄、收入、政治态度、地域等分门别类的若干项目，按比例分配调查对象，然后加以综合统计。他选取了1000名调查对象。事实证明，只要类型比例选得适当，就能准确地获得有效的结论。不过，这种方法也并非尽善尽美。1948年杜鲁门和杜威竞选总统时，盖洛普、罗柏、克罗斯里三大民意测验所以及在全国各地进行长达一月之久调查的《纽约时报》，都大出洋相。盖洛普民意测

① ［美］迈克尔·罗斯金等：《政治学》，华夏出版社2002年，第119页。

验所等对这次失败进行了检查和总结,发现在类型调查时忽略了只受过小学教育的选民,而且调查工作截止得太早。在选举中,美国人的态度是"每天都在变化,几乎每个小时都在变化"。从此以后,对民意测验技术进行了改革,采用"类型抽样法"和"随机抽样法"相结合的新方法,使民意测验的成功率达到90%以上。

盖洛普不仅把民意测验用于总统竞选的预测,而且也用于政治、社会问题的调查,后来又推广到市场调查。1939年,盖洛普创立了"听众和观众调查研究所",专门了解公众对广播节目和电影的评价。罗珀和克罗斯里的两个民意测验机构也先后成立,并开展了很多活动。从1937年起,美国民意研究协会开始出版《民意测验报道》。1941年丹佛大学成立"全国调查研究中心",1947年移交给芝加哥大学。在这同时,一些主要资本主义国家的民意测验机构纷纷成立。1970年民意测验世界协会拥有41个国家的300个成员,其中包括一些东欧国家和亚非拉国家。到90年代,民意测验世界协会已在55个国家拥有450个集体会员。盖洛普舆论调查公司发展成为全球最大的专业机构,在世界各地拥有40多个分公司,其调查网络覆盖了全世界55%以上的人口。

中国是世界上较早进行民意测验的国家之一。1922年11月,留美归国的心理学硕士张耀翔在北京组织了一次时政问题问卷调查,选取样本近千人,开中国民意调查之先河。1923年12月17日,北京大学建校25周年,16日、17日两天,学校对前来庆贺的师生、校友和宾客作过一次民意调查。1936年底至1937年初,上海民治新闻专科学校校长顾执中先生主持了中国第一次报纸受众舆论调查,全校师生50多人参加了名为"上海报纸和上海读者调查"。1942年10月10日民营报纸《大刚报》刊登10个问题,测定中国民众对抗日战争前途的看法,截止到11月9日,共收到读者回信1230多封,其中99.6%的人认为中国的抗日战争必将最后胜利,不少外国通讯社和报刊转发或转载了这次调查结果。在国民政府时期,每年报纸都举办过不同规模、不同问题的民意测验。

在此后的半个世纪里,由于种种原因,中国舆论调查业一片空白。1978年中国共产党重新确立了实事求是的思想路线,各项改革不断深化,民意测验才逐渐兴起。1981年1月,毛用雄等5人在上海图书馆和复旦大学阅览室进行了一次"重大新闻传播调查",对审讯"四人帮"的社会反应作了舆论测量。1986年10月,中国人民大学舆论研究所宣告成立,该所的任务是:及时、准确地反映社会舆论动向,为有关领导机关和部门服务,调查新闻界状况,研究新闻宣传效果与新闻改革问题。1987年,时任广州市委书记的谢非倡导创办一个"半官半民"、"官督民办"的机构,作为沟通政府与市民的桥梁,即广州社情民意研究中心,就物价、"菜篮子"、社会治安等热点、难点问题进行民意测验,为市政府的决策起了重要提示作用。总部设在北京的零点调查公司创立于1992年,运用国际调查业惯例、为市场先导型企业和政府部门提供调查服务。“零点调查”对政策和法规实施的效果、劳动力流动、私营企业发展状况等方面进行了多次民意测验,具有一定社会影响。1993 年 10 月 4 日,全国政协主席李瑞环在接见世界知名的市场调查和民意测验公司——美国盖洛普公司董事长纳德·克利夫顿时指出,中国正在集中精力发展经济和建立市场经济,需要加强对市场的研究和预测,民意调查业在我国不仅在职业人才、技术开发方面有不少困难,在谋求社会理解、获得公共背景信息和传媒人独立运用方面也面临着挑战,这一行业的从业规范亟待确立。

三、民意测验为什么失灵

时至今日,不少美国人对民意测验的结果将信将疑,一些政府官员拒绝使用民意测验。雅各布斯等人的调查显示,“将近三分之二的立法议员倾向于采用面对面的会见、信件或电话等方式了解选民意见,而不是依靠民意测验。他们认为,让民意测验驱使政府决策,这是愚蠢的、不适当的和危险的。”①在传播技术飞速发展的时代,数字民主、远程民主和在线民主等概念层出不穷,民意测验并未真正解决美国政府决策的问题。正如小 V. O. 基在《公众舆论与美国的民主》一书中所说:“准确地谈论公众舆论如同要抓住圣灵一样”②。在这个意义上,重温拉扎斯菲尔德在 20 世纪 40 年代的一个观点是有益的,“解决的办法当然不是禁止民意测验,而是给予思考:民意测验如何使用以及为谁所用?”③

美国传播学批判学派的代表人物赫伯特·席勒(Herbert. I. Schiller)指出:“尽管民意测验是一项以科学方法形塑的工具,但它不可能是中性的构件。……它旨在为政府、政治、经济各界的政策制定与决策提供帮助。进行民意测验,其本身就是一种社会政策行动。”④从民主决策和科学决策的理念出发,舆论调查或民意测验应该承担决策者与公众之间双向沟通的任务,使民众有机会准确地表达自己的意见。但同样不容置疑的是,“民意调查只是一个工具,可被不同的人利用,可为不同目的的服务,甚至对其可以人为操纵。”⑤

民意测验的一个主要缺陷是,不可预知的选民转向。这相当棘手,因为许多愿意参加选举的被调查者,事实上在选举日是待在家里的。这些选民同说“不知道”的选民很难区分。美国选举年的民意测验必须调整调查结果,“最后一分钟”的影

---

① Lawrence R. Jacobs, Eric D. Lawrcnce; Robert Y. Shapiro, Steven S. Smith, Congressional leadship of public opinion, Political Science Quarterly, Vol. 113, No. 1. (spoing, 1998). pp. 21 ~ 24.

② V. O. Key, Jr., Public Opinion and American Democracy, NewYork: AlfredA. Knopf, Inc., 1961. p. 14.

③ PaulLazarsfeld, The Discussion Goeson, Public Opinion Quarterly, Vol. 9. No. 4. (Winter1945), PP. 403 - 410.

④ 赫伯特·席勒:《思想管理者》,台北远流出版公司 1996 年版,第 128 页。

⑤ 刘建明:《民意测验在美国的误导》,载《北京观察》2000 年第 7 期。

响因素——比如暴雨和外国的表态,都可能影响实际投票的人数。公共舆论是“有自己意志的”,能够在突发事件的影响下迅速转变。1965 年,当林登·约翰逊总统使越战逐步升级时,一个顾问告诉他:“公共舆论绝对倒向我们这一边。”约翰逊很长时间以来一直在阅读民意测验报告,他回答道:“是的,但是为时不长。”他是对的,大多数人在 1965 年支持战争,而于 1968 年转向反对战争。没有什么永恒的公共舆论,必须考虑它自身的变动规则,民意测验要定期举行,跟踪舆论的变化(见本书第 310 页)。

民意测验不单是对公众舆论的反映,也可以扩大或缩小舆论,公开发布民意测验结果具有引导舆论的作用,可能改变很多人的意向。“民意测验机构调查什么,不调查什么,都是经过慎重考虑并有着明确的社会功利性目的的。…在这个意义上,有选择地进行民意测验本身就是一种对社会舆论的引导活动。”[①]里根总统的高级助手迪沃(Michael Deaver)说:“对里根而言,民意测验不是用来改变政策以遵从主流意见,而是说服人心的探测工具。”[②]有时,民意测验通过向调查对象提出没有多少兴趣和不甚了解的话题进行误导。例如,你认为美国应该鼓励修建一条从西伯利亚到土耳其的天然气管道吗?由于没有什么人能够懂得这一问题,有些人甚至都没有听过此事,所以他们的回答根本就没有什么意义。随后在媒体上出现“美国公民反对修建天然气管道”这样的大标题,可能给人错误的印象:这一问题是人们关注的“热点”问题,而且遭到多数人的反对,此后就会有更多的人反对修建这条天然气管道。民意测验改变着人们的看法,并对舆论产生后续影响,正确的民意测验提出的问题,应是调查对象熟悉的,必须同他们的切身利益相关。

当新闻媒体广泛宣传民意测验的数据时,对公众意见的影响就更大了,那些在初期民意测验中受到领先肯定的人或问题,就有更多的支持者,而那些落后的人或问题,从一开始就已经失败了。普通公民并不了解许多测验的事务,很少关心他们自身以外的事情,他们只是精英表演的观众。在许多问题上,普通人没有知识和意见,少数样本的意见可能会主导公众舆论。那些拥有现代通讯手段的领导人,能够按照自己的意志影响公共舆论。基于这种舆情的民意测验,很难说代表广大民众的心声,它的科学性就会大打折扣。但是,只要民意测验的意见符合民意,最终会赢得 70% 以上人数的支持,只不过需要有个发展过程。

从民意测验操作本身看,问题的提法和样本的选择也可能歪曲结果。调查是由值得信赖的专家从事的,有着标准概念的问题和随机样本,如果是为某一目的而确定的,就要严重地误导公众。对于严谨的民意测验,这样的情况很少发生。一些

---

① 喻国明:《解构民意:一个舆论学者的实证研究》,华夏出版社 2001 年版,第 30 页。

② LawrenceR. Jacobsand Robert Y. Shapiro, Politicians Don't Pander, The University of Chicago Press, 2000. preface.

细节性问题也能影响民意测验的客观和公正性，比如说调查者背负社会压力，被调查者在回答问题时掺入了个人情感，调查的结果就不可能完全准确。在美国，一种被称为"逼迫式的民意测验"设计一些经过斟酌的问题，引导被采访者做出调查人员事先就得出的一种结论。例如，提出的问题可能暗示：医疗保健权利法案可能使医疗费剧增[①]。美国一位国会议员说，改变提问的措辞和有偏见的取样，能使调查从 80 比 20 转换为 20 比 80。美国学者威廉姆·雅各比进一步指出："给公众提出什么样的问题选择结构，将引导公众的议题态度和态度体系的变化。在任何给定的时间，议题选择的联合以及对这些选择之间关系的感知，都将影响公众对议题本身的反应。"[②]一个人们不熟悉的词，一个含蓄的短语或一个难以被人们完全理解的提法，都会使结果出现偏差。对同一件事，提问方式不同，可能有完全不同的结果，这要求民意测验在拟订问题时，应使用中性和分寸恰当的词语。

在民意测验和选举中，不公正的设计还可以"逼迫式的民意测验"改变舆论。透视黑龙江省一些落马官员当初被选上时的画票方式，就是一个"经典式"的案例：同意的不画任何标记，不同意的画"×"，弃权的画"○"（圈）。这即是说，只要你动笔就表明你不同意，大量监票和巡视人员在会议厅和选举人（省人大代表）身边走来走去，逼迫的冷气令人打战。于是，许多代表根本就不带笔，从拿到选票后就是举着，直到把票投进票箱里。因为不这样，就有和"组织意图"不保持一致之嫌。于是民意就这样堂而皇之地被歪曲了。人大代表们当然不愿意被"统一思想"，成为投票的工具，但个人与潜规则的抗争，不啻是堂吉诃德大战风车，会碰得头破血流，所以人大代表选择了"归顺"。

我们需要的是科学的民意测验，用精确的操作确保它的结果接近真实，发现问题和预测即将发生的事件及趋势。美国学者戴维森 1972 年在《民意季刊》（秋季号）撰文指出："不错，我们仍有群众游行、骚乱以及因租房而引起的罢工。但是，我认为，没有民意调查，我们将会遇到许多更多的骚乱和暴乱。事实上，当公众舆论中出现暴力性表达时，我们应该仔细地审视我们自己的表现，问问我们是否在某些工作中有所失误。我们也许对干扰我们文明赖以存在的劳动生产分工的骚乱，负有部分责任。"[③]无论从哪个角度看，民意测验都是不能丢弃的，要丢弃的是错误的民意测验和被操纵的民意测验。

---

① 刘建明《民意测验在美国的误导》，载《北京观察》2000 年第 7 期。

② William G. Jacoby, Variability in Issue Alternatives and American Public Opinion, The Journal of Politics, Vol. 52, No. 2. (May, 1990), pp. 579 ~ 606.

③ Davison W. Phillips, Public Opinion Research As Communication, Public Opinion Quarterly, (Fall. 1972). Vol. 36, pp. 311 ~ 322.

第三节　思想库的舆论职能

“**思想库**”(Think Tank)一语用来称呼那些从事公共政策研究的机构,为政府、企业或政党提供系统的决策思想,协助宣传各种复杂的事务。从隶属上看,可分为政府型(中央政府和地方政府)、政党型和独立型思想库。美国的思想库以独立型为主,欧洲国家以政党型为主。例如,成立于1998年的英国外交政策中心,是由首相布莱尔一手组建的,是亲工党的政策研究机构。而Localis论坛则是由英国三个地方政府的政治家组建起来的,就广泛的公共政策问题为地方政府提供跨党派的思想论坛,囊括运输、教育、社会服务以及环境保护等政策研究。独立型思想库指政府、政党、企业以外建立的研究机构,例如英国的欧洲改革中心、市民社会研究所、民主托拉斯等。美国1961年建立的大西洋协会和赫德森研究所、1973年成立的三边委员会、1976年建立的当前危险委员会、1973年建立的传统基金会等,都是独立型的思想库。思想库的研究成果一旦被采纳或广为宣传,成为调动和影响舆论的重大因素。

一、思想库的属性与特征

思想库一词曾被认为专指第二次世界大战期间美国军事人员和文职专家聚集一起讨论、制订战争计划及军事问题的秘密小组,后来用以称呼从事公共政策研究的各种机构。日本国家研究所(NIRA)2008年的调查显示,世界上有影响的思想库有3500多家,一半以上在美国。思想库是意见的生产者,又称脑库、智囊团、领袖的外脑,它的意见来自对某个问题的系统研究,向用户提供思想成果。它承担政府和其他部门的委托,将研究成果直接提供给这些部门。其研究成果经过公开宣传,转化为大范围的社会舆论,产生重要的社会影响。思想库的意见无疑要比一般公众意见更完整、深刻和全面,富有理论深度。

在美国,一个机构所以被称为思想库,必须具备以下几个条件:1. 从事政策研究;2. 以影响政府的政策为目标;3. 非赢利;4. 独立性[①]。美国思想库研究专家、政治学教授阿波尔森给思想库提出的定义是:思想库指非赢利、非党派(并不意味着非意识形态)的研究机构,其首要目的是影响公众舆论和公共政策[②]。思想库既不

---

① 袁鹏:《美国思想库:概念及起源》,载《国际资料信息》2002年第10期。

② Donald E. Abelson, Think Tanks and U. S. Foreign Policy: An Historical Perspective, Electronic Journal of the U. S. Department of State. http://usinfo.state.gov/journals/itps/1102/ijpe/ijpe1102.htm.

是一个纯粹的学术机构,也不是企业或者政府机构,而是以公共政策的研究为己任、以影响公共决策为目标的非盈利性的组织。思想库不是自封的,也不是一种社会荣誉,而是由其功能和机制所决定的。

但在英国,思想库本身带有政党属性,议会中的议员对不同思想库有明显的倾向性。例如,保守党议员更认同经济事务研究会和研究中心的建议。思想库的政策建议可接受的程度,随政府的更迭和领导人变更而发生变化。英国工党执政后,隶属工党的公共政策研究会所发挥的作用,要比新右派思想库的作用大得多。隶属于政党或具有党派倾向的思想库,都在政治生活中发挥各自的作用,它们不仅是政党的竞争者,而且也可以成为合作者。但思想库不是政党的附属品,即便它隶属于某一政党,也在很大程度上保持着相对独立,广泛谋求社会资助,而不是谋求与政党、公共或私人团体建立联系。

美国思想库集中了政界、金融企业界和学术界的力量,把各方面的财力和智力融合在一起,论证最优化的计划和选择方案,为政府、利益集团或大型企业集团提供决策依据。许多有名的思想库以给政府部门提供决策参考而产生重要影响,如美国对外关系委员会被誉为"帝国智囊团",三边委员会被舆论界称为"集中有智慧与有权势的人物于一堂"。随着现代国际政治形势的发展和美国社会问题日趋增多,思想库的作用也与日俱增。不过,多数思想库的大多数研究成果,是有关具体社会问题的书籍或报告。美国知名的思想库大西洋理事会在80年代初发表过颇有影响的《今后十年的对华政策》报告,比较完整地反映了当时美国朝野处理对华关系的"主流派"意见,获得广泛的认同。

英国思想库提出新思想总是以揭示现行政策中的纰漏为重点,在政治家和官僚机构的眼中,它们不过是时而会来的刺激物,是由业余人员起主导作用的组织。大多数政治家很少有时间和耐心去专门阅读思想库的出版物,这使思想库的建议发挥的作用极为有限。除了极少数思想库外,英国众多思想库毕竟都有党派倾向,从服务的对象来看,是少数政治精英以及它们的赞助人和捐赠者。在美国,它们绝不是为贫困阶层服务的,思想库得以存在和维系的政治基础主要在上层,而不是在下层。

思想库是在一定的政治体制下产生的,其作用的大小以及发挥作用的空间是由所在国家的政治经济体制决定的。没有一定的政治民主,思想库的充分发展是不可能的。思想库需要思想自由和科学研究自由的政治环境,独立探索政治经济问题不受政府的干扰是这种政治环境的标志,充足的资金是它生存的重要条件。思想库与政府机构、社会、特别是媒体之间的平等地位与良好互动,决定它能否产生好的研究成果和影响力。

实际上,“在美国国会及行政当局,思想库已经成为他们获得概念的第一来源。”①这使思想库无论在美国政策制定还是在社会生活中,均扮演舆论领袖的角色。2007 年 2 月 15 日,布什在美国企业研究所(AEI)的演讲中说:“感谢你们努力在思想前沿所扮演的领导角色。思想的孕育、传播和接受,是极为重要的。”②借用恩格斯的“合力论”来解释思想库的作用更有说服力,即社会进步总是从许多单个意见的相互冲突中产生出来,无数个相互交错的力量,有无数个力的平行四边形,由此产生意见的合力。从舆论学的视角看,思想库是意见合力的组成部分,是舆论竞争的结果,并在此基础上形成的最终决策,推动社会的进步。

二、思想库的产生与舆论功能

据不完全统计,进入 21 世纪初,美国有 1.9 万多所各种名称的思想库,每年用于研究的经费为 250 多亿美元。20 世纪初以来,美国的社会生产和流通迅速扩大,科学和技术飞速发展,细密化的社会分工和快速传播信息的手段,需要建立大量智囊机构为政府和企业的决策服务。第一次世界大战前后,美国随着经济实力的增长又面临经济危机,为谋求对策创建了思想库,如 1919 年建立的胡佛研究所和 1927 年成立的布鲁金斯学会。

第二次世界大战前后,美国的经济、军事实力迅速膨胀,特别是战后,美国居于超级大国的地位,为推行经济军事扩张需要思想库的协助。1943 年建立的美国企业公共政策研究所,1948 年创立的兰德公司,都属于这一类。20 世纪 60 年代至 70 年代,美国的国际国内形势面临重大转折,各种利益集团纷纷组织力量研究如何同苏联争霸、克服经济危机,许多新的智囊机构如雨后春笋般大批建立。

思想库在美国的发展,大致经过四个阶段。第一阶段为公共政策研究机构起步时期,从 20 世纪初到第二次世界大战前。主要有 1907 年成立的拉塞尔 · 塞奇基金会,1910 年成立的卡内基国际和平基金会,1916 年成立的政府研究所,1919 年成立的胡佛战争、革命与和平研究所,1921 年成立的对外关系委员会。它们成立的背景虽不同,但都从事长期性的政策研究,努力把科学知识运用于解决公共政策问题。第二阶段为政府承包人思想库兴起时期,从第二次世界大战结束到 60 年代。二战期间,由于战争的需要,美国大批具有专业特长的人员参与了由政府确定和组织的研究工作。最具代表性的是成立于 1948 年的兰德公司,1961 年成立的赫德森研究所,1968 年成立的都市研究所等,接受联邦政府和州政府有关部门以及

---

① 汪廷炯:《论思想库》,载《中国软科学》1997 年第 2 期。

② George W. Bush, Remarks to the American Enterprise Institute for Policy Research, Weekly Compilation of PresidentialDocuments, Washington: Feb. 19, 2007. Vol. 43. pp. 165 ~ 174.

私人公司的委托，从内外政策、外层空间防御系统到如何处理有毒废料等，展开课题研究。第三阶段为政策宣传思想库时期，主宰整个冷战年代，首要研究任务是推销政治意识形态，通过各种渠道对政府的政策和社会主义国家施加影响。这类思想库主要有传统基金会、政策研究所、凯托研究所和经济政策研究所等。第四阶段为政治家转移型思想库时期，大都成立于90年代，多由离任后的政府官员试图推动其政治和意识形态，继续发挥作用，给政治家们带来具有可信度的思想。这类思想库较有代表性的有卡特中心、尼克松和平与自由中心。

许多重要思想库的成员本身就兼有三种身份，或轮流在三界任职。美国对外关系委员会的成员中曾任国务卿的有十多人，曾任财政部长、国防部长或副部长的有数十人。前任国务卿赖斯就曾在"胡佛研究所"工作。美国企业研究所的30多名高级研究员中有一半曾在政府任过要职。为政府培养和储备人才是思想库的重要任务。美国总统四年一选，换班的官员达三、四千人之多。这些官员离任后有相当一部分进入各大思想库，等待自己所认同的政党东山再起，再回到政府部门。思想库还赋予自身以教育社会和公众的责任，例如布鲁金斯学会专门设有公共政策教育中心，举办多种专题研讨班，为公共和私人部门提供研讨和进修的机会。

思想库最重要的职能是通过调查研究，集中有关问题的背景资料，分析面对的问题，为政府和企业提出战略思想，充当决策的幕后咨询机构。里根政府在推行对华政策极为困难的时候，大西洋协会集中了一大批亚洲问题战略家和新"中国通"，经过两年研究提出了《今后十年的对华政策》的长篇报告，成为里根政府处理对华关系的重要依据。思想库的主要功能之一是探求和形成新的政策思想，反复倡导某种主张，以期在一定时候成为政策或获得立法。思想库一般是在其所擅长的方面提出政策方案，对范围广泛的施政问题献计献策，希图被政府采纳。

我国政府也开始汲取"脑库"的智慧，某些研究机构出现一批阐释政府方针的论著，经常举办学术会议研讨经济和社会发展问题。其中，中国社会科学院、各大学的著名研究所、各级政府的政策研究室是中国政府脑库的主体部分。进入21世纪，政府每年拿出十多亿人民币发布社会研究课题，各研究单位争取课题经费的竞争十分激烈。目前，我国思想库的发展主要以官方为主，独立的思想库还处于萌芽阶段。

三、思想库的舆论扩散

西方思想库以影响政府决策为目的，但它能否影响政策，在很大程度上要依赖思想市场上的意见竞争所形成的舆论。某一思想库的意见处于"中心辐射"还是处于"多渠道互补"的结构,极大地改变其影响作用的发挥。美国思想库研究专家杰姆认为,"思想库最低限度可以对正在发生的变革起到'确认'作用,最高限度可以帮助归纳出公众实际争论的问题的范围,可以促进各届行政当局之间的延续性,并沟通政府和立法部门。不管各思想库的作用有多大,见解精明或是愚蠢,它们总是整个民主社会的一个支流,它们的高声和低语都构成了这场漫无休止、此起彼伏的论战的一个旋律。"①

在美国政府决策过程中,为数众多的思想库都在试图影响决策者,思想库之间存在激烈的竞争。同游说集团、利益团体等各种力量进行博弈,需要运用不同的推销意见的方式和渠道,提高成果的知晓度和采纳率。传统基金会的会长费尔纳(Edwin. Feulner)认为,"思想就如同其他任何产品一样,需要走向市场,需要赢得受众"。基于对成果传播的重要性的认识,传统基金会用于推销的年度费用达到600 万美金左右。

思想库的见解本身不是舆论,其成果不同于大众的认识,它运用一定的概念和抽象的推理,系统地阐明一种观念,形成思想或政策的理论依据。当理论充分发挥指导实践的作用,回答现实提出的紧迫问题时,理论传播就构成一种舆论形态。英国经济研究中心负责人理查德·珀特说,我们的事业就是引导舆论,并创造出能够在未来 12 至 18 个月的时间内变成现实的思想②。在美国,思想库的研究成果除特殊原因个别需要保密外,大都公开出版发表。这类出版物既是政府政策的蓝本,也是社会畅销读物,在决策者和社会各阶层中间流传。因此,美国思想库"实际上为同一个目标所激励,这就是影响舆论和公共政策"③。

美国思想库推销成果的主要方式有人际传播、组织传播和大众传播。在大多数情况下,三种传播方式都是同时采用,互为补充。人际传播依靠个人关系网,有助于成果直接影响决策者。美国思想库有"旋转门"(Revolving Door)的特征,同政府人员保持走马灯的来往关系。以布鲁金斯学会为例,在现任的 200 多名研究员中,有二分之一的人具有政府工作背景,担任过驻外大使的就有六位之多。现任布鲁金斯学会会长塔尔博特曾于 1993 - 1994 年担任国务院特别顾问,1994 - 2001 年担任克林顿政府的副国务卿。现任中国中心的主任和资深研究员杰弗里在加入布鲁金斯学会之前曾是美国驻纳米比亚大使(1999 ~ 2000),还曾担任过美国国家安全委员会亚洲事务主任、美国国务院中国和蒙古事务办公室主任。布鲁金斯学会负责传播事务的副总裁玛丽莎认为:"个人关系网在思想库的传播渠道中起到举足

---

① [美]P. 利登:《美国思想库指南》(上),载《国外社会科学》1987 年第 10 期。

② David Smith, Think Tanks: Who's hot (and who's not), Management Today, London: May1998, pp. 56 ~ 61.

③ Donald E Abelson; Christine M Carberry, Policy Experts in Presidential Campaigns: A model of Think Tank Recruitment, Presidential Studies Quarterly, Washinton: Fall1997, Vol. 27, pp. 679 ~ 698.

轻重的作用,很多时候,借助个人关系,思想库的研究者可以直接与政府决策者对话,使其了解或接受其研究成果。"①

在人际推销中,美国思想库的学者或领导者通过电话、私人午餐、邀请决策者参加思想库内部的小型会议或出席国会听证会,与政府决策者进行直接沟通,进而影响他们的态度。人际传播之所以在美国思想库的成果推销中发挥重要作用,是因为美国三权分立和两党轮流执政的政治体制,产生了政府官员和思想库学者间的"旋转"。

美国国务院政策和计划署主管理查德·哈斯曾坦言道:"要引起决策者对'新思想'的青睐不是件容易的事。因为整天泡在众多的信息中已经让他们够繁忙的了。为此,思想库要充分利用多种渠道和市场策略——出版各类文章、书籍和不定期的论文;不定期地出现在电视、杂志和报纸访问当中;写一些读者喜闻乐见的时文、简报和网页。"②正是在这个意义上,美国思想库从政府合同型转变为"政策鼓吹型"或"政策推销型",通行在舆论扩散中推销主张。换言之,"思想库的工作重点,除了拿出研究结果,还要注重思想销售,通过引导舆论和社会思潮达到最终影响决策的目的。"③

出版物的舆论影响力可以跨越时空,一个时代的印刷品意义重大,会成为各个时代的读物。书籍给人类提供了知识与意见交流的对象,舆论的附着性是政治类图书的基本属性。在美国,发行和经营出版物是思想库的一个传统。有许多杂志,比如《大西洋月刊》、《哈泼斯杂志》等等,都是不赚钱的,只是为了让这些杂志影响美国政策的制定。思想库的出版物有多种类别:1. 期刊。如美国对外关系委员会主办的《外交》(原为季刊,现为双月刊),在世界上具有极为广泛的影响。卡内基国际和平基金会的《外交政策》,战略与国际研究中心的《华盛顿季刊》,布鲁金斯学会的《布鲁金斯评论》等,也颇有影响④。2. 书籍。其中有个人的著述,也有集体的著述,后者往往是为期数年的研究项目的最终结果。3. 研究报告。这是思想库发挥舆论扩散作用的主要方式,通常选择重大的、紧迫的政策性问题,组织力量和专门班子写成报告,广为散发。4. 快报。以比较快捷的手段就当前重要政策问题发表本机构研究人员的见解,引导公众舆论。例如布鲁金斯研究所在 1999 年就中国加入 WTO 问题发表了数篇分析性的快报文章。5. 年度报告。总结和展示一年来本机构各方面的工作、活动和财务收支情况,也有每两年发表一份报告。强有力的成果推销机制是美国思想库的突出特点,许多思想库

---

① 材料来自本书著者之一王丽莉对布鲁金斯学会负责传播事务的副总裁玛丽莎的专访。

② [美]理查德·哈斯:《思想库与美国的外交政策:一个决策者的观点》,载《国际论坛》2003 年 11 月。

③ 侯经川、赵蓉英、邱均平:《全球思想库发展综述》,载《预测》2003 年第 6 期。

④ The Brookings Institution, Annualre port, 2007, p35.

将其经费的相当大的一部分用于宣传和推销政策主张，而只将一部分经费用于研究工作。

近年来，传统基金会还设立网站和网上书店，以方便政策制定者、企业和学者获取决策依据和研究资料。美国历史上悠久的思想库——卡内基国际和平基金会出版的《外交政策》是最有影响力的国际政治经济期刊之一，读者遍布150多个国家①。实际上，这类成果有的已经成为各国政界和精英阶层决策概念的来源，也成为思想库的名望、声誉和品牌的象征。反过来，这种品牌效应又促使美国政府更加信赖思想库的研究成果，签订更多的委托项目。

每个思想库都举办各种各样的活动，最主要的是召开大大小小的讨论会、专题研讨会、纪念会等。这些活动常常邀请有关专家、现任和前任政府官员、新闻记者、工商界人士等参加，既宣传本机构的政策主张，同时也吸收与会者的聪明才智，形成主导性的意见和建议，然后发表会议报告。有的还把会议材料编写成图书出版。思想倾向相同的思想库，联合召开讨论会，相互扩大交流范围。美国思想库就热点问题举办大型的公开会议，除了政府、社团等相关部门的重要人士外，社会各界公众都可自愿报名参加，额满为止。在各大思想库的网站上，公众可看到大型思想库会议的文字记录、音频或视频记录，为广大公众、决策者、专业人士构建了一个意见交流平台，使思想库称为没有学生的大学。布鲁金斯学会在2007财政年度举行的大型公开会议有200多次，美国国际战略研究中心每年举办700多次会议，美国企业研究所在2005年也举办了200多次会议②。

近年来，思想库学者接受电子媒体访问的频率和其成果被平面媒体引用的次数，成为衡量思想库影响力的一项重要指标。美国最具影响力的平面媒体，如《纽约时报》、《华盛顿邮报》、《今日美国》等对不同智库观点引用的次数，得出影响力排名前三位的是布鲁金斯学会、国际经济研究所和美国企业研究所。对影响力的这种考量虽然有一定弊端，但到目前为止是思想库研究者比较认可的方式。因此，美国思想库积极致力于提高媒体传播意见的几率，成为思想库扩大影响的最重要的手段。一些思想库的研究人员经常接受媒体采访，发表讲话，或在电视上亮相露面，有的还成为报纸的专栏作者，进一步传播自己的意见。在媒体传播中，思想库一般并不直接提出政策目标，而是营造引起决策者反应、实践新思想的良好环境。这种形式可以直接对决策者产生影响，创造思想氛围，掀动社会思潮，形成某种舆论。

通过网络媒体，全球网络用户都可了解美国思想库对内外政策的分析，在全球范围内构建美国的软实力。布鲁金斯学会2007年度在人际传播、组织传播和纸媒

---

① 萧良：《美国历史上最悠久的思想库》，载《今日中国论坛》2005年12期。

② James G. McGann, Think tanks and policy advice in the United States, Routledge, 2007, p36.

介与传统电子媒介方面的经费是200万美金左右，但使用网络媒体的经费也达200万美金①。由此可见，其对网络媒体推销成果的重视程度。

第四节　压力集团的舆论施压

有的学者将压力集团称做利益集团，把二者完全等同。本书认为，这是两个不同的概念。有的利益集团是压力集团，有的利益集团不是压力集团，有的利益集团有时表现为压力集团，有时没有压力集团的作用。比如，富人阶层是利益集团，但不是压力集团；工会一旦代表工人阶级向政府施压，发动工人罢工，要求政府提高他们的福利，就是压力集团。在有的国家，工会是政府或企业管理层的助手，从不发动工人向政府或企业施压，就不是压力集团。**压力集团**是带领某个阶级和阶层诉诸舆论行为的具体社会组织，具有政治或经济舆论功能，在它背后都有一个利益集团，有的直接受利益集团的支持。利益集团不一定是具体的组织，一群人的利益相同，都可称作利益集团，许多利益集团都以压力集团作为表意的工具。

一、压力集团的舆论使命

压力集团是社会第二舆论机构的重要组成部分，成为获取某种利益、对政府施加影响的非政府组织。美国是压力集团最发达的国家，目前有近两万个全国性的压力集团，州、县的压力集团组织则多达20余万个。60%以上的美国成年人至少参加一个这样的社团。除政党外，压力集团是全国最普遍的结社形式，有的压力集团同利益集团集于一体。

压力集团是资本主义国家特有的政治现象，在欧美各国扮演政党不可替代的角色，借助舆论活动对政治生活发生重要影响。当某一利益集团欲达到某种目的，需要通过压力集团对政府施加压力时，往往派出人员或雇佣游说公司的说客在议会外“运动”。压力集团必须是正式组织，建立领导机构，从该集团的利益出发，运用舆论手段积极影响政府的态度或公共政策。

在美国，压力团体基本分为四类。1. 政治压力集团，如妇女选民同盟、美国人争取民主行动组织、全国有色人种协会、世界联邦拥护者协会、全国生命权利委员会、美国政治科学协会、全美提高黑人地位协会等；2. 经济压力集团，如全美制造业

① 材料来自本书作者王丽莉对布鲁金斯学会负责传播事物的副总裁玛丽莎的专访。

者协会、美国农事局联盟、美国商会、企业界圆桌会议、美国石油协会、劳联—产联等;3. 职业压力集团,如美国医师会、全美退休教师协会、美国退伍军人协会、美国律师协会等;4. 公共利益团体,如地球之友、美国山羊社、山岭俱乐部、全国退休年龄公民理事会、银色美洲狮等。压力集团有各种名目的机构,名称繁多,通常称俱乐部、协会、委员会或某某会议等。在欧洲各国,压力集团有政治、企业、文化、宗教、民族、职业、妇女、教育、工会、环境保护、人权保护、消费者卫权等各大类,分属不同行业。压力集团的领导成员大部分人教育程度高,属于中上社会阶层,关注社会政治动向。

各压力集团的组织规模大小不一,作用强弱的差别也很大,在成千上万个压力集团中,既有全国的,也有地方的;大规模的压力集团有成员几十万人,小的仅有几百人。美国最有势力、最活跃的压力集团都是由产业界、金融界、商业界的垄断巨头控制,能够在华盛顿设立办事处的压力集团,都由那些资本寡头操纵。有的压力集团受到政府的支持,成为全国性的非政府组织。比如美国商会在政府的支持下已有 7 万多个“企业和专业”会员,由 60 多人组成的董事会,是以大垄断集团为主干的企业界代表,有近 3000 个区域性和 1000 多个行业与专业协会。欧洲各种各样的压力团体大都是全国性的。在英国,政治权力集中在中央政府,各种势力只需向中央政府某个部门施加影响就够了,因此,英国的压力集团绝大多数都是全国性组织,压力集团的数量较少,其活跃程度也不如美国。

压力集团是维护特殊利益,实现特定目标的工具,它的使命是参与政治行动,影响公共政策,但并不谋求控制政府,一个压力集团不可能完全操纵政府。压力集团运用舆论手段影响政府及其决策,在选举、行政和立法等领域发动舆论,最终获取一定的利益。在选举中,从财政上、道义上和选票积极支持候选人,争取自己利益的代言人当选。1974 年美国《联邦竞选法》规定,政治行动委员会可以向候选人提供不超过 5000 美元的捐款,而一个候选人从多少个政治行动委员会接受捐款则不受限制。候选人如果没有政党和压力集团的支持,是不可能获胜的。

压力集团竭力使议会通过符合其利益的议案,阻挠和反对不符合其利益的议案,借助游说议员影响议会辩论或投票。压力集团还以大量宣传或抹黑行动干预政府官员的任命,通过或排除政府的决策和计划。压力集团有时力图影响法官的任命,提出诉讼,向法院陈述观点,影响法院对某些重大案件的判决。压力集团最常用的手段是利用大众传播媒介、游说、游行集会或召开会议完成上述使命,动员和影响舆论对政府施压,成为社会的重要舆论机构。

二、压力集团产生的社会背景

西方国家压力集团的产生和发展，是利益集团分化，特别是垄断资本主义发展的结果，也是各种社会势力政治要求的反映。80%的美国人认为，“政府在很大程度上是由只顾自己的少数大利益集团把持的，只有21%的人认为政府是为全体人民的利益办事的”。[①] 那些经常被政府忽略的利益群体不得不组织一种团体，干预政府的决策，争取自己的政治和经济权利。

压力集团作为西方现代社会的政治现象，是市场经济、政治分化和社会利益冲突的产物。在私有制和市场经济中，“自由竞争”使社会分化加剧，出现各种利益格局，造成不同的利益集团。这些集团有各自的特殊利益，要求国家的政治反映它们的声音，通过表达意见唤起社会注意，推动政府考虑他们的意见。特别是在经济领域，垄断竞争和自由竞争的矛盾难以调和，产生了各种利益追求。即使经济势力强大的集团之间，也暴露出不同利益的斗争，要求国家立法和政策代表他们的利益。大大小小的压力集团在少数精英的组织下，纷纷挂牌宣告成立。当政府被大财团所控制，党派不足以表达他们的利益，中小利益阶层又被排斥在政府决策之外时，就加速了压力集团的发展。

西方政治制度为压力集团的出现创造了适宜的条件。在封建专制社会，不可能出现向朝廷宣示力量、对皇帝产生压力的组织，这样的组织一旦诞生，就像我国汉朝的太学党和明代的东林党一样，遭到皇室的血腥镇压。西方国家奉行政治自由、结社自由，形形色色的群体都可以声明建立组织，宣告自己是代表某种利益的政治派别。自美国建国以来，公众的结社权一直被看做是由集会、请愿等权利引申而来的民主权利。这种情况鼓励了各压力集团在宪法许可的范围内采取行动，从事压制政府的活动。美国实行中央和州分权的联邦制，两级政府又实行立法、行政和司法三权分立，为压力集团提供了极为有利的政治环境。利益集团可以向政府提出倾诉，司法和议会也愿意接纳压力集团的意见以制衡政府。一个压力集团在某一级或某个政府部门受挫，却可以在另一级或另个政府部门取得成功，也可以向同一级政府的立法、行政和司法部门分别施加影响。对此，英国政治学家维尔指出，美国“利益集团是靠着政府体制的分散性这个特点兴旺起来的”[②]。

在正常情况下，各种意识形态在西方社会可以自由传播，各种思想都有信仰者，这种多元化的意识形态为压力集团的建立提供了思想支持。美国人对自由、平

---

① ［美］詹姆斯·M.伯恩斯等:《美国式民主》，中国社会科学出版社1993年版，第447页。

② （英）维尔:《美国政治》，商务印书馆1988年版，第110页。

等的追求促成了各种利益集团的产生和发展。美国的社会问题层出不穷,围绕种族歧视、妇女权利、政治改革以及吸毒、犯罪、暴力、色情泛滥、道德败坏等社会丑恶现象,社会上出现了错综复杂的思想,一批思想家进入压力集团任职或做顾问,使压力集团的思想性和政治影响力大大加强。

进入21世纪,随着全球化问题的突出,国内外矛盾和冲突的新变化,政府干预经济扩大了行政权,进一步刺激了各利益集团参与和影响公共决策的诉求。压力集团正作为民主权利不均衡的补充因素,充当了保障全球化对各领域的冲击不致造成更大失衡的调整杠杆。科学技术的进步为压力集团提供了物质条件,信息技术的成果为压力集团获得更多的信息和新的思想提供了极大便利,在今后几十年内,它将深刻地冲击西方的两党或多党制度。

三、压力集团的舆论行为

压力集团的舆论活动大都是在议会外进行的,对政党政治有广泛的影响,主要以各种表达行为提出利益诉求。压力集团利用多种途径,对政党的竞选纲领施加影响,要求政党在竞选纲领里列入有利于某个压力集团利益的内容。如果政党采纳了他们的建议,压力集团就会在报刊上发表文章鼓吹这个政党的好处,动员选民把票投给这个政党。这时他们还对这个政党的候选人大造舆论,召开民众大会,发表演说,在媒体上宣传候选人,动员本集团成员及其联系的选民参加投票,为候选人捐款,提供选举经费。任何政党的候选人没有众多压力集团的鼓吹,不可能在竞选中被选民所了解。压力集团对竞选活动的影响,作为来自"旁观者"的意见,比政党本身的支持更重要、更有效。

压力集团对议会立法活动施加影响,经常通过院外活动发挥作用。议会开会期间,他们或雇佣院外活动分子作为压力集团的代表或委托人,到议会大厅走廊中对议员进行游说;有时也到议会举行的调查会、听证会的会场上作证。他们常常向议员提供立法草案,让议员在议会上提出。这时他们要以某些条件作交换,要求议员在议会上反对或支持某一提案通过。许多美国政治家将舆论视为利益集团的意见,因为它能"将模糊不清的公众情绪塑形并具体化"①。托马斯·戴伊指出:"各种有组织的利益集团广泛施加影响于国会的法律制定,联邦执行机构的规则制定,而且越来越影响到联邦法院的决策制定。"②施密特等人认为:"与多数美国人一

---

① Susan Herbst, Reading Public Opinion: How Political Actors Viewthe Democratic Process. Chicago: University of Chicago Press, 1998. p. 53.

② [美]托马斯·R.戴伊:《自上而下的政策制定》,鞠方安、吴忧译,中国人民大学出版社2002年版,第85页。

样，决策者们也是从全国性媒体上获得大量信息的。最后，各个不同的游说团体也向国会议员提供信息。”①

利益集团影响政府决策的主要途径是游说②。直接游说是压力集团施加影响使用最多的手段。游说者与议员面对面交谈，向某议员谈论自己的意见，提供其他议员将怎样投票的信息，向议员提出建议，引导议员的见解。其中可能使用贿赂的手段，把支票或装有美元的口袋在方便的处所递给对方，作为茶水之用。2006 年 1 月，美国政坛爆出“超级说客”杰克·艾布拉姆（Jack. Abramoff）向国会众多议员行贿的丑闻。艾布拉姆承认，他获得了多个印第安部落提供的 8000 多万资金，然后利用这笔资金向部分国会议员提供免费旅游、赠送昂贵礼物等诸多好处，以换取他们对印第安部落的支持，而他自己则从中获得巨额回扣。对此，美国学者指出，权力滋生腐败，只要中央政府维持庞大规模并普遍渗入国家生活，这类丑闻绝不会是最后一个③。英国学者爱德华·卡尔在论及 19 世纪整个西方舆论现象时也一针见血地指出：“现在的问题已经不是人们是否享有表达意见的政治自由。对于广大民众来说，现在的问题是，面对各种既得利益集团控制的宣传工具，除了屈从于这类势力的影响之外，舆论是否还有任何真正的意义。”④

压力集团还使用外部游说方式，即间接游说，影响议员或政府官员。当压力集团认为直接游说效果不好，达不到目的，或者没有直接游说的内部管道时，就会采用第三方帮助游说。利用选民开展游说，包括动员选民或会员通过电话、电报、普通信函、电子邮件，甚至动员选民或会员直接与议员会面，形成对议员的压力。这种做法常常能收到很好的效果。

影响政府公共政策的制订与执行，是压力集团舆论行为的主要目标。随着行政权力的不断扩大，政府成为压力集团活动的焦点。美国政府各部门，特别是独立的管理委员会，几乎每月都要决定有关事项，许多都带有重大的公共政策性质。这些决定涉及到社会福利、公共事业、宇航计划、飞机生产、军火供应、援外计划等重要领域，都同压力集团有着切身利益关系，与之有关的政府机构就成为压力集团谋取实际利益的舆论活动目标。压力集团通常与关注同一立法的其他利益集团结成同盟，共同影响政府部门。

在美国，压力集团的舆论策略首先是将政策议题诉诸新闻媒体。当议案提交国会规则委员会（House Rule Committee）列为审议程序、辩论或表决方案后，该议案即进入政府决策。在此阶段，首先是众议院几个小组委员会进行讨论，然后指派

---

① ［美］施密特等：《美国政府与政治》，梅然译，北京大学出版社 2005 年版，第 345 页。

② 刘建明：《舆论传播》，清华大学出版社 2001 年版，第 335 页。

③ Steve Forbes, Fact and Comment, Forbes, New York: Jan 30, 2006. Vol. 177, p. 23.

④ ［英］埃德华·卡尔：《20 年危机（1919 ~ 1939）》，世界知识出版社 2005 年版，第 122 页。

某个小组举行听证会，通过后形成提案，提交众议院大会辩论和表决，众议院通过的提案再提交参议院表决。这样一路下来，能够侥幸走到最后的议案无不经过反复的“碾压”。许多利益集团或他们委托的压力机构，从一开始就把政策意向诉诸新闻媒体，迅速扩大舆论声势，使那些在政府决策部门缺少代言人或缺少资金支持的公益性组织和弱势团体获得公众的注意。这些利益集团不仅精心制造媒介事件，还购买媒体版面或播出时段，大量刊播政策意见广告，对政府决策施加压力。许多学者的研究证明，“在诸如堕胎、医疗政策或税收等国内事务上，有组织的利益集团的观点已经越来越频繁地进入新闻。”①当压力集团的要求通过媒体报道不能达到目的时，还发动示威、游行、罢工等这类非暴力方式引起媒介和公众的重视，对政府形成强大的压力。

压力集团的舆论行为还体现在舆论测量技术的运用，时常委托民意调查公司进行民意测验。当测验结果于己有利时，就广泛宣传，为政策议题设置框架，影响意见领袖和大众；当测验结果于己不利时，就秘而不宣，并以此修正游说战术。因此，公众意见公开得越多，压力集团操纵舆论的机会就越多②。压力集团往往能够抢占舆论的制高点，提高影响政策的力度。这些舆论行为既可以提出政策倡议，也可以针对具体问题发起抗议示威，同时借助媒体宣传造势，发动选民写信、发邮件或打电话，使具体政策获得通过或被拒绝。

压力集团在保护公共利益方面也产生了一定的积极意义，比如发起保护生态运动的绿党经常组织群众在污染企业前示威，在海上核潜艇周围开着小船拦截，提高了公众保护环境、反对核武器的意识。“罗马俱乐部”在人类历史上第一次提出了“全球生态危机”问题，多次发动环境保护、反战和平与反核运动。主流绿党（如英国绿党、“地球之友”等）主张福利自由主义和民主社会传统的混合，在妇女、儿童和大学生中赢得了广泛的支持。

在美国，压力集团遭到一些人的反对，美国政治学教授 E. E 谢茨施耐德对集团政治理论发起最激烈的抨击。他认为，集团理论将集团概念普遍化，客观上抹杀了特殊利益与公共利益的本质差别，它的重大缺陷是“没有为多数人在政治体制中找到位置。多数的力量是一种全然不同的规模秩序，它无法用压力集团的标准去衡量。”③

---

① W. Lance Bennett, Toward a Theory of Press – State Relations in the United States, Journal of Communication 40: 2. 1990, p. 103.

② Burdett Loomis, From Hootie to Harry (and Louise); Polling and interest groups, The Brookings Review, Summer 2003. Vol. 21, p. 45.

③ [美]E. E. 谢茨施耐德：《半主权的民主》，天津人民出版社 2000 年版，第 37 页。

本章内容的重点：

1. 第二舆论机构与第一舆论机构的区别。
2. 公共关系公司怎样影响舆论。
3. 民意测验的作用。
4. 西方思想库的类型和特征。
5. 思想库如何推销意见和扩散舆论。
6. 压力集团在美国产生的原因。
7. 压力集团如何发动舆论。

第十一章　舆论资源及其功能

正向舆论是一种社会资源,对人类的物质和精神活动产生重要的价值,在社会生活中发挥显要的功能。舆论的执政资源、预警资源,智力资源,凝聚力资源和净化社会的资源,具有修正、发展和健全意识形态的作用,在提高政府的执政能力、推动社会变革、提供决策参考、增强社会凝聚力、加强道德建设、预测社会动向等方面产生积极的影响。正向舆论不仅是社会皮肤,而且是国家精神、民族精神、集体精神和公共精神,通过舆论推动与巩固民主制度,保护公共利益,正在受到一切社会机构的重视。

第一节　舆论对执政能力的促进

官员依靠社会舆论执政,确定最好的政见,是一种执政资源。利用它通常有两种方式,一是正螺旋集中舆论的方式,即通过层层集中公众分散的意见,依据少数服从多数的原则提炼最初的一致意见,然后把它反映到高层进行再度集中,最后由高层领袖人物提炼出正确的见解,化为精粹的政策性语言。二是由领袖人物提出政见,再到广大群众中征集意见,通过社会讨论或民意测验证明领袖人物政见的正确。这是一种倒螺旋政见集中方式。

一、正螺旋的政见集中

正螺旋集中政见可用五个字概括:“从群众中来”。做到这一点,最关键的是尊重舆论,在贴近实际、贴近生活、贴近群众中,把体现公共利益的群众呼声搜集起来,以人民群众的要求制定政策,指导政府的执政行为。

政府的正确认识来自千百万人的实践,在集中千百万人的意见中丰富、发展和提高政策水平,不断为正确的政见提供新的源泉。政见源于实践并指导实践,实践验证政见并提高政见的正确程度,贯穿征询民意、采纳民意、集中民意的过程。一般来说,政府的纲领、路线、方针和任务都是在充分总结群众经验、听取群众意见的基础上确定的,凡是符合社会实际、体现人民的意志和心声的,就是正确的政见。

人民要求政府把个人的利益和社会的公共利益联系起来,在执政活动中体现人民的意志。政治机构按照人民的意愿建立起来,并按照人民的意愿确定它的一切举措,才有进步的政治制度。舆论对行政权力的所作所为作出评价,表现出政治舆论的特殊作用。这种舆论反应有时是温和的,有时是激昂慷慨的。如果没有政治舆论的作用,社会权力对社会变动的反应就要迟钝,甚至成为色盲,容易歪曲社会生活真相。因为社会领域复杂多变、千差万别,领袖人物的调查研究稍有疏忽,不可能了解一切,把握一切。政府及时观察和搜集广大群众的要求,形成的政见就有正确的基础。

意识形态需要不断从活生生的社会舆论中吸取精华,否则,距离社会实际就会越来越远,使国家政治功能退化。只有人民的政治意识,即政治舆论才能纠正意识形态的错误,促使政府各部门接近生活现实,正确地反映实际、指导实际。我们判断政治措施的得失,只有用人民群众的舆论即用民意去衡量,才能确切地辨别它的正误。生活不断创新,昔日的一切都不断变化,紧迫的社会巨变必须有同步发展的正确思想为指导。这不可能到原有的政治意识形态中去寻找,只有到社会实践、到社会舆论声浪中去发现。政府官员要跟上历史步伐,不得不求助于舆论,因为这种表层意识是紧密贴近现实的意识,能给政府提供敏锐的观察力。

到人民群众中集中政见,反映人民群众的普遍要求,要经过三个环节。1. 倾听人民群众的普遍议论,在公众舆论中发现正确的见解。在任何社会制度中,群众的政见不可能只有一种,允许表达多种意见不仅是社会的进步,而且是获取正确观念的途径。政府官员解决社会问题或确定工作任务,要先考察生活实际和群众的要求,然后集中社会普遍意见。2. 从若干精英人物的讨论走向意见集中,得出正确的、精粹的政令。人民群众的正确意见总是不够系统、杂乱无章,局部意见还可能包含错误。一切完整的、理性化的政见最终由执政者组织一定数量的精英人物制定出来,再经过政府首脑人物的反复研究,最后形成条理化的文件。3. 来自公众舆论的政见应在局部社会中试点,用以检查这种政见可能存在的问题,发现其十分隐蔽的纰漏,这是修正和完善政见的有效途径。权力机构的政见在提出来的时候,完全有可能包含意想不到的漏洞,由于客观情况千变万化,各地区情况存在差别,必须经过舆论的再度检验和修改,让政见适用于生活实际。有些政策不可能适用全国,只能是地方性的,中央集权制要建立某种机制克服某些政策以偏概全的弊端。

在民主社会,广大人民不仅在政治、经济上占据主人的地位,而且参与精神生产,可以发表各种意见。如果人民的政治舆论不能很快被政府采纳,广大公众的意见不能发挥作用,执政活动就开始出现各种挫折。政府官员如果没有相当的文化水平和政治悟性,忽视人民的科学精神,就不能识别社会舆论中有价值的政见,实际是一种高级文盲。这种文盲是不能管理国家的。政治权力集中的程度越高,舆论被尊重的机遇越小,遵照舆论调整错误政见的可能性也越小。注意搜索舆论,依据正确舆论调整执政理念与措施,是社会进步的关键。

二、倒螺旋的政见推销

先由政府官员提出政见,然后到公众中征求意见,通过讨论或民意测验证明领袖人物政见的正确性,是一种倒螺旋的推销政见、控制舆论的方式。官员有可能在提出政见之前也考察过舆论,但系统地研究或尊重舆论、特别是民意,却是罕见的。

官员提出政见通常依据的是执政经验、占有的知识或雄心勃勃的推测,埋伏了许多主观因素。如果他们深入社会各领域听取群众呼声,利用正螺旋执政的舆论资源,介入的主观因素则降到低点。与此相反,许多官员经常以倒螺旋方式提出政见,认为自己比一般公众和各类舆论领袖高明,对公众舆论不以为然,发生错误的几率往往很高。

倒螺旋征集舆论的方式,多选择来自局部地区、少量单位的部分代表召开座谈会,或指定数千或几百人对政见方案提出修改意见。确定征集意见的单位和代表难以避免片面性,哪些地区和单位应当选择或舍弃,都会按照官员的"标准"进行,他们可能删除有价值的意见群体。越是主观动机强烈的政见,拿到群众中征求意见越带有"威胁贯彻"的色彩,胁迫公众违心地赞成和支持。

被指定参与意见的单位的领导人喜欢迎合上级官员的需要,在选择发表意见的人时,通常把爱提否定意见的人排除在座谈会的名单之外,使真正有见地的观点和建议被埋没。前来参加座谈会的人如果大多是喜欢颂扬上级官员的人,导致的结果只能是:面对官员的议题,放弃自己原来的意见而热烈接受官员的政见。在讨论中,麻木的从众心理使许多人改变态度,只要首先发表意见的人肯定官员的政见,一般不会出现相反的意见。政见一旦被全盘肯定,征询舆论走了过场。

应当承认,官员政见中的巧妙修辞,往往让人难以发现其中的荒谬之处。加上讨论群体的知情不够,追随官员意见的螺旋曲线由小到大、由少到多地聚集起来,形成虚假的舆论热潮。这样的舆论一旦被确定为执政资源,转化为执政理念与措施,在贯彻落实中逐渐出现破绽,最后只能产生失效的后果。

在媒介被官员紧紧掌控的社会中,大都使用乔姆斯基所概括的"制造同意"的手法。他们高频率地让支持他们的人在大众媒介上发表赞扬的意见,反复、长期地让赞同声弥漫在媒体上,好像官员的政见是民意的内在反应,一再表明人民如何同意他们的一切决定。违背民意的政见被媒介公布并加以宣传后，**舆论背反**总是戳破这种“同意”的虚构，渐渐形成民怨。这种舆论背反实际是对“制造同意”的反击。官员利用媒介错误地宣传和控制舆论，背离人民的实践和意志而推销政见，人民最终形成逆反意识。人民从表面拥护到冷漠和回避错误政见的倾泻，渐渐形成反对的见解，最后由民间舆论领袖公开发表对抗的意见。在意识形态冲突的社会，舆论背反充满整个过程，表现为意识形态更迭中的思潮波动。作为民众思潮冲击错误意识形态的结果，舆论背反引领社会制度的变迁和政治体制的变革，不断把社会推向进步。

三、舆论对执政理念的校正

许多政府官员以为政见来自政治制度和意识形态，而不是来自生活实际，因而总是采取倒螺旋的方式制定政见，把某一静态的“指导思想”作为神圣的信条。当他们声称“坚定不移地坚持某某理论”时，常常忽略“从实际出发、尊重民意”的准则。这时，他们把社会舆论当作干扰的声音，企图以媒介宣传或人际间的“思想政治工作”去说服大众，甚至选择典型作为批判对立思想的例证，威胁持有舆论背反立场的公众。

人们大都看到，意识形态机构总是强烈地肯定、维护权力部门提出的各种思想指针；当经济关系严重束缚生产力发展、经济政策濒临坏死的边缘时也要极力宣扬它的正确性，肯定这个社会的一切都无比优越，因为它的意识形态无比科学。用一个社会的意识形态去美化这个社会，就等于一个人自己赞扬自己。马克思特别指出，判断一个人不能以他对自己的看法为根据。同样，判断这样一个变革时代也不能以它的意识为根据①。政治设施及其思想框架以及它的方针政策是否正确，不应由政治设施和思想、方针政策本身作出说明，而应由人民的实践和满意度为依据。历史证明，对政治的判断一旦脱离实际和广泛的社会舆论，就要成为政治意识的自我评价。

用错误的、过时的思想维护经济制度和政治制度，盲目地肯定或否定某种政治措施、经济模式和经济政策，都要严重地破坏生产力。人民的舆论是历史与现实要求的社会意志，是社会存在的原生意识，对政治和经济制度具有校正作用。按照人民的意志改革不受欢迎的经济关系和政治关系，这种“唯实论”才能判断一个社会的好坏，矫正它的谬误。在一定意义上，唯实论是政治设施尊重客观实际和民意的求实态度，是认识社会真相唯一正确的途径。政府在征集舆论、形成政见中，一旦

---

① 《马克思恩格斯选集》第2卷，人民出版社1972年版，第83页。

获得民意,形成理性的、系统的执政方针,就获取了正确认识社会的保证。如果它脱离公众意见和生活逻辑,自主地、任性地说明经济和政治本身,就要破坏社会的健康发展,执政行为就要处处碰壁。

社会上层建筑不断创造思想体系,但随着生产力的变化时时都在出现新的情况,要求意识形态不断补充新的内容,修正过时的观点。政治实体把意识形态一旦凝固化,就成为一堆无能为力的思想废品,对执政能力造成破坏。没有正确舆论的校正,就没有科学的意识形态,政府的政策会在许多方面脱离社会的实际,阻碍社会的进步。

社会舆论有一定结构,主要是上下层舆论的对流与互动,其次是公众舆论的并存和互动。它们的出现和变化反映出社会生活的复杂性,表明不同阶层政治和经济要求的差异和融合。“舆论有时是一种混合的表达物,它包括一个动态的社会过程的连续阶段,通过这一过程,互相竞争的公众试图调整社会的政治、道德和经济结构,以适应他们变化着的需要。”[①]这使公众舆论不断流向权力阶层,而权力阶层的意见如果也能贴近公众的要求,便形成社会舆论的对流和互动结构。这样,政府与民间不断进行平等对话,官员才能获得源源不断的执政资源。

社会舆论中的公众意见、民意和政府意见有时是一致的,有时可能不同甚至对立。不管哪种情况,人民群众和政府意见始终处于传播的互动状态。人民群众不断对政治家们表达他们的看法,形成自下而上的传播,而政府通过了解群众的声音,可能形成正确的执政理念。在社会各领域,到处充满这种双向传播,两种不同方向的意见的互动,使社会意识逐渐接近对经济和政治规律的正确把握,舆论执政资源的价值就最大限度地体现出来。在每一具体社会阶段,双向互动的舆论表现出不同的效果,因而导致不同的历史进程。政府意见始终尊重民意,力求从中汲取思想,把官员的政见提高到科学水平,反过来又指导人民的全部活动,整个社会才能呈现出蓬勃的生机。如果政府堵塞群众意见的上达,无视民意的要求,执政活动就要连连失误,使经济与政治生活陷于困境。

第二节　社会发展的直接动力

民意作为社会舆论的主导,决定社会发展方向,是历史进步的决定性力量。从历史唯物主义的观点看,人民群众是社会物质财富、精神财富的创造者,是变革社会制度、推动社会前进的动力。在一切社会的重大变革关头,人民群众总是变革的

---

① Hardwood L. Childs, Public Opinion: Nature Fomation and Role, Nostrand Company Inc., 1965, pp14 ~ 26.

主力,人心向背是决定一切的因素。这一社会发展的动力资源,决定任何政治势力的成败,也是衡量一切政府进步作用的尺度:违背民意就是阻止历史前进,最终遭到历史的抛弃,尊重民意就是利用社会发展动力,尊重历史规律,推动历史前进。

一、社会动力的历史确证

以中国历史为例。在封建王朝的更替过程中,无论一个政权如何强大,只要失去民心,就会不断走向没落,最终难逃覆灭的命运。春秋时期,古人总结夏、商、周三代兴亡的历史教训,阐发了“政得其民”的思想。《诗经》中说:“道得众则得国,道失众则失国。”秦始皇统一中国后,颁布一系列符合民心的政策,社会生产得以恢复和发展。但由于修筑长城而滥用民力,赋税沉重,法律严苛,丧失民心,二世残暴无度,进而激起农民起义、枭雄四起,秦朝开始走向衰亡,出现了更为进步的汉朝。

到盛唐时代,唐太宗因重视百姓生计,体恤百姓,减轻徭役,使百姓安居乐业,开创了“贞观之治”的强盛局面。但唐玄宗后期一味贪图逸乐,政治昏暗腐败,践踏民意,土地兼并与藩镇割据战争使百姓失去赖以生存的土地,唐皇朝在农民起义下土崩瓦解。

近代的中国人,外遭列强欺凌,内受清王朝压迫,统治者需索无餍。武昌义帜一举,全国云集响应,人心所向,清室崩溃于一旦。蒋介石政府不努力改变广大穷人的命运,抗战初期不顾民族危亡,多次挑起内战,终于被人民所抛弃。与其相反,中国共产党提出的政纲能解决中华民族所面临的最紧迫、最根本的问题,让人民看到了希望,凝聚了人民的力量。十年浩劫,极左路线破坏优秀的传统文化,破坏生产力发展,为了维护个人的权力和所谓权威,打倒一切坚持真理的干部和群众,终于遭到人民的唾弃。历史的辩证法就是如此:政府只有顺民意、谋民利、得民心,才能得到人民的支持和拥护,获得历史前进的力量。

民意推动历史进步,是人民追求利益、捍卫自己权益的必然结果。纵观中华民族的历史,盛世的形成,都是致力于维护人民利益的硕果。人民为满足利益不断提出要求并为之奋斗,这种力量始终表明社会的方向,为社会进步提供了目标和动力。我国进入改革开放时期,经济发展步入快车道,取得了举世公认的巨大成就,主要原因就是把民心凝聚到“实现自己的利益”上来,抛弃了原来“阶级斗争”和“穷过渡”的内耗理论,整个社会出现朝气蓬勃的局面。保持经济持续增长,建立公正、和谐的社会,人民投身于创造和社会建设,社会发展就会一帆风顺。

把增进群众的根本利益作为一切工作的出发点和归宿点,把社会公正和正义作为协调社会关系的准则,人民群众将集中精力创造物质和精神文明,实现国家的长治久安。求发展是民心所向,尊重人民群众的意愿,推动生产力的进步,历史就会加快前进的步伐。人民群众是物质和精神财富的创造者，同时也是社会制度变革的决定者，为历史由低级向高级发展开拓他们的活动空间。社会进步从根本上说是生产力的发展，生产力成果得到公平分配，给人民带来应得的利益，是一个国家的执政之基、力量之源。

二、民意资源的创造力

民意是亿万人民的历史活动，作为提出社会问题、解决社会问题的智力资源，表现出巨大的创造力。没有人的活动就不会有社会，历史本身不能创造历史，而是人在创造历史。主张和实现进步的生产方式，希冀社会健康的发展，主要通过现实的、追求一定目的的人的思想和行为展示出来。历史不过是追求自己目的的人民的活动，人民总是主宰一切，而不是人民被主宰。人借助发表意见，阐述对事物的见解，揭示落后生产方式的顽症和一切是非，然后他们就会采取行动实现自己的舆论目标。当人们完全接受关于先进生产方式的新见解，就要起来改变旧的生产方式，这时，民意导致的变革就要到来。我们验证一切历史变革，无不看到民意开路的壮丽奇景。在社会永无宁息的交替中，人类心灵中爆发的共同追求都深刻地表现出来，他们的不满或赞成都体现出改造社会的决心和行动。眺望历史与现实，民意表现出的理性、精神和愿望，鼓动公众去实现伟大的目标。

高涨的民意浪潮代表着一种觉醒，推动、加快社会的变革，历史巨变留下了舆论推进社会进程的密集足迹。20 世纪初，民族意识、爱国意识曾促成近代中国的思想解放，震撼了中国社会的各个阶层。不甘为亡国之君的光绪帝和帝党的积极奔走，维新派“公车上书”的思想共鸣，甲午之战失败激起的强烈爱国思潮，终于拉开共和革命的序幕……这些启蒙舆论的汇集，展示出民意的力量，为辛亥革命推翻帝制组织了力量。1954 年以来，极左路线摧残民生，民穷国敝，镇压言论与思想自由，全国人民变得一无所有。反击“四人帮”的声浪，推翻“两个凡是”的大讨论，呼唤拨乱反正，发展生产和富国富民，唤来改革开放的新时代，民意推动中华民族走上中兴之路。

政治变革的主要手段是舆论斗争，历史上的先进势力无一不借助舆论活动达到政治变革的目的。政治本身总是离不开宣言、声明、纲领之类的意识活动，运用强大的社会意见击溃保守势力的政治主张，谁的意见能够形成最强大的舆论，受到绝大多数人的拥护，就能在政治变革中获胜。先进分子运用舆论从事社会变革，经常遭到反动势力的武力镇压，使他们不得不用武力反击对方。而这种军事斗争仅是舆论斗争的补充和持续。在一切社会变革中，舆论斗争是普遍的、主要的、时时刻刻都不可缺少，而武装斗争则是特殊的、不经常使用的手段。武装斗争必须伴随舆论斗争,用舆论去动员群众投入武装斗争,瓦解敌对势力的军心。舆论斗争始终是社会变革的第一种手段。

社会进步最终取决于科学技术的发明和应用,只有用最先进的技术手段武装生产力和生活方式,社会的物质和精神面貌才能发生根本的变化。但任何科学技术的推广,都需要舆论的认可,并通过舆论改变人们对科学技术的认识,接受新的科学道理,采纳新的生产技术。历史进步的艰难过程表明,任何一项新科技的发现或应用,总会遭到一些人的反对,特别是受到专制统治人物的阻止。科学技术只有经历漫长的舆论肯定,科学家通过顽强的宣传活动,直至形成广泛的科学认识,才能被社会所承认。从哥白尼"日心说"受到宗教势力和贵族的攻击,到当代互联网给某些人带来的恐惧,都经过舆论的有效影响,才被全人类所接受。

三、社会和谐的舆论融合力

社会舆论依据法治、纪律、道德、传统和习俗,批评社会不良倾向,对人们产生约束力,引导社会走向和谐,使意志合力达到理想的境地。在微观社会中,日常舆论经常迫使不良的个性行为向周围群众的相融性和整体性作出让步,形成个体与整体的协调。这种舆论融合资源,不断消除公众关系中的隔阂因素,推动社会的和谐发展。社会只有和谐才能快速进步,公民内部的任何内耗和掣肘,都对社会的健康发展造成破坏。

舆论使人与人之间具有相融的关系,主要是借助价值观相融、心理相融和社会活动目标相融三种因素促成的。人们形成一致意见,其奋斗目标、价值意识和心理就会息息相通,他们的关系必然走向和谐。当人们在大众传媒上发表相同的观点,就会对更多的人产生影响,把大众的认识引到同一个方向,社会各部门及其成员很快形成和谐的整体。

改革开放后,中国各领域出现了一系列重大进步,绝大多数公民从这种变化中获得好处,但获得利益的多少不一样。改革也在解决社会矛盾中出现"烂尾"现象,即解决一个旧的矛盾的同时可能出现多个新的矛盾,这些新矛盾长期无法解决,许多利益冲突纠缠不清,引起一些人的不满,社会和谐遭到破坏。社会的不满情绪首先通过社会舆论表现出来,进而推动舆论的增长,舆论大哗或聚众事件屡屡发生。影响社会和谐的许多矛盾,使社会舆论经常出现不稳态,社会不公引起人们强烈的异议,充斥社会各个角落。社会和谐或不和谐,都是通过舆论表现出来的,又由舆论促成和谐的出现和发展。

社会和谐直接产生于社会舆论的融合力,形成人民群众的向心力。社会公正,执政者廉洁自律,公民的生活水平不断提高,消除不合理的两极分化,给社会关系的融通注入活力。国家管理者始终服从人民的意志,上下层舆论出现同化,是社会和谐发展的先决条件。政府政策一方面反映全社会的统一意志,另一方面又启发人民的悟性,扩大舆论融合的范围,构成和谐的基本条件。社会和谐不仅来自政府政策的正确性,而且来自政策的稳定性。凡涉及全局发展和群众根本利益的决策,一旦考虑不周,盲目出台,就会引起群众强烈不满,社会和谐就遭到破坏。

几乎每个国家在繁荣清正时期,上层意见很容易被广大群众接受,舆论和谐居于社会意识的主导地位。可是,一旦社会管理者的情绪发生问题,政见脱离实际和大多数群众的利益,舆论和谐遭到破坏,社会和谐就不断发生故障。舆论和谐不单是社会公正的结果,而且是人民安居乐业的体现,政府意见与社会舆论遵循公共利益,立场与情绪大体一致,才会形成舆论和谐和社会和谐。

在市场经济时代,社会各领域充满竞争和合作,市场竞争既有平等的一面,也有机会不均等和出现种种腐败因素,社会就会频繁地出现意见对抗。这种舆论冲突的增多不是社会混乱的表现,而是不同集团利益不能及时调整、权力不受制约的伴生物。在市场经济条件下,正常的意见冲突如果引导得好,一些顽固的谬见被正确意见所克服,正确的意见就被社会普遍接受,社会就会出现和谐状态。贫穷必然导致舆论冲突,不仅谈不上社会和谐,而且社会关系随时都可能断裂。在彻底实现社会公平、社会正义、消除贫富分化的机制中,才能出现舆论和谐,实现社会和谐。以机会与权利平等为基础的自由是真正的自由,而不平等的自由只能产生特权,一部分人有了特权就不再有公正,舆论和谐就难以实现。社会依靠和谐维持自身的稳定,减少了冲突和危机,和谐成为社会发展的必然条件。

在许多地方,官民之间存在着一种对立"情绪",这种情绪已渗透到社会生活各个领域,渗透到街头巷尾和村庄地头。这种"情绪流"互相感染,互相发泄,彼此碰撞,成为社会危机的信号。在现代社会,各国都面临舆论冲突的风险,民意测验机构随时对这种风险发出预报,为社会和谐提示舆论动向,就可能转化为社会和谐的积极因素。

四、众志成城的舆论凝聚力

推动社会进步需要人民的凝聚力,社会舆论能够促成社会凝聚力的形成,构成社会进步的重要条件。《国语》中有"众心成城,众口铄金"的说法,后来又出现"众志成城"这个成语,都是指大家的意见一致、思想一致和斗志一致有攻无不克的力量。这里包含舆论学的一个基本原理,即人民意见的一致产生不可战胜的凝聚力,形成推动社会进步的强大力量。这一资源是国家增强实力,调动人民捍卫国家主权和民族利益的杠杆,也是动员人民完成艰巨任务的重要手段。

意见一致达到民众意志的高度统一，在国家、民族处于艰难、危亡时刻，是战胜任何困难的保证。当众人的意见一致，力量往一处使的时候，就容易产生巨大的力量。战胜自然灾害，抵御外敌入侵，都需要人民一呼万应的凝聚力，即使国家分裂为各个阶级、阶层、党派和团体，只要他们的利益一致、意见一致，都可能形成民族的巨大联盟。

舆论把正确思想扩充到社会每个角落，左右社会心理，凝聚全体社会成员。在社会变革时期，一篇明确的宣言，一句震撼人心的口号，一部深沉的著作，往往使模糊的心理升华为明确的时代精神，人民的自发心理上升为自觉的意识，促成社会心理汇集到同一个方向。

舆论凝聚力的实现需要宣传动员工作，也需要形成良好的媒介氛围。褒扬的舆论不仅可以为人们树立榜样，阐释正确的道理，还能反映人民必胜的前途。进入21世纪，社会各领域都出现了巨大进步，保障一个机构、企业和组织的高效运转，特别是在决定命运的紧要关头，需要舆论方向的一致。当国家或一个组织内部采纳正确的意见并认识一致，就能迸发出巨大的能量。历史的进步，是在舆论凝聚力的作用下不断走向新的起点，使人民形成整体去创造未来。

第三节　提高社会决策的科学性

决策作为一个科学范畴，是指人们对面临的任务和实践目标与方法，做出慎重的选择，包括个人决策和领导决策。决策如果十分复杂并富有社会性，都离不开考察舆论。征求相关人员以至多数人的意见，舆论成为决策的重要资源，越来越成为现代社会管理的普遍规律。诤言是社会决策的反馈系统，它来自四面八方，为判断决策是否正确和完善，提供极为有益的答案。

一、决策和社会舆论的关系

社会的高层决策是国家制定大政方针，反映社会规律，推动社会发展的管理活动。在一般社会中，社会决策不应当、也不可能仅仅由少数人作出。由少数人决定社会运转的目标与方式，在封建自然经济时代还勉强应付，在信息纷至沓来的高科技社会，多变、竞争和潜在不利因素的大量存在，少数人决策常常出现严重失误。随着社会信息量的剧增，社会活动方式日趋复杂，公众对人类精神成果占有率的大幅增加，高层管理者制定决策时越发需要广泛听取人民的声音，征集人民的意见。

在经典民主理论中，政府决策应该表达和反映公众舆论的要求，因为少数人、特别是首脑个人把握社会的能力虽然可能优于普通大众中的个人，但高高在上的官位往往使他们不懂一些实际事务。斯宾诺莎这样解释自由辩论的价值："人的自然能力很迟钝，不能立刻看透每件事；但是通过协商、倾听和辩论，他们变得敏锐，当他们想尽一切办法，最终会发现那些他们需要做的而且他们全体都赞成的，然而任何人在起初时都不会想到的事情。"①出于同样的原因，洛克主张立法者应该在"质询和成熟的辩论之后"再作决定，他认为，"拉锯般的公开意见不一致能使所有政党的头脑敏锐起来，而作出比刚开始时的提议要好的决定。"②美国学者施派尔(Hans Speier)指出："关于公众舆论的真实含义，应该在以下情境中理解：公众舆论是不在政府组织内执行统治的人民对于国家问题能自由公开地表达，并且代表了一种能影响或决定政府行为、能影响官员决策与政府结构的权力。"②

社会政策属于领导决策，和个人在生活和工作中的决策是不一样的，因为领导决策具有全局性和社会性，力图反映整个社会发展归宿。不管哪个系统、哪个行业，都有一些听从管理层指挥、完成上级交给各种任务的责任，领导的决策目标首先来自一些指令性任务，但根据广大群众的要求和建议确定决策目标，又是社会决策优化的主要条件。为群众排忧解难，解决社会发展问题，要根据人民群众的要求而定。人民群众和专家生活在基层，具有丰富的经验和相关知识，他们的想法一般都是现实的，把群众和专家关心的问题列入决策议程，是决策中不可缺少的征集舆论的环节。美国总统老罗斯福发明了一种"试探性气球"，每当一项新的政策推向公众之前，他总要请一些深得民心的记者来到白宫，倾听他们的意见，此间相继通过《纯净食品和药品管理法》等一系列举措，正是公众舆论推动政府决策的重要成果。威尔逊曾直言不讳地说："公众舆论对于精英的冒险行为可以起到一个刹车作用，政策制定者由于害怕失去大众支持而不走极端。"③

在重大问题上，征求舆论的建议大都以公众中选出的少数代表和部分专家为对象，诚恳地听取他们的诤言。这种活动称为听政，通过征询或会议征集，获得睿智卓见。在我国古代，各级官吏上朝议事都要听取分站左右的文武官员的谏言，尽管这可能是一种表面文章，但也可从中获得诤言。春秋时期的典籍中就有"咨询"二字。所谓"咨"，是商量的意思；"询"，就是请教或考察。据记载，战国时期的孟尝君、平原君、春申君、信陵君各"养士"两三千人，求言活动有相当规模。在美国，国家元首的求言也有悠久的历史。1828 年美国总统安德鲁·杰克逊启用一批人

---

① ② [美]斯蒂芬·霍尔姆斯：《反自由主义剖析》，中国社会科学出版社 2002 年版，第 293 页。

② Hans Speier, Historical Development of public Opinion, American Journal of Sociology, Vol. LV, No. 4 January 1950, pp. 376 ~ 388.

③ Herbert G. Nicholas, Building on the Wilsonian Heritage, in Arthur Link, ed. , Woodrow Wilson, New York & Wang, 1968, p. 184.

在白宫为他提供咨询建议。这些人喜欢在厨房内议事,因而被人们称为“厨房内阁”(kitchen cabinet)。杰克逊的做法成为以后历届美国总统不成文的规定,形成了现代领导的听政制度。

在历史上,一些精英分子反对决策来自民意,他们认为民意是没有真理价值的。美国建国初期的财政部长亚历山大·汉密尔顿断言:“群众的声音被称为上帝的声音,虽然这种格言不断被重复被相信,事实上却是不正确的。人民总是吵吵嚷嚷、变幻不定的。他们难得正确判断和决定。”[①]同为精英主义者的麦迪逊进一步申辩说:“民众因各种对立的矛盾而分化,因此不能信任他们进行决策。”“由公众的代表来表达公众的声音,同由公众人人表达自己的意见相比,会更加符合公众的利益。”[②]但美国民主制度建立以后,特别是到了现代,美国社会普遍相信,当政策得以公开时,公众舆论的批评能够补救权力决策的缺陷,使政府在局面失控之前就能觉察和纠正问题,并改正错误。拉斯韦尔断言:“如果在政策制定过程中,缺少关于政策成功所仰赖的公众舆论状况的专门信息,那么政策的制定过程就是十分危险的。”[③]从 20 世纪 20 年代开始,公众舆论的影响力已经遍及美国政府高层,政策制定者深深卷入宣传之中。官员们的普遍看法是,“一个政策要想获得成功需要有民众的支持,至少不招致民众的反对。”[④]政治学家小 V. O. 基(V. O. Key, Jr.)则诙谐地指出,舆论就是政府“觉得要小心倾听”的东西[⑤]。

为了提高对社会现象的认识,彻底解决棘手的社会问题,领导者求言的第一目标是了解社会问题的历史和现状,其次是提出解决问题的途径。舆论诊断在这两个目标中都显见成效,尤其在制定政策方面,能给管理者提供卓有成效的“点子”。公众和专家提出合理化、科学化的建议,如同医生看准病人的病情后开列处方,形成的对策往往十分有效。领导者尊重舆论的诚意,通常以能否采纳好的建议为标准,因为社会的兴衰常常取决于下层的合理化建议被重视和采纳的程度。

制定公共政策征询舆论,不仅涉及到决策本身的成本,而且还涉及到外部成本。所谓“外部成本”,是指民众参与决策的成本。詹姆斯·布坎南和戈登·塔洛克在《同意的计算》中提出,取得一致的政策意见是需要计算成本的,不仅公共决策可以用成本与收益的经济学语言进行讨论,而且可以把决策成本与“外部成本”结合起来分析。由于决策对象的属性千差万别,“紧急的事情一般都是由单个人或者极少数人做出的,因为这样的事情,在时间上耽误不起,人们宁愿忍受较多的外部

---

① Jerry L. Yeric; John R. Todd, Public Opinion: The visible Politics, Itasca, Illinois: F. E. Peacock Publisher, Inc. 1996. p. 11.

② [美]汉密尔顿等:《联邦党人文集》,程逢如等译,商务印书馆 1982 年版,第 44、51 页。

③ [美]哈罗德·D. 拉斯韦尔:《世界大战中的宣传技巧》,中国人民大学出版社 2003 年版,第 34 页。

④ 王鸣鸣:《公众舆论与美国对外政策》,载《国际政治与经济》2002 年第 5 期。

⑤ V. O. Key, Jr., Public opinion and American Democracy, New York: Alfred A. Knopf, Inc., 1961, p. 10.

成本以减少更多的决策成本。在对自己有较大影响的事情上,公民一般倾向于多数参与,民主的范围就越大,因为人们愿意增加决策成本以减少可能的外部成本。"[1]正是在这个意义上,一些涉及范围不大的决策可以由少数领导者作出,并不影响它的正确性,而关乎社会整体利益的决策则应当广泛征询舆论,使决策成本与外部成本达到合理的水平。

二、倾听"群众的骂声"

"群众的骂声"对政府是一种"消极"的公众舆论,但不是公众"恶劣品质"的表现,而是公众对某些官员劣行的愤慨反弹。如果政府无视民意的要求,堵塞群众意见的上达,不仅社会决策连连失误,而且社会矛盾日趋尖锐,群众的骂声就会出现在各个角落。经济与政治生活陷于困境,让"骂声"及时发泄出来,既可以缓解冲突,又可能为决策找到突破口。

施政不当失去民心,群众以"骂声"对政策错误进行指责,恰恰是极为有益的舆论。社会矛盾得不到解决,不可避免地引起连绵不绝的街谈巷议,出现强烈的意见并伴随愤怒的指责。凡发生"内障"的公共事务,广大公众的利益遭到损害,民众会不断发出解决矛盾的强烈呼声,其中夹杂着刺耳的谴责。在表意群体的骂声中,舆论愈演愈烈,局部呼声很可能演变为普遍的社会意识。

管理者在工作中听到群众的骂声是很正常的,连毛泽东这样的人物也不能幸免。1941 年的一天,陕甘宁边区的县长正在开联席会,雷电穿入会议室将延川县代县长李彩荣击死。清涧县有一个伍家寡妇知道此事后随口骂道:"老天爷,你不开眼!咋不打雷把毛泽东劈死!"边区保卫部立刻逮捕了她,准备严惩。这事传到毛泽东耳里,他亲自询问这个婆姨为什么骂他,原来伍家婆姨的男人支援前线时死了,家中留下一个瘫痪的老母和三个幼小的娃娃。种田一年忙到头,不够一家人吃饱肚子,村干部又来催缴公粮,把家里的粮食拿走,她一气之下骂了毛泽东。毛泽东知道详情后对保卫部说:"人家骂得有理嘛!赶快放人!"[2]这件事使毛泽东思考起来:陕北地薄粮少,两万八路军和中央机关干部依靠征收公粮生存,当地老百姓的负担已经难以承受,婆姨的骂声是群众强烈不满的信号。他决定军队开展大生产运动,政府精兵简政,这一决策最后赢得了陕甘宁边区的民心。

现代社会是信息社会、开放的社会,又是民主与法制的社会,社会舆论非常丰富。互联网使信息传播早已超越国界,公民的知情、参与和监督意识越来越强,公众关注的问题往往成为社会舆论的普遍内容。群众对腐败、社会顽症和官员的怠

---

① 毛寿龙:《公共政策的决策成本》,载《南方周末》2001 年 10 月 25 日。

② 案例来自《炎黄春秋》1996 年第 6 期。

政报以骂声，是被逼出来的，成为社会舆论制衡劣官的无奈手段。如果说公权是构成国家实体的力量，那么民间舆论则是公民社会唯一能够制衡公权的力量。“群众的骂声”作为一种舆论监督，有助于消除社会丑恶，预防工作错误和官员的堕落。群众通过骂声表达对监督对象的不满，是对社会的一种有效保护。许多腐败分子、严重渎职和政策失误的官员，就是在群众的骂声中被发现的，引起法纪机构的注意，使政府痛下决心纠正这类错误。

中共山西省晋中地委委员、榆次市委书记王新义有一条经验：把倾听群众骂声，作为密切政府与群众血肉联系的途径，从群众的骂声中，了解群众的情绪和疾苦，找出工作上的差距和不足。当王新义和市委机关干部到一个街区参加清除垃圾的劳动时，一位居住在附近的老人，一边捡着砖头，一边满腹怨气地说道：“垃圾堆了几个月，连路都堵住了，书记、市长是干啥吃的！”话音一出，有人告诉他身边的这个人就是市委书记时，老人不好意思地说：“真没想到王书记您也来了，还干这样脏累的活，刚才差一点骂了你！”“骂人就得让被骂的听见，听不见就没意义了。”王新义笑吟吟地握住老人的手：“对咱市里工作有啥意见，尽管骂，尽管说……”①

群众的骂声不可怕，如果群众对官员的工作只字不提，无声无息，那才是可怕的。倘若领导干部都能像毛泽东在延安时期那样正视群众的骂声，就能发现和制定最好的政策。有些官员一听到群众骂声，不进行调查分析，不解决群众的积怨，就怒火冲天，甚至打击报复，就会激起更大的民怨，直至彻底垮台。正确对待群众的骂，分析事情的原委，找出政策中的错误，这是对待尖刻舆论的唯一正确的态度。理性地对待人民群众的骂声，体现了领导干部高尚的修养和胸怀，更是对人民具有高度责任感的表现。

群众的骂声有时来自对政府信息、决策的不了解，政府可通过热线电话、公布电子邮件、举办公开接待日向群众提供交流平台，实现双方意见的充分沟通。当群众了解政府的信息，群众对政府的误解就会减少，骂声也会消失。我国在转型期，各个群体的利益格局发生了重要的变动，一些群体没有从社会转型中获得更多的好处，相反却承担了改革的主要代价。“改革阵痛”不是由全体社会成员平均承担，局部的社会冲突伴随着骂声就会不绝于耳。这种真实、原生态的舆论是社会矛盾的写照，作为社会公正的呼声，促使政府官员以理性的态度制订公正的政策，满足各个利益群体的正当要求。倾听群众的骂声，而不是一味地打压群众、报复骂人的群众，就一定能变群众的骂声为笑声和掌声。

---

① 案例来自《文摘周报》1997 年 5 月 11 日。

三、"民心工程"要让人民满意

在一些地方,关系到群众疾苦的建设项目被称为"民心工程",诸如政府做的修路、通电、改水、通广播等一系列实事,都在"民心工程"之列。但"民心工程"实则是指广大群众满意的公共事业建设项目,是对符合民意的公共决策的有效实施,"民心工程"必须紧系民心。政府决策的"民心工程",成为新世纪许多地方官员的工作目标,如果脱离民意来确定和判断"民心工程"的优劣,不仅没有正确的决策,而且也无法评价"民心工程"的社会效益。

据广州社情民意研究中心证实,近年来政府的"民心工程"的社会满意度并不高,不仅群众对"民心工程"的期望值高于实际,而且远离民心的种种工程不过是政府的形象工程。制定决策是要为人民办事、为子孙造福,但急于求成、新官上任三把火,实施好大喜功的工程,把"民心工程"变成官员的"政绩工程"甚至是"民怨工程"。最让人们疑惑的是,为何"民心工程"的实际价值不能由民意来评判?政府如何在把握社会满意度中去尊重民意,决策出真正能够顺民意、得民心的"民心工程"?

民意是评判"民心工程"的价值原点。民心乃世间公法,民心所向是官员决策正确与否的标志。以民意为原点对"民心工程"提出正确的评价,才能达到民心所向的目标。有的官员热衷于为自己树政绩、立形象,制定公共政策从来不考虑人民的实际需要,不征求人民的意见。原山东泰安市长胡建学可谓集大成者。胡建学为他的业绩大搞表面文章,在泰安市边上建了一座用处不大的"万人"体育场。市里没钱,便强派到泰安下属地区的头上,大搞民间"集资","集"得老百姓怨声载道。最后,泰安人不得不硬着头皮喝下这杯苦酒。泰安老百姓气愤地说:"胡书记指挥,尽干些离'天'近、离'地'远,离25世纪近、离21世纪远的事。"①

社会满意度是人民的需求得到满足的心理感受,由社会实践得以证实。对以人民需要为价值的"民心工程",受制于人民的实际利益和心理体验,是为老百姓办好事、办实事的举措。如果社会满意度低或带有负面反响,"民心工程"已经沦落为"负民工程",原来的公共决策就是错误的。群众监督、评议或通过社会满意度调查,是确定重大决策是否正确的唯一途径,不仅为当前,也为下一轮"民心工程"决策提供最直接、最科学的建议。将群众的满意度作为指导政府决策的方向,形成民意监督的良好环境,使官员少一些"为民做主",多一些"让民做主",政府的决策就会立于不败之地。

---

① 肖克:《"民心工程"别离民心太远了》,《发展》1997年第1期,第7页。

四、专家论证的舆论价值

具有丰富学识的专家在人们心目中具有举足轻重的地位，电视、广播、报纸、杂志等媒体都设有专家栏目，大到国家制定方针政策、大型项目上马，小到公民的疑难纠纷，请专家论证屡见不鲜。在新世纪，崇尚专家论证已成时尚，一方面是因为专家大都能提出科学见解，另一方面是专家论证具有调动舆论的价值。公众相信专家，专家的话很容易影响人，引导社会言论。在电视广告中，不时看到一些生产商说其产品是经过专家论证的，以此来扩大产品销路，赚取更多的利润。官员们也在重视专家论证，有的用专家的话为自己辩护，掩盖自己决策的失误。这样一来，专家论证的舆论价值又可能成为某些人达到特殊目的的手段。

专家是知识的化身，具有良知的知识分子不断探索真理并坚持真理，他们的论证成为政府决策的重要参考，有时甚至是政府决策的唯一选择。专家经常参与重大工程、司法、经济或社会环境建设等领域的论证活动，往往成为政府改变决策的决定性力量。决策是天下最难的事，因为要选择、也要放弃，随时面对众说纷纭的困扰。现代社会推崇民主决策，依赖于决策的"规则与程序"和"公众参与"两大制度因素。在实践中，"公众参与"赋予决策的民主性，使决策易于被公众接受，也为决策的落实消除某些潜在的阻力。专家论证则为决策提供最好、最科学的意见，为说服社会舆论揭示深刻的道理，成为科学决策的基础。完善重大决策的规则和程序，建立健全领导、专家和群众相结合的民主决策机制，成为公共决策科学化的重要前提。

2003 年，收容遣送制度的废止，是专家、学者为民请命、影响政府决策的典型例子。这年 3 月，青年孙志刚在广州收容致死引起社会广泛的关注。5 月 14 日，三位青年法学博士许志永、俞江、滕彪以中国公民的名义依法上书全国人大常委会，建议对《收容遣送办法》进行违宪审查。随后，又有贺卫方、盛洪等 5 位知名法学家，同样以中国公民的名义，提请全国人大启动特别调查程序。6 月 22 日，国务院宣布废止施行了 21 年的《收容遣送办法》，代之以《城市生活无着的流浪乞讨人员救助管理办法》，取消收容遣送，成为中国法治进程中的标志性事件。

专家的专业知识高出一般公众意见，以其优质的建议推动社会问题的解决，在许多重要公共问题上引领社会舆论。当代民意是遵循专家的正确意见逐步形成的，同专家高见抵触的只能是少量的众意，这样的众意也会最后消失。京沪高速铁路经过多轮论证后投入修建，专家曾称，对京沪高铁选择何种技术，民间和媒体保持了高度的关注。不同阶层、不同经历、不同知识背景的人对此发表了意见，曾形成过舆论热点。公众意见对高层决策有参考价值，不过，正确的专家观点并不受公众意见的左右。一位参加中国科协2003年学术年会的专家对新华社记者表示,专家们的论证是审慎的,舆论无论怎样评说,也不会干扰影响国家正在进行的论证和决策。到2008年初宣布京沪高铁动工时,几乎听不到对专家确定的施工方案有反对的声音。专家既要听取各种舆论,又不能放弃科学见解,正确的意见最终会为民众所接受。民主决策的要义在于协商和妥协,京沪高铁项目涉及国家利益和民族情感,不仅仅是技术问题,专家意见重要,就在于科学与真理重要。

当然,专家并不总是对的,他们有时有意或无意、被动或主动地犯错误。他们的错误被媒介或官员放大,其危害性也随之放大。损伤专家论证价值的最重要因素,是专家不敢坚持真理,不敢承担责任,难以抵制诱惑或顶住压力。有的专家被官方或利益集团收买,高额鉴定费或酬金堵住直言不讳的嘴巴,信口开河地乱加恭维。有的专家有跻身仕途的梦想,迎合官员的需要,为其错误决策歌功颂德,颠倒是非,假话连篇。意志薄弱、信仰不够坚定的专家,很容易在强权面前折腰,在金钱面前出卖自己的人格,不但起不到专家论证的作用,而且成为错误决策的吹鼓手。

如果一个社会尊重知识,崇尚真理,专家就有真正的话语权,论证价值就充分地体现出来。在科技决定国家实力的今天,专家们发挥能量的空间越来越大。在一个藐视知识,盲信权力的社会,专家不是权力的鹰犬,就是强权打击的对象,根本无法发挥应有的价值。被称为奠定基本国策第一人的著名经济学家马寅初,在1957年就提出人口控制的建议。他在广泛调研的基础上写成提案,提交一届人大四次会议,后来又在《人民日报》上发表了他的建议。这一著名的《新人口论》,在"人多是大好事"的领袖格言的煽惑下,连连遭到批判,终于导致中国人口的极度膨胀。这一历史冤案,造成中华民族永世的遗憾。

第四节　提高与维护社会声誉

社会声誉是指人或组织获得的社会知名度和美誉度,作为公众信任和赞美的重要标志,是评价人或社会组织的首要指标,对提高人和组织的社会权威发挥关键作用。任何声誉都是社会舆论的化身,构成社会声望的实体,无论道德声誉、质优声誉还是价值声誉,都来自社会舆论的广泛肯定。舆论肯定人的品行或一个组织的职业道德,形成道德声誉;舆论高度评价社会组织的产品质量或管理效率,铸成质优声誉;舆论颂扬人或社会组织对社会的贡献,称作价值声誉。社会声誉成为社会典范的标志,促进声誉主体的社会收益,进而得到更大的社会回报,是社会的无形资产和无价资源。

一、道德声誉的社会教化

舆论的道德评价告诉人们如何做人，如何善待社会和他人，影响公众的道德修养和情感方式。人的高尚品格不可能在保守、封闭的社会中形成，只有在社会舆论的制约环境中才能培养和造就出来。褒扬性舆论对模范人物的肯定，成为造就一代新人的思想基础。在现代社会，舆论的道德评价不断向广大公众注入自敛、自检、自勤、自尊和自强心理，促进人的现代道德的形成。

从 20 世纪 50 年代宣传王崇伦、孟泰精神，到 60 年代学雷锋、王进喜、焦裕禄和王杰，80 年代后学蒋筑英、张海迪、韩素云、孔繁森，以及新世纪大力宣传任长霞等模范人物，都形成过舆论热潮。大众传媒连续报道他们动人的事迹，歌颂先进人物的崇高思想，使群众的道德不断升华。这种舆论颂扬人的优秀品质，把人的精神维系于健康的追求，在各个国家都可以听到。

舆论的道德评价包含生动感人的事实，把优秀人物的品格或组织的高尚形象彰显出来，通过广泛的传扬产生深远的影响。宣扬典型事例，歌颂诚实、自检和奉献精神，是道德声誉的基础。在市场经济中，加大道德舆论的力度，防止侵犯他人权益，是和谐社会建设的重要保障。一个充满崇高理想的社会，才会有纯正的社会风气，道德声誉不断为人的行为提供良好的社会规范。

学校教育和社会教育都能培养人、熏陶人，但优秀人物社会声誉的耳濡目染更能造就品德优良的公民。道德舆论发散出动人的感染力，公众就像置于温室一样获得精神补养，不良的行为不断被修正。造就新人是一个长期的历史过程，离开现实的经济状况和文化发展，很难达到较高的目标。道德舆论的教化主要体现为对公德和职业道德的塑造，指导人们正确处理社会关系，以正当的手段获得物质利益。道德不但是人们调整相互关系，调整人与社会、人与自然关系的重要手段，也是调整分配关系的杠杆。以自我完善的精神力量确定和赞美社会正气，用一定的道德原则、道德规范和道德准则约束不正当的行为，社会才有平等、互敬和互助关系。

社会声誉的舆论使公众确信，高尚而公正的人才能感受人格的尊严和人生价值，体现出崇高的社会意义。舆论实事求是地评价行为的善恶，成为社会声誉发挥社会教化的重要因素。过去，以“勇于斗争”确定和歌颂高尚的人，评判标准是单一的、超现实的，刺激一些人的好斗心理，往往损害公民的正当利益和诚实的品质。现在，价值观日趋多元化，社会不再“共用一个大脑”，“好”、“坏”的标准更趋于以人为本。尊重他人的权利、维护公共利益、诚实守信、有良好的公德，对社会发展有突出贡献，是舆论歌颂的主要品德，因而在今天能获得很高的社会声誉。

二、社会声誉的价值与影响

作为社会动物,人对社会的积极影响是十分重要的。良好的社会声誉塑造良好的社会形象,拥有良好的人际关系和社会收益。这一切关系到社会整体或个人利益,包括为社会创造精神和物质利益,因而得到公众的尊重和敬意。这种声誉价值伴随赞扬声的迭起,使声誉主体和舆论从众都获得心灵的快慰。

作为人生的重要价值,社会声誉关系到人的生存状态。良好的社会声誉使其主体生活得轻松快乐,在社会赞扬声中度过每一天都十分幸福,同时也给其带来巨大的自信。舆论的赞美声不绝于耳,良好的心情始终产生良好的心态。情绪快乐为身体健康提供了保障,为工作、学习提供了体能,获取更大成就的条件也越加充分。人的事业成功有时也是社会舆论推动的结果,成就是舆论赞誉的起点,赞誉又能增强人的信心,为获得进一步的成就产生顽强的毅力。社会赞美激发人的干劲,被政府、学校、企业用得好,比批评更能带动一批落后的人。社会赞誉的精神价值,永远高于舆论带来的物质利益,成为物质利益的基础性元素。

在经济社会中,每个人都是经济人,经济利益与每个人密切相关。对于公众人物,良好的社会声誉产生巨大的经济收益,已成为黄金定律。歌星、影星、体育明星、知名作家等大凡得到社会的认可,其物质获取就非常丰厚。普通人在社会生活中有良好的社会声誉,也会获取一定的经济利益,提薪、评奖或其他额外的收入,都与社会声誉有直接的关系。社会声誉本身就是名望,而经济收获则是利益,加上其他收益的补充,社会声誉决定主体的物质生活状况。每个人都需要社会的接纳和理解,保持良好的社会声誉不仅是人生和社会组织的目标,也是整个社会发展的一种不可忽视的因素。

社会声誉是人生的重要指标,很多人特别是官员和各类公众人物,把社会声誉看得比生命还重要。不好的社会声誉产生不好的社会影响,个人或组织的利益遭到贬损,甚至会陷入困境。一个人受到社会舆论的抨击、讥讽或歧视,处于声名狼藉的境地,就会失去组织和熟人的信任,在工作或经济活动中失去与其诚心合作的人,也就难以取得什么成就。丧失社会声誉的人,不仅直接影响其生存,而且也损害其身心健康,甚至使其丧失生活的勇气,以至走向沉沦。每个人都生活在舆论中,舆论评价决定他的生活信心,支配他的命运。

人的社会声誉受社会环境的影响,有时社会把人的声誉推向顶点,有时也会将其打入低谷。在中国20世纪文学史上,沈从文的声誉或许是起伏最大的一个。三四十年代,他是北方文坛的领袖。40年代末,由于郭沫若指斥他为“桃红色作家”、“为反动派而活动着”,他从中国现代文学史上消失。沈从文退出文坛,长期被尘封在无名的角落。70 年代后期，拨乱反正使沈从文重新受到重视，对沈的认识逐渐回到常识和理性阶段。到 80 年代，沈从文的声名鹊起，“大师”的赞誉不绝于耳[①]。

在公正和正义的社会，人的社会声誉的好坏在于人和社会制度的公正性。培养良好的道德和高尚的品质，使个体符合并超出公共利益和道德的一般要求，需要有维护政治平等、人权和道德的制度保证。每个人不断从模范人物和优秀社会组织汲取营养，树立贡献于社会和他人的志向，健康的社会声誉的理念就会流行。良好的社会声誉不会一成不变，维持社会声誉的稳定，需要选择正确的人生定位，经常与同事保持良好的沟通。当社会声誉遭到他人践踏时，还需采取法律手段捍卫应有的权利，这只有在法制社会才能实现。正义的制度是社会声誉的支柱，也是实现它的首要条件。

三、政府声誉的波动

社会舆论对政府行为和形象的评价，表现为某个官员或机构的政府声誉。政府声望的高低直接反映国家权力的民意基础，标志政府执政能力的实效。民意支持度较高的政府，其形象在民众的眼里是可以信赖的，声望日益高涨，人民群众对政府的整体工作比较满意。反之，如果一届政府的民意支持度很低，大众不认可政府的行为和施政方针，该政府的声誉就会一落千丈。政府声望来自人民的高度评价，得到社会舆论的广泛称赞，对政府正确地认识自己的工作实效是极其宝贵的资源。

一个政府往往由于主要官员的努力或过失，使其声誉出现波动。在声誉日隆时，怎样锦上添花？在声誉日蹇时，如何挽回颓势，并导向新的、更高的舆论目标，需要有一套合乎规范的声誉建构行为。**声誉维护**是为了获得公众的信任和赞美，以正确、科学的手段巩固与公众的信任关系，不断检查、克服损害声誉的因素，强化提高社会美誉的舆论机制，以便创造更大的声誉价值。正如美国学者戴维斯·扬所说：“任何一个团体组织要取得恒久的成功，良好声誉是至关重要的，声誉管理是一个价值不菲的产业”[②]。

在美国，对政府声望的调查是社会的热门话题。美国民调所揭示的基本事实是，政府的声望从 20 世纪 60 年代开始一直处于下降的趋势，而且下降的幅度是惊人的。比如，1964 年民调显示有 3/4 的美国公众信任美国联邦政府，而 1995 年民调则显示只有 1/4 的美国公众信任美国联邦政府。到 2008 年 7 月，这个民调指标没有任何改善。美国政府声望下降的主要原因来自：1. 所有层级的政府公信力都

---

① 见《“文学大师”沈从文声誉沉浮始末》，《中华读书报》2004 年 10 月 24 日。

② ［美］戴维斯·扬：《创建和维护企业的良好声誉》，上海人民出版社 1997 年版，第 1 页。

在下降;2. 所有公共部门的公信力都在不同程度下降;3. 所有类别的公众都对政府信任下降。不仅美国政府的公信力在下降,加拿大、英国、意大利、西班牙、荷兰、挪威、瑞典等国政府的声望也在下降,政府公信力低迷几乎成为全球性现象。

为什么人民不相信政府,民意对官员的评价令政府沮丧?第一,人们对政府不满,在于其规模庞大,人浮于事,绩效低下。如果政府绩效的提高与公众的期望存在较大差距,公众进而怀疑政府的执政能力。第二,经济发展和社会生活存在的问题不能适当、及时地解决,群众的生存境况不佳,许多人怨声载道。经济发展快,人民普遍受益,公众就信任政府;反之,经济发展问题成堆,民众生活凄苦,公众就谴责政府。群众的福利下降,社会分配不公,伤及了广大中下层群众的利益,导致他们对政府的严重不信任。第三,政府的声望还体现在政治决策是否经常发生重大失误,某些国家政府公信力下降最大和最快的时期,正是国策出现严重错误的时候,比如伊拉克没有发现大规模杀伤性武器,与美国原来发动伊拉克战争的理由相左,造成美国公众和世界舆论对布什政府的战争动机产生怀疑。第四,政治家的不良品质和政府官员腐败的比例上升,引发舆论指责的反弹。政府官员惯于说假话,说一套做一套,表面道貌岸然,实则贪得无厌,这样的官员比例大,又不断"带病"升迁,政府只能遭到民意的抨击,威望日益扫地。

19 世纪末期开始的第二次工业革命,使世界跨入工业化和城市化进程,政府权限也往往相应扩张,政府的执政水平与公众生活更加息息相关。政府权力的扩张超出必要的范围,不仅破坏公共领域,也不断干扰私人领域,导致多做多错,少做少错的结果,民怨沸腾此起彼伏。在当代各国,贫富严重的分化导致人们互不信任,而政府却无能为力,社会信任的崩溃冲击了政府的公信力。政府倡导公共服务,一旦政府不能履行诺言,社会舆论就会指责官员言而无信,政府声誉急剧下降。作为公共权力的终极代理人,政府官员一旦追求非法利益,成为社会舆论紧盯的目标,社会声誉被自我践踏。追求私利的官员,尽管营私舞弊由其子女和亲属所为,但不可避免受到道德谴责,影响整个政府的威望。

四、社会声誉的有效维护

舆论声誉虽说属于公共关系范畴,但比公共关系更有专业性、复杂性和舆论效应。政府的声誉遭到破坏,需要随时与大众沟通,采取有效的手段修复形象。政府按照社会舆论的反应,通过各种途径实现公共服务的公正和正义,消除工作阻力和公众的误解,不断为提高社会声誉创造条件。建立公众听证会和新闻发布会制度,不仅保障了公众的知情权,同时听取群众的批评建议,可以优化政府对方针政策的选择。政府、媒体和公众之间形成良性互动,不断改善执政措施,体现政府对民意的重视。利用公关手段和公共传播方式,尊重利害关系人的权利,有助于政府声望的提高。

社会声誉管理的重要规则是让声望产生激励作用,使珍惜声望的人和组织得到应有的收获而重视声誉。作为显性激励契约的替代物,声誉可以约束人的行为,提高参与者爱惜声誉、尊重社会舆论的自觉性。参与人追求良好的声誉是为了获取利益的最大化,参与者是否维护声誉是由其总收益的大小决定的,如果讲声誉的人被不讲声誉的人驱逐出市场或官场,最终会陷入一种"大家都不讲声誉"的囚徒困境。许多人就会不注重个人声誉,甚至做出有损自己声誉的事情。没有哪位官员一上台便想着下台,但民意赞扬的官员得不到重用和提升,注重声誉的官员就会减少,一个坏政府就出现了。让珍惜声誉的人或组织得到应有的回报,必须通过舆论的广泛肯定,形成对参与人有效的激励与约束机制。

让爱护自己声誉并获得舆论高度赞扬的人获利,是声誉管理的最大原则,提拔官员由民意说了算,是执行这一原则的起码措施。形象总是和名声连在一起,也和舆论发生共振关系,三者始终相互制约。把握和引导社会舆论为树立声誉服务,提高公共传播的技巧,成为社会机构赢得声誉的重要途径。"公共关系不能直接树立公司的形象或声誉,而是通过解释和支持公司的政策、声明和活动,使公司获得应得的声誉。"①事实上,这些政策、声明和活动指的就是利用舆论来维护声誉。当舆论危机损害声誉时,利用舆论杠杆向社会发出诚恳的道歉和宣言,达成信息资源的合理配置,组织或个人的形象得到修复,赞扬的舆论就可能重新出现。

良好的舆论声誉不是瞬间建立起来的,而是靠点滴积累而成。任何政府或社会组织经长期不懈的努力创建名声,又可能因一时的掉以轻心而前功尽弃。创建声誉的长期努力较之权宜之计的短期行为将会更有价值,这需要做好声誉维护的系统工作。在一个单位设立首席声誉官,专职负责调查社会舆论对本单位的反映,发现和研究本单位声誉损害或高涨的状况和原因,提出修复或进一步提高声誉的计划和策略。舆论声誉的创建和维护需要大量的投入,产生的效果很可能在一段时间以后,政府或其他组织在为其形象与声誉进行舆论操作时,应该扎扎实实做好每一阶段的工作。

舆论声誉是在自身、媒体、公众和监督机构及其他利益相关者发出的信息的基础上形成的,了解信息发出者的价值观和期望,针对不同相关者制定不同的传播方案,将创建或修复形象的信息清楚无误地传达给他们,政府与公众之间的信任关系就可能建立或恢复。

世界正处在一个突发事件频繁发生的年代,拥有"说服"的本领不仅可以积极

---

① [美]杜·纽萨姆和艾伦·斯各特:《公共关系与实践》,上海译文出版社 1989 年版,第 54 页。

地应对突发性危机，而且能够极大地提高领导者的舆论声望，塑造出值得信赖的形象。当社会信息刚一反映社会的动向，不能及时依据新的信息处理问题，政府的形象就会变得脆弱和不稳定。只要有极少数人、特别是政府官员不按新的游戏规则办事，一台与互联网连接的个人电脑就可以在社会中导致一场舆论危机。政府很难在一切问题上获得公众的赞同，常常受到一些人的指责，利用舆论声誉的杠杆在公众中塑造良好的形象，是减少这种指责的执政方式。

危机事件使社会声誉受到考验，又为创建和维护社会声誉提供了机会。在危机事件中，有效抵挡谣言、中伤和恶意攻击，强化人们对政府或相关机构的正面态度，是维护声誉的重要手段。尽快搜集危机发生的一切事实真相，制定政府对危机事件做出的相应决策，不仅是创建声誉的必要措施，也是维护声誉的难得契机。虽然在社会转型期危机已是社会生活的常态，但危机也会存在转机，这就要看政府或社会组织能否在危机中把握舆论走向。一个良好的形象取决于舆论声誉的创建和维护，把舆论、声誉与形象三要素的相互作用纳入科学轨道，才能使舆论在提高社会声誉中发挥巨大的作用。

第五节　社会进程中的预警系统

群众的议论纷纷对社会挫折或危机具有预测作用。社会将遇到何种困扰？能否出现意想不到的乱子？社会舆论可以提前给人们提供答案。政府在制定发展战略、规划或政策时，总是面向未来确定具体目标，以判断若干年后取得的经济和社会效益，社会舆论往往给出正确的预测。可以说，社会舆论随时对不祥之兆发出警示，对政府将要完成的任务提出成败的预言，官员没有急切求言的心态，就无法对社会发展获得较为准确的判断。

一、制订规划的民意权衡

任何工作和社会发展规划违背人民的意志，违背社会发展规律，都要陷入空想。社会舆论一旦普遍化，即转化为民意，按照民意制定的规划能集中反映整个社会的智慧，就有成功的把握。规划基于人心所向、人心所知、人心所能的基础上，符合人民广泛的社会实践，就能反映社会发展的必然。民意预测规划能否实现，是基于民心必胜的内在逻辑，从违反民意就要导致规划失败的角度说，民意能够预测社会规划的成败，是舆论的第一种预警功能。

在现代社会，大量社会舆论表现为公众对社会前景提出的共同意见，表明对政府的计划和工作任务的结果做出的判断。民意对社会发展规划的权衡,对政府公共计划的反馈意见,远远超出管理者身边智囊团的判断。任何决策集团只有认真考察社会舆论,制定出切合实际的工作计划,才能在贯彻和实施中获得成功。民意对社会发展的科学预测,是民意分布广泛、对社会生活有正确体验的结果,也是人民的切身要求符合整个社会利益的表现。不管何种制度,都强调按照民意的呼声来认识社会,实施重要的发展战略。以广泛的社会舆论调整政治措施和工作计划,按社会发展规律推进社会,是依据民意的预言实现社会进步的正确路径。民意对政府规划的预测不仅随机而及时,而且十分廉价,当人们到处听到群众对某一社会规划批评时,面对的是一种值得重视的预言。

政府的规划违背民意,社会舆论就会连连发出预警。群众的判断弥漫在社会各个角落,一再强烈地表现出来,正是政府规划与社会规律抵触、民意的预测被忽视的反应。人民有高度的责任感,对政府制定的违反他们利益的规划与政策,不会停止发表反对的意见。民意预警功能的实现,依赖于民主制度的健全,民主制度为民意提供了发挥预警功能的条件。注意搜索社会舆情,依据正确舆论调整社会发展规划,是政府推动社会进步的关键。

许多官员声称要为群众办一些实事,但很多时候群众对他们办的实事却议论纷纷。群众认为,这些实事不是政府解决的问题,或认为办这些实事的方法和步骤不对,最后是办不好的。官员们如果根本不听群众的意见,仍按他们原来的计划一意孤行,最终会一败涂地。为群众办事,要从群众的实际需要出发,不能从领导者的主观愿望出发。凡是要群众参加的事情,都要倾听广大群众的正确意见,坚持群众自愿的原则。农村小康建设,只停留在口号和会议上,没有具体可行的措施,只能流于一般号召。有的地方,向农民集资搞小康建设,把农民仅有的一点积蓄扣出来。一开始农民就提出这种“竭泽而渔”的举措,给农民带来的是灾难而不是“小康”。农村的小康建设,要把尽力而为和量力而行结合起来,决不能为了小康达标,超过群众的承受力,同农民的意愿对着干。这种警告发自农民诚恳的呼声,是社会预警系统敲响的警钟。

政府制订规划,提出种种计划,事前听听群众的呼声,确定符合实际的、具体可行的方案,在民意的预测中找方向、定措施、讲实效,才能达到预期的目标。民众的预言是指南针,民众的预测最终要“开花结果”,也为政府官员提供成功的信心。忽视这种预警功能造成的历史悲剧,曾令整个民族刻骨铭心。几十年来,发动和开展的农业合作化、人民公社化、大跃进、农业学大寨、全民办大学、“文化大革命”、企业承包制、实行夏时制等等,一开始就遭到民众的非议,一宗接一宗以失败告终。历史证明,脱离民意,无视民意的警钟,不可能有成功的政府行为。

二、舆论感应与舆论监督

皮肤是人同外部环境接触的媒介，通过皮肤人类可以感知外界气候的变化，做出各种适应外部环境的行为调整。同样，由于舆论不是任何个人的思想情绪，而是社会整体知觉的集合意识，公众大体一致的意见表现出人们对某些社会现象的整体评价。正如我们可以通过皮肤感知外界气候变化一样，通过舆论可以感应社会"意见气候"的变化，检验和发现社会的异常现象，防范恶劣行为对社会的侵害。

通过舆论感知社会腐败、恶劣风气的威胁，激起社会舆论的监督，从而制定净化社会的举措，是社会舆论预警功能的第二种表现。媒体对社会阴暗面的揭露，大多是公众舆论监督的结果，人们平常说的舆论监督，是人际舆论对恶劣事务的自发性的曝光，不仅超越了媒体监督，而且涵盖了舆论预测的特殊功能。在人们日常的交谈中，指出社会出现的危害公共利益的倾向，同时也是预言社会恶劣倾向的趋势。这种警告成为社会批评，再被媒体广泛的报道，就向政府、司法部门以至整个社会发出预警。

社会批评是舆论监督的外化，作为社会的晴雨表，一旦频繁的出现，则让人们感知错误倾向和不良行为的大量存在。早在20世纪80年代初，有许多正直之士指出，共产党内出现了严重的腐败，但却遭到"污蔑共产党"的回击，认为共产党内只存在"个别人的不正之风，不存在腐败"。到90年代末，又有许多人指出，干部提拔暗藏金钱交易，要想做官，交款预定，腐败滑到可怕的地步。这种宝贵的进谏，又遭到"攻击党的干部政策"的诬陷。21世纪初，许多人私下议论，所谓"培养接班人"就是培养自己的子女或亲信，是与民主选举公仆相抵触的封建世袭制的翻版。以上三种社会舆论都在三五年之后被某些地方或部门出现的事实所证明，舆论对社会的感应多么准确而有效。

社会恶性倾向一出现，感应最灵敏的就是坚持正义的有识之士，他们是一层人而不是个别人。他们发表的见解通过个体间的互动而演化为普遍意见，最初不能在媒体上发表，却在民间广泛传播，形成民意，表现为民间的舆论监督。有识之士的社会关系数量和大众参与议论的数量，是两个关键参数，对舆论预警的准确性发挥重要作用。果然不到五年，中共中央公开警告买官卖官的吏治腐败，提拔干部的家庭与领导背景，也激起民间统计家的关注。

每个公民都是社会观察者，许多人有一副火眼金睛，身边任何微小的不良倾向都会引起他们的注意，感官与思维的敏锐使他们果断地作出判断。个人由社会意见网相联结，合理的意见被更多的人整合和深化，对社会现象的本质挖掘得异常准确。舆论对社会零散现象的概括，在综合大量赞同或反对意见后作出的推测，随着时间的延续,经过成千上万人的不断矫正、充实和精准化,预警总是万无一失。当这种判断的出现不是偶然、短时间或萎缩的延宕,而是越来越发展、扩大和富有大量例证时,公众提出的预言就是真理了。政府官员对此类事物的意见则不同,他们受行政规则的约束常常谨言慎行,不敢多说话或说真话。当他们是这类事物的当事人时更会守口如瓶,加上官员之间对恶性现象不会诚恳交流,不愿表达预言就成为他们的处世哲学。

显然,搜寻舆论预警对政府官员的重要性,不仅在于它是正确执政的条件,而且在于它是杜绝和消灭恶性事件的重要措施。观察、搜集民间舆论监督的信息,高度重视公众对政治运行的批评,鼓励公众主动地揭露坏人坏事,是公共政府的神圣职责。一个名副其实的公共政府,为预防社会恶性事件的发生,必须最大限度地让民间私下的曝光在媒体上广泛传播,增加社会舆论监督的总体力度。

三、舆论预警与舆情分析

舆论的预警功能是指政府从社会舆论中及时把握社会动态,认识社会可能出现的危害,以便采取有效措施防范。社会不仅发生腐败和各种犯罪案件,而且随时发生群体事件、恐怖袭击、经济和政治的不良运行或重大的自然灾害,从社会或媒介舆论中得到预告,及时采取措施预防对社会的破坏,是维护社会安全的首要步骤。政府是否意识到社会即将发生某种危机,取决于能否正确分析舆情,提前捕捉舆论信号。民间舆论和媒介舆论能提供重要的舆情,为政府判断社会重大事件的发生提供准确的预测。

忽视这种预测,给各国政府及其相关部门造成被动,甚至构成致命的威胁是屡见不鲜的。2008 年北京奥运会举办前一年,多种国际舆论显示,西方的反华势力同藏独、疆独分子相勾结,酝酿破坏这次奥运会。2007 年 3 月“支持西藏独立国际网络”在西方人权组织、记者无国界组织的煽动下向西方国家发出信息,要求抵制这届奥运会。5 月,国际人权组织和西藏流亡政府在布鲁塞尔召开了“世界支持西藏独立代表大会”,由 315 人出席的这次会议制定了破坏北京奥运会境外火炬传递的行动计划。这些反华、反奥舆论在西方媒体大量传播,预示北京奥运将充满一场破坏与反破坏、抵制与反抵制的激烈斗争。舆论预警的事件终于在 2008 年 3 ~ 4 月发生了,“3 · 14”拉萨的暴力事件震惊中外,奥运火炬的传递在雅典、伦敦、巴黎、旧金山和东京遭到藏独分子抢夺和肢体攻击。

舆情反映社情,舆论构成社会预警系统,依赖于无数监视眼和感受器。每个舆论人都长着一双近距离观察社会的眼睛,每个媒体都是搜集重要意见的社会感受器,二者的互动与理性推断,揭示出许多社会隐蔽的趋势。舆情就是政情、社情乃至灾情,社会中任何奇异的动向都能引起人们的议论,告诉人们即将发生什么,其中包括神秘的自然现象。2008 年 5 月 12 日汶川大地震前,绵竹有近万只蟾蜍过路,宜宾出现 11 个天坑(地层陷落的大坑),湖北恩施一个水塘几百吨水消失了,都江堰鱼塘里的鱼不停地往上跳,震区上空出现了地震云……这些异常现象引起人们的议论,报纸作了报道,民间人士推测:要发生大地震了。

舆论预警系统对自然灾害的预测带有模糊性,即它预言灾害必然发生,但在什么时候、什么地点发生,灾情严重到什么程度,无法作出精确的预报,这需要以科学手段进行实地考察与研究。自然灾害的舆论预测和科学检测结合起来,才能使舆论的预警系统达到科学化。

以舆论预警证实某种必然性具有可行性,是指它预示的结果一定能够发生,因为任何事物的外显总是表现为一定的征兆,由一系列现象表露出事件可能导致的结果。大量相关现象的集中和频繁出现,引起人们的议论,正是舆论对事件发出的预告。只有遇到相克的因素,事件才会改变原来的趋势,而在相克因素的作用下,事件的现象不再增长,随后逐渐减少以至消失,就不会引起较多的人的议论。因此,舆论预警不能依据人们的零星或短暂议论为根据。

舆论预言并非凭空想象,而是有充分事实根据的,舆情就来自这些事实。普遍性的社会舆论都来自充分的事实,它的存在与发展是不可掩盖的,只要社会存在某种不祥之兆或某种有害倾向,舆论绝不会视而不见或沉默。全面、正确地考察、分析舆情,再以科学手段进入精准化研究,使舆情分析达到精确的预测成为可能。

本章内容的重点:

1. 社会舆论具有哪些资源。
2. 社会舆论的五大功能。
3. 怎样发挥社会舆论的功能。
4. 社会声誉管理的规则。
5. 社会舆论各种功能实现的障碍。

第十二章　权力及其舆论操纵

不同类型的权力都依赖舆论而生存，权力同民意就像河水与舟楫的关系，成为社会结构两个不可分离的因素。唐太宗李世民作过帝王为舟、百姓为水的比喻，强调“为君之道，必须先存百姓。若损百姓奉其身，犹割股以啖腹，腹饱而身毙，君富而国亡。”[①]清康熙帝也曾说：“凡天下臣民，皆吾赤子，一夫所失，朕即不安。”[②]古代有些帝王之所以重视民意，因为骑在百姓脖子上的王权的毁灭，让他们悟出一个道理：忽视民意的权力是短命的，重视民意的权力才能长治久安。权力与舆论的这种关系，李普曼阐述得最透彻：“如何使政府表达出共同意志，或者如何防止共同意志颠覆他们认为能使政府得以存在的目标。……他们希望的是要么驯服舆论，要么就服从舆论。”[③]

第一节　权力运作的舆论基础

什么是权力？丹尼斯·朗认为：“权力是某些人对他人产生预期效果的能力”[④]。R. H. 陶奈则强调，权力是指“一个人（或一群人）按照他所愿意的方式去改变其他人或者群体的行为，以及防止他自己的行为按照一种他所不愿意的方式被改变的能力。”[⑤]这两个定义，都包含掌权者把自己的意志施加给他人的强迫行为。从本质上看，权力指的是掌权者和权力支配对象之间的关系，后者被迫按照前者的意愿去行动，处于被支配地位。服从是权力的要素之一，包括意见服从和行为服从，涉及到权力同社会舆论的关系。权力要求被支配者服从他们的意见，但任何权

---

① 《贞观政要·君道》第1卷，上海古籍出版社1978年点校本，第1页。

② 司马烈人主编：《康熙大帝108则霸智》，中国华侨出版社2001年版，第344页。

③ ［美］沃尔特·李普曼：《公众舆论》，上海人民出版社2006年版，第185页。

④ ［美］丹尼斯·朗：《权力论》，中国社会科学出版社2001年版，第3页。

⑤ ［美］彼德·布劳：《社会生活中的交换与权力》，华夏出版社1988年版，第135页。

力都不得不服从民意的决定,因为不服从民意,就没有现代权力的合法性。

一、实施权力的舆论手段

自古以来,权力是一种强悍的征服力,由武力、命令和说服三种要素构成。武力是压服,命令是支配,说服则是舆论劝说,在思想上让被支配者甘愿接受命令和征服。命令作为国家权力活动的基本形式和内容,要求人民做什么和怎么做,都必须服从权力的意志。武力则为偶尔实施权力的手段,一次武力镇压可以维持几十年的强权,把权力的意志建立在血腥的杀戮中。而说服则是权力运作每天都要使用的手段,包括经常提及某次武力镇压的后果,警告百姓不要忘记血的代价而贸然反抗,但借助宣传说明权力意志的合理性,引导民众自愿接受它的支配,是经常使用的手段。

既然权力要求民众服从,那么服从是如何达到的呢?温和权力一旦建立起来,便以舆论说服人民顺从,多采用**"舆论礼花"**方式感染民众,把公众意志统一到权力的轨道上来。"舆论礼花"包括自上而下的宣传、民众个体的颂扬和大众拥戴三个环节,使权力意志转变为大众话语。掌权人以万民的欢庆推销意识形态,把意志灌输到大众头脑,在公民中出现对权力的颂词。权力机构利用各种大型活动组织民众或代表赞美权力的伟大功德,对权力表达效忠。在国庆日、其他节日、各类会议及多种集体活动中,高度评价权力功绩的声浪五彩缤纷,歌舞和戏剧洋溢着赞美的气氛,舆论似乎是夜空中的礼花,异常灿烂夺目,是谓舆论礼花。

温和权力彰显同公众利益的高度一致,是有效说服民众的关键。把当权者和大众利益的关系,用生动连续的宣传告诉社会,成为获取民心的最佳手段。这种宣传提出许多事实,公布政府给民众带来的好处,使广大民众相信权力的公正性。在福利主义国家,政府有时能够获得民众的支持,缘于权力机构关注人民的疾苦,及时提出改善民生的一些重要措施。温和权力或许用美好的言辞欺骗民众,但不敢用武力镇压民众,说服舆论是他们施政的唯一手段。法国大革命把残暴的皇帝推上断头台,1848 年欧洲大革命、巴黎公社和俄国十月革命的流血事件,使许多国家的权力机构不再蔑视民意,一场旨在改善民生的福利主义运动席卷西方,出现了几十年的繁荣稳定时期。

资产阶级早期的思想家为温和权力的舆论运作奠定了理论基础。按照卢梭社会契约论的说法,人民把自己的权力让渡给政府,为的是政府能够保护他们的利益。在政府行使这种权力时,只要符合人民的利益,人民就应当遵从。这个理论解释了权力的来源,即政府的权力来自人民大众,个人权力来自公民的信任与委托。在民意基础上实施权力的官吏,解决重大事务应当与人民协商,或说服人民服从他们自认为正确的执政。到19世纪,这一权力运作的理念被美国的政治家采纳和发挥,杰弗逊称“构成一个社会或国家的人民是那个国家中一切权力的源泉”[①],汉密尔顿强调“人民是权力的唯一源泉和原始权威。”[②]

与温和权力对立,暴虐权力则是镇压之权、毁灭舆论之权,不允许提出任何反对的意见。敌视和恐惧舆论的专制权力,与人民利益尖锐对立,限制民众的思想与言论自由,对反对派施以刑罚,以至摧毁生命,消灭表达真理的人。这种极端权力,厌恶舆论的多元性,拒绝舆论说服,有时依赖武力消灭反对的意见。由于它践踏真理,没有任何说服人的力量,只有强权的凶恶本质。这种权力无限地使用暴力,镇压不同意见,在人民中造成恐怖气氛。有时它也用花言巧语诱导民众对政权的遵从,但在推理中充满空洞的言辞,暴露出驯服人民的目的。在执政过程中,当权者对民众隐瞒自己的意图,在舆论高压中提出的论据、呼吁或者劝告,贯穿“无条件服从”的严酷信条。对民众不用说服的手段施政,而是把意识形态强加给大众的信仰,要求民众只能拥护权力的意见,这就是暴政的思想统治。

暴虐权力没有真正的权力运作,只有对人民的控制,武力与宣传的并用是不可缺少的两种手段。他们推崇的宣传往往产生舆论的假象,有时把宣传称为舆论,有时把舆论叫做宣传,不管舆论还是宣传,只要帮助他们征服民众的思想,叫什么都无关紧要。权力只关心把命令变为硬性的准则,让民众服从,所有的宣传都服从这个目标。这样一来,公众舆论总是或明或暗地同权力的专制展开斗争,社会不可能安定。卢梭说:“公众意见是决不会屈服于强制力的。”[③]迈克尔·罗斯金认为:“在遭到公众舆论强有力的反对时,任何政府都是脆弱的。”[④]暴虐权力会激起公众舆论连绵不绝的反抗,最后不可避免地被民意所埋葬。

二、权力运作的舆论权威

在社会控制中,权力的政治权威是必不可少的,因为权威意味着舆论的自然归顺。政治权威作为使人信从的力量,体现为权力的潜在影响,吸引民众诚心接受它的支配。权威在丹尼斯·朗《权力论》中是作为权力的一种形式被描述的,而马克斯·韦伯则把它称为“权力的特例”,是以对象自愿屈服为特征的合法的权力[⑤]。权威始终笼罩着舆论的理性光环,让公众对其深信不疑,它阐释的议题为公众接

---

① [美]托马斯·杰斐逊:《杰斐逊文集》,商务印书馆1965年版,第51页。

② [美]汉密尔顿等:《联邦党人文集》,商务印书馆1982年版,第257页。

③ [法]让·卢梭:《社会契约论》,商务印书馆1963年版,第159页。

④ [美]迈克尔·罗斯金:《政治科学》,华夏出版社2001年版,第152页。

⑤ Max Weber, *Economy and Society*, three volumes, edited by Guenther Roth and Claus Wittich (New York: Bedminster Press, 1968), Volume One. P. 53.

受,从而成为公众的共同意见。权力也深知如果将这一功能运用到舆论上来,引导大众的意见就会异常奏效,所以各种权力都致力于建立自己的舆论权威。

这里,需要对自古至今的权力类型做简要的分析,否则难以把这个问题说清楚。第一,在现代民主社会之前,通行的权力都是专制权力,实行暴虐、邪恶的王权统治,没有选举,也没有舆论权威。这种只为权势阶层利益服务的权力是非正义的,充满暴力的淫威,同人民意志根本对立。无论它的产生还是日常施政,都是舆论的反对者和摧残者。为了美化自我,便于维持统治,它又经常倡导民意,这种特征恰恰证明,舆论制约权力的力量十分强大,它们不得不打着民意的幌子主政。第二种是民主性权力,又称人民政权、正义权力或公共权力,通过公民的直接选举成为公共舆论的产物,具有高度的舆论权威。作为人民意志的忠实代言人,它们没有自己的利益,具有温和权力的一般特征。当它堕落、丧失舆论权威时,将被人民弹劾下台(在本章第三节将做详细探讨)。第三种是双重利益权力,有代表人民利益的一面,又有代表权势阶层私利的一面,以民主理论武装话语,经常大谈民主,但并不实行真正的民主;由于缺少公民选举的基础,常常操纵代表制造其合法性,处理许多事务兼有正义和邪恶两种性格。在一般情况下,它多表现为温和权力的某些特征,如果民众舆论揭露它的私利或动摇它的统治地位,则以暴虐行为压制人民的抗议。

权力的权威能否建立起来,取决于权力同舆论的真实关系,即它的话语和发出的命令能否得到大众的响应。民主权力的政治权威或人格魅力,都表现为舆论赞成,达到民众自愿服从的程度。代表民意的、正义的民主性权力,仅仅建立舆论权威就可顺利进入运作,与民意对立的专制权力必须依靠舆论压服和其他强制措施行使。汉娜·阿伦特在她的巨著《极权主义的起源》一书中,把集中营视为极权统治的最终、最重要的表现形式。但在极权对象的广度上说,集中营都无法与代表民意的舆论相比。集中营、劳改营的出现,正表明舆论权威已经丧尽,不得不采取暴力。抛开武力和暴力的作用,有意识地"在集中控制的大众媒体上进行宣传和采用心理学方法进行'思想改造',据称已经使极权主义掌权者更加彻底地使其国民被管束得热情地、无条件地忠于政权。"①

阿伦特描述极权主义对媒介的利用,可以窥见权力需要舆论,哪怕是专制权力也需要舆论的支持,因而它们认为制造虚假的舆论是必要的。由于权力支配对象的数量之大,通常使掌权者不可能以同等的强度运用武力,必须通过获得舆论的支持而加固其控制和引导能力,达到屹立不垮的目的。如果权力遭到舆论的怀疑、谴责,甚至反对,专制权力的地位就岌岌可危。没有舆论的支撑,在千夫所指的民意

---

① [美]丹尼斯·朗:《权力论》,中国社会科学出版社 2001 年版,第 20 页。

反对下，权力总有一天会从高高的宝座上跌落下来。双重利益权力如果严重地侵害群众利益，一旦遭到舆论的声讨，也难以避免这种结局。2008年6月发生在贵州翁安县的群众暴乱事件，就是生动写照①。获取舆论权威成为一切权力梦寐以求的目标，实现不了这一目标，只能控制大众媒介制造舆论假象。但从19世纪末起，这种方式在西方已经难以奏效。

哈贝马斯认为，19世纪大众传媒的独立，公共领域的兴起，使国家权力为社会权力取代。舆论作为规范社会控制的功能，一方面，“行使政治权力需要公众舆论不断加以控制，因为政治权力‘受到了大量的诱惑’；议会讨论的公众性确保‘公众能够进行监督’，其批判能力能够起到决定作用：‘全体公众构成了一个法庭，比其他所有法庭垒加起来还要重要……’”；另一方面，“公众舆论本身也需要议会审议公开化，以便自己能够为人们所知晓”②。公民有了更多的说话的权利，权力本身成为具有政治功能的公共领域的讨论对象，脱离舆论支持保住手中的权力都成了问题，更不用说有效地运作了。权力对舆论权威的渴望，对公众舆论的尊重，“可以说完全是由于具有批判意识的公众所保障的。”③

在今天看来，舆论虽然不能代替国家权力，也不是权力的唯一来源和决定因素，但却构成权力能否具有权威，因而能够顺利发布命令、让国民同意并积极执行的前提。这里所说的顺利发布和执行命令，并不是指权力人是否具有执政能力，而是指广大民众对他们的命令是否认同。正如洛克所说：“开始组织并实际组成任何政治社会的，不过是一些能够服从大多数而进行结合并组成这种社会的自由人的同意。”④没有民众的一致赞同，就没有政治民主，权力的舆论权威无法建立，也就不可能有效地行使权力。面对这种舆论挑战，专制权力或双重利益权力不得不使用集中营的手段，制定和发布任何命令都充满强迫的恐惧，从思想到行动不断制造各种冲突，最终导致权力本身的彻底崩溃。

三、舆论操纵与舆论同化

舆论这个充满生命力的现象，为什么可以被权力操纵？如果有操纵，它是如何

---

① 2008年6月28日，贵州省瓮安县因一女中学生死亡事件，发生一起数千人严重打砸抢烧事件。当时游行者在县公安局办公楼前聚集，用矿泉水瓶、泥块、砖头袭击民警，打砸办公设备、烧毁车辆，围攻前来处置的公安民警和消防人员，整个过程持续近7小时。贵州省委书记石宗源指出，瓮安“6·28”突发事件，直接导火索是女中学生的死因争议；但背后深层次原因是当地在矿产资源开发、移民安置、建筑拆迁等工作中，侵犯群众利益的事情屡有发生。而在处置这些矛盾纠纷和群体事件过程中，一些干部作风粗暴、工作方法简单，甚至随意动用警力。这是典型的双重利益权力造成的一场动乱。

②③ ［德］哈贝马斯《公共领域的结构转型》，学林出版社1999年版，第117、92页。

④ ［英］洛克：《政府论》（下篇），商务印书馆1964年版，第61页。

实现的？权力操纵舆论为其服务，要比公开压制或灌输某种意见更体面而奏效，能够达到舆论支持的效果。“操纵”一词在《辞海》里是这样解释的：“本谓收与放，引申为控制与支配，多含贬义。”**舆论操纵**是对舆论的潜在支配，表面上舆论仍处于独立地位，实则被权力所控制，被利用来达到权力的目的。按某种意图制造或利用公共事件，堵塞或透露关键信息，劝服舆论领袖发表谈话，以形成符合一定要求的舆论指向，是舆论操纵惯用的手法。

在舆论场中，操纵首先是施加影响，巧妙地支配公众的意见，而不是尊重民众的舆论。操纵又是一种意见整合，具有集中、扩大、暗中支配的意义。就像只有各种各样的杂音而没有主旋律的合唱绝对不是精彩的演出一样，杂乱或对立的意见经过凝聚和整合，出现符合操纵者意图的强有力的舆论洪流。舆论操纵达到权力的目标，权力的运作更得心应手。操纵不能克服意见差别和对立，而是遮掩离心倾向，或让其暂时依据权力的意志从事舆论活动。

消除意见差异，对舆论离轨进行纠偏，避免意见过于分裂而造成社会解体，不是舆论操纵而是舆论同化。20 世纪七八十年代的中国，在经历了十年动乱之后，稳定和发展是社会的重中之重。邓小平、胡耀邦主持大局，以真理标准大讨论来影响舆论，最终确立了改革开放的主流舆论，引领了中国的正确走向。这当中也有反对和质疑的声音，但都被弱化或正面“稀释”，渐渐被代表民意的改革的舆论说服了，没有影响整个中国发展的大局。这不是操纵，而是**舆论同化**，也就是强大的舆论把异己的舆论转化为与己相同的观点。

舆论是消除差异的意见集合，形成过程充满同化现象，即大量差异性的意见走向一致。民主性权力的运行，期望按照预定的意图产生更大的回响，影响公众同其意见一致。舆论同化服务于社会公共利益，也符合被同化者的利益，因而才有更多的意见被说服。一切政治机构的宣传活动都在实现舆论同化，由于它们服务于不同的目的，就有不同的称谓。正义权力对异己舆论的化解、吸引和劝服，是舆论同化。非正义权力对异己舆论的利用则称作舆论操纵。只有代表人民意志的政治主张，才能通过舆论同化让少数不同意见的人接受，并为之努力奋斗。代表权势阶层利益的政治观点，即使强悍地推行舆论同化，也难以奏效。凡违反意识规律的政治行为，连舆论操纵都不够格，最终会受到广大公众的批评与抵制。

被操纵的舆论一定是不好的舆论，操纵包括严格的贬义，因为这取决于为谁服务，操纵的目的是什么。舆论作为社会控制的杠杆和社会管理手段，客观上可以被操纵，有时在主观上也需要操纵，但在根本上只有利于操纵者而不利于被操纵者，自然是一种有害的操纵。当公众发现自己被操纵，就会警觉而倍加防范，以强烈的情绪加以反击。所以政府对舆论的操纵常常露出马脚，出现更大的离心倾向。这时权势阶层不得不通过国家机器，如法律压制、权力震慑，或以社会运动整肃异见者,达到强行推销政见的目的。

舆论同化则能有效地影响公众。波谱诺在他著名的《社会学》一书里称权威有“传统型”、“魅力型”和“法理型”几种,正义权力的代表人物即舆论领袖往往具有高尚的政治品格,令人敬慕,求真务实,诚恳坦率,对人民忠心耿耿,因此公众相信他们代表自己的利益,也有能力替他们分析现状,从他们那里获得生存、发展的信息①。这类舆论领袖的意见集中了群众的智慧,运用科学思维评价社会问题,把群众的不同认识和分散意见集中起来,促进意志合力的加速形成。这是舆论魅力和实力的表现,人们衷心爱戴和拥护他们的引导和说服,实现了舆论同化。

舆论操纵与此恰恰相反。如果操纵能够暂时产生效果,也只是重复权力阶层的简单话语,举行应付当权者的热烈仪式。对事件、政策或人物的公允评判和真知灼见,才是舆论的真正价值,操纵舆论却很少能够得到。现代社会的主要政治系统是政府和政党,一旦它们表现出自己独特的利益,它们的舆论操纵绝不会完全代表老百姓的意志。假如社会可利用的资源是无限的,人民成为平等的社会共同体的成员,政治系统就无需存在,也不会有意见的操纵者和被操纵者。然而事实上,每个社会都必须调和人的欲望和利益缺失之间的冲突,调和的主要力量来自权力,为了维护政党和政府的绝对权力,他们想方设法对舆论进行操纵。

舆论操纵与舆论同化的性质不同,甚至是根本对立的,前者发生于同人民利益相背离的、非正义的权力,后者发生于同人民利益一致的、正义的权力。由此决定,它们实施舆论操纵和舆论同化的手段也有一定的差别,表现为对待大众的不同态度。舆论操纵经常掩盖某些事实来达到目的,让公众看到的只是权力统治者认可的事实,或使用武断的结论,把观点强加给公众,迷惑公众的耳目。正如乔姆斯基所说:“如果强权者能够修正表达的前提,能够决定一般公众看到什么、听到什么和想什么,能够通过常规的宣传运动‘操纵’公众的观点,那么通常关于整个媒体和文化的系统运作的观点和现实就有很大的距离。”②舆论同化则重视以理服人,列举真实、恰当的事实说明事物的真相和利害关系,说服大众透过复杂的现象把握真理,而不是欺骗受众,掩人耳目。

当然,操纵舆论和同化舆论还使用一些相同的手段,其中包括:1. 控制发布信息的方式相同,对公众和媒体进行间接或直接的引导,实施这一手段的新闻发言人制度已经在各个国家普及。2. 通过审查或追惩,控制新闻与宣传内容,使新闻媒介处于政府事务之内。新闻媒介迫于政治威慑,有时不能独立报道新闻,有时与政党或政府合谋,充当抑制对立舆论的工具。3. 利用媒体把有利的舆论变成公开的优

---

① [美]戴维·波谱诺:《社会学》(第10版),中国人民大学出版社1999年版,第482页。

② Edward S. Herman & Noam Chomsky, Manufacturing Consent: The Political Economy of the Mass Media, N.Y.: Pantheon Books. 2002.

势意见，产生一种客观强制力，公开唱反调就会陷于孤立，从而不再发表反对的意见。从众压力是一种看不见的心理影响，持相反立场的一些人只好沉默下来。

四、权力的“制造同意”

最先提出“制造同意”的概念，是美国的政论家李普曼。早在1922年他认为：“在目前控制局势的这一代人中间，说服已经变成一种自觉的艺术和世俗政府的一个常规功能。……如果熟知如何制造同意，那就可以改变每一项政治算计，修正每一个政治前提，这话并不是轻率的预言。”[①]乔姆斯基和赫尔曼1988年在《制造同意：大众媒介的政治经济学》一书的初版中，系统阐述了李普曼的上述观点，指出：“正像许多思想家观察到的：思想灌输是民主制度的精髓。在一个军事国家里或是一个封建国家里，或者在我们今天称之为极权国家里，人民想什么无所谓，因为你手中有一根大棒子挥舞在人民的头上，你可以用大棒子控制人民。但是，当国家失去了大棒子，当你无法用武力控制人民，当人民的声音可以听到时，你就会面临这个问题。人民会变得那么好奇，那么傲慢，以致他们不愿屈尊于一个文明的统治。因此，你必须控制人民的思想。最通常的办法就是宣传。通过制造同意，创造幻想，使公众对一些事情感兴趣，而对另一些事情表示冷漠。”[②]

所谓**制造同意**，就是利用宣传手段，制造种种假象表明大众赞同权力的统治与政策，诚心接受权势阶层的观点。与人民对立的政府要想赢得民意，需要利用媒体制造舆论，让民众为权力说话，达成统治者与民众意见的一致。在一些国家，政府陷于复杂的内外矛盾，争得舆论的支持十分重要，通过制造同意树立权威，成为它们惯用的手法。公众舆论要靠媒介制造出来而不是民众自发地表达，就需要收买媒体，媒体成为权势的同谋。乔姆斯基和赫尔曼在《制造同意》一书里发现，美国政商阶级对媒体的垄断快速展开，媒体数量快速减少，20家公司控制了一半的报纸，20家公司控制了杂志广告的一半收入，3家公司控制了电视，10家公司控制了电台，11家公司控制了出版。这些公司之间又彼此股权交换，形成制造同意的利益链。

通过控制媒体实施制造同意，通常采取以下步骤：1.众多媒体突出报道某些事件或活动，表达权力阶层的观点，表明媒介都支持掌权人的立场。2.各路精英人物在媒体上发表谈话或文章，赞美、支持权势阶层的观点，对掌权人提出的观点和政策给以阐释，引导民众的信赖和拥护。3.在精英人物的诠释下，民众关注的事件或活动被“构造”为一定的意义，民众渐渐接受权势阶层的意图，赞成权力人物的主

---

① [美]沃尔特·李普曼：《公众舆论》，上海人民出版社2006年版，第182页。

② 转引自李希光：《变形的新闻屋》，四川人民出版社2000年版，第265页。

张。4. 一些民众在私下或在媒体上表达他们对权力的支持,他们的议题和议程同政府协同一致。

制造同意在政治活动和公共关系活动中似乎非常有效,其中的前提是,受众是被动的、盲从的非理性动物,大众都是媒体盲目的追随者。但这仅仅在下述三种条件下能够出现:1. 媒介设置议程巧妙得难以被人发现其荒谬之处,或者受众没有任何渠道获取信息,无法独立诉诸知情权,只能接受媒体单一的信息源,坠入媒体布防的思想骗局。2. 少数缺乏主体意识、缺乏主见的人,轻易地把媒介意见视为真理,面对媒介的强烈议题,对自己原来意见产生怀疑后便默默接受媒介的意见。他们是沉默螺旋中的悬浮物,容易被权力阶层的观点所支配。3. 权力在制造同意失败后,通常大打出手,动用武力惩治反对意见的首领。武力恫吓产生了威力,许多民众不得不被迫接受"制造同意"。

专制统治者总是最大限度利用媒介展示个别公民对他的"赞同",人民的同意被不断制造出来,实际则完全是另外一种情况。在西方,行政首脑除了需要定期地面对选民外,必须规劝立法机构采取具有法律效力的措施——议员投票,并用媒介显示公众赞同的程度。罗伯特・塔克在《政治领导论》一书中提出:在一些专制国家中,独裁者可以肆无忌惮地使用威胁的手段,恫吓从深宫大院里的臣属到大街陋巷的平民。但他们在大多数情况下并非行使恐怖手段,而是努力地说服,让媒介一再表明人民如何同意他们的一切决定。只有在说服失败后才动用武力强制。有两点可以使人们弄清他们为什么会这样做。其一,强迫手段带来的只是被动的服从,只有当人们真正地被说服了,才会主动地、全力以赴地支持、保障专制政体的正常运作;其二,独裁政权在动员民众支持时,往往面临十分严峻的问题,即他们无法代表公众意见,实施的政策不能预先得到民意的认可,只好动员媒介打一场"制造同意"的防御战,于是便大肆制造人民的同意①。

民主性权力也使用媒介,但它的意见符合绝大多数受众的价值观、利益和见解,同民意达到一体化,沉默的螺旋开始失效,就无须利用媒介制造同意。不同意媒介意见的人即游离于民意之外的人,如果不是民意的死敌,就会默默的放弃原来的意见,让自己很快融入民意的洪流。制造同意在一定时间内可能使某些受众发生趋同行为,但其意见的荒谬性一旦露出破绽,就产生舆论背反,将不再发生作用。舆论背反与"制造同意"的鲜明对立,总是戳破"同意"的假象,渐渐形成民怨。制造同意很大程度上忽视人民是历史活动的主体,怀疑人民有通过理性认识真理的能力,不断在舆论背反和制造同意的波动中遭受挫折。

---

① [美]罗伯特・塔克:《政治领导论》,南京大学出版社 1988 年版,第 60 ~ 61 页。

第二节 话语霸权与舆论一律

权力阶层如果背离大众利益，对民众的支配说一不二，就成为话语霸权，建立舆论一律的制度。打破强势群体对弱势群体的“话语”剥夺，彰显民间话语和公众话语的合法性，必须打碎话语霸权的肆意统治。掌权人或媒体控制者在宣传、新闻报道、舆论传播、学术研究或会议活动中只准自己发表荒谬的意见，不许他人发表独到的见解；只许他人发表与己相同的意见，不许发表反对的意见，造成舆论表达的严重不对称。这种**话语霸权**存在于一切专制社会，是掌权者凭借武力和自身优势实行言论独占。媒体在传播中建立的信息霸权、知识霸权、舆论导向霸权的总和，称为**媒介话语霸权**。权力的话语霸权一般要借助媒介话语霸权来实现。

一、公民话语权与话语霸权

话语权是公民受宪法保护的基本权利，构成其生存的要素。在民主社会，公民有权表达自己的要求，批评社会的有害倾向，法律保护人民的这种正义行为是因为它符合社会的公共利益，有助于社会的健康发展。话语权不属于政府和一部分人的专有权利，公民的话语权也不能只反映在一定程序和形式上，否则就会由少数人把持社会舆论，达到某种不正当的目的。如果权势阶层把持着社会话语权，让公民充当和扮演一呼万应的舆论配角，这个社会的民生问题就不可能真正解决。在权力话语霸权的统治下，听证会、咨询会、民意调查，仅仅是让民众说说或听听而已，公民参与社会管理只能是走过场。

公民话语权是社会运行的制约因素，为社会管理提供民众参与的机会，成为社会进步的一种机制。话语霸权则是权力人物对社会的主观认识，不容任何怀疑和反对，以权力话语主宰社会的发展。作为公共事务的主要承担者，公众一旦失去话语权，则要付出巨大的牺牲。权力的话语霸权同舆论主体——广大公众的话语权的冲突，实际是利益冲突，不仅表现为谁有说话的权利，而且广大公民的言论渠道被堵塞，权势阶层攫取不正当的利益得以实现。在话语霸权主宰的社会，公平竞争被单边特权所代替，权势阶层的不法政治与经济活动受到保护，机会不平等日益严重。

公民丧失话语权主要表现为丧失媒体的话语权，在媒体的公开信息中听不到民众真正的声音，媒体完全变成权力的媒体。在权力的支配下，媒体提供信息来源，规定话题的内容，而受众则无论喜欢与否都只能被动地接受媒体提供的信息，谈论媒体上的话题。媒体的话语霸权已经把公众的思想淹没在媒体的宣传中，民众自愿接触媒体的兴趣日渐消失，而在私下舆论圈中谈论的则是另一套话语。这样一来，通过公开、正式渠道扩散的公众话题大量减少，或只在大众化的小报中出现，统治者的媒介和大众媒介日益分野。

这样，民众话语同话语霸权的冲突，还表现为民众同官方媒体的冲突，由于民众不再信任官方媒体而使其阅读率和收视率大幅下降。在今天，人们获取信息的手段完全被媒介垄断，头条和重复性新闻都蕴涵媒体的观点，它们如果同大众的想法有很多相同，就是公民的代言人，否则就是话语霸权。话语霸权的高招就是控制媒介突出一些事件，让受众忽略另一些事件，把一种思想灌输给受众。正如传播学者们所指出的："受众判断一个主题是否重要，主要看媒介对该主题的重视程度。媒介可以通过选择和提供某些消息而忽略其他，并对报道内容给予不同的重视程度来影响受众对其他报道的重视程度。"[①]但进入新世纪，传播学这条原理正在失效，因为大众关注的自身利益问题一旦被媒体刻意回避，受众与媒体则不再达成默契，因为他们在互联网上可以找到答案。久而久之，媒介越是喧嚣的主题，受众越认为是对自己的欺骗，这已形成一种习惯性的判断标准。

媒体设置事件的重心，没有考虑民众关注什么，在他们那里发生了什么事件，甚至特意背离他们的强烈要求，报道本身就失去了合理和科学的安排。话语霸权突出于己有利的事件，表达自己的立场，不是过于狂妄，就是一手遮天。失去传统媒体的民众正大量转移到网络上，网络舆论开始发达，成为民众的精神家园，传统媒体的话语霸权正在消释。

话语是一种非物质形态，在现代媒介的传播下，比工业文明的任何成果都能更快地转化为物质利益。媒介有它的生态环境，总是承载各种话语的参与，能够经受住话语霸权的冲击。容忍民众话语的适当释放，而不导致二者的冲突，正是今天许多国家媒体上难以发现的二元话语现象。在国家干涉下协调社会利益的矛盾，是社会管理的通常措施，但有一点可以肯定，国家权力限制民众意见的表达，只是专制权力的伎俩，在今天越来越少见了。在媒介上，官方话语权和民众话语权的并存，适当照顾各方的表达机会，正在成为今天的普遍舆论结构形式。

二、话语霸权下的舆论一律

话语霸权导致舆论一律，是专制社会的普遍现象。所谓**舆论一律**，是指整个社会只有掌权者一种声音，仅允许媒体对社会事务表达掌权者的观点，不准公开表达

① 胡正荣：《传播学总论》，北京广播学院出版社 1997 年版，第 317 页。

任何与权力对立的意见。舆论一律同舆论多元是对立的。舆论多元作为民众具有话语权的标志，是社会思想自由、表达自由的反映。民众话语权是同舆论一律根本矛盾的，因而也只能是形式而非实质上的一律。权力无论如何严厉地防范，都无法阻止民众私下的议论，舆论一律是无法完全实现的。但在一个社会，公开、特别是利用媒体表达的意见几乎同掌权者一致，同权力层不同的意见受到检查或遭到惩罚，就在一定程度上实施了舆论一律。

舆论一律是话语霸权超显性的表现，在政治、法律和传播工具高度受控的情况下，才能够有效实施。在权力制衡的国家，话语霸权没有市场，因而也无法实现。不同的人都可以代表自己或者自己的利益集团说话，但要获得话语的意义，就要揭示客观真相的道理。这种揭示如果同权力阶层的逻辑发生冲突，戳穿掌权人制造的假象和荒诞的说教，权力的话语霸权就受到挑战。与此相反，舆论一律反映出一个国家权力的不正当性，也表明权力与权利的非均衡性，标志着这是个专制国家。

讨论舆论一律问题，必须明确一个前提，即实行一律的意见是错误的，强制一律的手段和程序又是违法的。如果政府要求民众持有一致的意见符合公共利益和社会进步，这不是舆论一律，而是尊重民意、凝聚民心，弘扬主流意识。即使如此，也要避免用民意去压迫还没有认识民意的少数人。经过活跃的社会讨论增强民意的影响力，引导人们自觉融入民意的洪流，是民意固有的价值和力量。正确的意见从来不会强迫人们接受，因为真理本身就具有说服力，吸引人们的支持和赞扬。只有错误的观点、理论和立场，才会依赖话语霸权推行舆论一律，否则人们就要公开抵制和批评。

话语霸权和舆论一律都是历史性的。话语的实践者是人，而人是历史性的实体。脱离了人，话语就失去了实践主体，也就没有存在的依据。人的知识、权利和独立行动的能力达到一定高度，话语霸权与舆论一律也将随之消亡。在专制社会，话语霸权源于权力；在现代社会，一些国家的绝大多数人都有了表达权，话语霸权渐渐失去了存在的条件，从理论上讲舆论一律也就行不通了。但没有民主制度和媒体的公共化，舆论一律仍可死灰复燃。马克思曾预言火炮将把封建骑士炸个粉碎，我们同样可以预言：网络媒介难以把话语霸权和舆论一律消灭殆尽，取缔舆论一律需要民主与法治的保证。人类的很多社会革命都是由技术革命引发的，网络媒介具备引发社会革命的物质技术特性，但专制制度仍可控制技术为其权力服务，因为强行删除互联网信息是非常容易做到的。

舆论一律是一种超强的舆论控制，在特定社会环境下能够发挥积极的作用，这仅仅是指社会需要高度一致对付共同灾难的时候。一旦社会没有这种必要，舆论一律将阻碍社会进步，仅仅有助于保护权力层的私利。进步的社会应具备有效的舆论监督，这种机制建立的前提就是舆论多元的格局。公众的舆论监督必须足量和及时，足以凝聚民众共同起来捍卫公共利益，突破话语霸权和舆论一律的压制。

舆论一律是否具有合法性，要看它的内容是否符合广大民众的利益。这个命题最早可以追溯到德国著名政治社会学家马克斯·韦伯。在韦伯看来，由命令和服从构成的每个社会活动，取决于它是否有能力建立和培养对其的普遍信念。促使人们服从某种命令的动力，主要依据统治系统的合法化程度。当代法国政治社会学家弗兰克·帕金对合法性问题作了更全面的梳理，提出了"'经同意而统治'乃是一切统治合法性的最终来源"的观点①。面对舆论一律，首先需要弄清在哪些问题上舆论一律，是不是绝大多数公众都同意，有没有法律依据，是否也允许不一律的意见存在。只有法律和公众同意，才有合法的舆论一律，公众多数反对舆论一律，它就不具有合法性。合法的舆论一律实际是民意统治，是在多元舆论基础上肯定主流舆论。

三、舆论一律的社会危机

当社会不需要舆论一律，或在与舆论一律相冲突的领域（比如学术研究领域），强制推行舆论一律，则要破坏社会发展的生机，造成严重的社会危机。专制权力的要害在于，执意地把自己的意志强加给社会，用一种声音抹杀社会对真理的发现，不断制造思想危机、生存危机和发展危机。舆论一律危害公众的智力、公民的生存和社会文明，导致社会的全面落后，最终也为权力代表人物的垮台创造了条件。

舆论一律首先扼杀理性的声音，压制从一般民众到社会精英对真理的发现。当权力的意见成为统治意识时，反对的声音不是被淹没，就是被杀死，许多正确的声音还没有发出，就被吓得缩了回去。在舆论一律的钳制下，许多公众不愿动脑子，陷入痴迷、错觉和荒诞，对掌权者的迷信将其谬误当作公理。这种趋势能够在短时间内形成洪流，使部分公众、特别是基层掌权人一哄而起，纷纷充当吹鼓手，形成民意的假象。在这时，谁要是发出不同的声音，立刻受到围剿，理性声音的坚持者受到迫害，讲真话几乎成为犯罪。坚持真理的人越来越少，社会将按照错误的理论运行，各个领域不断出现混乱和挫折，社会停滞与一连串的灾难几乎是无法避免的。

任何社会进步首先依赖经济的健康和快速发展，而经济繁荣需要按其规律运行，来自权力阶层的舆论一律背离和歪曲经济规律，肆意以其主观意图制造经济奇迹，最终导致生产力的破坏。所有实行过舆论一律的国家，都遭遇过巨大的经济崩溃，千百万人死于饥饿和产品匮乏，难以摆脱连年的经济危机。经济的复杂性需要

---

① [法]弗兰克·帕金：《马克斯·韦伯》，四川人民出版社1987年版，第124～125页。

每个人根据自己的条件、按照自己的意志,适应市场的千变万化,从事生产和消费活动。倘若按照掌权者的发号施令来约束经济行为,则处处遭遇规律的报复。应当说,经济学家的自由探讨最终能够发现一个国家经济发展的正确道路,但来自权势集团的经济政策压制经济学家的正确见解,甚至把他们赶进劳改营检讨自己的"罪过",舆论一律的最大危害就发生在经济领域,导致国家的贫穷、落后和连年的饥荒。

由于舆论一律的话语霸权,社会失去了言论自由,导致社会管理丧失纠错的机制。政府的错误不能及时纠正,整个社会陷入重重矛盾,最终政府将丧失执政能力。舆论一律是封建独裁制度的产物,是政治野蛮的顽症,它让掌权人过度自信,以为自己万能,不容他人提出疑义,使官场弥漫僵化与傲慢的等级崇拜,官吏的威严被推向顶峰。许多掌权人的错误得不到良言规劝,发展到不可收拾的地步,整个社会滑向是非颠倒的深渊。从秦始皇的"焚书坑儒",到汉武帝的"独尊儒术、废黜百家",从国民党时期的"党同伐异",到"文化大革命"的"横扫牛鬼蛇神,打倒一切",全国只有一个头脑在思想,错误的政治路线终于搞乱社会。

政治如果不是在法律范围内以多元舆论组织社会生活,而是一切按领袖人物发出的命令行事,那么,社会的积极因素就会迅速萎缩,社会发展的生机将被抑制。双重利益权力惧怕这种后果,口头上宣布实行民主,在无关紧要的问题上允许自由讨论,在社会重大领域仍然独断专行。在讲坛上颂扬人民的作用,而在实践中无视人民的呼声,损害人民的利益,正是苏联灭亡前的舆论花招,但最终没有挽救斯大林遗留下来的舆论一律的崩溃。在全球化时代,话语霸权正在走向消亡,它不是自我变革、抛弃舆论一律,就是被人民唾弃,被驱逐出历史舞台。

第三节　公共权力的舆论表达

历史经验表明,民意的表达者只能是公共权力。公共权力(Public Power)是由人民大众选举产生、得到法律认可的权力,来源于人民,由普选制和弹劾制孕育而成,并随时接受人民的监督。它以为人民服务为宗旨,向人民负责,代表最广大人民的意志,是社会正义力量的主持者。一切公共权力只有经人民同意,由法律赋予和确认,才有合法性,具有法定效力。公共权力从全体公民那里取得活动资源,反映人民的呼声,是民意的化身,无疑表达的是社会公共舆论。

一、权力合法性的舆论基石

在民众服从权威的深层动机中,最基本的精神是相信支配者有某种"合法性",

公共权力都是合法的权力。建立在合法性信念上的服从，是稳定的服从，公共权力因为具有这种性质而立于公共舆论的基石之上。它行使权力不是强迫，而是民众的赞成和信赖，被公众视为必须服从的力量。“强力并不构成权力，而人们只是对合法的权力才有服从的义务。”①由民众舆论推选出来的权力取得合法的资格，往往转变成权威，因而有一种征服力。美国政治学者莱斯利·里普森指出：“权威与权力的不同之处就在于它被认为是正当的权力。权威被所有人当作正当的法则接受……如果说权力是赤裸裸的，那么权威就是穿上了合法外衣的权力。”②公共权力建立在人民赞成的基础上，因而它有了支配人们行为的权威。

行政首脑的产生是少数人策划或上级长官任命的，不存在舆论基础，也就不会在民众中享有权威。代议制用于权力首脑的产生，缺乏舆论的广泛的检验，大多形成的是少数人的权威。“代议制的作用就在于将多数人的意志转化为掌握政治管理权力的少数人的权威”③，实际上这是很难实现的。与此相反，通过普选对候选人进行遴选，表达了广泛的舆论集合，民意就转化为掌权人的舆论权威。有了这个基石，政府成为公共权力，其权威也建立了合法性。

代议制之所以必要，是由于决定许多社会事务和公共决策没有必要由全民通过，他们可以推选出自己的代表讨论和确定。这样，代议制仅仅有两种功能，一是选举民众的代表，组成一个常设的议政机关，反映民意，以决定立法和处理日常的民意咨询事项。另一个就是，对政府首脑之外的重要政府官员的任职和一切公共决策发表意见或表决。无论从那项工作看，代议制有时是代替人民议论政治，决定公共事务，作为公共权力运作的机制和限制者而存在。它的全部活动有可能属于民意活动，这要看民意代表是否代表人民。

由于人民的广泛同意，民主政治成为信任政治，信任危机不会在短时间内出现。民主的信任反过来又强化民主政治的运行，提高公共权力的管理效力。政府的权威来自人民的信任，政府首脑更加尊重民意，把人民的根本利益作为政府工作的出发点和落脚点。人民同公共权力之间的互相信任，不仅保持了社会的高度和谐，而且出现了良好的舆论秩序，社会平稳发展得以实现。公共权力建立在人民一致赞成的秩序中，而不是通过巧取豪夺或金钱收买来获得，不会由于权力转移导致秩序的破坏，避免出现流血或其他武力夺取权力的斗争。“除了极少数试图从混乱中渔利的坏人，绝大多数人，不管他来自哪个阶级、阶层，担任何种社会角色，都希望某种秩序的存在。秩序构成了人类理想的要素和社会活动的基本目标。”④人们

---

① ［法］卢梭：《社会契约论》，商务印书馆 2003 年版，第 10 页。

② ［美］莱斯利·里普森：《政治学的重大问题》，华夏出版社 2001 年版，第 58 页。

③ 周叶中：《代议制度比较研究》，武汉大学出版社 2005 年版，第 127 页。

④ 张文显：《法哲学范畴研究》，中国政法大学出版社 2003 年版，第 195 页。

服从民意,秩序得到了保证,权力的公共性和公民的正义追求也得以实现。

社会舆论的合理表达能够有效制约权力,优化权力的运行,为监督权力的正当性奠定基石。民意集结人们一致的政治主张,因“共同利益”或“共同意志”而产生强大的正义性,从而正确、全面地评价权力,发现它存在的缺陷和需要改进的地方。人民必须被视为公共权力的唯一源泉,动用一致的意见不仅选举政府首脑和代表,而且监督、处理他们共同关心的事务。人民可以随时个别地撤换他们的代表,或在形式或职能上改变代表的组织,使代议制政体对社会行使最后的控制权。这样,无论什么时候,只要人民认为必要,他们的一致意见就是支配政府行政的手段。

二、公共权力的话语

公共权力的行使需要物质基础,由纳税人为其提供薪酬和工作经费,而公民是纳税人的主体。纳税的实质是公民对公共权力的服务付费,要求公共权力提供周到的服务,这同专制权力具有根本不同的性质。包括国家安全、公共秩序、社会公正、人身自由到公共设施建设、义务教育、社会保障、环境保护等,公共权力按照人民的意志和需要尽到责任,不断改善或完成公共事业和公共福利的工作。公共权力机构应当受人民的监督,以人民公仆的姿态从事工作,因而他们的话语就是人民的话语,人民的呼声就是他们的语言。政府部门真正成为公共权力机构,其决策代表公共利益,对社会问题的一切说明和宣传体现人民大众的追求。

公共权力话语以协商为手段、以平等为前提、以公共领域为场所、以公众参与为基础,同民众(或代表)诚恳地讨论社会问题,在公共决策和解决社会矛盾的过程中与公民建立平等的交流关系,达到对社会的和谐管理。对一些公民缺乏参与兴趣,习惯于从自身利益考虑问题,公共权力通过广泛征集和宣传民意,化解少数公众的偏见。所谓“权为民所用,情为民所系,利为民所谋”,实际是公共权力的本质属性,表现为政府必须关心人民,为人民谋利益,接受人民监督。只有人民监督政府,政府才不会懈怠,从而摆正自身的位置。

权力的行使者不是把自己当做“公仆”,而是以“父母官”自认并高高在上;没有把依法行使权力作为回报纳税人的职责,动辄以“为民做主”的“官老爷”自居;眼光不愿向下看着自己的主人,倾听纳税人的要求和建议,而是盯着能给自己“官帽子”的上级;不是把自己当作人民的“服务员”,而是当作“大权在握的领导者”……这类背离公共权力的倾向有时表现为大话、空话连篇,有时言谈傲慢冷漠,破坏了公共权力的性质,危害社会公共事业的建设。

在外国,法院就叫法院(Court),但我国在前面加了“人民”(People's)两字。“人民”两字重于泰山,法官应当替人民勤勉办案。长期以来,人民群众对告状难、申诉难、执行难反映强烈；徘徊在各级法院门口的上访人员不断诉求，往往几年、十几年不能申冤。如果每名法官都将‘人民’两字装入心中，时时牢记自己是拿人民俸禄的人民法官，司法为民的举措才能得以实行。

国家制定的政策、法规充分反应人民的声音，政府行为才能体现公众的意志。政策问题的提出，如果不是来源于公民的诉求，而是来自决策机关片面的信息收集或领导者的灵感，政策方案就会脱离实际和人民的需要。从调查研究、起草方案到形成初稿，从征求意见、修改到提交决策机构批准，只要逐渐扩大公民参与的范围，公共政策就能更多地反映人民的实际要求。有些地方，实行了人民代表大会常务委员会的旁听制度，反映了权力机构的“公共性”，旁听的公民与权力机构实现了话语交流，打破了“暗箱决策”。许多地方和部门的听证会虽然还不够开放，但有一定的透明度和程序性，推动了权力机构向公共权力的转变。

公共政策的听证制度能够征集到广泛的建议，政策话语达到最大限度的覆盖，出现公共权力和民众话语的融合。如果一些听证会不允许媒体介入，参加听证的人员经过反复筛选，就剥夺了公众的话语参与。针对政策涉及的公众范围，充分让参与者发表意见，不走过场，政府制订的政策才能公开、透明，反映和解决群众的合理要求。政府权力转化为公共权力，表达出人民的声音，才能表达公共话语。

三、公共权力话语的结构

公共权力与一般权力相比，主要特点是公共性与社会服务性，是适应社会公共需要、处理公共事务而产生的公仆型政府。一种权力能够转化为公共权力，必须表达公共意识，符合公众的意愿，具有公共服务的精神，承担公仆的责任。公共权力不同于内部权力和私权，政府官员是行使公共权力的群体，表达的公共话语要有效指导社会的运行，在内容上具有针对性与多维性。

首先，他们经常表达回应性话语，倾听人民的呼声，对人民提出的问题作出回答，发现政府需要决策的对象。最具代表性的回应话语是建议征集活动，通过收集、吸纳各方意见，了解社会问题，提出公共决策与社会治理的任务，促进公共管理的民主化。针对社会不断出现的各种问题，倾听各阶层的声音，了解大众的情绪和要求，回答他们的质问，是公共权力执政活动的第一种话语，也是执政活动的经常性工作。回应性话语带有理论与实践的统一，即官员回答民众提出的问题既要符合实际，在理论上又要作出正确的阐述，让民众认识他们面对的生活现状和产生的原因。

其次是政策性话语，即把制订的政策或方案向民众进行说明，宣传政策的内容、实施的要求和可能达到的目标。表达政策话语的首要动机是，动员广大公众参与决策，为政策的制订或修改提供智力支持，以及准确理解和贯彻政策。公共权力希望通过政策话语获得群众的支持，让民众认识政策的重要性，达到推行和贯彻政策的目的。政策话语对政策进行透彻的解释，分析政策给人民和社会发展带来的最大利益，启发公众产生贯彻政策的动力。无论从哪个角度看，解释政策同人民利益的关系，让广大公众认同政策的公共价值，是政策话语的核心内容。

最后，公共权力不断诉诸评价话语，对许多社会工作、社会现象和社会行为进行评价，在评价中指导公民的行为规范。社会是极其复杂的，许多公众都有不良思想和不当行为，少数人的违法活动有时非常猖獗。公共权力需要付出很大精力制止消极因素对社会的破坏，及时发出评价性的话语，说明社会事务的是非或丑美，抨击恶德对社会公共利益的危害。公共权力虚心倾听人民的呼声，以公仆的身份服从人民的需要，但面对社会恶势力绝不能唯唯诺诺，把少数人的有害要求当作人民的意愿。它随时辨别哪是人民的主张，哪是坏人的阴谋，在客观评价的前提下主持正义，捍卫人民的真正利益。

公共权力也要对自己的政绩进行评价，对政府的工作进行总结，只要符合实际、有必要对政府的政策、法令产生的社会效益作出肯定，以鼓励各级官员和民众为建设美好的社会继续奋斗。维护美好的社会、繁荣的经济和清洁的环境，实现公平的教育、富裕、自由、安全与和谐的生活，都是公共权力奋斗的目标。政府肯定这些成就有一定的积极作用，但不要把话语提得很高很满，总是吹嘘成绩恰恰走向反面。正面宣传即使符合实际，政府对执政的成就也要尽量少说，谦虚谨慎的话语是公共权力优良品格的表现。人民对政府发自肺腑的赞扬才有真正的舆论价值，让人民自发地评价和督促公共权力，才是最美的舆论旋律。

四、公共权力的话语规则

公共权力各个组成部分（即国家行政机关和司法机关）相互制约，并服务于人民统治的目标，按一定规则表达话语，才能更有效、更顺畅地运行。公共权力话语发生在公共权力领域，要反映人民的意志，同社会的良性运行需要一样的规则。

公共权力话语的形成，体现出社会意志的最大化，反映全体公众的诉求。适应公共舆论的产生和发展，展现民意的最大公约数，公共权力话语才能实现民意的目标。公共舆论作为一种力量，公众的自由表达使民智得以汇聚，道德信仰得以建立，确立了公共舆论的真理性。公众在表达他们的利益和诉求时，对社会问题的共同立场集中了各类公众群体的共同要求，这是公共权力不可抗拒的力量。公共权力话语的形成有两种渠道。一种是由上而下，即由公共权力机关作出决定，表达对社会事务的观点；另一种是由下而上，从公共舆论中采集思想。权力话语无论形成的渠道是什么，最终必须与公共舆论一致。

在民主社会，公众享有自由表达意见的权利，而公共权力也乐于倾听和接受公众意见，其话语一旦与公共舆论有一定偏差，就要及时修正，实现公共权力话语与公共舆论的融合。公共舆论表达了多数社会成员的要求，带有高度的统一性和系统性，公共权力话语和公共舆论的同化是社会维持发展的条件。公共舆论反映社会的普遍规律和人民的共同意志，是社会前进的重要动力，搜集和研究公共舆论是公共权力表达正确观点的前提。公共权力话语必须不断和公共舆论相对照，在同公共舆论的交流与碰撞中确定自身话语的方向。

以话语形式表达的公共权力的规范，从本质上说，是社会公共意识的反映，而不是当权者个人意志或领导集团的狭隘思想。自下而上形成的公共权力话语，首先来自民间，通过对公共舆论的加工，提炼出广大公众的正确要求，反映民众的价值观与利益判断。自上而下形成的权力话语是掌权人自我提出的见解，与公共舆论可能有不同的表达方式，但需要在实践中不断修正，达到同公共舆论的理念完全一致。如果在公共权力话语和公共舆论话语之间存在福轲所说的“排挤机制”——话语的表达者与反对者之间不存在共同语言，就不符合公共权力话语的标准。

一般而言，作为国家方针、政策、规章、制度的公共权力话语，基本是以条例的形式向社会公布，神圣而严肃，不容违反和亵渎；国家舆论机关向公众宣传的国家精神，则是公共权力话语与公共舆论的同化行为。在这个过程中，公共权力话语一是通过各级行政机关的会议和指令传达，二是通过国家舆论机关，如政府媒体与文化机构向社会宣传，进行国家意识形态熏陶。各国历来都曾或多或少进行意识形态宣传，用以影响国内和国际舆论。但以硬性、条例式的权力话语传播意识形态，把权力的说教强加给本国与他国民众，不会收到良好的效果。意识形态宣传首要的是表达真理，以事实的力量加强精神上的引导，把宣传变成平等对话，在相互理解、彼此妥协的基础上达成共识。

有了正确的公共权力话语体系，还要有高明的话语表达技巧，使权力人物的精神力量得以生动的体现。在公共宣传上尊重新闻规律和宣传规律，用百姓的语言陈述百姓关心的事，能同公众的情绪相呼应。语言不仅表现出官员的作风，而且能够展示其政治理念，投射出品德和修养的水平。官僚主义向来是人们讽刺、嘲笑的对象，一个只会打官腔、说官话的人令公众反感，很难让人相信他能服务于人民。富有个人魅力的领导者爱护、尊重民众，面对群众发表朴实、诚恳的谈话，令大众产生信赖，自然获得较高的民意支持。使用群众的语言，采用亲和的风格，永远是公共权力话语表达的重要规则。

公共权力话语遵循信息和意见公开原则，是现代社会运行的基本规范，尤其在突发事件发生后更应当遵循这一规则。放宽行政信息发布的限制，贯彻透明、公开和满足受众知情的要求，掌权人应当坦率、质朴和诚恳。与民众共同面对不良信息的挑战,征求群众应对危机事件的对策,政府则能赢得民心。社会突发事件一旦发生,政府不是沉默或隐瞒事件真相,而是在第一时间通过新闻发布站出来说话,及时向公众披露内情,是最好的话语策略。公开透明的政府才能取信于民,片面陈述或掩盖社会真相的权力话语,只能产生不信任。信息公开是民主与法治社会的必然要求,公民不仅是知情权的权利主体,也是政府信息公开的权力主体,因为任何社会问题总是发生在群众中,政府不及时披露,民众也会披露并作出解释,使政府官员陷入被动。公共权力话语倡导信息的公开性,是不可忽视的话语规则,这不仅涉及如何应对危机,而且也表明掌权人的开明程度。

本章内容的重点:

1. 权力与社会舆论的关系。
2. 权力如何操纵舆论?
3. 正确理解话语霸权和舆论一律。
4. 舆论一律产生的危机。
5. 公共权力的话语规则。

第十三章　舆论制度与言论自由

舆论制度是指社会的言论和议政制度，包括舆论的专制制度和民主制度两种类型。对发表意见加以规制，抑制对政治权力或公共利益的有害因素，是建立舆论制度的重要目标。舆论民主和政治民主同是民主制度中的组成部分，没有舆论民主，任何民主制度都是虚假的，社会发展将受到遏制。舆论专制制度是独裁政权控制言论的手段，服务于专制的政治制度。政治制度决定舆论制度，也是舆论制度得以建立的保障，使舆论发挥特定的功能。良好的政府重视舆论制度建设，加强对社会舆论的有效管理，最大限度利用舆论促进社会进步。

第一节　舆论制度的演变

舆论制度限定言论的表达规范，决定其活动的方式和禁忌，体现出社会关系的复杂性。舆论制度依赖于社会的经济和政治制度，人民在国家生活中的地位决定舆论制度的性质。国家权力不受制约必然是专制权力，伴随它的是舆论专制制度；双重利益权力由于包含服务于权势的特殊利益，难免产生舆论的专制行为；真正的公共权力服务于大众，倡导广泛的言论自由，奉行的是舆论民主制度。

一、皇权时代的言论一统

封建集权统治以皇权为中心，批评皇室被视为叛逆，经常遭到严惩，以致被夺去生命。整个封建时代，听取不同意见的好皇帝极其罕见，因言获罪使臣民噤若寒蝉。意大利中世纪的思想家马基雅维里在《君主论》中指出，“在人民身上建立力量，等于在软湿的泥土上建筑房屋”①。为防不测，统治者严格控制讨论和大规模

① ［意］马基雅维里：《君主论》，湖南人民出版社 1987 年版，第 42 页。

的消息传播，当下属的言论威胁其权威时，讨论就必须受到限制，甚至停止下来。君主剥夺人们的言论自由，是为了制止他们聚居一起，讨论造反的理由。

被教廷压抑了1000年的欧洲，皇权与教会相互勾结镇压一切进步思想，哥白尼、布鲁诺、伽利略等科学家都因提出新的宇宙观而遭到迫害。意大利瓦伦丁公爵西泽尔·波尔金精通"政治权术"，指使酷吏血腥镇压反对者，然后又向人民表示这不是他的过错，镇压之罪在于官吏执行命令不当，再下令对镇压反对派的官吏处以死刑，以平民愤。马基雅维里对其人大加赞赏，认为像他这样的君主才是统一意大利的理想君主。俄国彼得大帝残酷无情，皇太子阿列克塞反对他的改革，他毫不留情地把皇太子交给了特别法庭，判处死刑。他强迫大臣执行命令，动辄抡起棍棒殴打持有不同意见的人，从折磨肉体、流放做苦役，直到处死，惩罚反对者的措施应有尽有。在英国，1400年亨利四世极端残忍地肃清不同意见，毫不犹豫地杀死一切反对他的人。

封建社会言论专制的理论根据是，人性之恶难以驯服，许多臣民都怀有政治野心，权力欲对皇帝构成威胁。皇权是上帝赋予的，是掌权人的私器，皇帝具有最高智慧，不能容忍臣民干预朝政。马基雅维里是这种理论最具代表性的思想家，他说："人民的道德如此彻底败坏，以至法律无力约束他们，这就必需建立具有完全的与绝对的某种最高权力，这种权力就像给野马带上'嚼口'……"[①]在《君王论》中，马基雅维里一方面强调人民的力量，君王应尊重人民的意见，另一方面又反复宣扬一切言论和行动都应服从权力安全这个目的。

言论专制的社会基础无法选择，因为历史是在自然节律下演示某个阶段的必然性，人类只能承受某些不幸。分散的封建农耕生产，构成无中心的个体经济体制，社会处于无相往来、自耕自食的分离状态。这样的社会容易产生豪杰割据，大权如不集中于一人，高度控制个体的自由，则难以避免枭雄纷争。这种极权制使民族和社会不致分裂，以对付频繁的外部武力进攻，或组织全民族力量攻打异族，夺取更多的土地和财富。凝聚民族意志进行征战，建立未来的、土地广袤的民族国家，需要皇权言论的高度一统。

在这种背景下，欧洲各国直至中世纪末仍在实行苛刻的限制言论与出版的法律，各王朝都宣称报刊属于王室，服从国家利益。书籍与报刊的作用就是维护君王的思想，人们的议论不能批评皇帝及贵族。英王亨利八世于1529年公布了第一个禁书法案，1530年建立了第一个出版特许制度，1559年，伊丽莎白女王发布禁令，规定由大主教管制出版。臣民表达意见和传播新闻必须有助于官方政策的推行，报刊如不支持统治者，特许可以随时取消。报刊出版实际上是权力机关与出版人

---

① 转引自徐大同主编:《西方政治思想史》，天津人民出版社1985年版，第143页。

之间的一种协议,前者赐给后者以独占权,后者则给予前者以支持。

到16世纪后期,英国皇室为应付日益高涨的言论自由的呼声,不得不废除一些压制言论的法令,建立了一套新的管制制度。1586年发布的《星法院法令》,仍使言论活动陷入严密的法律监控下。到17世纪末,英国政府改变控制舆论的花招,又向出版者征收报业税、广告税、白纸印花税,即统称的"知识税",建立津贴制度收买报人。在这种言论制度下,民间言论和出版商同时受到严厉的管制。例如,英国的"星法庭"规定对违反条例的出版者不仅处以罚金,而且还可判处徒刑和肉刑,包括戴枷示众、笞刑、烙印和截去手足,对反对封建统治的"思想犯"和"政治犯"进行秘密审判,不经辩护程序即可作出判决。

言论专制的理论与实践,在中国漫长的封建制度中更具典型性。从秦至清,封建统治日趋专横,镇压不同思想的手段更加残酷。举凡文字,都要严格审查,稍有可疑之点,就大兴文字狱。从秦始皇焚书坑儒到光绪末年的《苏报》案,言谈说笑、著书立说,有触皇威,常常被诛杀九族。清末,朝廷为了防范"妖言惑众",还制订了苛刻的法律。1902年颁布的《大清报律》规定:报纸不得刊载"诋毁宫廷之语,淆乱政体之语",发行前要报送审查。这些专制性规定,与西方极权主义的言论制度一脉相承。

二、舆论自由的缘起与确立

16世纪封建自然经济在英国开始解体,经过100多年的发展,手工业作坊成为社会的主要经济力量,新的阶级进而要求在政治上分享权力,不断发表反对国王专制的言论。17世纪40年代,英国爆发了资产阶级革命,提出言论自由和废除皇家特许出版制,但统治者没有放松对言论和出版的管制,仍实行特许制并对出版物进行检查。

英国早期民主主义者约翰·弥尔顿经历了不幸的婚姻后,于1643年2月未经当局审查出版了《离婚论》,受到议会的强烈谴责。1644年11月24日他被召至国会答复质询,发表了著名的《论出版自由》的演说,驳斥议会对《离婚论》的指责。他向当局申明:国会控制出版事业,沿袭天主教宗教法庭的不当权力,毁灭无数优秀作者的心力,可谓以暴易暴。

他说:"杀死一个人,仅是杀死一个理性的动物,但毁灭一本好书,则是毁灭理性本身。压制出版并不能消灭煽动诽谤的言论,最大效果仅能将其驱于地下。压制出版及新闻检查的实际效果,只是迫害真理,阻碍人民的所有学习。"[①]最后,他

① [英]约翰·弥尔顿:《论出版自由》,商务印书馆1986年版,第26页。

向国会要求:在所有自由中,请给我根据良心自由获知、自由说明、自由辩论的权利。

在清教徒革命时期,李尔本(John Liburne,1614~1657)也是一位争取言论自由的战士。1645年他宣称出版自由是英国人民的天赋权利,向教会要求公开辩论出版自由问题。在天赋人权自由理论的催生下,17世纪中叶,咖啡馆在英国牛津、伦敦相继诞生,成为各阶层的人交换政治、经济、文化等方面的消息和意见的场所。市民们在这里"阅读"报纸,议论政治时事,形成舆论自由的场所。人们的言论开放和文人斗士的无所畏惧,孕育了英国最早的公共领域,1695年英国的特许审查令被废除。

约翰·洛克(John Locke,1632~1704)是英国的唯物主义哲学家和政治思想家,在《政府论》、《人类理解论》和《论宗教宽容》等著作中倡导舆论自由,强调言论自由是人的自然权利。他指出:"一个人如果有一种能力,可以按照自由心理的选择和指导,来思想或不思想,来运动或不运动,则他可以说是自由的。"①洛克还指出:"人的自由和依照他自己的意志来行动的自由,是以他具有理性为基础的,理性能教导他了解他用以支配自己行动的法律,并使他知道他对自己的自由听从到什么程度。"②在这一逻辑下,言论自由必然是免予干预的自由,但又是自我遵守法律的自由。

查理·路易·孟德斯鸠是18世纪上半叶法国杰出的启蒙思想家和资产阶级国家学说的奠基人。他在《波斯人信札》、《罗马盛衰原因论》和《论法的精神》中强调自由表达舆论的重要性和法律规范,指出:"要享受自由的话,就应该使每一个人能够想说什么就说什么。这个国家的公民可以说或写一切法律所没有明文禁止说或禁止写的东西。"③但犯法的言论属于犯罪行为,必须受到制裁,不过这时"人们处罚的不是言语,而是所犯的行为,在这种行为里人们使用了这些言语"④。

从18世纪起,西方争取舆论自由和报业批评政府的自由,展开了广泛深入的斗争,美国的精神领袖杰弗逊是杰出的代表。杰弗逊主张,人民应享有充分的言论自由,自由地表达自己的思想,才能使真理获胜。1787年他写道:"政府的基础是人民的意见,所以政府的首要目的就是要捍卫人民发表自己意见的权利。如果无报纸而有政府与无政府而有报纸,二者之间必选其一,我将毫不犹豫地选择后者。但是,这样一来,让所有的人都能读报,就必然是我选择后者的先决条件。"⑤

以上闪烁智慧光芒的观点冲破了中世纪封建专制的思想枷锁,推动了资产阶

---

① [英]洛克:《人类理解论》上册,商务印书馆1981年版,第208页。

② [英]洛克:《政府论》(下篇),瞿菊农、叶启芳译,商务印书馆1982年版,第39页。

③④ [法]孟德斯鸠:《论法的精神》上册,商务印书馆1982年版,第322、198页。

⑤ 转引自《美国史论文集》,上海三联书店1980年版,第190页。

级的思想解放,舆论自由作为资产阶级革命的一项直接成果被正式确定下来。1789 年,在法国大革命中诞生的《人权宣言》第一次用法律形式保障言论出版自由是公民的一项基本权利。宣言第 11 条规定:自由表达思想,是人类最宝贵的权利。1791 年,美国国会通过的联邦宪法第一修正案也对言论和出版自由作出规定:国会不得制定剥夺公民言论和出版自由的法律。1804 年,杰弗逊在联邦派报纸的攻击下,以压倒优势连任总统,更加强了他对舆论自由的信念,他说:"……报业应予自由。自由发表真理与谎言,最后真理一定获胜。我确信人民的智慧,经得起新闻自由的滥用,这证明人民在真理与谎言之间,可以清楚的分辨出来。人民可以充分信任,去听任何新闻与意见,包括真实与虚妄,他们在两者之间,自会有正确的判断。"①

对舆论自由制度最早给予系统阐述的是英国哲学家约翰·斯图亚特·密尔,他除在《论自由》这本著作外,还在《逻辑体系》、《政治经济学原理》、《论代议制政府》、《功利主义》以及《威廉·汉密尔顿哲学的批判》等著作中,系统阐述了舆论自由的要素与规范。发表在 1859 年的《论自由》这部著作,是密尔自由主义思想的代表作。密尔说,即使公认的意见不仅是真理而且是全部真理,若不容许对其争论,那么接受者多数坚持这个意见就像坚持一个偏见那样,对于它的理性根据就很少领会。教条已变成仅仅在形式上宣称的东西,对于致善是无效力的,它妨碍去寻求根据,并且还阻挡着任何真实的、从理性或亲身经验中生长出来的信念②。

基于上述认识,密尔提出两个极为重要的原理:"(1)人的错误是能够改正的。(2)借着讨论和经验人能够纠正他的错误。不是单靠经验,还必须有讨论,以指明怎样解释经验。"③人类判断的全部力量和价值在于,当它错了时能够被纠正过来,只有在纠正手段经常被掌握在手中的时候,才能真诚对待对他的意见和行为的批评。习惯于倾听一切反对的言论,从中吸取教益,聆听是寻求真理不可缺少的途径。人类只有通过讨论,才能发现真理,认识和改正自己的错误。这一切,构成了对错误意见的自我修正原则。

密尔提出了舆论民主制度的基本原则,其中最重要的是:1. 防止似是而非地进行论证、对事实或论据予以压制、把案情的各项因素举陈错误,或者把反对的意见表述错误;2. 防止谩骂、讽刺、人身攻击以及诸如此类的态度。为了真理和正义的利益,限制使用辱骂性的语言实比限制使用其他武器还重要得多。对于每一个人,不论他自居于是辩论的哪一方,只要在其声辩方式中缺乏公正而表现出情绪上的恶意、执迷和不宽容,那就要予以谴责。3. 对于每一个人,也不论他持什么意见,只

---

① 参见《杰斐逊集》(下),生活·读书·新知三联书店 1993 年版,第 1325 页。

② [英]密尔:《论自由》,商务印书馆 1959 年版,第 56 页。

③ [英]密尔:《论自由》,商务印书馆 1959 年版,第 20 ~ 21 页。

要他能够冷静地去看、也能够诚实地说出他反对的意见,既不夸大足以损害他们相信的东西,也不掩盖为他们辩护或者想为他们辩护的东西,那就要给以应得的尊敬。这就是公众讨论的真正道德,因此,思想自由是不可缺少的。在精神奴役的气氛中,可能有伟大的个人思想家,却永远不会有智力活跃的人民[①]。

1919年,美国最高法院大法官奥利弗·温德尔·霍姆斯进一步阐发了宪法第一修正案的思想,提出"观念的自由市场"的概念:"人们所欲求的最高的善,最好是通过观念的自由交易来实现。检验真理的最好办法,是让思想的力量本身在市场的公开竞争中获取承认。"[②]同年,德国《魏玛宪法》第118条则规定:人民在法律范围内,有以语言、文字、印刷、图画自由发表意见的权利。人民实施此项权利,任何人不得加以妨碍,不得对出版物实行检查。

西方的舆论自由奠定了共和制度的政治基础,赋予公民普遍的社会权利,并使其置于法律保护之下。1948年,联合国大会通过的《世界人权宣言》,将舆论民主制度作为人类的基本权利确定下来。该宣言第19条规定,人人有自由发表意见的权利,包括寻求、接受和传递各种思想和消息的自由。1966年联合国大会通过、1976年开始生效的《公民权利和政治权利国际公约》第19条再次重申了这项舆论民主原则,强调人人"有持有主张,不受干涉"和"自由发表意见"的权利。

从19世纪中末期起,舆论自由制度在西方许多国家确立,普通公民有了言论和批评政府的自由,但同时也有失业、挨饿的自由,仍不能解决下层民众的贫穷问题。下层民众经过一个多世纪的罢工和示威游行的抗议,迫使许多国家实施了公众参政和福利主义改革,到20世纪70年代,政治与经济平等才有了一定的进步。

三、社会主义的舆论法则

认识社会主义的舆论制度,首先必须搞清什么是社会主义。按照邓小平、江泽民和胡锦涛提出的理论,社会主义是生产力高度发展、以人为本、共同富裕、充满公平正义的和谐、繁荣的民主社会。政府以"三个代表"为宗旨,人民是国家的主人,官员作为人民的公仆,立党为公,执政为民,其舆论制度必然富有民主、自由和法律机制。

社会主义舆论制度是在共和制的政治基础上产生的,政治上的"共和"支配经济上的共济,经济发展惠及全体人民。对社会主义而言,公有制和私有制的比例并不重要,重要的是实行经济公平制度,社会主导产业掌握在代表公共利益的国家手里。经营活动的强人必须通过诚实的劳动致富,按一定比例为社会贡献他的收益

---

① [英]密尔:《论自由》,商务印书馆1959年版,第35页。

② 参见 J. Herbert Altschull, Agents of Power, New York: Longman, 1984, pp. 12~17、23.

(严格纳税),每个公民都有劳动、休息和享有物质与精神成果的权利。所有实行过公有制国家的实践证明,在当代,全面的公有制恰恰不能给广大民众创造福利,除了把他们置于贫穷的地位外,却给少数掌权人提供了作威作福的资源。

社会主义如果采取生产力发展最有利的形式,建立民主制度,国民公正地获取劳动报酬,就没有失业和饥寒的威胁。这个社会有许多富豪,但没有穷人,不存在压迫和特权,社会收入的高低、生活富足的不同程度取决于个人的勤劳、智慧和贡献。在社会主义社会,每个阶级和阶层都应有思想自由和言论自由,官员们没有经济、政治和言论上的特权,更没有惩罚言论的暴虐之权。公民们自觉参与社会管理,在法律范围内发表意见,探索真理不受压制。那些在法庭之外判断言论是非、压制他人意见的文职警察、密探和长官都遭到民众的鄙视,没有人再愿干这种差使,政府中思想管理的职务业已消失。重大社会问题和公共决策都经人民或代表的讨论,集中正确的意见形成决议和政策,政府的执政和管理异常轻松而愉快。

社会主义舆论制度来源于市场经济和政治民主,建立在公民自由平等的政治基础上,主要表现为:1. 思想自由的观念产生于商品的平等交换,是竞争观念在法律、政治上的一种反映。2. 在一个没有特权、阶级压迫的社会,公共利益包含每个人的利益,有害的言论危及的是公共利益。危及公共利益的言论遭到全体人民的反对,用不着当权者去压制,就陷入民众的广泛批评。3. 言论自由是人民的权利,而且是公民的首要权利,也是解决社会问题的第一个前提。没有思想与言论自由根本不会有人的解放,也没有社会主义。4. 言论自由表现为推动社会进步的思想自由,是负责任的、独立思考的权利,受到法律的监督、保障与限制,一旦出现极端危险的意见,要受到法律的制止或制裁。

发表意见的自由是一切自由中最神圣的,因为它是一切的基础。恩格斯强调:"每个人都可以不经国家事先许可自由无阻地发表意见,这就是出版自由。"①列宁最初同样认为:"出版自由就是全体公民可以自由发表一切意见","苏维埃形式的国家政权要把所有的印刷所和所有的纸张拿来公平分配"②。在十月革命前争取合法的斗争中,列宁坚信衡量出版自由的标准是取消书报检查制度,"出版自由争取到了,书报检查干脆就被取消了。"③俄国十月革命胜利后苏俄曾通过一部法令,其中第 14 条规定:"为保障劳动者享有真正表达自己意见的自由,俄罗斯社会主义联邦苏维埃共和国消灭出版事业对资本的从属关系,技术与物质手段一律交归工人阶级与农民掌握并保障印刷品在全国自由的传播。"列宁预言,社会主义国家的

---

① 《马克思恩格斯全集》第 1 卷,人民出版社 1956 年版,第 695 页。
② 《列宁全集》第 32 卷,人民出版社 1985 年版,第 230 页。
③ 《列宁全集》第 23 卷,人民出版社 1958 年版,第 254 页。

言论制度具有以下几方面的原则:1. 报刊和言论手段是国家的公有财产,不允许私人占有;2. 报刊与出版物服务于社会总体目标,满足广大工农兵群众的愿望和要求;3. 报刊必须按照马克思主义原理、社会主义的意识形态报道新闻,宣传、动员、组织和教育群众;4. 国家有权监督和管理出版物,取缔反社会主义的传播内容。

在苏联社会主义的进程中,社会主义的舆论制度并没有按照马克思和列宁的最初设想发展。由于社会主义民主制度没有建立,一个新的特权阶层剥夺了一切人的财产,垄断了报刊与出版物,对言论实行严格管制,压制民众对苏维埃政策的批评,不断激起舆论反抗的声浪,先后发生多起暴乱①。

我国宪法第 87 条规定:中华人民共和国公民有言论、出版、集会、结社、游行、示威的自由。国家供给必须的物质上的便利,以保证公民享有这些自由。这意味着,我国的舆论民主作为公民的基本权利得到了国家根本大法的保证。但是,1954 年肃清“胡风反革命”集团、1957 年“反右”运动、1959 年的反右倾运动、1966 ~ 1976 年的十年“文化大革命”,极左势力实行言论专政,迫害异己,广大人民被剥夺了舆论自由。

在社会主义社会,如果权力不受制约,舆论制度不实行法制化,没有严格有效的选举制、弹劾制、新闻法、出版法和广播电视法等一系列法律保障,就难以避免舆论专制,同时会出现下列舆论趋势:1. 一些地方和部门靠简单的行政手段,凭借手中的权力,任意干涉人民的言论和新闻报道,新闻媒介变成宣传个人、进行舆论控制的手段;2. 新闻工作者和新闻机构的职业权利和义务在法理上不确定,记者受到诽谤、殴打无法可循;而记者制造新闻诬陷公民或官员也会经常发生,新闻的职业精神遭到践踏;3. 没有完备的信息公开制度②、知晓权制度,广大公民处于封闭、蒙昧中,谣言与小道消息盛行,容易发生舆论冲突和群体事件。

“百花齐放、百家争鸣”作为发展社会主义科学文化事业的指针,也是舆论制度建设的重要指南。“双百方针”同“舆论一律”相反,提倡舆论多样化,是体现舆论民主的正确路线。民主讨论推动人们自由地发表意见,激发人们对社会矛盾的思索与探讨,是舆论走向正确方向的动力。在宽松的民主环境中各种思想的自由碰撞,发挥正确意见的主导作用,是引导广大公众逐步接近和认识真理的唯一途径。

---

① (苏)达·里·戈林科夫:《反苏维埃地下组织的覆灭》,群众出版社 1983 年版,第 98 ~ 116 页。

② 2008 年 5 月 1 日,我国的《政府信息公开条例》正式实施,信息公开制度建设迈出第一步,公众对“阳光政府”寄予厚望。

第二节　舆论民主制的规范

最理想的舆论制度是**舆论民主制度**，这是目前世界上一些国家正在努力实现的思想言论制度，构成民众参与国家政治生活的规范。社会具有宽松的思想环境，人民掌握表达思想的物质手段和文化知识，在宪法和法律范围内对政府进行批评建议不受限制，公众的言论自由井然有序。舆论民主包括用语言、行为、图像、物像和音乐等形式，搜集、获取、了解和传播各种事实和意见，涵盖言论自由、出版自由、新闻自由、集会游行示威自由、科学研究和文艺创作自由。

一、舆论民主与政治民主

保证公民的言论自由，取缔言论专制，实现舆论的多元化，依法禁止有害的舆论活动，只能在民主制度下才能实现。政治民主是舆论民主的重要保证，没有政治民主，人民不可能当家做主，舆论自由权也不可能充分实现。政治民主越完善，越能保证舆论民主，人民的言论自由权也就越有可能得到保护。

舆论民主是在舆论领域实行的民主，不仅仅是简单的人民享有舆论自由权利，更重要的是如何发挥社会舆论资源的积极作用，推动整个民主制度的发展。实现舆论民主的最终目标是促进民主制度的完善，发展生产和促进人权，保护人民的根本利益。人民依法通过各种途径参与政治事务，体现为民主选举，建立民主议会制，实行重大决策的民意征集制。人民实现政治民主权利的途径有多种形式，其中之一就是对政治事务发表批评建议，以社会舆论影响政治事务的解决。权力机构广泛听取人民的舆论，顺应人民的要求，得到人民的支持和肯定，才能更好地治理国家。

舆论民主的实现需要政府的支持和保护，一个没有民主制度的政府不可能自觉地维护舆论民主，充分发扬民主的政府才会自觉地维护舆论民主。政治民主直接与政府相联系，是政府尊重、相信和依靠人民执政的具体表现。一个国家不允许公民参与政务，就等于扼杀了公民的舆论民主权利，无论它如何宣称发扬舆论民主，只能是空洞无物的宣传。相反，一个国家能够充分发扬政治民主，公民可以对政务自由发表意见，就实现了舆论民主。综上所述，没有舆论民主就没有政治民主，二者互相制约、互相促进和互为印证。

实现舆论民主需要法律保障，法律和制度保障的运行机制没有形成，舆论民主就难以落实。官员镇压言论由谁来干预，法院是否认真、严肃地依法判决，都涉及到舆论民主的法律制度是否建立。在一些国家或地方,官员对群众言论、新闻报道和舆论监督不合心意,就以破坏政权和社会治安为由严令取缔,好像国家、政府和社会是他个人的,民众与记者是他的奴仆,随意可以定个罪名惩治。这种行为已经违宪,法官却不敢过问,是因为法官不是人民任命而是官员钦定的。在既没有民主又没有法制的社会,舆论民主是无法实现的。民主制度为民意提供了法律保证,各种意见可以充分交流,并在公开辩论中按照多数裁定的规则形成民意。

在民主制度下,宪法确立两项重要原则:保证政治自由和言论自由。政治自由的含义指的是社区自治和信仰自由带来的处理各种政治事务的自由,包括公民使用某种手段表示意见、自愿选举政府领导者并采取无害于社会的生活方式。言论自由最重要的有两类:建议的自由和反对的自由,这两种自由并不限于口头的,而是包括一切发表意见的形式。民主是保证社会成员获得公正待遇的制度。任何公民都不能保证他在社会争执中不受损害,但在民主制度下他能公正地享有一份表达权和表决权。在表决中他可能失败,但意见还是提出来了,没有人因此伤害他。如果他的意见代表常识或相当数量的社会成员的利益,他就会影响政府的决策,保护自己的利益。这就是舆论民主与政治民主的重要价值。

二、舆论民主下的公民参与

公民参与政府决策是民主政治的首要基准,也是舆论民主的目标之一。美国政治学家卡尔·科恩强调:“民主是一种社会管理体制,在该体制中社会成员大体上能直接或间接地参与或可以参与影响全体成员的决策。”①公民参与也是形成舆论和建立社会共识的基本途径,“对舆论分布状态的感知,不仅会影响个人立场、社会决策以及意见的公开表达,而且,会影响人们从事各种政治行动的意愿。换言之,对多数或少数意见的知觉,不仅会影响人际表达和意见交换,而且会在更一般的意义上抑制或约束公民参与。”②

舆论与公民参与是天然地联系在一起的。没有充分的公民参与,就不会有规范意义上的公众舆论。“公民参与是一种公民权力的运用,是一种权力的再分配,使目前在政治、经济等活动中无法掌握权力的公众,其意见在未来能有机会列入考虑。”③社会公共事务由民众讨论决定,公民平等行使政治权利,使社会充满生机与

---

① [美]卡尔·科恩:《论民主》,商务印书馆 1988 年版,第 10 页。

② Dietram A Scheufele; William P. Eveland Jr., Perceptions of ‘Public Opinion’ and ‘Public’ Opinion Expression, International Journal of Public Opinion Research; Spring 2001, Vol. 13, p.25.

③ Arnstein, Sherry R., A Ladder of Citizen Participation, Journal of American Institute of Planners, July 1969, Vol.35, pp. 214 ~224.

活力。当公民、知识精英和公共政府在商议和沟通中相互影响时,公众舆论将得到持续不断地修正和提炼,经过精英过滤的公众舆论与积极的公民参与相结合的政府决策,是值得信赖的。实际上,公民直接参与的舆论行为,是一种未经过滤的人民声音,尽管它不完美,但却具有孕育和发现真理的属性。对这种不完美的容忍和保护,正是舆论民主制度的标志之一。

现代意义上的公民参与已经不是直接民主意义上的人民统治。代议制共和政体解决了现代民族国家疆域辽阔、人口众多的管理问题。代议制民主就是“为达到政治决定的一种制度上的安排,在这种安排中,某些人通过竞取人民选票而得到做出决定的权力。”①在民主国家中,决策过程面临着两个方面的要求:一是追求效率,二是对不良倾向控制的能力。人们一方面希望政府在政策制定过程中提高其科学性,另一方面希望政府能够满足民众的多种要求。代议制或间接民主并未放弃公民对政府决策的实际影响,只不过要通过定期选举制来实现,而不是公民直接参与。公众舆论对政策进程的影响表现在议题设定、协商、批准和实现四个阶段,对议题设定和批准这两个阶段的影响是直接的,而对其他两个阶段的影响是间接的。

公民参与不能对所有决策过程都会产生积极的效果。对公民参与的批评一般集中在三个层面,即代表性问题、工作绩效问题以及公共政策质量问题。公民参与往往是伟大设计的开始,但它经常演变为日常的讨价还价。公民缺少专业知识,对政策形成的程序不熟悉,只是在情感上参与一些事物,而不是理性地提出批评,其结果使决定达成的时间延长,冲突可能升级。

究竟需要多少公民参与,公民参与以什么形式、在什么环境下以及怎样影响公共政策?在这些问题上,公民参与的支持者和反对者有着同样的困惑。在太多的公民参与和太少的公民参与之间找到一个适宜点,体现了公民参与面对的最大挑战。但无论如何,舆论民主的过程也就是决策者不断听取民众意见并使之转化为政策的过程。在代议制民主下,精英民主与公民参与都是舆论民主的形式,精英主义和多元主义的民主都含有价值,一个准确的图景应该是二者的有机结合。

公民通过参与和讨论政策形成一致的意见,是个人意见激活公众舆论的典型写照,显示出舆论的固有特征。黑格尔指出:“个人所享有的形式的主观自由在于,对普遍事务具有他特有的判断、意见和建议,并予以表达。这种自由,集合地表现为我们所称的公共舆论。”②若个人意见得到公开发表,并且牵涉到公共问题,它就可能成为舆论。

在代议制民主制度下,公民参与具有三个特征:1. 不直接支配公共权力;2. 采

① [美]熊彼特:《资本主义、社会主义和民主主义》,商务印书馆 1979 年版,第 337 页。

② [德]黑格尔:《法哲学批判》,商务印书馆 1979 年版,第 332 页。

取非官方的途径和方式;3. 其力量主要来源于公民广泛的数量对于决策者的压力[①]。显然,政策信息和决策过程的公开,是保证公民有效参与的前提。在民主制度下,每个人都需要知道有关事实,而且知道他们需要知道的事实,民主反对信息传播的任何限制。公民把获得正确的知识,训练自己能写会听及发表合理的意见当作义务,在其他政体下是不会出现的。公共事务既然是每个公民的事,公民必然会更有兴趣,他们会争取知道更多的知识与信息。民主与民意都处于发展进程之中,民主愈发展,个人知道的信息愈多,意见愈能通畅地表达,民意愈可顺利地形成。

20 世纪 90 年代,美国公民新闻运动(也称公众新闻运动)把普通公民从"局外人"变成了"局内人",也把公民参与提高到一个新的水平。这场运动"在沟通社会信息、化解社会矛盾、维护美国社会稳定发展方面,美国新闻界的'公共新闻'理论及其实践的确起到了一定的积极作用。"[②]美国白宫网页自 1994 年开通,几十万份政府文件上网,每天有上万人光顾该站点以获取自己所需的信息。俄亥俄州建立了世界上第一个电子市政厅,通过双向通讯系统,公众可以真正参加议会、参与讨论、发表演说,电子民主、远程民主、网络民主、数字民主或塞博民主等概念,在西方世界不胫而走。

三、舆论民主的法律保障

正如前述,建立舆论民主制度,需要有宪法和法律的保障,需要有表达舆论的各种公共领域和渠道,并且舆论民主本身要允许表达错误的意见,只有这样才能形成健康的舆论生态。**言论自由**和舆论自由无疑是一个法律概念,即它是在法律范围内按个人意志发表意见的民主权利。在宪法和法律里,应该有保障言论自由和舆论民主制度的条款。如果出现违反宪法和法律规定的行为,侵害了公民的言论自由权,法律应对其予以制裁。

为保障言论和舆论自由,许多国家的宪法专门规定了言论与出版自由、集会与结社自由、通信秘密的保障以及获得知识与信息的权利等等。人类历史上第一个明确规定表达言论自由的正式文件——法国的《人权宣言》,强调的是"自由传达思想和意见乃是人类最宝贵的权利之一,因而,每个公民都有言论、著作和出版自由,但在法律所规定的情况下,应对滥用此项自由承担责任。"我国宪法规定,公民有言论、出版自由,同时也规定公民在行使自由和权利的时候,不得损害国家的、集体的利益和其他公民的合法的自由和权利。

---

① 葛伟:《公共政策过程中的公民参与》,载《广东行政学院学报》2006 年第 6 期。

② 蔡雯:《"公共新闻"发展中的理论与探索中的实践》,载《国际新闻界》2004 第 1 期。

虽然宪法规定了公民有言论、出版自由，但在实际生活中，却经常发生公民的言论、出版自由被侵害的事件。革命烈士张志新因说出对“文革”的不同意见而被割断喉管并处死。山西省青年农民李绿松因村小学建设资金去向不明四处上访告状，因在县委、县教育局的墙上写下“清除腐败，清除贪官”的红字标语，而被县公安局拘留，打得遍体鳞伤，舌头也被割掉了半截。① 2006年重庆的彭水县一名教师因传播手机打油诗，被立案逮捕②……这些事件，无一不是对公民言论自由的侵害与践踏。

可见，在宪法中原则性地规定公民有言论、出版自由是不够的，应该对言论和表达自由作出详细、具体的保障性规定，使政府、司法机关、公民个人能够较明确划清表达自由与限制之间的界线，据此规范各自的行为。如卢森堡大公国宪法第30条规定：“表达思想、意见及信仰的自由，以及通过语言、文字、图像、声音及其他传媒进行任何形式的创作的自由，均不可侵犯。禁止任何形式的新闻检查。新闻自由也包括创办出版物的自由。不得查封任何出版物。”③

大陆法系国家，通过制定关于公民表达自由的专门性法律来保障表达自由，为建立舆论民主制度奠定了基础。如法国早在1881年就制定、公布了《出版自由法》，在1944年又颁布了《关于法国报刊组织的法令》。法律中明文规定：“印刷和出版是自由的。”实行申报制，出版“无须事先批准，无须缴纳保证金”。两部法律明确规定了出版业的组成、报刊出版前的手续，企业负责人的身份、责任，版本的备案、法律与行政上的责任，更正的权利，答辩的权利，禁载内容，某些出版物的特殊对待，对报刊的扣发，保护法定个人和法定团体，有关新闻罪的责任及权限等。另外，瑞典、芬兰、丹麦、意大利、埃及、希腊、泰国等许多国家都先后颁布实施了新闻、出版、印刷或报刊方面的专门性法律。很多法律将宪法规定的公民的表达自由予以明确化和具体化，为公民表达自由的实现提供了良好的立法保障④。

舆论自由制度的建立需要有纵横畅达的意见通道，法律要保障为人们自由发

---

① 见《质量时报》，2000年4月20日，《告状农民被割舌》一文。

② 重庆市彭水县教委借调干部秦中飞，2006年9月因一则针砭时弊的短信诗词失去了自由，涉嫌诽谤被刑拘，继而被逮捕。关押29天后被“取保候审”。再过25天，该案被认定为错案，秦中飞无罪，并获得了国家赔偿，县委书记蓝庆华被免职。2006年8月15日秦中飞针对当地政风曾向熟人发出下列诗词短信：“马儿跑远，伟哥滋阴，华仔脓胞。看今日彭水，满眼瘴气，官民冲突，不可开交。城建打人，公安辱尸，竟向百姓放空炮。更哪堪，痛移民难移，徒增苦恼。官场月黑风高，抓人权财权有绝招。叹白云中学，空中楼阁，生源痛失，老师外跑。虎口宾馆，竟落虎口，留得沙沱彩虹桥。俱往矣，当痛定思痛，不要骚搞。”彭水县委常委、公安局局长发现秦中飞所写《沁园春·彭水》短信，有代指领导的内容，报告县委领导，领导要求调查编写短信者有无“政治企图”，决定以涉嫌诽谤罪立案，县领导要求“五天办结”。检察院迅速下发了逮捕令，9月11日秦中飞被执行逮捕。

③ 甄树青：《论表达自由》，社会科学文献出版社2000年版，第210页。

④ 甄树青：《论表达自由》，社会科学文献出版社2000年版，211页。

表言论提供机会和场所，如大众媒介、公共讲堂、会议厅和公园等。世界上每个政府都有人类的弱点和腐化堕落的胚芽，为了防止政府蜕化，必须由人民来监督。法律应当给人们打开通向真理的道路，成为监督政府的工具，这个最好的道路和工具就是言论和新闻自由。言论出版自由与政府行使权力是一致的，正派的政府不会被言论打倒，民主制度决不限制言论自由，除非对公民的名誉造成损害。杰斐逊关于新闻自由的名言至今仍被人们广为流传："离开了对新闻出版自由的保障，就无其他自由的保障可言，当公众舆论允许自由表达时，其力量是不可抗拒的。""没有监察官就没有政府，但是，哪里有新闻出版自由，哪里就可以不需要监察官。"①

人民群众作为社会的主人，应当拥有对权力运作过程及结果的知晓权和评判权，政府在保密制度许可的前提下采取多种公开方式，如允许公众旁听会议，新闻报道会议内容，公众自由查阅政府文档，保密文档要实行定期解密制度。逐步建立和完善干部选拔任用公示、公务人员财产收入公开和申报、领导干部述廉和重大事项报告等制度，扩大群众监督的渠道，为他们发表正确的意见提供事实依据。在美国，全国有线电视网用两个频道每周 7 天每天 24 小时对国会活动现场直播，对直播的内容，没有编辑和间断。在加拿大，有线公共事务频道每周 7 天每天 24 小时专门报道议会活动，包括众议院辩论、参议院会议、议会委员会的听证会、政府委员会会议、特殊事务调查等。在以色列，议会的所有全体会议及专门委员会会议都要通过电视向全国直播，媒体可以任意进入议会活动，用于电视直播的机器可以在会场内任意移动，在议会会议进行过程中，电视观众可以随时打电话发表意见。会议向公众开放，为舆论民主的实现提供了广阔的空间。

法律要保护说错话的人，除非他诽谤、诬陷他人或泄露国家机密，即使属于后者，要由法庭经过认真辩论才能依法认定。从深层次看，言论自由是人们对客观世界认识的自由，也是思考和探索真理的自由。人们对事物的认识需要一个过程，提出的意见、发表的言论出现错误是不可避免的。如果只有正确的言论才有表达的自由，就不会有言论自由，民主就要落空。历史证明，人们对事物的看法在不断改变，许多原来备受推崇的观点由于条件的变化已被推翻，而那些被视为异端邪说的观点却得到了实践或科学实验的证实而逐渐为人接受。不允许表达错误的意见，是对发现真理规律的蔑视。正如李大钊所说："说某种主义学说是异端邪说的人，第一要知道他自己所排斥的主义、学说是什么东西，然后把这种主义、学说的真象，尽量传播，使人人都能认识他是异端邪说，大家自然不去信他，不致受他的害。若是自己未曾认清，只是强行禁止，就犯了泯没真实的罪恶。假使一种学说确与情理相合，我们硬要禁止他，不许公然传布，那是绝对无效，因为他的元素仍然在情理之

① 转引自郑超然、程曼丽、王泰玄著：《外国新闻传播史》，中国人民大学出版社 2000 年版，第 319、320 页。

中,情理不灭,这种学说也终不灭。假使一种学说确与情理相背,我以为不可禁止,不必禁止,因为大背情理的学说,正应该让大家知道,大家才不去信,若是把他隐蔽起来,就有容易被人误信的危险。”①

舆论民主是一个全面的法律概念,正当言论自由要受法律保护,违法的言论要受法律惩罚。表达意见要有一定限度,如果超出了一定界限,要受到法律限制。这种限制包括:第一,社会利益限制:言论活动不能煽动混乱,破坏社会秩序,侵害人民利益。第二,国家利益限制:不得以诽谤、造谣的方式颠覆国家主权,煽动民族仇恨、民族歧视,挑拨不同民族之间的关系,不得煽动群众采取暴力方式抗拒国家法律的实施;但发表对某些法律的不满言论,即使是错误的,也不构成犯罪;禁止泄漏国家秘密,危害国家主权的巩固和防御能力,影响国家统一、民族团结,损害国家对外活动中的政治经济利益,威胁国家领导人和外国来访人员的安全,妨碍国家重要的安全保卫工作。第三,公民精神利益的限制:禁止传播有害公众身心健康的言论,除了淫秽、色情外,宣扬邪教、封建迷信和凶杀暴力也是违法的。第四,他人权益的限制:以恐吓手段威胁公民的人身安全、禁止发表损害他人的人格和声誉、揭露他人隐私的言论。

四、舆论民主中的自律

古典自由主义大师洛克曾经指出:“自由并非像罗伯特·菲尔麦爵士所告诉我们的那样:是‘各人乐意怎样做就怎样做,高兴怎样生活就怎样生活,而不受任何法律束缚的那种自由。’处在政府之下的人们的自由,应有长期有效的规则作为生活的准绳,这种规则为社会一切成员所共同遵守,并为社会所建立的立法机关所制定。”②公民在行使言论自由的时候,自觉防止言论在认识上的偏离,是实现表达自由的决定性因素。实事求是成为言论表达的标准,背离物质客观实在的言论随意性越大,对现实的破坏作用也越大,对言论自由进行自律,有助于社会的进步和民主制度的完善。

著名的美国最高法院首席大法官霍尔姆斯说过,“最严格的保障言论自由也不能保障一个人可以在戏院内虚报火警制造恐慌。”③公民自身素质和道德修养的提高,才能有效地保障言论自由不被滥用,预防其造谣诬蔑,散布流言蜚语。舆论民主是在法律和符合人民根本利益范围内的思想自由,不仅需要法律的规范和约束,而且要求每个发表言论的人严格自律。

---

① 李大钊(署名常):《危险思想与言论自由》,原载《每周评论》第24号(1919年6月1日)。

② [英]洛克:《政府论》(下篇),商务印书馆1983年版,第16页。

③ 转引自张宗栋:《新闻传播法规》,台湾三民书局1978年版,第7页。

言论自律一方面要靠自律者的良心。人的良心来自于良知。当人们的言语或行为违背社会道德时,内心的良知会自我运作,表现出脸红或坐卧不安。良心谴责引起人的内惭心理,因无颜面对他人而收敛放纵行为。许多人能够用内省的力量抑制个人的丑恶欲望和无耻谰言,依赖良心规范言论表达,已经悄然运作几千年。但是,不是每个人生来就懂得是非善恶,良好的道德观和高尚的思想境界来自教育,来自家庭的培养和社会教化。人的社会化是形成良知的互动过程,以社会典范培养人们的廉耻感,养成"互尊、互敬、互爱"的社会风气,是有效进行言论自律的重要前提。

另一方面,要靠不断学习,以丰富的知识进行言论自律。人类通过不断学习,了解自然和社会的科学道理,不断提高自身的认识能力,自觉防止发表错误言论。在现实生活中,有知识的人谈吐更加得体,表述也更加准确,因为他们对事物的认识较为正确,对公众事务不容易产生荒谬的念头。拥有较少知识或无知识的人,则不懂公共事务,并往往出言不逊。

人的自我素质还体现于处世态度,表现为是否具有强烈的正义感和公正感,对社会和他人是否有爱心。不具备这些品质,就容易诬陷、攻击他人,随意把别人的命运踩在脚下。历次政治运动无中生有揭发、批斗他人的"勇士",抓住他人的言论扣政治帽子的跳梁小丑,都是心怀叵测的歹类,既无知又缺少做人的道德。这样的人丧失良知,没有任何自律意识。与人相处追求人际和谐,与社会相处爱护社会和谐,没有恶劣的目的或蓄意报复的心理,都是公民言论自律的必备品质。

第三节　舆论专制制度分析

舆论专制是相对于言论自由而言的,是指国家权力对公民的口头和书面表达实行专制统治,公民没有任何形式的发表反对意见的自由,包括古典舆论专制主义和现代舆论专制主义。言论专制的背后是政治专制,统治阶层害怕言论的扩散带来危险,危及他们的统治,才对民间舆论进行打压,建立"一言堂"的舆论制度。专制主义用自己唯一的声音垄断舆论,强行以其"单一意志"控制社会秩序。

一、古典极权的舆论专制

舆论专制建立在政治专制的基础上,皇权的专制统治可称为古典舆论专制制度。这种专制制度有下列特征:1."皇帝有至高无上的权力,在各地方设官职以掌兵、刑、钱、谷等事，并依靠地主、绅士作为全部封建统治的基础”①。2.“国家实行君主制时，政权归一人掌握”②。3.“君主政体的原则总的说来就是轻视人、蔑视人、使人不成其为人”……君主专制政体和暴政是同一个概念的不同说法，哪里君主制占优势，哪里的人就占少数；哪里君主制的原则是天经地义的，哪里就根本没有人了。专制制度必然具有兽性，并且和人性是不相容的③。

在整个封建社会，凡行政、军事、经济等一切大权均由皇帝总揽，一切军国大事都由皇帝一人裁决；从中央到地方的官制、机构以及各级官吏，直接由皇帝决定和任免，皇帝能够有效地控制封建朝廷和地方权力。颁布通行全国的法律，用于惩治反对皇权的思想与行动，体现皇亲贵族的意志。在这种社会里，民众只能按统治者的意志行事，没有发表意见的权利，统治者依靠国家机器对意识形态严加控制，舆论只能是对皇帝指令的呼应和歌颂，全国臣民与皇帝话语高度一致。

国王是封建社会的最高统治者，占有国家的一切财富，这种统治没有丝毫合理之处，需要制造一套理论维护它的合法性。“普天之下，莫非王土；率土之滨，莫非王臣”，从奴隶主那里继承的这种野蛮理论，透过“君君、臣臣、父父、子子”的纲常伦理，迫使臣民为其效忠。为了把皇帝的言论传达、贯彻到四方，必须有一批批忠心耿耿的奴才，因而他把爵位、土地或疆域分封给子弟和功臣，将他们任命为诸侯或者封疆大臣，形成封建特权等级。依附者对皇上忠心不二，丝毫不会提出反对意见，成为舆论专制的基础。

在专制制度下，最高统治者言出法随，不得有半点违抗。“君叫臣死，臣不敢不死”，臣民绝对服从皇帝，下级官吏绝对服从上级官吏，舆论一律建立了牢固的基石。这种官吏体系必然任用亲信，各层高官酷吏每天都想往上爬，对皇族竭尽赞扬夸奖之能事。人身依附的权位关系，任人唯亲的选官制度，保证皇权的意见不会在控制中失效，一切敢于提出反对意见的人，都在告密中陷入大狱或人头落地。舆论一律，以一贯之，普天之下莫非王言。

古典舆论专制制度除建立在上述的人身依附关系上，愚民政策的欺蒙也起了巨大的作用。民可使由之，不可使知之！如果人民都成了傻子，一无所知，任何荒谬的意见都可以左右他们。老子曾公开主张用愚民政策窒息人民的反抗，麻痹人民的斗志。他说：“古之善为治者，非以明民，将以愚之。民之难治，以其智多。故以智治国，国之贼；不以智治国，国之福。”（《道德经·六十五章》）庄子则将老子的观点绝对化，认为只有“绝圣弃智”（《庄子·去箧》）的社会才能安宁。而管子则强调“君明、相信、五官肃、士廉、农愚、商工愿，则上下相体，而外内别也。”（《管子·

---

① 《毛泽东选集》第2卷，人民出版社1951年版，第587页。

② 《列宁选集》第4卷，人民出版社1972年版，第51页。

③ 见《马克思恩格斯全集》第1卷，人民出版社1956年版，第411～414页。

君臣》)其后,许多学派特别是法家的代表人物都提出过愚民的主张,诱使农民安心务农,老老实实服从统治者的剥削和征战的需要。

封建的舆论专制是为了治服臣民,以国君意志统一全国,巩固皇位与战胜敌国。一个君主,要想控制天下,首先必须制服自己的臣民,让国民听话。这就是所谓"昔能制天下者,必先制其民者也;能胜强敌,必先制其民者也。"(《商君书·画策》)从思想上奴化人民,还需要奴化知识分子,使他们为追逐功名利禄效忠皇权。尽忠的知识分子给官做,不敢反抗的知识分子给利禄,对敢于提出疑义的知识分子则大开杀戒。

封建统治者为了维护其专制地位,都曾效法秦始皇,将不符合其思想的图书视为"异教邪说",肆意焚毁,这是舆论专制的基本标志之一。1772 年,清帝乾隆下谕,以编修《四库全书》为名,命"督抚、学政购访图书",将所有民间藏书汇集京师。到 1774 年,由各省运抵京城的图书已过万种,乾隆撕下伪装,宣令将明末清初有"违碍"字句的图书"尽行销毁"。从 1774 年下诏焚书开始,在将近 20 年里一直在全国烧书,被焚图书共 3000 多种,达六七万部。在禁书过程中,不少著书立说者横遭劫难。

二、现代集权的舆论专制

资本主义在西方兴起后,思想自由与剥削自由孕育了庞大的赤贫阶级,金钱支配一切的社会导致人类种种不幸。民主学说、社会主义学说和无政府主义学说相继产生,人类进行了建立公正社会制度的多种实验。各种社会主义和福利主义国家先后出现,但专制权力以新的形式冒出来,也短期地出现了现代的舆论专制制度。

法西斯政权血腥镇压言论和反对派报纸,是现代舆论专制制度的第一种类型。最有代表性的是 20 世纪 30 年代德国法西斯专制政权的诞生。希特勒凭借军队、警察、法庭、监狱等暴力机关,镇压人民反抗,对人民和反对党实行言论专制。希特勒以人民(Volk)和国家的神圣名义要求公民放弃个人自由,服从法西斯政党的专政。希特勒说:"一个民族的思想和意志自由,要比个人思想和意志自由有价值得多。"[①]高喊为了人民和民族、服从人民和民族意志的口号实行舆论专制,是现代舆论专制制度与古典舆论专制制度的重要区别。希特勒在《我的奋斗》中公开说:"人民统治的真义是指一个民族应被它的最有能力的个人,那些生来适于统治的人

① 朱庭光主编:《法西斯体制研究》,人民出版社 1995 年版,第 87 页。

所统治和率领”[1]。希特勒利用国会纵火案下达紧急法令,终止了言论、出版、集会和结社自由,反对其独裁统治的人被投入监狱或集中营,一切有碍于法西斯暴行的书籍投入火堆,掀起焚书运动。

为了达到统治人民思想、遏制反对派言论的目的,他们倚仗虚假宣传,强化思想控制,设立各种形式的新闻检查制度。纳粹党建立了党有和国营合一的新闻体制,在全国实行骇人听闻的法西斯新闻专制。在其宣传部长戈培尔指令下,德国有60家共产主义、71家社会民主主义的报纸被禁,主要编撰人员被关押和杀害,到1933年4月底,几乎所有的反对派报纸都已消失。戈培尔发布命令,没有宣传部许可,不准创办报刊,禁止出卖报社,禁止通过教会或者宗教团体向报纸、杂志提供经济上的资助。1935年4月颁布的另一个命令说:只要独立性的报纸与党报之间发生竞争,独立性的报纸立即禁止出版。

苏联集权体制镇压不同意见,是现代舆论专制制度的第二种类型。俄布尔什维克党夺取政权前,列宁认为出版自由是最伟大的口号,出版自由就是全体公民可以自由发表一切意见。但在夺取政权后,由于西方报刊和国内反对派对布尔什维克党的攻击和批评,列宁取缔了言论自由和新闻自由,设立了报刊法庭,调查一切反对言论并予以制裁,查封了一切反对派报纸,对持不同政见的编辑、记者和作家,予以监禁、流放或驱逐出境。列宁“以人民的名义”建立了布尔什维克一党专政和党报制度,宣布苏联有言论自由,但只给无产阶级,对资产阶级和人民的敌人绝不给自由。

在这一理论指导下,只要反对苏维埃政策就是敌人,一切反对苏维埃政策的意见都是非法的。你是个工人,你揭露了厂长的官僚作风和腐败事实,对苏维埃政权表示不满,你就成了资产阶级的代表,是苏联人民的敌人,被剥夺言论自由。苏联的言论自由只给顺从者和拥护者,不给提出反对意见的人以自由。在强行实施农业集体化中,有500万反对的农民及其家属,有的被杀害,有的被流放或关进了集中营。

斯大林在巩固自己的最高权力的过程中,对政治对手和提出不同意见的同志进行清洗,接连杀害了几百万人,更多的人被关进监狱和流放。列宁时期的政治局委员,比斯大林资格更老、贡献更大的革命家们,全部被处决。最早的139名中央委员和候补委员中,有98人被枪毙,党的代表大会的1996名代表中,有1108人被处决。为布尔什维克打下江山的红军干部有3.5万人被杀害,5个元帅杀了3个[2]。1936年至1939年有150万共产党员因对现行政策提出批评被捕,其中“只

① 转引自袁伟时:《铭记德国法西斯兴起的历史教训——答〈看世界〉特约记者》,《看世界》月刊2005年第6期。

② 见《真理报》1964年2月7日。

有5万人获得释放"[①]。最可悲的是，这些人都是在党报的唾骂声中以人民的敌人被冤杀的。在残酷镇压和清洗的同时，歌颂斯大林的舆论连绵不绝，斯大林成为舆论盛赞的"人类最伟大的天才"，"苏联人民的杰出领袖"。

现代专制主义也发生在像美国这样自诩民主的国家。20世纪40年代末到50年代初，美国曾掀起"麦卡锡主义"的反共、排苏运动，党派斗争成了迫害公民言论自由的温床。由于东欧、中国等十多个国家共产党接连取得政权，对西方各国工人运动产生鼓舞，也给这些国家的反共分子带来恐惧。1949年美国共和党人麦卡锡突然将矛头指向执政的民主党，借助虚假情报搜罗"赤色分子"名单，指控许多民主党人为共产党或共产党的同情者。"原子弹之父"奥本海默、电影大师卓别林、著名汉学家费正清等人都是麦卡锡同伙迫害的牺牲品。当时，凡是谈论共产党、苏联、马克思、共产主义和工人运动的人，没有明确表示反对和批判的态度，或读过与此相关书籍的人，都被列入黑名单，遭到严厉监视。约有2000万美国公民受到不同程度的审查，至少有800万美国人要经常证明他们对国家的忠诚，

在"忠诚调查"的影响下，美国的社会舆论随之右转，大中小学教师如果不在课堂上大骂苏联和共产主义就会被解雇，参加角逐美国小姐的候选人必须陈述反对卡尔·马克思的看法，否则没有资格参加竞争表演。1953年4月，麦卡锡集团对美国设在海外的大使馆藏书目录进行清查，被剔除的书籍总数有近200万册，美国国内一些城市和学校的图书馆也纷纷查禁甚至焚毁"任何可疑的书籍和杂志"，连介绍芭蕾舞的书因为提到"苏联"而被付之一炬。成千上万的华裔被怀疑为"间谍"，不准寄钱给在中国的亲人，禁止公开谈论自己的家乡。还有不少人因被指责"同情共产党"而受到监禁、驱逐甚至遭到暗杀。在冷战和热战时期，许多资本主义国家都迫害过拥护马克思主义和共产主义运动的人，阅读马克思、列宁的著作受到监视。

三、现代舆论专制的根源

在现代国家，发生大规模的迫害不同意见的事件，不仅仅是法制不健全的问题，在完全具备法制的国家，照样出现了德国法西斯镇压言论的制度和美国麦卡锡事件。这是社会阶级对立和其他不可调和的矛盾造成的结果。法制并不能消除阶级对立和社会摩擦，法制的健全不能有效防止歇斯底里行为，也不能有效制止迫害的发生。马克思指出："劳动者在经济上受劳动资料即生活源泉的垄断者的支配，是一切形式的奴役，即一切社会贫困、精神屈从和政治依附的基础。"[②]无论德国或

---

① ［美］鲍里斯·列维茨基：《三十年代斯大林主义的恐怖》，人民出版社1981年版，第3页。

② 《马克思恩格斯全集》第17卷，人民出版社1977年版，第476页。

苏联,对言论的镇压都受到最高统治者下属和一些民众的支持,哪怕是表面的赞颂,都形成舆论一面倒的趋势,因为他们的工作和命运掌握在最高统治者手里。一个社会,只要一个人有随时被剥夺生产和生活资料的危险,最高当局以提拔做诱饵、以失去工作相要挟,都会使一些人充当专制和暴力的帮凶,使广大安分守己的人闭口无言,那些敢于反抗不合理秩序的人就陷入舆论专制的围剿。

德国第一次世界大战的失败,形成同战胜国的许多利益冲突,民族复仇情绪在某些精英人物中酝酿。犹太人的经商能力和普遍富裕,激起一些雅利安人的嫉妒和不满。工人的贫困化同资本主义企业的盲目生产,导致经济危机日益严重,工人失业和工人运动威胁了大资产阶级的剥削秩序。希特勒打着国家社会主义旗号上台,提出庞大的发展经济的计划,许多停顿和即将倒闭的企业转向军工生产,解决了全民就业问题。当人们还没有认识纳粹党的战争图谋时,整个德国已走向军国主义轨道,为了国家和雅利安民族利益,成为鼓吹舆论专制的公开理由。

苏联的舆论专制制度,是过激革命斗争和计划经济的必然结果。苏联的领导者硬要在一个生产力落后、存在大量小生产和私有观念深厚的国家实行农业集体化、工业国家化和计划体制,在分配领域强制推行平均主义和义务劳动制。这些美好的革命都很神圣,但不符合俄国实际和社会进程,自然遇到消极怠工和各种形式的反对意见。苏维埃革命剥夺了人民的所有财产,培植了管理企业和农庄的官僚体系,消灭了劳动者的积极性和责任感,导致人民长期处于贫穷和饥饿状态。假社会主义的一系列错误方针,引起领导集团内部和广大人民的不满,不断出现反对的呼声。

更为致命的因素是,苏联的意识形态确立布尔什维克党及其最高领袖是历史发展方向的代表,是无产阶级利益的捍卫者,只能赞扬、歌颂,不能批评、反对,谁反对就是开历史倒车,就是反革命。对农业集体化、计划经济和干部制度提出不同意见就是反对社会主义,凡反对社会主义的人都是无产阶级的敌人,凡敌人都应当消灭。干部和群众面对反社会主义的观点,不斗争就是丧失无产阶级立场,丧失立场就是暗藏的敌人或叛国变质分子。这种荒谬逻辑迫使许多干部群众不得不赞扬过左的革命,批判对假社会主义提出否定意见的人,其中包括最高领导集团中的托洛茨基和布哈林[①]。斯大林也强调报刊批评,但他指的是对州、市、县和基层干部不坚持他的路线和工作方法问题的批评,恰恰把过激的社会革命和政策推向极端。

在苏联现代专制主义制度中,当权者崇尚战争年代军队意志的高度集中,否认

---

① 托洛茨基和布哈林都是斯大林的战友,在党内处于核心领导者的地位。二人由于不赞成斯大林的政治与经济思想而受到批判,托洛茨基被驱逐出境,1940 年在墨西哥被苏联特工暗杀,布哈林于 1938 年被宣判为叛国罪处以死刑。1956 年和 1984 年苏共中央两度对包括托洛茨基和布哈林在内的受迫害的人恢复了名誉。

和平建设时期言论自由的正面功能，把言论自由的负面作用无限夸大。掌权人在经济活动和日常生活中号召人民统一思想、统一行动和统一意志，无条件服从当权者的任何决策，取缔公民的言论和思想自由。世界上任何领袖人物都犯过错误，没有任何政权没有出现过错误，问题在于只有言论自由、接受舆论监督，掌权人才能避免犯大的错误，改正已经犯过的错误。苏联领导集团自诩是先进阶级的代表，在对待自己错误的问题上奉行的是不承认主义，拒绝人民的任何批评，舆论专制只能越陷越深。

在现代舆论专制制制度中，都发生过狂热的领袖崇拜。德国崇拜过希特勒，苏联崇拜过斯大林，美国的共和党党内和反共分子在1950年前后也崇拜过麦卡锡。在一个国家，领袖崇拜达到迷信的程度，这个领袖的一言一行是不可触动的金科玉律。要求同领袖保持高度一致，对领袖无限效忠，成为一种强劲的思潮。当权者动用宣传工具鼓噪自己是历史上最伟大的人物，动员所有力量歌颂自己，同时封锁信息不让人们知道历史和事实的真相，舆论专制也就越容易实施。一切个人崇拜都是控制媒介制造出来的，一小撮吹鼓手在吹捧领袖时无情地批判与其对立的观点，这个过程就是言论专制的过程。

古典皇权的言论主要统治县吏以上阶层，很难深入到县官以下的百姓，没有很多百姓知道皇帝说了什么。现代专制主义借助高度发达的媒介，使言论统治机器越来越庞大精密，牢牢地控制了社会每个环节和许多人的头脑，造成这些人的空前退化。现代专制主义都有一套经过精心设计的理论，比古典专制主义更容易使善良的人上当，对社会的危害就更大。

在现代专制社会，一切思想文化阵地和精神文化产品，都成为奴化心灵的毒素，促成官方意识形态处于思想控制地位。把统一思想和统一行动提到政治需要的高度，公然污蔑提出反对意见的人充当敌人的传声筒，是打击反对意见最有效的方式。言论专制导致权力的滥用而不受制约，使政治权力转化为一切领域的特权，层层效忠上级的掌权人控制着社会。他们及其亲属不经平等竞争和选举就可获得巨大的经济利益和官位，靠手中的权势不公正地支配社会资源，许多领域盛行优败劣胜的规则。

第四节　当代中西民意集中制度

国家立法机构通过会议把公众分散的意见集中起来，上升为国家或行政意志，需要建立有效的民意集中制度。没有这种制度的保障，国家很难按一定程序征询民意、制定法律和重大方针。按严格程序进行的“代表会议”、“议会辩论”、“投票表决”、“民主集中制”等等,都是民意或舆论集中的制度化。

一、我国人代会的议政方式

我国第一届全国人民代表大会第一次会议,于中华人民共和国宣告成立5年后,即1954年9月在北京举行。在此之前,由于战争尚未在全国范围内结束,社会秩序没有完全恢复正常,由中国人民政治协商会议执行全国人民代表大会的职权。1954年举行的第一届全国人民代表大会第一次会议,通过代表的反复讨论一致通过了《中华人民共和国宪法》和其他重要法律,选举产生了中央人民政府、最高人民法院和最高人民检察院。这些政治活动,代表、集中和反映了当时的民意要求。

全国人民代表大会由全国人民代表大会、全国人民代表大会常务委员会、全国人民代表大会各专门委员会等三个议政层次组成,表现出从民主到集中的舆论递进机制。按1979年选举法规定,全国人大代表的名额不超过3500名,1986年修改选举法时把名额降低到3000名,在第八届、第九届全国人民代表大会上,全国人大代表都保持在3000名左右。从绝对数看,全国人大代表的人数多于世界上主要国家议会的议员数。如美国国会两院议员为535人,原苏联最高苏维埃两院代表为1500人。从相对数看,我国全国人大代表的数量基于全国人口的比例,覆盖全国各民族、各地区的13亿多人口,也许不多,但给议政效率带来一定的问题。

这些问题是:一是代表素质不高,大会发言的机会较少;二是政府官员占的比例大,代表在与会期间批评政府的言论受到一定限制;三是与外国的议会比较,我国人民代表大会的代表较少职业政治家,较多来自各行各业的普通劳动者,虽有广泛的代表性,但他们议政的责任感和议政质量,受到兼职活动的限制。

全国人大代表的任期从1975年起改为每届5年;每隔五年,中央、省(自治区、直辖市)、市、县、乡镇五级人大代表和领导机构都要进行换届选举,代表可以连选连任。按照我国法律规定,全国有8至9亿选民参加选举,选出600多万名各级人大代表。由体现选民意愿的各级人大代表再选举出各级人大常委会和各级人民政府、法院、检察院的领导人员。

人大及其常委会的会议制度和议事程序正在逐步完善,已制定和实施了全国人大和全国人大常委会两个议事规则,一些市、县、区人大及其常委会也制定了议事规则。人大的各种会议逐渐增大开放度,一些常委会议举行新闻发布会,及时向中外记者通报情况。人大代表和领导机构密切联系群众,组织代表视察已形成制度,各级人大常委会随时办理代表的议案和批评、意见或建议,处理人民来信来访,密切了同人民群众的关系,解决了大量的民众疾苦问题。

由于选举制度的不断完善,各级人大常委会切实加强了换届选举工作的改革,使选举一次比一次有所突破。由选民直接选出人大代表的地方逐年增多,代表参政议政的能力逐届加强,代表的平均年龄逐届下降。进入20世纪90年代,选民和代表10人以上可以联名推荐候选人,将等额选举改为差额选举,有的省人大在选举省长时,也采取了差额选举,这些都是选举制度改革的重大突破。

人大同政府及全国其他一切机构,是上下级关系,它唯一的上级是人民。人民代表代表自己所联系的地区或阶层议政,每位代表都有发言权,同时仅有一票的表决权。投票一旦集中绝大多数代表的意愿,便成为全国民意的标志,体现出民意的决定。为扩大民意的作用,提请人民代表讨论和表决的议案、决议和人事任免事项,应当由党派、政府或一定数量的人民代表提出,然后通过全体代表充分讨论进入表决。

各级人民代表提出的问题,起草和形成的议案,提供给各专门委员会审议,大都得到圆满的解决。各级人代会上发言热烈,气氛活跃,在一般问题上基本能够表达人民的意志。每位代表只要愿意,都能把他看到、听到的情况和人民的要求在会议分组讨论中提出来。人民代表这个职务,不是官衔,却有权力;不是职称,却有资格;不是职位,却有义务。这种权力、资格、义务的最基本体现,就是代表民意在国家权力机关里参政议政。

在一些省市,每逢人代会或人大常委会召开,凡涉及讨论、决定同本地群众生活有密切关系的问题,在会议厅里设公民旁听席,邀请当地部分民主党派人士、人民团体成员、国家公务人员、企业职工、大专院校学生和新闻单位人员参加。这种做法为国家机关(包括人大、政府和两院)与各民主党派、人民团体、各新闻单位和广大人民群众之间架起了桥梁,在更大范围内让各界人士经常听到政府各方面的工作报告,便于广大公众监督,也使政府面临的困难为广大公众所了解。广大群众的要求和呼声,通过这座桥梁经常地反映上来,民意渠道正在日益畅通。

二、人民政协的议政与参政

1949年9月21日至30日,中国人民政治协商会议第一届全体会议在北平中南海怀仁堂举行。9月29日,通过了《共同纲领》,确定了建国的政治基础,选举产生了中央人民政府,当时人民政协处于国家权力机构的地位。

1954年9月,第一届全国人民代表大会第一次会议在北京召开,作为代行全国人民代表大会职权的中国人民政治协商会议第一届全体会议完成了使命。人民政协根据国家最高权力机关业已组成的新情况,对自己的组织和职能作了调整,转变为党派协商、议政参政的政治机关。人民政协《章程》总纲提出人民政协的基本任务是,在中国共产党领导下,通过各民主党派、各人民团体,更广泛地团结全国各族人民，密切联系群众，向国家机关反映群众意见和提出建议。

早在1956年，毛泽东在《论十大关系》中就指出："究竟是一个党好，还是几个党好？现在看来，恐怕是几个党好。不但过去如此，而且将来也可以如此，就是长期共存，互相监督。"从此，我国政治制度中"多党合作、共同监督"成为另一个高层的民意集中的机构。人民代表大会制度是我国的根本政治制度，反映人民的要求，体现国家权力的根本性质。人民政协制度作为各党派的政治合作，表明中国不是一党执政，而是多党结成联盟共同执政，是国家权力的特殊组织形式。中国共产党领导的多党合作和政治协商制度，是我国的一项基本政治制度，表现为我国政治制度的一大特色，也是我国社会主义民主政治的特殊形式。

多年来的实践证明，广泛听取各党派和无党派人士的意见，进行充分的政治协商，积极发挥民主监督的作用，对实现国家决策的科学化、民主化有十分重要的意义。当我国改革和建设进入新的关键时期，出现了各种利益集团，人民分化为不同阶层，各党派代表不同阶层，反映不同社会群体的利益。他们同共产党共同执政，在社会精英层次反映和集中民意，把各方面的力量进一步凝聚起来，为实现共同目标而努力。

政治协商会议就重大政治问题定期举行讨论，提出管理国家的重大提案，表达不同党派和无党派人士的意见，使民意透过党派层次的过滤与集中，具有更系统的思想体系和政治水平。政协会议包含巨大的民意潜能，把社会舆论纳入更深刻、更系统的政治理性，具有制约行政权力的力度，体现出政协委员参政议政的基本特征与功能。政协虽然是和人民代表大会并行的议政机构，但它的职能目前和人民代表大会不同。政协不能决定政府人选，没有立法权，只具有对国家政治决策的言论监督权和建议权。有关国计民生的重大问题，广泛听取各民主党派以及各界委员的意见，在人代会表决之前进行充分的政治协商，搭建了我国民主制度双重制约的结构。

中国共产党领导的多党合作和共同执政的制度，是符合我国国情的一种新型民主制度。它杜绝了一党执政、两党或多党竞争政权造成的混乱和资源消耗，让各党派参与行政官员候选人的选拔，推举比例适当的候选人，这种制度优越于西方国家的议会制、多党制和竞选制。人民政协实行的民主协商方式，有助于充分吸收各民主党派的意见，使中国共产党的领导作用和民主党派的参政作用同时得到发挥，拓宽了人民群众发表意见的渠道。政协议政不仅是各种见解的汇集，而且表现为各种歧见的平等讨论，通过友好、认真的争论，深刻认识社会的复杂问题，提供正确的建议和决议方案。如果大家对任何问题的看法都一样，没有不同意见的比较和争论，没有批评和反批评，政治协商的议政和民主监督就失去了意义。在政协会议上，每位委员有充分的机会畅所欲言，反映其代表的界别观点，推进国家制订和贯彻正确的方针政策。

政协积极开展反映社情民意的工作，拓展了履行政协职能的渠道。政协反映社情民意是一项政治性、政策性很强的工作，是参政议政的重要内容和前提。为了把社会中带有普遍性、突出性的问题及时、如实地反映出来，并收到较好的效果，扩大集中民意的渠道是重要的条件。人民政协有联系各界、位置超脱、下通群众的优势，尤其"位置超脱"这一条，不易受地区、部门利益左右，可以较客观地反映真实情况，便于清除障碍、沟通民意。

人民政协对政治、经济、文化和社会生活中的重要问题开展调查研究，通过调研报告、课题研究、提案、建议案或其他形式，向国家机关提出意见。通过多种方法广开言路，广开才路，为改革开放和建设小康社会与构建和谐社会建言献策。人民政协通过办刊物和网站，沟通各界的意见，反映人民的情绪和要求，也便于同政府机关进行平等自由的交流。政协举行各种会议、开展专题议政，以民主评议、提案督办等形式，把人民的意见反映出来。建立人大、政府、政协三套班子联席会议制度，在联席会议中以平等主体的身份进行协商，改变"议政有余，参政不足"的状况，使人民政协的"参政"职能有了具体的实现形式。

中国这样一个有 13 亿人口的大国，就像一部特大的机器，每时每刻每分每秒都在发出各种声音，发出各种碰撞，政府如果不能及时全面地听到人民的心声，如果都是满堂锣鼓响，一片赞扬声，就难以及时发现和纠正社会中出现的问题。政协力戒虚假浮夸，要讲真话，民意才能真实地上达。由政协搜集社情民意不但是必要的，而且是方便通畅的。为了反映好社情，表达好民意，广大政协委员把调查研究作为开发民情资源的重要形式，写出了不少有针对性、时效性、科学性和可操作性的调研报告，许多好的意见和建议被各级政府部门采纳，并进入了决策程序。

三、西方国家的议会与表决

西方国家的议会是由封建时代等级会议演变而来的，作为三权分立之一的立法机构，是各党派的讲坛和论战的场所。英国的贤人会议过渡到君主议会，法国的三级会议转变为国民会议，德意志的"迪特"议事机构变成国会，等等，为反映党派意志和民意开创了先例。作为西方国家集中民意机构的代表，英国议会是资本主义政治体制的主要模式，确立了人民主权的原则。

议会通常称为国会，在各国的称谓并不一致，英国称 Parliament，美国称 Congress，法国在大革命之初称 National Assembly，德国和丹麦都称 Diet，荷兰称 States – General 等等。同英国一样，许多国家的议会也是从封建时代的等级会议演变而来的。宪法确认了三权分立原则，立法权（Legislative power）属于国会（Gongress），由参议院（Senate）和众议院（House of Rep resentatives）组成。一个国家建立两院制，第二院分散了决策过程，让立法经过较长时间和谨慎的审议，以防立法过失。

西方国家的议会称作“全民代表机关”、“全民代议机关”。内阁制政府的产生在形式上要经过议会，即通过议会实现执政者的和平交接。议会活动以公开讨论、多数票表决等形式决定国家事务，这种政治被称为“议会民主”。以政党作媒介，把“民意”带到议会中去，经过讨论和交涉，政党政治变成“公民”的全体意志，议会也就成了“统一社会意志”的机构。

议会的民意集中方式就是对列入议事日程的法案进行审议和辩论，对法案提出赞成、反对或修改意见，必要的话，最后进行表决。法案的审议一般经过“三读”程序，以示慎重和民主。所谓三读，在英国第一读是宣布法案的名称和要点，如无人反对，法案便列入议事日程，并规定议院辩论日期。如有人提出反对意见并有若干人附议，即视为否定该案。第二读是宣读法案全文，进行议员辩论。二读阶段议员就法案提出各种意见，进行针锋相对的争论。第三读，无论在英国或在美国，都是进行文字修改和表决。法案在一个议院三读通过后，还要送交另一个议院进行辩论。如果两院发生分歧时，法案便送交两院联席会议进行审议。

议员作为“民意代表”由选民选举产生，向选区选民负责。他们忠于职守，经常进行社会调查，或通过电话、信件、走访、会见、接待来访等方式同选民保持接触，不断征询他们的意见。议员都是职业政治家，有自己的办公室和联系对象，对“慷慨”资助的选民，议员尤其经常登门拜访，注意听取他们的意见，在议会上申述他们的要求。在通常情况下，议员在议会上反映本区选民的“民意”，发言、演讲、辩论一概不受法律追究。议会席位由两党或多党议员分坐，各党议员的主要职责是为本党的发言者助威，包括使劲鼓掌、齐声呐喊。有时对彼党议员发言大为不满时，便嘘声四起，拼命地喝倒彩。

在美国的议会里，曾一度盛行马拉松演讲，称议会为“清谈馆”或“橡皮图章”。议员们为了将某项议案通过或说“死”（阻止通过），演说起来海阔天空，漫无边际。议员充分表达意见和经过无休止的辩论后，一项议案再经投票表决通过或被否决。1933 年，为了反对通过“私刑拷打黑人的案件归联邦法院审判”的法案，参议员爱兰德尔在参议院高谈阔论了 5 天，在讲台前踱步 75 公里，共做了一万个手势，演讲期间吃了 300 个夹肉面包，喝了 40 公升清凉饮料。1935 年，秀朗演说 15 个小时，东西南北，拳术烹饪，宪法圣经，萝卜白菜，菲德烈大帝传奇，卜伽丘式的笑话，无所不包，无奇不有。1957 年 8 月 28 日至 29 日，斯特列姆·瑟蒙德作阻止“民权法案”通过的演讲，历经 24 小时 18 分。1977 年辩论能源法案时，有位议员竟作了 37 小时的演讲。

这种辩论的目的是一派阻止或赞成某一法案的战术，用马拉松演说将另一派拖垮，当对方感到厌倦、一部分人退席休息时，可以抓住时机表决。有时对方在忍无可忍的情况下以武力制止,小规模殴斗或身体冲撞也时有发生。在议会制成熟的国家,这类情况并不多见,随着议会民主制的日渐完备,长篇演说的战术及武力冲突也越来越少。1812 年英美发生战争,美国一个众议员用马拉松式的演讲来阻止通过对英宣战的决议。这时,战火已烧到家门口,形势迫在眉睫,这位议员仍在喋喋不休。时至半夜,台下鼾声四起,最后反对派的一位议员急中生智,将一个痰盂甩到演讲者头上,方得以终止辩论,通过了宣战决议。

"马拉松演说"之所以成为一个卓有成效的手段,是演说者抓住了大多数议员的心理,断定他们不会因议案的争执不休而耽误各自的"美好计划",不好向选民和利益集团交代,所以用又臭又长的演说逼迫对立派议员让步,企图推迟表决议案。西方国家的议员不光是说说而已,对出格的政府官员经常付之表决,予以弹劾。即使带有批评、建议性质的质询,也十分严厉。

质询(Question)并对其作出答复,是议会对政府进行监督的一种形式,包括口头和书面的方式。质询不得以决议的形式提出,也不进行表决,但政府官员对议会质询必须给予答复。如英国规定,下院在开会期间,每星期一到星期四开会的头一个小时为质询时间。每星期二、四下午三时一刻开始为首相答复口头质询时间。在质询时,要求政府官员对议员提出的问题当场答复或准备后再答复,最晚必须在七天内作出答复。经议会同意的紧急质询,政府则必须当场答复。在西方国家,议员热衷于提出质询,因为议会常常把议员提出的问题汇集一起,印成小册子,广为散发,有时报刊也加以转载,引起社会舆论的重视,议员可以从中获得声誉。反对党议员的质询,往往有意给政府出难题,抨击政府无能,为本党上台大造舆论。

政府首脑和政府部长对议员的质询,通常由本人去答复,遇到难题时,往往加以回避,或借口"国家机密"拒不作答。质询除在议院全体会议上进行,有时也可以在议会的委员会中进行。

弹劾(Impeachment)是议会对政府高级官吏违法犯罪进行控告和制裁的一种制度。作为政府控制官吏、反映民意的一种手段,有助于权力交替和官员保持谨慎廉洁。多数国家规定,弹劾不适用于军官,因为军官犯罪由军事法庭审理;也不适用于议员,因为议员算是"民意代表",不算官吏,议员犯罪不用弹劾而是经议会同意,由一般司法机关处理。1995 年 9 月上旬,美国参议院道德委员会经过表决,决定驱除曾任参议院财经委员会主席的俄勒冈州参议员鲍勃·帕克伍德。帕氏在长达 27 年的政治生涯中,与 97 名女雇员有染。由于他的私人日记曝光,在美国政坛引起轩然大波,终于被迫辞职。这是参议院自从南北战争以来第一次以叛国之外的理由驱逐一位议员。

四、竞选与两党制的舆论交锋

实行多党制的国家有两种情况，一是国内存在着三个以上的政党，其中没有一个政党能长期在舆论上保持绝对优势，须靠选举胜利或与其他政党结盟以掌国家政权。另一种是在多党中有一个政党长期在舆论上占压倒优势，一直把持政权，与一党制度相似。一党制不仅靠舆论，而且依据法令与某些优势维持统治，所谓优势主要是民意支持。多党舆论制度是资本主义制度的必然现象，因为实行政治自由、信仰自由和言论自由，任何人都可以组织政党，只要向政府申请或登记就可以行动了。

西方国家多盛行的是两党舆论制度，即在一个国家内，政治上存在着举足轻重而又势均力敌的两个政党，通过控制议会的多数席位或争取选举胜利，轮流交替掌握政权。在舆论宣传上，两党在一些重要问题上尖锐对立，争论不休。实行两党制度并不是说这个国家只存在两个政党，而是指除对立的两大政党外，其他小党在舆论上不起决定作用，甚至无足轻重。

西方学术界把政党归结为一般的社会团体或组织，认为政党是“表达民意的组织”、是“持共同政见的一部分人的团体”；有的则把政党归结为一般社会手段，认为“政党是社会与政府之间的中心媒介和仲裁人的组织”。还有的认为“政党是政治通讯系统专业化的传播网”[①]。这些观点有一个共同点，即政党是舆论的表达组织，或者说是生产意见、宣传某种政治观念的组织，其目的是为了通过舆论影响政府，最终达到通过竞选获取政权。正如《美国百科全书》(1980 年版)认为:“政党是由个人或团体为了在某种政治制度内，通过控制政府或影响政府政策以期行使政治权力而建立起来的组织。”《大英百科全书》(第 15 版)也认为:“政党是在某个政治制度内，通过民主选举或革命手段，以取得和行使政治权力为目的而建立的组织。”

不管何种政党，都声明自己代表民意，希望选民投票给它，总是诉诸强烈的竞选舆论。美国人推崇选举，一向被誉为“美国民主的橱窗”。四年一度，美国的政治家们的每根神经都高度兴奋，两大党锣密鼓紧，各派政治势力摩拳擦掌，各种角色频频登场，显示出西方民主制度的特殊景象。

临近大选的日子，各种竞选活动充塞着市民们的生活。各方动用大众传播媒介发动舆论攻势，使竞选舆论势如破竹。每天晚上，人们打开电视机，可看到各党派的头面人物衣冠楚楚，侃侃而谈。他们大谈自己的政党在历史和现今阶段的政绩如何巨大，并列举一连串令人目不暇接的数字，攻击对方党派如何无能。在各地建筑物上，凡允许张贴广告的地方几乎都张贴政治广告和标语口号。各党派还出

---

① 罗豪才、吴撷英:《资本主义国家的宪法与政治制度》，北京大学出版社 1983 年版，第 151 ~ 153 页。

动车辆,装上高音喇叭,在闹市区或居民点四处游说。在竞选进入高峰时,各地广场搭起高台,政党要人纷纷登台演说,个个信誓旦旦,言词娓娓动听。

竞选宣传又是一场金钱的比拼,因为任何舆论行为都要动用物质媒介,一文不名在美国政坛则寸步难行。拉选票,买电视和广播时间、报纸版面,包租专机、旅馆,请客送礼、笼络关系……都需要大笔金钱。但金钱不能决定一切,钞票能转换成选票还有很多名堂。洛克菲勒家族非常富有,第三代政治明星纳尔逊·洛克菲勒一心想当总统,多次参加竞选,未能如愿。纳尔逊·洛克菲勒在竞选中经常炫耀自己"清白",自诩自己有其他政治家比不了的优点,那就是他"富得不能被人收买"。对此,美国学者彼德·柯利尔说,他做了"比被收买更加可恶的事情",就是他"富得足以收买别人",而且经常收买别人。按照纳尔逊·洛克菲勒自己说的数字,他一生中拿出的政治捐款共320万美元,支持他看好的人竞选总统。

西方的竞选舆论规模空前,既是争取舆论支持的大战,又是自我宣传的大战,更是一场金钱大战。有时,很难说当选的政府首脑是民意支持的结果,因为金钱有时支配宣传,使其获得优势。当拉选票达到白热化,民众对竞选人的造势十分厌倦,参加投票的选民大都占50%左右。在西方国家,真正的民意总统或首相是很少的。

五、公民的票决与请愿

在西方国家,任何一位公民对社会问题都有发言权,只要具备发表真知灼见的能力,都可在报纸上和"公众论坛"场合(例如英国的海德公园)发表文章或演说。民意测验是西方公众表达舆论的常规方式,测验结果对政府和议会的执政活动产生重要的影响,使公众对政府发挥制衡作用。更为重要的舆论参与,是公民对国家重大事务的票决,通常称为直接票决民主。

所谓直接票决民主,是指公民直接行使投票权,包括选举权、罢免权、创制权和复决权。选举与罢免适用于国家官吏;创制则适用于国家法律。现代西方国家大都实行代议政治,但自20世纪80年代以来,欧洲一些国家对法律制度和重大问题开始提交全体公民表决,民意在国家事务中直接发挥作用。依据瑞士宪法,立法权原则上属于议会,而公民在一定范围内,可通过创制和复决的方式参与立法权的行使。公民倡议权是公民主动创制、修改或取消某些法案的权利。政治家在征集到8万签名之后,就可要求全面修改宪法,瑞士联邦办公厅需在6个月内将提案提交公民表决,征求公民对全面修改宪法的意见。

对宪法进行局部修改的倡议,则需区分两种情况,采取不同的投票方式。公民倡议书只有原则建议,而未拟就确切条文,此类议案在提交议院两年之内,必须作出是否接受的决定。如果接受,就可代拟条文付诸公民表决。反之,先就议案是否成立提请公民表决。如获公民通过,议会就按照民意拟就条文,再付诸公民投票。公民倡议书拟就了具体条文,议会需在5个月内作出是否同意的决定。如两院未能达成一致意见,应立即交付公民和各州同时表决。如两院一致反对,在交付公民表决的同时,议会可建议公民否决,或附加议会反对案,一并付诸公民表决。

直接票决是公民充分享有舆论表达权的象征,是公民成为国家主人的真正标志。这种民治政府的理想方式,通过公民直接投票否决一切不符合民意的立法。据统计,从1977年到1980年,瑞士共有38次公民直接投票,其中10次为强制性复决(6次否决,4次赞成),12次为自由复决(6次否决,6次赞成),13次为公民倡议(全部否决),3次为附有条款的公民倡议(全部通过)。瑞士人民通过直接立法的形式否决了那些激进或保守的法案,使法律符合绝大多数社会成员的意愿。

直接票决民主是公民在特定条件下直接参政的一种独特方式,公民投票的过程是公民了解国家法律和表达意见的过程,使政府推行的政策能够得到绝大多数人的支持。除了联邦范围内的公民直接民主制之外,各州有自己直接立法的相应规定,使瑞士的直接民主制自上而下地形成了较为完善的制度。由于直接民主制主要是采用公民投票的方式,其程序又较复杂,难免出现法案"拖而不决,投票成灾"的现象。这是直接舆论民主制的不足之处,它同票决规范不健全有直接的关系。

在西方国家,公民请愿被视作直接参与国家管理的一种舆论行为,也是公民不可侵犯的权利。请愿(petition)是言论自由的重要表现。在各国宪法中,这种权利作为传统的人权而被广泛确认。请愿是向政府或公共团体表达意见,请愿的内容、行为方式等都由各国的具体法律(如请愿法)加以规定,多表现为民众对生活疾苦和补偿财产损失而提出要求。请愿的对象不一定是政府,其中包括对企业、社会团体甚至某个权势人物的控诉。由几十人或数百人构成请愿群体,递交请愿书,或高举标语牌游行、静坐,在请愿部门的门前显示力量。请愿包括温和与愤怒请愿两种,前者就控告的内容提交请愿书,同被控告者或受理部门谈判;后者则以愤慨的情绪集结在被控告或受理部门门前长时间不散,不断呼喊口号,提出强烈要求,直到解决问题才肯离去。

本章内容的要点:

1. 舆论民主制度和舆论专制制度产生的社会背景和原因。
2. 舆论民主制度的规范。
3. 舆论专制制度的各种表现。
4. 我国的议政制度。
5. 西方的议政制度。

第十四章　舆论气候的探测

舆论气候,一是指社会舆论环境的变动,即多种舆论共生交互状态;二是指公众意见的各种指向。在一定社会环境中,人们随时受各种舆论的影响,态度会有不同的变化。把握社会中各种态度及其量度,了解人们对社会问题的看法,持有不同态度的人各占有多大比例,要用民意测验的方法。这就是对舆论气候的探测。

第一节　民意测验的科学性与限制

政治学者认为,民意是个人意见的整合,摆脱了个人或少数人的偏见和谬误,成为人民的整体认识,并作为强大的舆论力量构成政府决策的基础。虽然它经常处于分散或少数人游离不定的状态,但用统计抽样或网络点击调查了解民众的态度,一般是准确、可信的。

一、民意测验的认识规律

从一般观点看,认识过程,其中包括对未来的认识,要以理性的形式构造某些判断,形成若干反映实际的观点。列宁在说明通向客观真理的思维方法时写道:"当思维从具体的东西上升到抽象的东西时,它不是离开——如果它是正确的——真理,而是接近真理。物质的抽象,自然规律的抽象,价值的抽象及其他等等,一句话,一切科学的(正确的、郑重的、不是荒唐的)抽象,都更深刻,更正确,更完全地反映着自然。"①规律是最普遍、最重要的抽象形式之一。人在日常生活中会碰到大量不同的特殊现象,认识的任务是从不断重复的单个事物中探明它们固有的一般

① 《列宁全集》第 38 卷,人民出版社 1959 年版,第 181 页。

性质，然后概括出普遍规律。现实生活中的民意是否可以被认识，只能由人民本身来回答，由一个个他们当中的成员的回答概括出来。这只能对他们的整体进行抽样调查，以统计数据来显示。

民意测验符合从个别认识整体，从有限认识到无限认识的规则。恩格斯指出："事实上，一切真实的、详尽无遗的认识都只在于：我们在思想中把个别的东西从个别性提高到特殊性，然后再从特殊性提高到普遍性；我们从有限中找到无限，从暂时中找到永久，并且使之确定下来。然而普遍性的形式是自我完成的形式，因而是无限性的形式；它是把许多有限的东西综合为无限的东西。……自然界中的普遍性的形式就是规律。"[①]我们对社会问题的认识，不只是通过抽象理论来完成，如果对千百万甚至数亿人的认识加以综合，只能从无数个别、具体的认识提高到普遍性、无限性的认识。

有一种观点认为，民意时时都在变化，因此民意测验不可信。实际上，民意是人民的整体认识，已经剔除了个人、少数人的偏见和谬误。民意是有层次的：一是认知层面，是指人对事物的了解、认识、看法，可归结为评价性的认知；二是情感层面，指人对事物的好恶；三是行动层面，人对事物的行为倾向，如肢体表意、民众投票、群体事件，示威游行等。这三个层面是在同一个连续体上，即认知层面在先，情感层面居中，而行动层面往往在最后。每一个层面都是显化的，具有可感、可知的特性，因此是能够测度的。人民的态度形成，由认知发展到行为，在时间上有时较长，有时较短，甚至同时产生。民意是民众的相对持续的思想，它的可变性发生在少数人身上。在民主环境中，人民中的绝大多数人都自愿表达自己的态度，有一定的稳定性。对民意需要跟踪测验，不断了解它的变化，而不是对它的变化置之不理，更不存在无法了解的问题。

民意的态度具有方向性（正反方向，譬如赞成和反对）、强弱度（正反两面的坚定程度，如非常赞成、赞成、一般、反对、非常反对）、多面性（态度种类，如爱可以分为热爱、喜欢、尊敬、热恋等）以及一致性等。民意测验是对民意的方向、强弱度获取精确的数据，揭示民意的追求，把握社会动向，为解决社会问题提供充足的根据。测验的基础是数据统计，这种研究社会的方法可以对社会的动向提供确切的答案。社会进步作为社会结构的更替，其基础是人民赞成什么、拥护什么，民意测验在社会测量中回答的是"对重大问题人民抱什么态度"、"如何解决国计民生问题"或"社会朝什么方向发展"等这类问题，同人民的期盼是一致的。人类历史是向前发展的，从旧性质状态过渡至新性质状态，从简单过渡到复杂，从低级的、不大完善的社会体制过渡到高级的、先进和完善的社会体制会遇到什么困难，要经过什么路

---

① 《马克思恩格斯选集》第3卷，人民出版社1972年版，第554页。

径，从民意测验中都能得出正确的结论。

民意测验涉及的是人民的切身利益问题，在人民具备知识或知情的情况下才能使用。人们的生活方式，文化和个性本身的发展，最终决定于生产领域的变化。物质生产和精神生产都同人民的生活相关，在选择社会发展方向和制定社会政策时，民意无疑起着决定性的作用。精神产品可被社会继承下来，也能对它的作用进行预测。《论语》、《三国演义》对人们一直有着固定不退的吸引力，虽然它是好多世纪前创作的，但它们当前或将来都保存着自己的价值。通过测定今天有多少人还在读这两本书，也就知道它们将来的价值有多大。计算机技术将给人民和社会带来什么，只要告诉公众计算机将发生什么变化，人民就能回答这类科技问题。对某些生产因素、社会结构、社会关系、人们的生活方式、社会同自然生态的关系等，只要给人民提供真实情况，都可运用民意测验的方法获取答案。但自然科学现象，或同一般民众无关的问题，都不在民意测验之内。对这些问题强行使用民意测验所发生的错误，不是民意测验的错误，而是滥用它的错误。

二、抽样与统计的科学性

民意测验用“具有代表性的样本来测量公众态度”的做法[①]，是了解公众对事物整体意见的重要工具。在媒体与学术机构的广泛使用下，民意测验已经成为政治生活中不可缺少的一部分。由于民意测验询问的问题明了、系统、内容集中，能较快反映大众的想法。民意测验经过一个多世纪的发展，其科学性因素被误用，已有目共睹，逐步成为一门技术成熟的社会调查方法。

民意测验是一种随机抽样调查，在一定数量和各个（如不同职业、文化水平、年龄、性别或地域）群体中抽取少量的人作为调查对象，投放和回收的对象叫样本。民意测验利用抽样程序，排除不良干扰，求证公众对某些公共议题的意见，其基本原则是“如果总体中的每一个体被取为样本的概率相同，那么从这个总体中抽取的样本就具有对该总体的代表性”[②]。相对于分层配额样本存在的偏差，随机样本最大的优点是具有不偏离性。严谨的随机抽样即使存在着一定的误差，仍使意见调查的结果反映整体的实际情况。样本对于总体而言，不具备总体数量的全面符合性，仅仅具有“典型性”或是“代表性”。它按随机抽样的程序进行，如有偶然因素介入，尽管有的抽样对象不具有代表性，反映的也仅是个别的意见。对这种情况，只要认真检查样本的覆盖对象，发放调查问卷时认真核对，完全能够把误差降低到

① [美]迈克尔·罗斯金：《政治学》，华夏出版社 2002 年版，第 118 页。

② [美]艾尔·巴比：《社会研究方法基础》，华夏出版社 2002 年版，第 168 页。

合理的范围(5%以下)。

电台、报纸、电视或网络上的民意调查大都是伪调查。电台、报纸或电视上公布电话号码或地址,让公众打电话或发短信表达意见以做统计,在网络上发放调查问卷让网民点击,不可能体现随机抽样的科学分布,只能是随意抽样。这样简单的舆论调查,不能称为严格意义上的民意测验。

以现代统计学和概率理论为基础的现代抽样理论是十分准确的,误差一旦出现,它的范围一般都是知道的。先指定一个所要调查的总体(population),然后从这一总体的某个预定数中选出子集(subset),这个子集充分代表总体,那么从该子集中搜集来的信息体现为从总体中搜集来的精确数据。这就是民意测验科学性的根本原因。

三、民意测验的预防性限制

为了保证民意测验的科学性,还必须贯彻若干限制性原则,以免由于操作不当而歪曲民意。

第一,民意测验的议题必须同它产生的空间和主体的相关性吻合:在哪里发生的问题在哪里测验,涉及哪些人的利害在哪些人中调查,议题偏重哪一类群体应增加这一类群体样本的数量……议题内容与调查范围的一致性,是民意测验首要的限制因素,突破这一限制,测验的数据难以说明问题。

2008年6月某城市民众反映物价增幅过大,反响强烈。某调查公司在一个高级住宅花园抽样了500户居民,对100种商品的物价上涨进行了调查,得出的结论是“今年上半年商品平均上涨指数为1.3%”,价格上涨幅度很小,群众意见不大。这项民意测验不顾“议题同舆论空间与主体一致性”的原制,把群众反映的肉类、蔬菜和粮油的大幅涨价同汽车、家具、DVD光盘等90多种降价或涨价极小的商品平均起来,自然得出物价涨幅不大的结论。该调查又在富人区选择样本,得出的数据同广大低收入群体的强烈反响大有出入。这个歪曲民意的测验,只能背离民意。

第二,民意测验严禁不懂这一专业的人实施。理想的民意测验应该在人民与政府之间承担沟通功能,不能随便组织一些人实施。民意测验面临更危险的因素是,似乎任何人都可以操作,任何组织都可以从事这项调查。民意测验涉及概念的拟定、问卷设计、抽样方式与程序等,是一项专业性很强的工作,必须由熟悉这个专业的人来完成。外行和简单的培训就进入这个领域,会毁掉它的可信度。

第三,就抽样的过程而言,为了达到某个利益集团希望得到的结果,排除某些受访对象或遗漏普遍的意见，使选择的样本有利于事先拟定的调查结果。这类削足就履的做法，实则是歪曲民意，为我所用。问卷题目的叙述方式也可能影响调查的结果，民意测验的主办者可以“通过修改提问的方式来保证被访者的反应对其产品或观点有利。”①如某企业在设计调查该企业生产的照相机所持有的各种态度时，在被问及的选项“最喜欢的照相机品牌是哪一种”中，为了使答案有利于调查者的产品，列出的是本企业的产品和两种摄像机的品牌。这种鱼目混珠的策略使仅仅列出的照相机品牌胜出。

第四，民意调查严禁由本部门或垂直管辖权限的机构进行。机构的特性也可能左右测验的方式，使民意测验的科学性和价值衰减。某省民意调查中心在该省统计局挂牌成立，统计局是政府的一个部门，如果对该省各政府部门进行民意测验，由统计局来实施是值得商榷的。民意测验不能由本部门、本单位、本系统主持下进行，由第三方——专业的民意测验机构主持才具备客观、公正的前提。为自己的利益服务，人为因素介入民意测验，是民意测验失去科学性的重要因素。戴维·波普诺在《社会学》一书中曾提到“公众舆论的民意测验技术已经过了多年的改进，但它仍然并非完美无缺。其中一个问题就是关于调查结果的运用和解释。资助民意调查的机构或个人，往往只要求对自己的产品或政策进行研究。没有人想听坏消息，更没有人希望为坏消息付钱。”②民意测验不能操纵在某些利益集团手里，也不能商业化，由相对独立的学术机构来做，才能保证它的科学性和客观性。

第五，问卷的设计必须符合专业要求，这是民意测验的重要环节。调查问卷包括一系列问题的书面文件，通常是通过向人们提问来体现议题，然后进行分析归纳。如果问题设计得模棱两可、复杂难懂，将直接影响受访者回答问题的质量，由此得出的结论要出现一定的偏颇。掌握问卷设计的程序和要领，设计问题注意各方面的因素，是问卷制作不可忽视的部分。在民意测验中，问题的设计最为关键，遣词造句应简单明了、通俗易懂，避免冗长而复杂的选项。面对陌生而复杂的问题，受访者往往不愿意浪费时间去接受调查，获取样本就发生困难。问题的提出应避免掉入引导性陷阱，注意问题选项的互斥性。只有遵从问卷设计的各项要领与原则，才能确保民意测验的准确性和有效性。

① ② [美]戴维·波普诺：《社会学》，中国人民大学出版社 1999 年版，第 608 页。

第二节 民意测验的指标设计

美国社会学家肯尼思 · D. 贝利在《现代社会研究方法》一书中,多处论述了社会问题的量化测定,其中《命题界定》一节的有关内容,可适用于对舆论指标的研究。他认为,基本概念形成之后,理论构造中的下一步就是写出一个或更多的命题。一般来说,一个命题是关于一个或更多概念或变数的陈述。论述一个单个变数的命题称作单变量(univariate),论述两个变数的命题称作双变量(bivariate),而论述两个以上变数的命题称作多变量(multivariate)。贝利的观点揭示出,民意测验要对提出的问题研究它的变数,注意态度概念可能包含的多种指向。

一、态度概念的编制

态度概念是指用确定性语言准确判别人们的认识,使态度体现为具体的、能够测度的词汇,又称态度语,诸如同意、反对、赞成、希望等,是构造意见倾向的基本单位,表现出人们对社会问题的看法。民意测验问卷设计的第一步是在拟订测试问题(又称命题)之后设置态度概念,使其转化为可测量的问题。比如,要调查"你对北京奥运会的评价",可把态度陈述为"北京奥运会非常成功,北京奥运会比较成功,北京奥运会一般化,北京奥运会不成功"等四个问题,然后对其确立态度概念,例如肯定的指向——"同意",由此转化为可测量的思想指标。可见,态度概念的实质是指以一定词语表明态度倾向的表述,成为可以量化的观点,为研究舆论的动态提供思想坐标。当公众意见分歧时,只要他们遵循一定概念展示各自的信念,就可比较他们回答的不同结果,通过测量获得舆论指标。

用来反映事物的性质、差异,也是用概念表达的,即用不同句子说明事物的性质、变化与差别,称做**问题陈述**,形成态度命题。上述例子中"北京奥运会非常成功,北京奥运会比较成功,北京奥运会一般化,北京奥运会不成功"等,都属于问题陈述的命题。作为量化的对象,命题依赖于人们对事物的理解而形成,表现为态度指向的事物性状。社会现象的内在联系并非都是通过直观和经验感知的,按照一定的理性认识去确定态度对象,可以深刻地反映社会问题的本质和解决方法,为解释和比较不同态度提供准绳。在特定的调查题目下,调查的设计者不可能、也无须囊括所有的观察角度去说明社会问题,只要确定一套简明的阐释性句子,准确地表达人们的认识,就能获得准确的舆论指标。

舆论指标作为反映问题的意念集合,通过态度概念的差别体现人们的好恶,表现为人们的立场、主张、倾向和信念。现代通行的舆论指标主要有以下几种类型：1.满意度指标，指人们对所测问题的满意程度。2.期望指标，即人们的主观愿望和对未来的构想。3.评价性指标，人们对某一事务或人物所作的基本估价和评判。4.价值指标，由价值判断形成的基本看法。在民意调查中，由公众态度陈述引现出来的舆论指标，大量使用经过仔细设计和核定的态度概念，并由测量结果得出数据形式。

围绕调查内容把态度的客体编制成若干问题，形成有机的命题陈述序列，提供给被测者选择。依据态度概念系列编制的若干命题陈述，统称舆论"问题丛"，大体有以下几种形式：1.二项选择式问句，让被调查者在两个答案中选答一个，常见的是在"是"与"否"、"有"与"无"、"好"与"坏"、"同意"与"反对"……中选答。2.多项选择式问句，由被调查者在多种答案中自由选择，可规定选择一项，也可选择几项。3.按次序选择问句，对先后次序或轻重缓急的问题由被调查者作出回答。4.阶梯式选择问句，用比较简单的格式把答案的程度标示出来，用以表示意见、评价的等级或强烈程度。5.矩阵式选择问句，将同类几组答案排列成一个矩阵，由被调查者对比回答，这种类型适用于回答复杂的问题。6.自由回答式问题，不提供任何具体答案供选择，让被调查者自由回答所提的问题，适用于对那些不能设计态度陈述或无法限定的态度概念。

一个合格的舆论指标至少具备两个功能：一是分类功能，即把对待同一命题的正反态度区分开来；二是确定信念的轻重功能，划分出态度的强弱度。人的思想是内在心理活动，测定人对外界的反应，要借助一系列问题，从被调查者的回答中作出判断。引导人们真实地表示自己的态度，是获得舆论指标的前提。比如向被调查者提问："你对于……是否赞成"；"如果你遇到……（某种问题），准备怎样做"、"对于……（现象），你是否反对"等，被测者对这一系列命题作出回答，就能综合出他们的态度倾向。

鉴于西方学者设计的舆论测试问卷过于繁杂，测验者和受测者难以把握，我国舆论调查机构的舆论指标一般在问卷中以问题丛表示。提出被测试问题后，在每个概念之后、之前或之下设置括弧，要求受测者根据自己的意愿在括弧内打"√"或画"0"。例如：

（一）平时，您是否经常读报纸、听广播、看电视？（只选一项，打"√"）

每天　（　）

经常　（　）

偶尔　（　）

不读/不听/不看　（　）

(二)请您对我国新闻媒介(报纸、广播、电视、网络)的宣传报道进行评价:

A. 是否真实地反映社会的实际情况?(只选一项)

①(　　)真实

②(　　)比较真实

③(　　)不太真实

④(　　)不真实

⑤(　　)说不清

B. 是否较好地传达和解释了政府的方针政策?(只选一项)

①(　　)好

②(　　)比较好

③(　　)不太好

④(　　)不好

⑤(　　)说不清

C. 是否充分地反映了群众的情绪和意见?(只选一项)

①(　　)充分

②(　　)比较充分

③(　　)不太充分

④(　　)不充分

⑤(　　)说不清

D. 是否积极地回答了社会生活中的迫切问题?(只选一项)

①(　　)积极

②(　　)比较积极

③(　　)不太积极

④(　　)不积极

⑤(　　)说不清

E. 总的来说,您对我国新闻媒介的宣传报道是否满意?(只选一项)

①(　　)满意

②(　　)比较满意

③(　　)不太满意

④(　　)不满意

⑤(　　)说不清

……

近些年,民意测验问卷中经常出现舆论指标列表或图形,内容简洁,一目了然。例如:

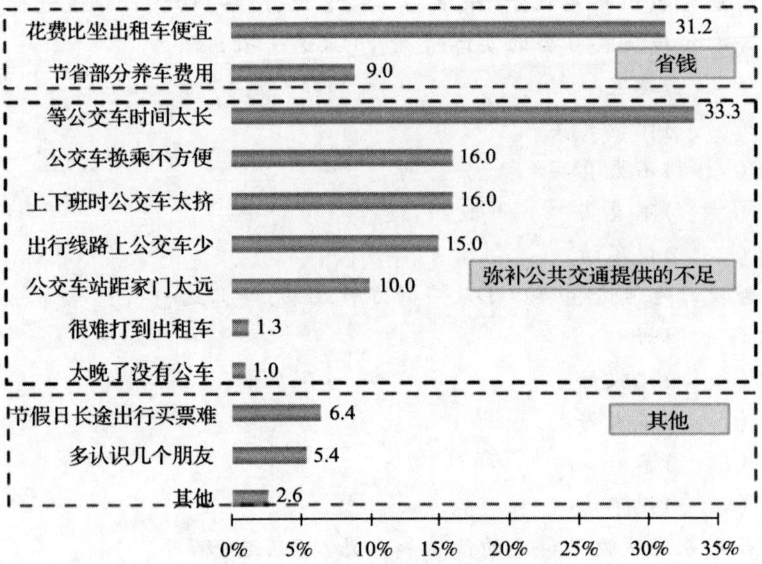

图 14－1 城镇居民拚车的原因

资料来源：零点研究咨询集团与北汽福田汽车有限公司共同发布的《2008 福田指数——中国居民生活机动性指数的研究报告》。

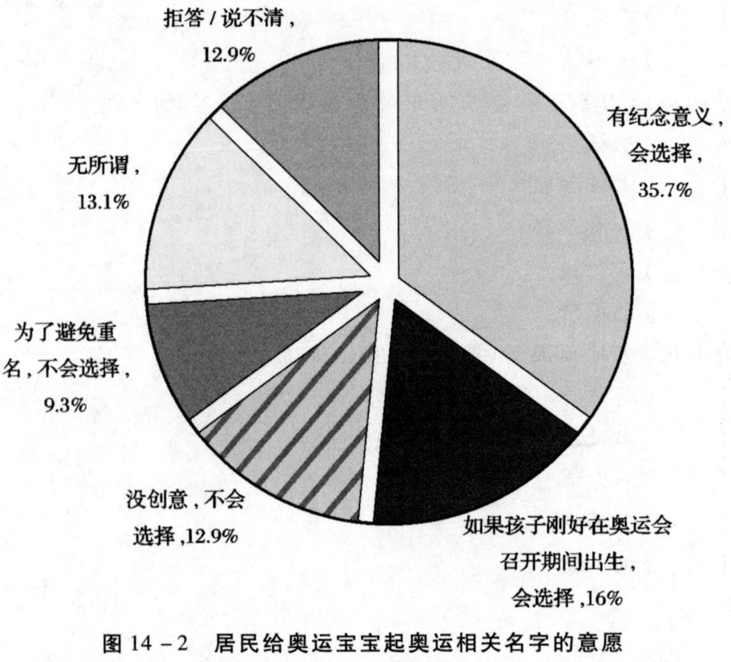

图 14－2 居民给奥运宝宝起奥运相关名字的意愿

资料来源：零点调查 & 指标数 2008 年 3 月针对北京、上海、广州、武汉等 8 个城市和浙江杭州、河北唐山迁安、辽宁大连普兰店、河南郑州登封等 8 个小城镇及农村的 3212 名 18 岁以上常住居民进行的入户访问。

二、舆论强度与舆论指数

阅读有关民意调查的文章时,常常可以看到这样的句子:"……形成舆论强度","造成舆论声势……"。什么是"舆论强度",什么又是"舆论声势"呢?"舆论强度"与"舆论声势"之间存在什么样的关系?舆论强度与舆论声势在民意测验中如何测定?

舆论作为一种议论,只有覆盖一定空间,发表意见的人数达到适度的比例,才能构成舆论。在本书第三章已经提到,舆论的形成有一个"量"的概念,舆论是议论量的动态和静态的统一,表现为群体共同言行集合数的百分比。少数人发表的意见仅仅是意见,多数人发表的意见便构成舆论。没有一定的"量",舆论就无法成为一种集合意识。

民意测验主要是为了获取一定态度的"量比"。一种议论表明认识的坚定程度,就是确认一定数量人群的舆论强度。**舆论强度**是舆论主体诉诸意志的指向及其信念的轻重,用态度概念的特有词汇表示,如:同意、坚决同意、反对、坚决反对;赞成、不赞成、坚决赞成、极不赞成等,反映出不同公众立场的级差。除态度概念能够表达舆论强度,在一定整体人数中的百分比更能证实这种强度。所以,舆论强度是一定量比的态度信念。

舆论强度离不开舆论量度,二者是相互递进、相互作用的。没有一定量的支持,即个人或少数人的意见,即使态度非常坚决也是微弱的。公众意见的气势以及意见强度是由意见的从众人数和态度的坚定程度两方面决定的,舆论量度和舆论强度两个相关量之积显示出它们的共同意志,二者的相互结合得出舆论的指数。在舆论调查中,常用百分比的数据形式表达某种舆论量度,称做舆论指数。如非常支持的占57.2%、反对的占13.2%、不置可否的占8%等等。舆论指数凸现一种意见在整体中的比例与舆论规模,把一般舆论和强烈舆论区别开来,是确定舆论类型的主要依据(见第58~59页)。

舆论声势是由三种因素的互动造成的,即舆论覆盖社会空间的大小、舆论强度和从众人数。舆论覆盖社会空间越大,从众人数越多,舆论声势就越大。舆论强度和舆论的类型没有关系,无论群体舆论还是社会舆论,都可能强度很大或很小。舆论声势一般表现为社会舆论,包括地区性舆论、全国舆论和世界舆论。舆论声势有三种规模,它们是:1.有限性规模,即通常所说的"人们有意见",舆论指数达到社会范围的25%~30%的人数,在这种情况下,绝大多数人仍处于无知无闻的状况。2.膨胀性规模,持有同一种意见的人数达到公众的50%~60%,即"多数人意见很大",以强烈的表达方式到处宣扬他们的观点。3.显赫性规模,指社会中60%以上的人持有某种意见,人们明显感到舆论对每个人的影响,我们常说的"大家认为"、"人民一致呼吁"、"社会反响"强烈,都属于这类声势的舆论。

在了解舆论强度、舆论声势的基本概念后,从许多事关民情民意的例子可以概括出一个规律,即在大多数情况下舆论强度和舆论声势成正比。当一部分人对某一问题的态度越坚决,越可能引起另一部分人的共鸣,形成大规模的社会舆论。这种情况继续发展,公众意见就转化为民意。

三、舆论测量模型及舆论声势

舆论指标本身不能显示舆论的变化,只有当跟踪舆论变动的民意测验得出的多种不同指标的模型标示出来,才能醒目地揭示舆论变化的方向和状态。舆论模型是标示舆论动态的坐标系,在一个平面上有机地展示一种曲线,告诉人们社会舆论起伏变化的形势。

编制舆论模型能为社会管理部门、新闻媒介掌握社会意识的动向提供图解,成为民意测验机构、社会决策部门和新闻机构的日常工作。编制舆论模型是汇集、显示舆论波动的过程,大体经过三道程序:1. 指标测定,2. 编制坐标,3. 绘制曲线图。在确保舆论指标准确无误的情况下,最后绘制舆论模型。

舆论模型图由两条垂直相连的直线组成,横线中的黑点表示舆论强度的各个级差,垂直线表示舆论量度的指数(见图 14-3),把从众人数和态度强度的变化展示出来,能显示出舆论声势。

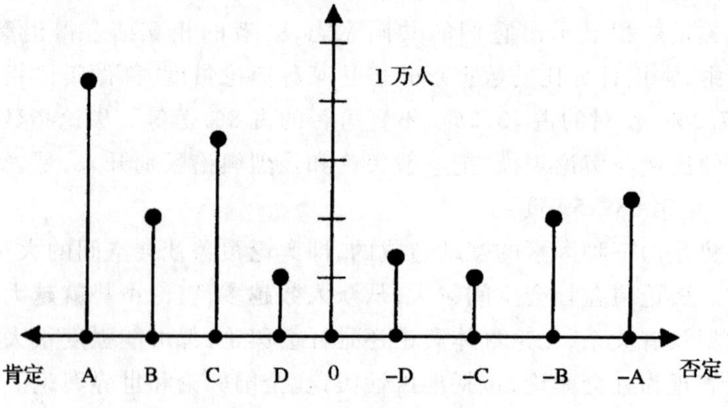

图 14-3 舆论模型的基本构成

在横轴上,从0点开始,左侧四个级差是肯定性态度,分别为无所谓(0)、满意(D)、较满意(C)、很满意(B)、极满意(A)。右侧则是否定性的态度,分别为不太满意、不满意、很不满意、极不满意,同左侧的强弱走向正好相反。中间垂直线底端"0"表示中性观点。这种排列方式使肯定与否定的舆论高峰相对应,显示出两种舆论态势。中间垂直线上的刻度表明人数量度,每一刻度表示的人数可从实际调查中获取。根据舆论从众量和相应的态度级差标出空间点位,再现舆论的指数,把点位用直线连接起来,形成舆论声势走向(见图14-4)。这样,图面上两种对立的舆论高涨程度便一目了然。

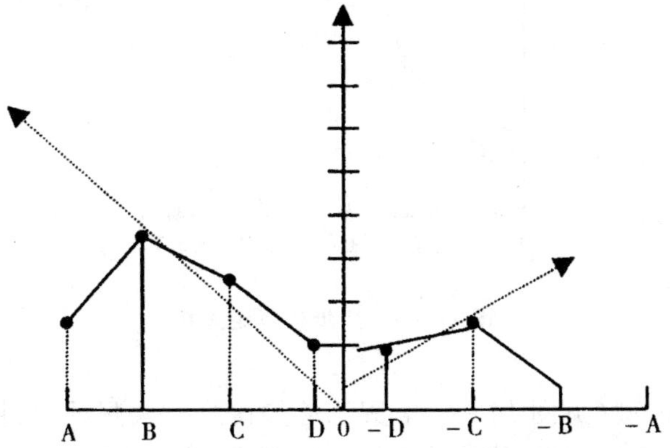

图14-4　舆论声势图

左侧肯定性舆论的曲线表明,持很满意态度的人最多,其次是较满意的人数。带有箭头的虚线则表明否定的舆论线低矮,和肯定态度相差悬殊。从总体态势上观察,这一坐标显示出肯定性舆论占据绝对优势。

舆论是不断变化的,社会管理部门为了监视社会意见的变化,对同一种舆论须相隔一定时间测定一次。从几次测定所得到的数据,判断舆论的走向。监视某种社会心态和社会思潮的变化,在一季度或半年内进行一次测量,把态度指数在舆论模型图上用曲线标示出来,能显示出舆论声势的趋势。

多次测量舆论变化,大体可绘出三类趋势模型图:

第一种是步步高型,即几次测验的量度和强度指标都不断增大,社会舆论不断高涨(见图14-5),社会意见正在形成大规模的舆论。在几次民意测验中,如果发现右侧的量度指标有急速增大的趋势,预示可能出现人心骚动,发生重大事件。舆论的不断高涨,是人心浮动的重要表征,标志社会矛盾可能走向激化或大幅缓解。所谓缓解,是指某一社会问题得到解决,人民群众充满赞扬声,左侧的指标虚线向上伸展。舆论处于上升势头,包括正向和负向舆论,代表不同性质的社会意见。正负舆论的上升趋势表现为欢乐、赞成或愤怒、不满，当后一种指向的暴涨势头得不到有效的引导时，就可能出现社会混乱。

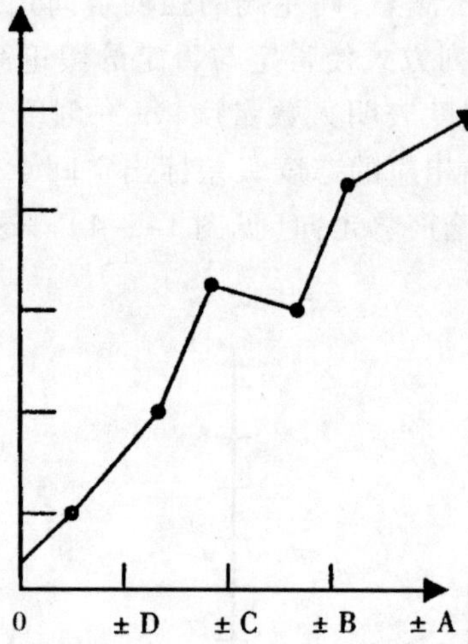

图 14-5　步步型舆论声势

第二种是马鞍型(见图 14-6)。舆论趋势在第一次测试时，指数很高，但在第二或第三次测定，指数下降，第四次测试略有回升，第五次测试又出现高指标，从众人数极度增大，形成“凹”字形状。有些议论如同一股疾风刮得很盛，不久又减弱了，但过了一段时间由于某种因素的刺激，又出现了舆论高涨。这种“凹”字形舆论趋势，和客观事件或公共事务的波动性发展有关。据观察，在我国有关涨价的舆论，从 20 世纪 80 年代到 2007 年都呈现出大“凹”字形。每次涨价，立刻刺激舆论四起，当政府部门加强物价检查或采取其他措施抑制商品价格上涨过快时，人们的情绪得到安抚，舆论就减弱了。过了一段时间，物价再涨，舆论也高涨，显示出“凹”字形舆论态势。

第三种是逐期低落型。开始议论广泛，舆论人众多，态度强度大。但过了一段时间突然降温，不久几乎没有人从事舆论行为。这种舆论大部分具有负向性质，有时以谣言或流言的形式出现。舆论量度、强度指标逐步呈现由高至低的走势，最后滑向低谷(见图 14-7)，直至舆论渐渐消失。

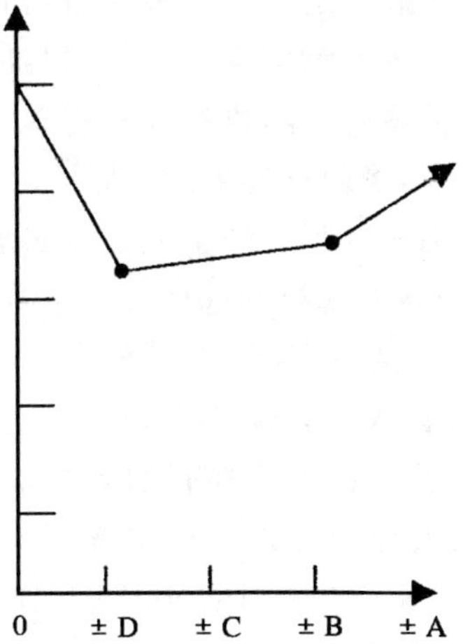

图 14－6　**马鞍型舆论声势**

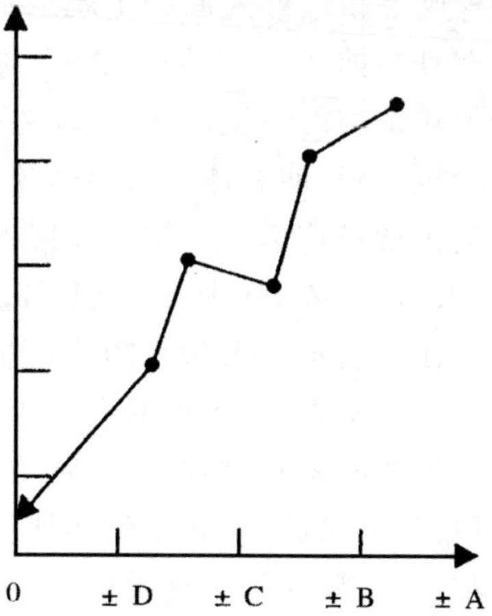

图 14－7　**逐期低落型舆论声势**

定期测定舆论的变化，可帮助社会管理部门把握舆论的走势，及时研究舆论变化的原因，制定相应的对策和宣传方针，对引导舆论作出合理的安排。

第三节　民意测验的步骤与操作

民意测验的最终目标是把握社会舆论的趋势，认识民意的立场，为解决社会问题寻求答案。在一个拥有 13 亿人口的国家，就全国性问题进行民意测验，不可能发放 1000 万或 1 亿个问卷，通过 1 万张甚至几千张问卷确认民意的倾向，必须有一套科学的操作程序和分析方法。民意测验的整套程序，包括设计问卷、确定测量方式、选取样本（简称取样）、分析样本、阐明指标数据、制定舆论模型图等环节。在这一节，主要研究测验开始后的操作方法与步骤。

一、民意测验的抽样方法

不管问题涉及的人口多寡，不少于 1000 人规模的选样在大部分民意调查中是适度的，在我国，全国范围内的民意测验应投放 1 万个样本。不指定某一个或某些人作为样本，是随机抽样的方法。在一定职业、社区、性别或年龄群体抽取一定的人数，叫类型抽样法。科学获取测验样本，应是随机抽样和类型抽样的并用。

随机抽样的具体方式主要有：简单随机抽样、系统随机抽样、分层随机抽样、整群随机抽样和多阶段随机抽样等，随机抽样的样本应具有推断总体的意义。非随机抽样则是指按照人们的主观意图取样，从总体中选取指定的一部分人进行调查，主要有判断抽样、定额抽样、偶遇抽样、雪球抽样等。在民意调查中，非随机抽样适用于正式调查前的试调查，为问卷的设计和修改提供参照。随机抽样具有客观性，引入随机原则，使总体中每类对象都可能入选样本，不受调查者主观的影响。

随机抽样技术可运用于任何人群。例如，在一所3万职工的企业的花名册上，每20人(即每隔20个人)抽1名，最终得出一个1500人规模的选样。这个选样是一个按比例表示工人状况的典型横截面，但又必须包括各车间、工厂负责人、普通工人、男人、女人、各工种的人等等，作为类型群体的代表。这就要把花名册上的人按着各种类型重新排列，然后再进行随机抽取。为了使各类人都有均等抽取的机会，可按工人名册、车间主任名册、职员名册每隔几人抽出1人。在调查一个百万人的都市时，假如每个街道中有1人被抽中，同样需要产生一个1500人以上规模的选样。街道是一种地理上更细微的划分，保证对该市区人口分布取得合理的取样。对一个县、市、省乃至全国的范围，选样的比例扩大，仍不应改变选样的合理性。

可靠的选样规模和方式确立之后，即使有更多调查对象增加，也不会从根本上影响调查的可靠性。正确地选取样本，是保证民意测验数据科学性的前提。在茫茫人海中选择具有代表性的一部分人作为测定对象，是舆论被缩微的过程。从不同地区、年龄群、职业群、文化程度群的人中选取少量人作为测定目标，被选中的人的意见体现着民意整体倾向。不搞抽样调查，或抽样调查对象分布不合理，选择的样本就不具有再现舆论总体的功能。

其他调查方法了解民意之所以不具科学性，是由于排斥随机抽样和典型抽样相结合的方法。比如开调查会的方法，指定一些人提供情况，很难排除指定者的主观倾向。找个别人谈话来调查舆论，找谁或不找谁，都由谈话人主观确定，容易把一部分人的意见说成公众意见。运用抽样法，贯彻机会均等和类型均等的原则，具有覆盖全面的特性。比如，不仅选择在业者也要选择失业者；不仅选择穷人，也要选择富人；不仅选择年迈者，也要选择中年人和青年人等等。特别是要选择知情者、能够清楚表达自己的态度者，使各种各样的知情者和相关者都有被调查的可能。对群体大的类型，应相应扩大抽取样本的数量，这不仅符合实际，也是公平的。

二、索取舆论指数的六种方式

在确定抽样范围和抽样方式、设计态度命题后，采集舆论样本是进行民意测验的关键一步。采集样本的任务是索取舆论指数，搜集公众动向的数据，主要有6种方式。

（一）面晤访谈

这是一种最简便、最省力的舆论调查方式。由访员随机选择访问对象，通过面谈询问人们的态度。当发生重大事件或举行重要会议时，急需了解民众的反应，可派出记者或访员走上街头，以自然流动的人群作为调查对象。街头访问速度快、成本低，在当天就可获得民意动向的数据。

要获得真实的民意，按照类型确定访问对象是关键环节。在川流不息的人流中选取样本，容易产生片面性，较多询问一种职业、一种年龄的人，使样本分布失去均匀，造成舆论选样的偏离。街头选取样本，根据行人的着装、肤色、举止确认他是公务员、知识分子、工人、农民还是学生，以体态和面容判断年龄。从每一种职业和年龄的人中选择若干人加以询问，提出的问题使被访问者产生兴趣，使他们愿意回答，可能获得更好的效果。

访员提出的问题要简短、通俗、恳切、口语化，便于被访对象作出准确回答，对方对所提出的问题不懂或抱有怀疑时，要重复和给予解释。访员和被访对象也可相互交流，把谈话引向深入，但访员只能做客观性解释，不能引导或代替访问对象发表意见。在访谈中，向访问对象提交“问题卡片”填写态度（√或×）符号，比单独的口头询问更能获得真实材料。如果被访对象提出意想不到的新问题，拓宽了民意测验的思路，访员要把提出的新问题记录下来，并向其他选择的行人询问，以便扩充问题的深度和广度。

街头访问灵活多样，随时随地都可进行。逐户探访使用上述方法搜集舆论指数，也有同样的价值和效果。有时，访员不用特别询问，听听周围人的议论也可获得舆论动向，但这种方法不是严格意义上的民意测验。

（二）问卷设计与投放

对社会重要问题进行全面、深入的民意测验，通常用“投放问卷”的方式。这是由多项问题组合而成的卷面，每个问题通过准确的陈述揭示社会现象的某个侧面。接到问卷的人可根据个人的认识，独立填写规定的态度符号。为确保填写问卷的可信度，必须科学地拟订态度命题与态度概念，有机地设计问题丛。

问卷设计首先要确定主题，然后拟订繁杂的分题，形成问题系列。每一个问卷都有一个中心，其他分题围绕中心问题展开，让人一目了然。问题不仅只被某一领域、某一地区部门的群众所了解，而且适用于多层次、多社区群众的认识水平。拟订问题要考虑问卷投放的广泛性，提出人们普遍关心、普遍熟悉的问题，语言准确、鲜明、易懂，使问卷填写者一下子能把握问题的含义。问卷容易引起误解，填写人就难以确切表达自己的意向，这种问卷很难获取民意的真实倾向。

问卷有一个总题目，称作问卷的名称。标题之后应有简短的说明，指出民意测验的目的和基本要求。问卷的开头是填卷者的基本情况，包括居住区、职业、文化程度、年龄、职务、经济收入等。一份完整的舆论调查问卷还应包括资料编码部分，注明问卷编号和调查时间。

问卷的主体部分罗列问题系列，注明填写的态度概念的符号，要注意文字表达的清晰和准确。问题排列由浅入深，所列大小题目之间具有统辖性。小问题按照内容的相关性或重要程度归入一个大题目，再把若干大题目按照顺序整齐排列，符合由表及里的认识习惯，突出实质性、要害性问题。

投放问卷的方向和广度要合理，是保证问卷调查信度的重要条件。如果把问卷毫无计划地胡乱投放，导致调查内容同调查对象和范围不一致，投放问卷就失去广揽民意的效力。按地区、职业、年龄、民族、文化程度等均匀分布的原则，向各种不同社会层面的人发放问卷，测验的问题波及多大范围就在多大范围内投放问卷。如果把问卷只投放到一个地区、一个单位或同一类群体中，所获取的民意指数就无法反映整体情况。只需了解本单位群众的态度，无需把问卷投放到本单位以外的范围，是一般的舆论调查，不能称做民意测验。

（三）民意投票及其程序

民意投票是表达舆论的特殊方式。一张小小的选票凝结每个投票者的意志，而千万张选票的集合能深刻地表达民心。民意投票用于选举、评定产品、表决重大事项、评选优秀人物等，适用范围广，简称民意的票决。但它不是抽样的调查形式，大都是全员的表意行为，如果县区以上的公民全员投票，则更有典型的民意测验性质。

运用投票测量民意的信度，不取决于投票形式本身，而依赖于是否实行严格的民主。在民主机制中，投票的结果是可以信赖的，但这要遵循严格的投票程序。①候选人数或产品（作品）多于应选人数或产品（作品）。②由投票者推举监票、计票人员，实行无记名投票，严防强迫选民在公开场合画票。③当场或及时向投票者公布各候选人所得票数，严格检验是否有假票。④获得最多和法定有效票数者应视为选中。

损害投票信度，往往来自公众代表组成的粗糙或选举程序混乱，把投票当作儿戏。增强投票的信度首先要尊重民意，提高选民的责任感，保护群众运用无记名投票的神圣权利。

（四）电话调查及其要求

急于想了解公众对某个问题的态度，可按电话簿上提供的单位和公众进行询问。打通电话后，首先要声明调查目的，使调查对象打消顾虑，把真实的想法告诉被调查者。用电话进行舆论测量能迅速、及时了解社会团体、群众及各界人士对某一问题的看法,比较经济并节省时间。只要十几个人坐在电话机旁连续打上半天或一天电话就完成了测验工作,有5个人做这项工作,只调查一个问题,在半天内可以询问300人左右。

电话调查不是严格意义上的民意测验,因为它不能鉴别调查对象的群体类型,无法进行有效的随机抽样。这种方式适合许多目的不同的调查。在电话调查中,不少人讨厌打扰而拒绝交谈。不同的人在一天中不同的时间才能接触,电话提问受到时间的限制,要求提的问题简明扼要(如"是","不是"或"谈出你的主要观点")。电话采访对迅速获取数据是有效的,如对头天晚上的电视节目的观众调查,采用这种方法搜集意见的速度快。为使对方愿意回答所提出的问题,调查人员要态度和蔼,情感真挚,尽量使对方产生好感。

电话调查提出的问题不宜过多,每次最好只提一个,或就某个中心议题提出几个小问题,使对方在一两分钟内就能回答完。为了确定调查群体的类型,打通电话后首先询问对方的职业、文化程度及其他有关情况,有针对性地发出问话。但能坦率把个人情况告诉调查员的人是很少的,所以它不是严格意义上的抽样调查。

(五)发放信件的方法

对复杂社会问题的调查,还可向所选择的对象投寄信件,要求收信人用简短的文字回答提出的问题。信纸上的问题后面留出适当的空白让调查对象填写。比如,某市政府向2000户居民发出意见征询信,共提出两个问题:一是,你认为2008年市政府的工作有无成绩?主要表现为哪几个方面?二是,2008年市政府的工作有无缺点?主要表现在哪些方面?如果能回收1300封信,就可了解群众对市政府全年工作的评价。

信件调查和问卷的区别在于,前者内容单一,所提问题一般不超出三个。问卷调查少则数十个问题,多者100多个分题,构成问题丛。信件调查要求调查对象用文字表述,在信件的前言要提醒回信人,回答内容明了简练,要说真话。问卷调查则需要用态度符号(√×)填写,更为简便。写回信如果要花很长时间,就有许多人不给回音。当人们打开调查信对所提的问题产生兴趣,一两分钟就可以写出答案,才能保证较高的回收率。信件调查提出的问题须短小、扼要、明确,和人们的工作、生活有直接的关系,以便引起人们的关注。

(六)网络问卷或信件

2000年以来,美国的Vote. com在网上对当前的政治问题(从油价到移民政策)做过调查,每一次都有10多万人在网上参与,有时网上调查的人数甚至超过

10 万人。Vote. com 以电子邮件的形式把每个人的意见传输给华盛顿的决策机构。美国政治学家格尔纳认为,互联网上出现的这种自由的政治论坛,是一种新式的直接表达民意的做法。接受调查的网民们不必再到投票站投票,在家里通过电脑就可以完成。

目前每个公民不可能都在网上参与投票或填写问卷,但是,他们与网民有交往,随时影响网民的态度。公民还可在网页上对民意问题表示自己的态度,网民发表了真实的看法,网络测验就能迅速地完成。但是,正如电话调查,网络调查人员不知道点击者或发邮件的网民是哪个类型的公民,无法贯彻典型抽样的原则获得真实的民意。如果是网络选举,网络技术完全能够杜绝一个人点击的数次,那就另当别论了。

三、样本汇集和舆论态势分析

每次调查在收回样本时,往往碰到“拒回”的情形,回收样本达到发出样本的 80%,就是有效的样本规模,接着则可以进行统计、分析样本,运用舆论指标对样本的数据进行整理,统计出持有各种意见的人在样本总体中所占的百分比,用若干组数据描绘出整体舆论的态势。把这些内容写进舆论调查报告,是民意测验的最后一步。

由于统计数量大,常常以十万、百万的位数表示调查对象的态度级差以及各种态度数值,需要把样本数码和态度指数输入计算机,以便快速得到各种舆论指数。把几种不同舆论指数统一比较,舆论指标就显示出社会舆论的趋势。

任何舆论都是可以分解的,舆论强度和量度是舆论威力的显示。舆论强度的等级和量度百分数的综合罗列,构成舆论指标体系。舆论的第一类指标称作舆论的量度指标,包括舆论的从众数量、分布地区、职业区、年龄区、社会层的数量。调查对象的分布越全面、越均匀,所获得的意见指数就越有真实性。根据舆论量度与强度的相互关联,对整个舆论态势进行数据分析,可以统计出抱有各种态度倾向的舆论指数。其结果可用一系列百分数标明,也可用数据加图表或曲线走势图(见 304、308 ~ 309 页)展示出来。

在分析舆论态势时,首先应说明投放、收回样本的数量,依据指数认定舆论的类型,对舆论的观点和作用作出判断。根据第三章提出的量化舆论类型的百分比,指出不同类型舆论的性质和影响:凡是接近 60% 的人拥护的意见基本是正确的意见,给社会问题的解决提供了重要思想,应引起有关方面的重视;凡是 70% 以上的人拥护的意见,涉及到人民的根本利益问题,属于民意,是应当尊重的;凡是 25 ~ 30% 的人支持的意见,已经成为一种不可忽视的舆论;20% 以下的人所持有的意见，还没有构成舆论，属于少数人的意见。

作出必要的分析结论后，接着要起草民意测验报告，这是完成民意测验的最后一步。民意测验报告首先要概括地写出对当前某一问题或事件的调查目的、调查的概况和各种舆论的指数，把各种意见的民众比例全部反映出来。随后，还要指出各种意见的分歧点和原因是什么，各种舆论从众的主体都是哪些人，从众人数的比例有多大。最后判断社会问题的走势或可能发生的事件，建议委托民意调查的部门应采取何种措施满足民意的要求，或如何应对舆论的变化。同时指出社会存在什么问题需要克服，对正面与负面现象、成绩与缺点作出实事求是的简要分析。民意测验报告要有标题、写明调查单位、投放问卷的数量以及样本的回收率。缺少这些内容，只进行指标分析，很难揭示出民意的真实性，也无法证实它的科学性。总之，民意调查报告是由数据向科学结论转化的完美形式。

请读下面这篇民意调查报告，指出它的优点和存在的问题。

城市形象尚好　存在问题不少

——南充首次城市形象民意调查报告

中共南充市委四届四次会议提出了把南充建设成为实力强、功能优、形象美、品味高的川东北区域中心城市的奋斗目标，非常鼓舞人心。为了解本地居民及外来人员对南充城市形象的看法，向市委、市政府加快城市建设提供决策参考，国家统计局南充调查队策划、制订方案，组织西华师大学生，联合南充新闻网和四川新闻网南充论坛于2008年7月上、中旬开展了“南充城市形象民意调查”活动。

本次调查采取问卷直接面访、网络投票和电话连线的方式进行。调查对象为本市常住市民和外来人口及部分网民。

一、公众心目中的南充城市形象

（一）对城市的整体评价

1. 六成本地居民喜欢南充，外来人口印象更好

对南充总体评价，有60.4%的常驻居民表示喜欢或很喜欢南充，27%的人选择一般，仅有11.6%的人表示不喜欢。在对外来人员的调查中，有87.6%的调查对象表示喜欢南充，他们表示，南充的宜居环境和市民的热情大方深深地吸引了他们。

2. 南充的人居环境满意度高

在“对南充最满意的方面”的调查中，被调查者最满意南充良好的生活环

境,其次是城市建设,再次是文化氛围(原话引用:南充最让我满意的就是环境好,适合居住。青山绿水的,污染小,不是地震带,有了嘉陵江渠化工程,还不会遭洪灾)。

3. 三国文化增强了南充城市魅力

南充是“三国文化”的源头和发祥地。境内三国遗址较多,诸如万卷楼、张飞庙、谯周墓、王平墓、瓦口关古战场等。调查显示,绝大部分调查对象认为三国文化为南充增添了独特的城市魅力,是南充区别于周边其他城市的名片之一,应予以着力打造。

4. 南充治安亟待加强

在“对南充最不满意的方面”的调查中,南充的社会治安问题被排在榜首,说明社会治安问题依然是广大市民最关心,最渴望改善的问题,其次是市民素质,其三是街道的夜晚照明情况。

(二)行为感受方面

城市文明建设中,市民的行为是城市形象最重要的组成部分。市民的举手投足、言谈话语,都是城市形象的主要反映。每一城市,每一区域,特定的行为效应是有独特代表性的。如上海人所谓的“精”,北京人所谓的“侃”,广东人所谓的“灵”。

1. 南充人热情大方、尊老爱幼

南充人重“情”,人际关系氛围好,给外来人士印象颇深。调查显示,53.8%的人表示参加过志愿者服务活动,17.2%的表示愿意参加,但不知道如何报名,84.1%的市民表示会热情帮助外来游客,61.2%的调查对象能够做到爱岗敬业、诚实守信,有11.7%的表示会积极付出、奉献社会。

2. 部分下岗失业人员不思进取、当街赌博等对城市形象影响大

调查显示,有85.0%的被调查对象认为部分下岗失业人员在露天、街头打牌赌博等行为对南充城市形象影响大;其次是对乞讨人员管理不当、当街乞讨,认同度为82.3%;其三为窗口行业和执法部门态度生硬,服务不热情、不主动,认同度为78.2%。

3. 南充人需要加强法制观念和礼仪学习

调查显示,84.7%的人认为南充人应该加强法治教育,增强法制观念,减少犯罪;82.5%的人认为南充人需要加强礼仪学习,使得举止得体、言行文明;此外,还76.8%的人认为南充人要增强竞争意识,树立积极向上的城市精神。在提及对现行《市民文明公约》的了解情况时,只有18.5%的人表示了解或很了解,76.2%的调查对象表示不了解或不太了解,甚至还有5.3%的调查对象表示没有听说过。

(三)视觉感受方面

视觉感受是城市形象最直观的感受,一切视觉景观都是城市形象的特色基础。包括市徽、市花、市旗、吉祥物、城市别称、公共指示系统、交通标志、富有特色的旅游点、建筑、绿地等。一般只要有一个或几个极富个性的视觉景观,就能使人们强烈地感受到城市视觉形象的特有魅力。如上海外滩的建筑物群落,是上海最重要的景观标志;北京的天安门广场,已成为北京乃至整个中国形象的视觉象征;延安的宝塔山,代表着一个革命时代;苏州的小桥流水、西藏的布达拉宫等,都是这些城市典型的视觉景观。

1. 北湖公园和五星花园被认为是南充的代表性景观

在问及哪些景观最能代表南充城市形象时,1633 名受访者中,31.9%的被调查者选择北湖公园,比例最高;其次是五星花园,比例为 26.0%;第三是万卷楼,以后依次是市政新区广场和滨江大道。详见图二(略)。

2. 市容市貌亟待改善

对南充市容市貌情况的评价,75.1%的调查对象认为南充街道规划不够合理、市场稍显混乱、环境不够整洁;有 14.8%的受访者认为市场很混乱、环境脏乱差;仅有 10.1%的受访者对市场和环境现状表示满意。

(四)风情感受方面

一个城市的风土人情往往使这个城市具有特定的风韵,也使这个城市具有浓烈的个性色彩。如城市的风俗习惯、文化传统、人文风采,还有名胜特产、男女情怀、俚语方言等。许多"少小离家老大回"的游子们,几十年念念不忘的往往就是不登大雅之堂的家乡小调和地方小吃。实际就是地方风情对人的熏陶和浸润。

1. 源远流长嘉陵江和伟人故里形象替代果城绸都形象

调查显示,在向外地朋友提及南充时,48.1%的南充人首先会介绍源远流长的嘉陵江,其次是 23.7%的人会首先提及伟人故里,仅有 15.2%和 13%的人表示首先会提及绸都和果城,说明果城绸都形象淡化,源远流长嘉陵江和伟人故里形象正逐步替代果城绸都形象。许多网友留言表示,南充的丝绸产业衰落了,水果名气也不响了,只有源远流长的嘉陵江和伟人故里是改变不了的,永远值得南充人骄傲。(原话引用:每次人家问我"老家是哪里?"我说"仪陇县。"人家说"没有听说过",我说"南充地区。"人家还是说"没听说过",我又说绸都。人家说"苏州啊?"我只有说"朱德老家那个地区。"人家就会羡慕地说:"哦!就是那个地方啊。")

2. 地方文化逐渐脱离大众

南充人民创造了独特、凝重的川北文化:川北皮影、川北灯戏与川北大木偶戏,并称为川北戏曲的三朵奇葩,在国内外都享有盛名。这些艺术可与"秦腔"和"二人转"媲美。但就是这些曾经广为流传的大众文化,受当今流行文化的冲击,与广大普通市民特别是年轻市民是渐行渐远。调查显示,年龄在16~35周岁的调查对象中有77.2%的人对"三朵奇葩"只是耳闻,没亲眼看过;有85.7%的人表示希望有机会了解本地方的传统文化,但并不很感兴趣。

3. 特色小吃让人倍感南充风韵

南充的川北凉粉、张飞牛肉和阆中保宁醋等都是拿得出手的名小吃。由于文化底蕴深厚,这类风味独特的名小吃广泛吸引大众,特别是外来游客。调查显示,近九成的被调查者表示知道这些小吃,并广泛宣传介绍。

(五)消费感受方面

一个城市的消费感受,同样是城市形象的主要印记。在城市生活中,消费感受的实质是城市所提供的生活和服务感受,对城市形象的影响极大。与其他感受相比,消费感受是最直接涉及感受者利益的,所以反映最强,感受最深。如许多初出国门的人士,归来津津乐道的往往就是发达国家的规范服务和特色。

1. 市场诚信让市民满意

调查显示,南充人气旺,餐饮娱乐业发达,大家都很认同,78.3%的市民对南充市场诚信表示满意和认可,16.9%的不愿评价,仅有4.8%的被调查者对南充市场诚信表示不满意。

2. 文化娱乐设施基本能满足需要

近年来,各级党委、政府加大了文化娱乐场地和配套设施建设,让广大市民有了娱乐健身的客观条件,市民对此十分满意。调查显示,78.1%的受访者表示娱乐场地和配套设施能满足需要,14.3%的市民表示需要继续加强,仅有7.6%的居民表示不能满足。

3. 交通形象认同度高

交通是"行"的载体,交通形象对整个城市形象有着重要的影响。在被调查者对"南充交通形象怎么样"的选择中,对南充的公交车、出租车形象好的认同度较高,分别达84.4%和84.1%,其中选择很好和较好的比重都近四成;其次是班车,选择很好和较好的比重是34.9%。

(六)经济感受方面

在市场经济机制的作用下,城市的经济状况、经济特征等都是城市形象的最重要的象征和支柱。因此,城市形象的经济感受应该特别注重城市形象产业、城市形象企业和城市形象产品的开发和市场拓展。现在许多城市虽然没有直接打出"城市形象产品"的牌子,但其实际的作用和功效已基本到位。如

"青岛啤酒"、"西安杨森"等,显然都为各自的城市形象增添了不可磨灭的光彩。

1. 果城绸都品牌形象亟待重振

调查显示,47.1%的调查对象认为南充果城绸都的品牌形象不再辉煌,33.9%的认为是靠"吃老本",19%的调查对象认为果城绸都品牌效应依然存在。

2. 企业竞争力有待加强

调查中,38.6%的调查对象认为南充企业竞争力较弱,49.7%的人认为一般,仅有21.1%的调查对象认为南充企业竞争力较强。

3. 对南充经济发展表示较为满意,对未来发展充满信心

虽然大部分调查对象认为南充企业竞争力不强,但广大市民认为南充经济发展较快,对未来发展充满信心的意见基本一致。调查显示,70.8%的调查对象认为南充经济发展较快,27%的人对南充经济发展速度表示满意,75.7%的调查对象对南充未来发展充满信心。

(七)精神感受方面

精神感受是指城市的精神理念所产生的形象效应,她是一个特定城市的精神支柱,也是其立市和不断发展的信念所在。其内容可以是城市精神生活的理念信条,可以是城市发展哲学的高度概括,也可以是城市历史风云和发展传统所凝聚的民风和市民精神的写照。它渗透到城市的各行各业,弥漫到城市的方方面面。比如,深圳的"时间就是金钱"、大连的"不求最大,但求最佳",都是城市精神感受的典型。

南充人"懒散随意、得过且过"给人印象较深。调查显示,44.4%的调查对象认为南充人懒散随意,43.2%的调查对象认为部分南充人是得过且过;有85.0%的被调查者认为部分市民平时领着低保搞赌博,遇着困难时等、靠、要、闹;处理问题不积极主动,"到时候再说嘛"被认为是对南充人的画像。

二、调查对象反映的其他问题

(一)五星花园等繁华地段有一批操外省口音,长期躺、卧的职业乞讨人,其中不乏涉嫌胁迫、诱骗或强行讨要、滋扰他人的不良乞丐。这一现象严重影响市容并有很大的安全隐患,应加强管理。

(二)南充电视台和广播电台小医院广告和滋阴壮阳、丰胸提臀类广告太多,令观众极度反感。(原话引用:南充电视台和广播电台满是医药和医院广告,这是最影响南充形象的一点,好像外地人到南充就全闻的药味道一样,哪

个还敢来投资，哪个还敢来旅游，难道外地朋友不怕惹起病呀？）

（三）滨江大道沿路的厕所建设配套不足，部分开夜啤酒和坝坝茶的商贩临江搭建厕所，直接将废物排往嘉陵江，既污染水源又影响美观。

（四）的士车档次太低，行车时在街面上乱窜，随意变道，乱掉头，禁鸣区乱鸣笛等现象很突出。

（五）市内过街天桥处行人不走天桥，而在桥下随意横穿马路的现象突出。

（六）市内道路和电（网）线维护不及时。（原话引用：把西门坝街路面的坑坑洼洼填平，把西门市场到小西门这段人行道地砖安装牢固，免得下雨后一踩，挤出水来溅一裤脚。）

三、对策建议

在日益推进的城市化进程中，从强调改善基础设施和单纯追求城市规模，到关注城市形象和创建一流的人居环境，中国城市建设在发生着明显而又深刻的变化。今天的城市竞争，不仅仅是规模、经济的竞争，更是城市文化、城市品位和城市生活环境与生活质量的竞争，实质就是城市形象的竞争。要树立良好的城市形象，必须从塑造城市和推广城市两方面着手进行。

（一）大力塑造城市形象

城市形象的塑造是一项系统工程，需要大系统操作，更需要大刀阔斧地进行系列运作。

1. 消除陋习，提升公民素质，培育积极的城市精神

南充人奋发图强，性格里有“自强”的部分，但还应该“自律”，就是要守法、有德。部分南充人当街赌博、满口脏话、乱穿马路、赤大膊穿拖鞋出入公共场合的陋习严重影响南充形象，屡禁不止。对于不正确的观念和行为，需要不断的引导和坚决的摈除。培育良好的城市精神形象，可从以下几方面入手：

(1) 精神生产方面，要加大优秀文化艺术作品的生产。结合我市悠久的三国文化历史背景、浓厚的蚕桑文化底蕴，多创造一些优秀的富有时代气息的文化作品，激起广大市民对传统优秀文化的自豪感和积极向上的自信心。

(2) 调整好广大市民的精神状态。无所事事、不愿努力、缺乏奋斗精神与竞争意识、不求上进的心态只会影响整个城市的发展，因此要通过广泛宣传教育和建立竞争机制，大力倡导“开明开放、诚朴诚信、博爱博雅、创业创新”的精神。

(3) 加强市民行为引导和管理。通过建立健全城市管理制度、市民公约，并确保长期有效的执行，逐渐培养“讲道理、明礼节、守规则”的习惯。

(4) 扎实开展窗口行业、执法执纪部门文明创建活动，树立行业新风。

2. 加强城市管理、优化城市环境

(1) 优化治安环境

安全环境和城市的发展紧密地联系在一起。要大力实施平安工程,开展普法教育,建设公平公正的法制环境。

(2) 做好流浪、乞讨人员的遣返、收容整治工作

对流浪乞讨人员实施分类集中救助,公安、行政执法等部门重点打击一批流浪乞讨人员中的犯罪行为,对未成年流浪者进行保护性救助。尽量杜绝本市旅游景点及主要商贸区、交通要道、车站等地流浪乞讨人员的活动。

(3) 开展环境卫生秩序整治

实施净化工程,对主要街道、火车站、汽车站、集贸市场等重点部位及城市出入口、城郊结合部、背街小巷、市区卫生死角进行重点整治,解决垃圾乱倒、摊点乱设、车辆乱放、广告乱贴等脏乱差问题,做到农贸归市、商品归店、车辆归场、垃圾归点、广告归栏。

(4) 整治交通秩序

坚决打击非法运营,进一步强化交通秩序管理,积极开展多种形式的群众参与性强的交通整治活动,努力营造文明有序、安全顺畅的交通秩序。

(5) 整治市场秩序

强化市场管理,坚决制止占道经营、制售假冒伪劣商品、欺行霸市等现象,营造规范守信的市场环境。加强对户外广告的管理,在城市出入口等显著位置设置大型公益广告。开展文化市场管理,促进文化市场的健康、繁荣、有序。

(6) 实施碧水蓝天计划

开展城市环境整治,实施节能减排。城市水质、噪音环境达到环境功能区划要求;空气污染指数、重点工业企业污染物排放稳定达标率以及生活垃圾无害化处理率、城市生活污水集中处理率等分别达到环保要求;组织环境保护宣传教育,抓好绿色社区、绿色企业、绿色学校、生态村建设。加快生态市建设步伐,搞好滨江大道的建设管理,提高城市园林化水平,建设可持续发展的生态环境。

(二) 大手笔推广城市

要提高城市知名度,不仅要努力塑造城市形象,还必须大力宣传、推广、灌输、渗透城市形象理念。

1. 做好城市形象宣传推广的战略规划

城市形象维护要做广告、搞公关,采取商业与外交相结合的手段,以更强有力的营销方式来宣传南充城市的形象

2. 做好城市形象宣传推广的规模化、持续化和系统化

规模化宣传城市形象,需要全方位、多渠道,力争形成规模效应、各个击

破。城市形象广告最好在全国电视台和地方电视台同时投放,投放渠道也多种多样,可通过广播、互联网、电视、报刊以及其他形式,从而实行大规模、全方面、立体化的推广。

持续化宣传城市形象,需要较长时间、持续不断地进行推广,让人们渐渐熟悉这一形象,加深南充城市形象在脑中的印象。

系统化宣传城市形象,需要在进行统一规划下进行系统推广。把每个推广工作有效结合起来,形成系统,有规律、有顺序进行流水线式的宣传推广。

这篇报告内容全面,有分析、有数据、有建议,是一篇较好的民意分析报告。调查者对南充市城市形象存在问题的分析和提出的建议,不仅周全细致,而且具体系统,有不可忽视的政策价值,对市政府加强城市建设和管理有重要的指导意义。对城市形象的构成和要素,报告有一些简要的知识介绍,对引导人们认识这次民意测验的结论提供了重要论据。

但是,这篇报告也有一些不规范的地方,影响了报告的质量,在一定程度上削弱了某些选项的说服力。第一,民意调查报告没有指出一共投放了多少问卷,收回多少问卷,包括网民的帖子,收到样本总数是多少。在“视觉感受”这部分的第一个小问题中出现的“1633 个受访者”,不知是面访的人数,还是总样本数。第二,报告没有对抽样的可靠性作出说明,问卷面访是否实施的是随机加典型的抽样方式,还是遇到人(或入户)就问;如果是随机抽样,它同非随机抽样(电话、网上调查)的比重是多少,本调查可能有多大误差,均无交代。第三,测试的一些舆论指标没有列出数据。例如“三国文化增强了南充城市魅力”这个选项的调查结论是“绝大部分调查对象认为……”绝大部分到底是多少?没有列出舆论指数,令人怀疑结论的准确性。第四,在阐释城市形象的代表特征时,有的地方使用了不确切的概念,甚至是消极的概念,有误导舆论的可能。如“上海人所谓的‘精’,北京人所谓的‘侃’,广东人所谓的‘灵’”,尽管加上所谓二字,对这三地民众的精神特征没有正面、确切的阐述。究竟南充市民向他们学习什么,难以把握和效仿。如果这里改为“上海人的聪明”、“北京人的健谈”、“广东人的好学”,不仅含义准确并富有积极意义,而且市民也知道向他们学习哪些东西。

本章内容的重点:

1. 民意测验科学性的表现。
2. 民意测验发生错误的原因。
3. 民意测验的方法与步骤。
4. 舆论调查报告的写作。

参考书目

一、中文著作类：

1.[德]哈贝马斯:《公共领域的结构转型》,学林出版社 1999 年版
2.[德]黑格尔:《法哲学原理》,商务印书馆 1979 年版
3.[德]黑格尔《法哲学批判》,商务印书馆 1979 年版
4.[法]孟德斯鸠:《论法的精神》,商务印书馆 1961 年版
5.[法]卢梭:《社会契约论》,商务印书馆 1980 年版
6.[法]托克维尔:《论美国的民主》,商务印书馆 1996 年版
7.[美]杜·纽萨姆和艾伦·斯各特:《公共关系与实践》,上海译文出版社 1989 年版
8.[美] 迈克尔·罗斯金:《政治科学》,华夏出版社 2001 年版
9.[美]E. E. 谢茨施耐德:《半主权的民主》,天津人民出版社 2000 年版
10.[美]L·科塞:《社会冲突的功能》,华夏出版社 1989 年版
11.[美]R. L. 罗斯诺、G. A. 费思:《流言》,国际文化出版公司 1990 年版
12.[美]阿尔温·托夫勒:《未来的震荡》,四川人民出版社 1985 年版
13.[美]彼德·布劳:《社会生活中的交换与权力》,华夏出版社 1988 年版
14.[美]戴维·波谱诺:《社会学》(第十版),中国人民大学出版社 1999 年版
15.[美]丹尼斯·朗:《权力论》,中国社会科学出版社 2001 年版
16.[美]丹尼斯·缪勒:《公共选择》,中国社会科学出版社 1999 年版
17.[美]杜·纽萨姆、艾伦·斯各特:《公共关系与实践》,上海译文出版社 1989 年版
18.[美]汉密尔顿等:《联邦党人文集》,商务印书馆 1982 年版
19.[美]赫伯特·席勒:《思想管理者》,台北远流出版公司 1996 年版
20.[美]卡尔·科恩:《论民主》,商务印书馆 1988 年版
21.[美]凯斯·桑斯坦:《网络共和国——网络社会中的民主问题》,上海人民出版社 2003 年版
22.[美]科恩:《论民主》,商务印书馆 1988 年版,
23.[美]莱斯利·里普森:《政治学的重大问题》,华夏出版社 2001 年版
24.[美]迈克尔·罗斯金等:《政治学》,华夏出版社 2002 年版
25.[美]尼葛洛庞帝:《数字化生存》,海南出版社 1997 年版
26.[美]乔·萨托利:《民主新论》,东方出版社 1998 年版
27.[美]施拉姆:《报刊的四种理论》,新华出版社 1980 年版

28. [美]施密特等:《美国政府与政治》,北京大学出版社 2005 年版
29. [美]斯科特·卡特里普等:《公共关系教程》,华夏出版社 2001 年版
30. [美]托马斯·R.戴伊:《自上而下的政策制定》,中国人民大学出版社 2002 年版
31. [美]托马斯·杰斐逊:《杰斐逊文集》,商务印书馆 1965 年版
32. [美]威尔伯·施拉姆、威廉·波特:《传播学概论》,新华出版社 1984 年版
33. [美]沃尔特·李普曼:《公众舆论》,上海人民出版社 2006 年版
34. [美]沃纳·赛佛林、小詹姆斯·坦卡德:《传播理论:起源、方法与应用》,中国传媒大学出版社 2000 年版
35. [美]熊彼特:《资本主义、社会主义和民主主义》,商务印书馆 1979 年版
36. [日]小野秀雄:《新闻学原理》,日本东京堂 1947 年版。中文为内部译本,藏中国人民大学新闻学院资料室
37. [意]加埃塔诺·莫斯卡:《政治科学要义》,上海世纪出版集团 2005 年版
38. [英]埃德华·卡尔:《20 年危机(1919-1939)》,世界知识城出版社 2005 年版
39. [英]安东尼·阿博拉斯特:《民主制》,台北桂冠图书出版股份有限公司 1992 年版
40. [英]洛克:《人类理解论》(上),关文运译,商务印书馆 1983 年版
41. [英]密尔:《论自由》,商务印书馆 1959 年版
42. [英]约翰·弥尔顿:《论出版自由》,商务印书馆 1986 年版
43. [英]约翰·密尔:《论自由》,商务印书馆 1959 年版
44.《邓小平文选》,人民出版社 1993 年版
45.《马克思恩格斯选集》,人民出版社 1956 年版
46.《毛泽东选集》,人民出版社 1977 年版
47. 杜骏飞主编:《网络传播概论》,福建人民出版社 2003 年版
48. 李希光:《新闻学核心》,南方日报出版社 2002 年版
49. 刘建明:《舆论传播》,清华大学出版社 2001 年版
50. 刘建明:《穿越舆论隧道——社会力学的若干定律》,中共中央党校出版社 2000 年版
51. 刘建明:《当代舆论学》,陕西人民教育出版社 1990 年版
52. 刘建明:《基础舆论学》,中国人民大学出版社 1988 年版
53. 刘建明:《社会舆论原理》,华夏出版社 2002 年版
54. 罗豪才、吴撷英:《资本主义国家的宪法与政治制度》,北京大学出版社 1983 年版
55. 牛文元:《社会物理学国际研究前沿透视》,科学出版社 2007 年版
56. 沙莲香:《社会心理学》,中国人民大学出版社 1987 年版
57. 吴克昌:《社会心理论——转型期中国社会心态研究》,湖南人民出版社 1998 年版
58. 张文显:《法哲学范畴研究》,中国政法大学出版社 2003 年版
59. 甄树青:《论表达自由》,社会科学文献出版社 2000 年版
60. 郑超然、程曼丽、王泰玄:《外国新闻传播史》,中国人民大学出版社 2000 年版
61. 朱庭光主编:《法西斯体制研究》,人民出版社 1995 年版

二、中文论文类：

62. [美]P. 利登:《美国思想库指南》(上),载《国外社会科学》1987 年第 10 期
63. [美]理查德·哈斯:《思想库与美国的外交政策:一个决策者的观点》,载《国际论坛》2003 年 11 月
64. [英]弗兰·汤克斯:《信任、社会资本与经济》,在《马克思主义与现实》2002 年第 5 期
65. [英]希瑟萨维尼:《公众舆论、政治传播与互联网》,载《国外理论动态》2004 年第 9 期
66. 蔡雯:《"公共新闻"发展中的理论与探索中的实践》,载《国际新闻界》2004 年第 1 期
67. 陈文鑫:《塑造还是反映民意?》,载《美国研究》2003 年第 4 期。
68. 葛伟:《公共政策过程中的公民参与》,载《广东行政学院学报》2006 年第 6 期
69. 何桂明:《试论社会物理学的意义和作用》,载《广西教育》2007 年第 4 期
70. 侯经川、赵蓉英、邱均平:《全球思想库发展综述》,载《预测》2003 年第 6 期
71. 黄建新:《近现代西方舆论观的嬗变》,载《复旦学报》1995 年第 3 期
72. 刘建明:《受众行为的反沉默螺旋模式》,载《现代转播》2002 年第 2 期
73. 刘建明:《民意测验在美国的误导》,载《北京观察》2000 年第 7 期
74. 马凌:《公共管理与公众舆论》,载《公共管理学报》2006 年第 4 期
75. 马敏:《政治象征:概念、结构和特征分析》,载《社会科学论坛》2004 年第 6 期
76. 门洪华:《权力转移、问题转移与范式转移》,载《美国研究》2005 年第 3 期。
77. 牛文元:《社会物理学与中国社会稳定预警系统》,中国科学院院刊, 2001 年第 1 期
78. 孙哲:《美国的总统外交与国会外交》,载《复旦学报(社会科学版)》2001 年第 4 期
79. 田兴玲、刘慕仁、孔令江:《一维 Sznajd 舆论模型中噪声因素对演化的影响》,载《广西师范大学学报(自然科学版)》2006 年第 3 期
80. 汪廷炯:《论思想库》,载《中国软科学》1997 年第 2 期
81. 王辑思:《美国霸权的逻辑》,载《美国研究》2003 年第 3 期
82. 王鸣鸣:《公众舆论与美国对外政策》,载《国际政治与经济》2002 年第 5 期
83. 萧良:《美国历史上最悠久的思想库》,载《今日中国论坛》2005 年 12 期
84. 肖克:《"民心工程"别离民心太远了》,载《发展》1997 年第 1 期
85. 袁鹏:《美国思想库:概念及起源》,载《国际资料信息》2002 年第 10 期
86. 张晓峰、吕艳君:《西方政治象征理论研究述评》,载《教学与研究》2004 年第 10 期。

三、英文著作类：

87. A. Lawrence Lowell, Public Opinion and Popular Government Longmans, Green and Co. , 1913.
88. Albig, William. Public Opinion, New York: McGraw – Hill Book Co. , 1939.
89. Allport, F. H. Social Psychology. Boston: Houghton Mifflin. 1924.
90. Altheide, D. L. Media power. Beverly Hills, CA: Sage. 1985.
91. Asch, S. E. Social Psychology. New York: Prentice – Hall. 1952.
92. Berelson, B. M. Lazarsfeld ,P. & McPhee, W. Voting: A study of opinion formation in a presidential campaign, Chicago: University of Chicago Press. 1954.
93. Bernard C. Hennessy, Public Opinion ,Belmont, Cal. Wadsworth Publishing Co. 1965,1970,1985.

94. Berkowitz, L. (Ed.), Advances in experimental social psychology, New York: Academic Press, 1996.
95. Best, J. J. Public opinion: Micro and macro. Homewood, IL: Dorsey press. 1973.
96. Bryce, Jnmes. The American Commonwealth. Vol. 2, part IV. New ed.; New York: Macmillan, 1924.
97. Childs, Hardwood L. Public Opinion: Nature Formation and Role, Nostrand Company Inc., 1965.
98. Cook, T. E. Making laws and making news: Media strategies in the U. S. House of Representatives. Washington, DC: The Brookings Institution, 1989.
99. Cook, Timoty. Governing with the News: The News Media as A Political Institution, Chicago: University of Chicago Press, 1988.
100. Cooley, C. H., Human nature and the social order, New York: Charles Scribner's Sons, 1909.
101. Dewey, John. The Public and Its Problems, New York: Henry Holt and Co., 1927.
102. Dicey, Albert V. Lectures on the Relation between Law and Public Opinion in England in the Nineteenth Century, New York: The Macmillan Co. 1905.
103. Eulau, H. Politics, self and society. Cambridge, MA: Harvard University Press, 1986.
104. Ferejohn & J. Kuklinski (eds.), Information and democratic processes, Urbana: University of Illinois Press. 1990.
105. Ferejohn, J.; Kuklinski, J. (Eds.), Information and democratic processes, Urbana: University of Illinois Press, 1990.
106. Folsom, J. K. Social Psychology, New York: Harper & Bros., 1931.
107. Folsom, Joseph K. Social Psychology, New York: Harper & Bros, 1931.
108. Goffman, I., Forms of talk. Philadelphia: University of Pennsylvania Press, 1983.
109. Graves, W. B. Readings in Public Opinion, New York: Appleton, 1928.
110. Gusfield. J. R., The culture of public problems. Chicago: University of Chicago Press. 1981.
111. Hartley, J., Understanding news. London: Methuen Co. Ltd. 1982.
112. Herbst, Susan. Reading Public Opinion: How Political Actors View the Democratic Process. Chicago: University of Chicago Press, 1998.
113. Herman, E. S., Chomsky, N. Manufacturing consent: The political economy of the mass media. New York: Pantheon Books, 1988.
114. Holcombe, N., the Foundations of the Modern Commonwealth. New York: Harper and Brothers, 1923.
115. Iyengar, S., Is anyone responsible? How television frames political issues. Chicago: University Of Chicago Press, 1991.
116. Irving Crespi, The Public Opinion Process: How the People Speak, Mahwah, NJ: Lawrence ErlbaumAssociates, 1997.
117. Jacobs, Lawrence R. and Shapiro, Robert Y. Politicians Don't Pander, The University of Chicago Press, 2000.
118. Key, V. O. Jr., Public Opinion and American Democracy, New York: Alfred A. Knopf, Inc.,

1961.

119. Lowell, A. L., Public Opinion and Popular Government. New York: Longmans, Green, and Co. 1913.

120. Maxey, C. C. The Problem of Government, New York: Alfred A. Knopf, 1925.

121. Noelle – Neumann, E., The spiral of silence: Public opinion – our social skin. Chicago: University of Chicago Press, 1984.

122. Sauerwein, J. A. "The Moulders of Public Opinion," in Public Opinion and World Politics, ed. Quincy Wright (Chicago: University of Chicago Press; 1933.

123. Smith, C. W. Public Opinion in a democracy, New York: Prentice – Hall, Inc. 1939.

124. Speier, H. (1950)., Historical development of public opinion., American Journal of Sociology, p. 152.

125. Theodore L. Glasser, Charles T. Salmon, Public Opinion and The Communication of Consent, The Guilford Press, New York, London, 1995.

126. Verba, S., & Nie, N. H. Participation in America: Political democracy and social equality. New York: Harper & Row, 1972.

127. Walter Lippmann, the Phantom Public, New York: Harcourt, Brace & Co., 1925.

128. Wright, Quincy. ed., Public Opinion and World Politics, Chicago: University of Chicago Press, 1933.

129. Wilson, Francis, A Theory of Public Opinion, Chicago: Henry Regency Company, 1962.

130. Yeric, Jerry L.; Todd, John R. Public Opinion: The Visible Politics, Itasca, Illinois: F. E. Peacock Publisher, Inc. 1996.

四、英文论文类：

131. Arnstein, Sherry R., A Ladder of Citizen Participation, Journal of American Institute of Planners, July 1969, Vol. 35.

132. Asch, S. E. Studies of independence and conformity: A minority of one against a unanimous majority. Psychological Monograph, Vol. 70, No. 9. (1956).

133. Beniger, J. R. Toward an old new paradigm. The Half – Century Flirtation With Mass Society, Public Opinion Quarterly, 1987, Vol. 51.

134. Binkley, R. C., The Concept of Public Opinion in the Social Sciences, Social Forces, Vol. 6 (March, 1928), pp. 389 ~ 96.

135. Burdett Loomis, From Hootie to Harry (and Louise): Polling and interest groups, The Brookings Review, 2003. Vol. 21.

136. Caldeira, G. A. Public opinion and the U. S. Supreme Court: FDR's court – packing plan. American Political Science Review 81, 1139 ~ 1153. (1987).

137. Carr. I., J. Public Opinion as a Dynamic Concept, Sociology and social Research, Vol. 3 (Sept., 1928), pp. 18 ~ 30.

138. Childs, Harwood I., By Public Opinion I Mean, Public Opinion Quarterly, Vol. 3 (April,

1939), PP. 327 ~ 336.
139. Minar, D. W., Public Opinion in the Perspective of Political Theory, Western Political Quarterly, Vol. 13, No. 1 (March, 1960), p. 33.
140. Davison W. Phillips, Public Opinion Research As Communication, Public Opinion Quarterly, (Fall. 1972). Vol. 36.
141. Dietram A Scheufele; William P. Eveland Jr., Perceptions of 'Public Opinion' and 'Public' Opinion Expression, International Journal of Public Opinion Research; Spring 2001, Vol. 13.
142. Bogardus, E. S., Public Opinion as a Social Force, Social Force, Vol. 8. (Sept. 1929), p. 105.
143. Fields, J., & Schuman, H., Public Beliefs about the Beliefs of the Public. Public Opinion Quarterly, (Vol. 40. 1976). pp. 427 ~ 448.
144. Lasorsa, D. L. Political outspokenness: Factors working against the spiral of silence, Journalism Quarterly, Vol. 68. 1991.
145. Lasorsa, D. L., Political outspokenness: Factors working against the spiral of silence, Journalism Quarterly, (Vol. 68. 1991), pp. 131 ~ 139.
146. Lawrence R. Jacobs, The Recoil Effect: Public Opinion and Policymaking in the U. S. and Britain, Comparative Politics, Vol. 24, No. 2. (Jan., 1992).
147. Luchins, A. S.; Luchins, E. H., On conformity with true and false communications, Journal of Social Psychology, 1955, Vol. 42, PP. 283 ~ 303.
148. Warner, Lucien. The Reliability of Public Opinion Surveys, Public Opinion Quarterly, Vol. 3 (July, 1939), p. 377.
149. Luo - Luo Jiang, Da - Yin Hua, Jun - Fang Zhu, Bing - Hong Wang, Tao Zhou, Opinion dynamics on directed small - world networks, arXiv, 2008(01).
150. Nicholas Burns, Talking to the World about American Foreign Policy, Harvard International Journal of Press/Politics, (Fall. 1996). Vol. 1, No. 4.
151. Page, B. I.; Shapiro, R. Y., The rational public: Fifty years of trends in Americans' policy preferences. Chicago: University of Chicago Press, 1992.
152. Lazarsfeld, Paul. The Discussion Goes on, Public Opinion Quarterly, Vol. 9. No. 4. (Winter 1945).
153. Binkley, R. C. The Concept of Public Opinion in the Social Sciences, Social Forces, Vol. 6, pp. 389 ~ 396.
154. Riseman, David; Glazer, Nathan. The Meaning of Opinion, Public Opinion Quarterly, Vol. 12 (Winter, 1948 - 49), pp. 633 ~ 648.
155. Sedman, V. R., Some Interpretations of Public Opinion, Social Forces, Vol. 10 (March, 1932), pp. 339 ~ 350.
156. Brewster, S. M., Comment on the Implications of Separating Opinions from Attitudes, Public Opinion Quarterly, Vol. 18 (Fall. 1954). pp. 254 ~ 270.
157. Wiebe, G. D. Some Implications of Separating Opinions from Attitudes, Public Opinion Quarter-

ly, Vol. 17 (Fall, 1953), pp. 328 ~ 352.

158. Wilson, F. G. (1933). Concepts of public opinion. American Political Science Review, 27, pp. 371 ~ 391.

159. Jacoby, William G. Variability in Issue Alternatives and American Public Opinion, The Journal of Politics, Vol. 52, No. 2. (May, 1990).

图书在版编目(CIP)数据

舆论学概论/刘建明,纪忠慧,王莉丽著.--北京:中国传媒大学出版社,2009.3
(2021.6 重印)
21 世纪新闻传播学核心教材
ISBN 978-7-81127-415-8

Ⅰ.①舆…　Ⅱ.①刘…　②纪…　③王…　Ⅲ.①舆论—高等学校—教材
Ⅳ.①C912.63

中国版本图书馆 CIP 数据核字(2009)第 024046 号

舆论学概论
YULUNXUE GAILUN

著　　者　刘建明　纪忠慧　王莉丽
策　　划　程　平
责任编辑　蔡开松
装帧设计　魏　东
责任印制　李志鹏

出版发行　中国传媒大学出版社
社　　址　北京市朝阳区定福庄东街 1 号　　邮　　编　100024
电　　话　86-10-65450528　65450532　　传　　真　65779405
网　　址　http://cucp.cuc.edu.cn
经　　销　全国新华书店

印　　刷　三河市东方印刷有限公司
开　　本　730mm×988mm　1/16
印　　张　21.5
字　　数　410 千字
版　　次　2009 年 4 月第 1 版
印　　次　2021 年 6 月第 9 次印刷

书　　号　ISBN 978-7-81127-415-8/C·415　　定　　价　39.80 元